Wikipedia: Palimpseste der Gegenwart

GERMANISTISCHE ARBEITEN ZU SPRACHE UND KULTURGESCHICHTE

BAND 54

PETER LANG
EDITION

Nathalie Mederake

Wikipedia: Palimpseste der Gegenwart

Text- und Wissensverfahren im kollaborativen Hypertext

PETER LANG
EDITION

Bibliografische Information der Deutschen Nationalbibliothek
Die Deutsche Nationalbibliothek verzeichnet diese Publikation in der DeutschenNationalbibliografie; detaillierte bibliografische Daten sind im Internet über http://dnb.d-nb.de abrufbar.

Zugl.: Göttingen, Univ., 2015

Gedruckt mit freundlicher Unterstützung der Geschwister Boehringer Stiftung für Geisteswissenschaften in Ingelheim am Rhein.

D 7
ISSN 0723-3191
ISBN 978-3-631-67179-5 (Print)
E-ISBN 978-3-653-06641-8 (E-Book)
DOI 10.3726/ 978-3-653-06641-8

Peter Lang Edition ist ein Imprint der Peter Lang GmbH.
Peter Lang – Frankfurt am Main · Bern · Bruxelles · New York · Oxford · Warszawa · Wien

Diese Publikation wurde begutachtet.

www.peterlang.com

Inhaltsverzeichnis

Diese Studie enthält zusätzliche Informationen als Anhang, der von unserer Website heruntergeladen werden kann. Die Zugangsdaten können der letzten Seite dieser Publikation entnommen werden.

"Wikipedia indeed resembles the historical palimpsest: a repeatedly overwritten document which on closer analysis still shows the traces of this temporally and spatially distributed process of content creation and collaboration."
(Bruns 2008: 139)

Einleitung: Thema und zentrale Aspekte

Im Jahr 2005, als der Bekanntheitsgrad Wikipedias bereits sehr hoch war und man sich der öffentlichen und wissenschaftlichen Relevanz der Wikipedia-Thematik immer bewusster wurde, veröffentlichte das international angesehene Wissenschaftsmagazin Nature eine Studie, die sich um einen Qualitätsvergleich der Encyclopaedia Britannica mit Wikipedia bemühte. Die Autoren, die über die durchgeführte Blindstudie berichteten, kamen zu dem Ergebnis, dass die Wikipedia-Artikel ein ähnliches Niveau besaßen wie die eher traditionellen Artikel der Encyclopaedia Britannica, sich aber in den Strukturen unterschieden. In Bezug auf die Qualitätsbeurteilung wurde auf relevante Experten verschiedener wissenschaftlicher Bereiche verwiesen (vgl. Giles 2005: 900). Dass diese Studie die Komplexität der Wikipedia-Artikel nur verkürzt darstellte, blieb weitestgehend unkommentiert. So wurde nicht erwähnt, dass Artikel der Wikipedia innerhalb weniger Wochen oder Monate mehrere hundert Versionen oder Artikelfassungen durchlaufen können, diese also im Gegensatz zu denen einer klassischen Enzyklopädie grundsätzlich in einem ganz anderen Grad fluktuieren und zu jedem Zeitpunkt, an dem sie beobachtet werden, unfertige Erzeugnisse darstellen.

Geschuldet ist dieses Artikelwesen der medialen Umgebung, in der und aufgrund der es existiert. Diese Umgebung ermöglicht es nicht nur, Ergebnisse schneller zu aktualisieren, sondern auch, vielfältigsten Informationsinteressen Ausdruck zu verleihen. Wissenssammlungen wie Wikipedia, die sich als Online-Enzyklopädie präsentieren, haben einen medialen Wechsel durchlaufen (wie wiederum die Studie von Pscheida (2010) gezeigt hat). Das veränderte Enzyklopädie-Format wird dabei, wie im Rahmen der Nature-Studie geschehen, wohl wahrgenommen, aber in seinem Ausmaß und bezüglich der zu verbindenden Untersuchungsleistung durchaus unterschätzt. Eine simple Vergleichssetzung von Papier und Hypertext, den die o. g. Studie unternimmt, lässt m. E. wichtige Kriterien außer Acht. Es mag gedankliche Überschneidungsbereiche geben, und die am Beispiel Wikipedia zu diskutierenden Phänomene besitzen selbstverständlich Bezüge zu vorhergehenden Entwicklungen, denn wie Enzyklopädien in unterschiedlichen Auflagen erschienen sind, sind an ihnen auch

Artikelentwicklungen nachzuvollziehen.[1] Darüber hinaus gibt es aber eklatante Unterschiede hinsichtlich der Produktions- und Rezeptionsverhältnisse. Der auffälligste Unterschied besteht in dem Vorhandensein einer hypertextuellen Ebene und entsprechender Prägung; in der Print-Enzyklopädie ist diese nicht vorhanden. Die Auswirkungen eines kollaborativen Hypertextes werden besonders deutlich, wenn man den Fokus auf das Artikelwesen legt, in dem sich stets und nicht nur im Rahmen einer neuen Auflage entscheidende Veränderungen ergeben können. Dabei werden die Inhalte nicht in festgelegten Zeiträumen überarbeitet, sondern immer dann, wenn der Informationsbedarf eines Rezipienten geweckt ist, der sodann in der Rolle des Produzenten in Erscheinung tritt. So kann es in digitalen Formaten wie der Wikipedia zwei Änderungen pro Jahr geben oder mehr als zehn pro Tag. Auch sind diese in einem sehr unterschiedlichen Umfang möglich: von Routineüberprüfungen eines Computerprogramms (Bot) bis hin zur Umstrukturierung oder Löschung ganzer Absätze oder Artikel durch Wikipedia-Autoren.

Was sich hier zeigt, sind Überschreibungsprozesse: Wikis wie Wikipedia sind **Palimpseste der Gegenwart**. Dieser Umstand und jede Beurteilung des Artikelwesens in einem Wiki muss sich deshalb mit einem Prozess auseinandersetzen, der immer nur ein begrenzt gültiges Ergebnis liefern kann. Zweifelsohne ist dafür eine mehrdimensionale Herangehensweise erforderlich. Die Festlegung auf den Palimpsestgedanken erfordert nicht nur einen reflektierten Umgang mit hypertextuellen Wissenssammlungen, die die gedruckten Nachschlagewerke ablösen; auch für die wissenschaftlichen Disziplinen, die sich diesem Phänomen annehmen wollen, müssen die zur Verfügung stehenden Instrumente überdacht werden. Zu fragen ist deshalb vonseiten der Textlinguistik, wie mit diesen Überschreibungen umgegangen werden kann. Diese Beschäftigung muss auch angesichts der Tatsache stattfinden, dass der Umgang mit ‚Texten', die über das WWW abrufbar sind, mittlerweile zu einer alltäglichen Selbstverständlichkeit geworden ist. Zu dieser Selbstverständlichkeit gehört u. a. das Konsultieren von Artikeln der Wikipedia. Hier werden Merkmale sozialer Webmedien deutlich, die nicht zuletzt anhand von Textproduktionsprozessen zu verfolgen sind. Bisherige

---

1 Wobei nicht grundsätzlich verschiedene Auflagen von Nachschlagewerken miteinander verglichen werden können. Herausgeber- und Bearbeiterwechsel können hier größere Auswirkungen auf die Gesamtkonzeption einer Neuauflage haben. Wenn man sich etwa die Konzeption des Deutschen Wörterbuchs von Jacob Grimm und Wilhelm Grimm und die der Neubearbeitung des Deutschen Wörterbuchs vor Augen hält, müsste in der Tat gefragt werden, ob man es (editionsphilologisch) mit zwei unterschiedlichen Fassungen eines Werks oder zwei unterschiedlichen Werken zu tun hat.

Untersuchungen zeigen eine Wahrnehmung dieser Tatsache, aber nicht immer deren umfassende Berücksichtigung in der erbrachten Forschungsleistung, unter anderem wohl auch deshalb, weil die dynamische Hypertextstruktur schwer zu „stabilisieren" ist (vgl. Storrer 2008: 330).

Deutlich gemacht werden soll in der vorliegenden Untersuchung deshalb dreierlei:

- Wie werden Überschreibungsprozesse ermöglicht?
- Wie können Verfahren zum Einsatz kommen, mit denen sich die über die Artikel kommunizierten Inhalte beobachten lassen?
- Gibt es musterhafte Veränderungen, Modifikationen und Entwicklungen? Und wenn ja, welche lassen sich am Artikelwesen ablesen?

Um diese Fragen zu beantworten, scheint eine Auseinandersetzung sowohl mit den Verfahren, die einer digitalen Textform zugrunde liegen können, als auch mit der Gegebenheit der Überschreibung aufgrund kollaborativer Wissensverfahren erforderlich. Damit sind weniger die Schreibprozesse gemeint (vgl. dazu Kallass 2015) als die komplexe Verschränkung online vonstattengehender Textproduktions- und Rezeptionsprozesse. Auch tritt durch die Erleichterung des Zugangs zum Textprozess, etwa durch die Bearbeiten-Funktion eines Wikis, ein Nutzer in Erscheinung, der die von ihm konsumierten Textinhalte selbst produziert (vgl. Bruns 2008: 2). Die ständige Textentwicklung und ihre prinzipielle Unabgeschlossenheit scheint dabei ein zufälliges Randprodukt zu sein; denn Inhalte im Internet bleiben per se nicht mehr für längere Zeit unverändert und unbearbeitet. Es findet ein schnelles Ineinandergreifen verschiedenster Prozesse statt, die ehemals, etwa aufgrund der Drucktechnik, getrennt verliefen. Diese Studie versucht an mehreren Stellen, wesentliche Hinweise zu geben, wie mit diesen Text- und Wissensverfahren in einem kollaborativen Hypertext umgegangen werden kann.

Zunächst soll es deshalb darum gehen, verschiedene textlinguistische Aspekte einer digitalen Textform in Bezug auf Rezeption, Produktion und Organisation zu verdeutlichen (Kapitel 1). Die Faktoren für eine dynamische und kollektive Textualität werden durch eine Erläuterung von Nachschlagesystemen ergänzt. Textform und Nachschlagesystem einerseits sowie Rezeptions- und Produktionsmöglichkeiten des Nutzers andererseits führen zu einer soziotechnisch geprägten Wissenssammlung. Nur so können die Dimensionen der Überschreibungsprozesse verdeutlicht werden, die dadurch verstärkt werden, dass sich durch die offene hypertextuelle Form umfassende Nutzungs- und Einwirkungsmöglichkeiten ergeben.

Zudem muss beachtet werden, dass Text- und Wissensverfahren in einem hypertextuellen Kontext innerhalb konvergenter Rahmenbedingungen zu verorten sind (Kapitel 2). Diskutiert werden muss also sowohl die mediale Umgebung Hypertext als auch die Bedingungen, die sich für das Textverständnis ergeben. Ein Hypertextsystem wie das der Wikis wird beispielsweise verwendet, um einen Wissensbestand zu dokumentieren und durch eine bestimmte Organisation von Informationselementen verfügbar zu halten. Diesem offenen technischen Umfeld ist es geschuldet, dass Hypertextsysteme Funktionen anbieten können, durch die ihre Inhalte ständig erweiterbar und reproduzierbar sind. Ein erhebliches Potenzial von Wikipedia ist darüber hinaus wohl darin zu sehen, dass es nicht nur mittelbare, sondern auch immer mehr unmittelbare Beteiligte des erzeugten Produktes (Wiki) gibt. Der große Produzenten- und vor allem Nutzerkreis bedingt ein vielfältiges Themenspektrum, das bei traditionellen redaktionellen Systemen (d. h. in einem typografischen Medium) kaum mehr möglich wäre. Außerdem nimmt der Nutzer in seiner Rolle als Produzent in einer Wiki-Architektur unterschiedliche Aufgaben wahr, bei denen es sich neben der Artikelerstellung auch um technische, wie z. B. die Erstellung von Formatvorlagen, oder administrative Aspekte, wie das Löschen von Seiten oder die Sperrung von Benutzern, handeln kann. Eine Auseinandersetzung muss deshalb auch dahingehend erfolgen, welches Wissenskonzept durch diese medialen Bedingungen deutlich wird. Wenn durch Kommunikation, ständigen Austausch und Überschreibung Informationen oder Wissensinhalte zu einem überindividuellen und kontinuierlich erneuerbaren Wissen werden, dürften sich Dynamiken und Regularitäten nicht zuletzt an den gewählten Mitteln der Kohärenz zeigen. Es ist ferner auf drei Punkte zu verweisen, die für die (text-)linguistische Erfassung von kollaborativ erstellten Hypertexten bedeutsam werden. Zu diesen zählen: Austausch- und Überschreibungsprozesse, Oberfläche und Textvernetzung und Medienkonvergenz und Multimedialität.

An die erörterten Rahmenbedingungen soll eine Modellvorstellung anknüpfen, die bestimmte Aspekte von Text- und Wissensverfahren in einem kollaborativen Hypertext unterstreicht (Kapitel 3). In den Mittelpunkt der Betrachtung rücken hier insbesondere die hypertextspezifische Kohärenz sowie der Hyperlink, der in mehrerlei Hinsicht erheblich zu einem hypertextuell begründeten Stimmigkeitskonzept beiträgt. Die Position, die Hyperlinks in einem Wikisystem einnehmen, ist ferner als ein wesentliches Element des kollaborativen Konzeptes zu verstehen, das ein Spannungsverhältnis zwischen systemischen und funktionalen Aufgaben ausdrückt.

Für eine methodische Annäherung und die Frage, wie Überschreibungsprozesse erfasst werden können, bietet sich aus textlinguistischer Perspektive die Themensetzung als Textvorgabe an: Diskutiert wird deshalb neben einer framesystematischen Herangehensweise eine funktional-thematische Vorgabe durch die Quaestio sowie die Möglichkeiten einer dynamischen Perspektive, die gleichzeitig bestimmte Regularitäten verdeutlichen kann (Kapitel 4).

Die Versionsgeschichten der Wikipedia ermöglichen es, die Entwicklung eines Artikel- oder Themenspektrums auch in Retrospektive nachzuvollziehen. Die Analyse wird daher anhand zweier Artikelbeispiele der Wikipedia (‚Zitronenpresse' und ‚Eurokrise') Überschreibungsprozesse aufzeigen. Notwendig erscheint ein stark problemorientiertes Vorgehen, das eine regelmäßige Überprüfung des Artikeltextzustandes durch Anlage einer Framesystematik sowie verschiedene Aspekte des Komplexbereichs des kollaborativen Hypertextes vorsieht. Es zeigt sich, dass sich für Text- und Wissensverfahren musterhafte Veränderungen, Modifikationen und Entwicklungen in Form von Artikelinhalten und -positionen ablesen lassen. Daneben wird deutlich, dass in Bezug auf Wiki-Artikel immer Aushandlungskohärenzen und Aufmerksamkeitsregeln mit bedacht werden müssen, da sie untrennbar zum Artikelkonzept gehören. Für den (text-)linguistischen Umgang mit den neuen Prinzipien und Konventionen des gesellschaftlich relevanten Wissens können damit wichtige Anhaltspunkte formuliert und grundlegende Bezüge und Zusammenhänge veranschaulicht werden.

1. Textdynamiken in soziotechnischen Wissensüberschreibungen

1.1 Soziotechnisch geprägte Wissenssammlungen

Als gesellschaftliche Konstitutions- und Organisationsform von Wissen[2] nehmen seit dem Buchdruck gedruckte Texte[3] eine zentrale Stellung ein (vgl. Antos 1997: 61). Sie können regelrecht verstanden werden als technische Teilkomponente einer soziotechnisch geprägten Wissenssammlung[4] (s. a. Niederer/van Dijk 2010), in der Texte in Verbindung mit Textproduzenten und -nutzern eine Einheit bilden. In Anbetracht neuerer und leistungsfähigerer Formen von Wissenssammlungen ist zwar zu beobachten, dass Texte, vor allem gedruckte, die lange Zeit in alltäglicher Regelmäßigkeit konsultiert worden sind, wie z. B. mehrbändige Nachschlagewerke oder auch die Tageszeitung, aufgrund der rasenden Entwicklung möglicher Informationsangebote des WWW nicht mehr zeitgemäß erscheinen. Doch auch für neuere, webbasierte Strukturformen spielen Textformen, als technische Teilkomponente einer soziotechnisch geprägten Sammlung, wenn auch nicht mehr unbedingt in Druckform, eine bedeutende Rolle. Es darf geradezu unterstellt werden, dass mehr denn je ein starker Zusammenhang zwischen operativer Kommunikation und der Sozialität ihrer Träger sowie eine Verbindung zwischen Wissenssammlungen und deren medialer Disposition besteht, für dessen Beobachtung mögliche Textformen zwingend einbezogen werden sollten. Innerhalb einer soziotechnisch geprägten Wissenssammlung scheint zudem eine Art Entgrenzung wichtig zu werden: Aufgehoben oder von Auflösung betroffen zeigen sich dabei insbesondere die Grenzen von Experten- zu Nutzerkultur und damit zusammenhängend die von Stabilität zu Vorläufigkeit.

---

2 Bei der Begriffsverwendung ‚Wissen' ist zunächst allgemeinsprachlich von der „Gesamtheit der Kenntnisse, die jemand [auf einem bestimmten Gebiet] hat" (Duden ^{7}2011: 2021) auszugehen. Eine tiefergehende Auseinandersetzung mit einem in dieser Studie zur Anwendung kommenden Wissenskonzept erfolgt in Kapitel 2.4. Ein auf den konkreten Untersuchungsbereich anwendbarer Wissensbegriff wird in Kapitel 3.2.1.3 formuliert.

3 Die Begriffsverwendung ‚Text' erfolgt jeweils im Rahmen der Textauffassung der genannten Autoren. Eine besondere Einführung in den dieser Studie zugrunde liegenden Textbegriff erfolgt in Kapitel 1.2.4.

4 Mit ‚Wissenssammlungen' werden Sammlungen verstanden, die umfangreiche Kenntnisse auf bestimmten Gebieten zur Verfügung stellen.

Historisch gesehen sind mit den zu verzeichnenden strukturellen Entwicklungen zumindest zwei prominente und oft genannte Beispiele verknüpft, auf die kurz hinzuweisen ist. Zum einen ist der Mythos um die Urform der Universalbibliothek im antiken Alexandria zu nennen, also das Ideal einer Sammlung, die das gesamte Wissen einer Epoche gespeichert hatte und jegliches Wissen umfassen konnte. Die Mythen, die sich um Alexandria und ihren Untergang ranken, mögen nicht zuletzt Inspiration für viele ihr folgenden Projekte für Wissenssammlungen gewesen sein (vgl. O'Sullivan 2009: 23).

Zum anderen ist auf die Mitte des 18. Jahrhunderts und den Versuch d'Alemberts und Diderots zu verweisen, das Wissen der Menschheit zu erfassen und effektiv verfügbar zu machen. Hier ging es einer heterogenen Gruppe von Beitragenden jedoch nicht allein darum, Wissen zu sammeln und aufzuzeichnen, sondern es auch zu transformieren (vgl. Giesecke 1991: 667). Nur ein Symptomwert dieser Transformation ist wohl die Darstellung der Encyclopédie-Artikel in alphabetischer Reihenfolge; wobei diese Anordnung wieder durch ein komplexes System von Querverweisen bis zu einem gewissen Grade aufgehoben worden ist.[5] Die Technik der Anordnung steht ferner für einen aufklärerischen, gesellschaftlich-kulturellen Blickwechsel: An die Stelle einer hierarchischen, aber auch organischen Weltsicht, auf der auch der ‚Baum des Wissens' beruhte, trat zunehmend eine individualistische und egalitäre. Die Ausrichtung des Inhalts stand damit prägend für eine Form, die veränderte Zugänge zu Wissen und Methoden der Wissensansammlung erprobte.

Kommerzialisierung und Popularisierung zeigen über die Zeit betrachtet allerdings, dass enge und feste Strukturen einem umfassenden Wissensdrang nicht gerecht werden (vgl. Krameritsch 2007: 228). Ein Nachschlagewerk wie die Encyclopédie lässt sich durch die Lesepraxis nur einmal mehr als Buch bestimmen, das nicht dazu da ist, von vorne bis hinten durchgelesen, sondern bei Bedarf konsultiert zu werden. Deutlich wird jedoch auch, dass strukturelle Veränderungen notwendig werden, wie die alphabetische Struktur, die es sowohl gestattete, neue Inhalte umstandslos einzuarbeiten als auch die Nachschlagepraxis nach einem durchsichtigen Prinzip zu erlauben. Nicht zuletzt ist zu betonen,

5 Die Disposition der Encyclopédie erfolgte grundlegend zunächst anhand des Alphabets. Da jedoch befürchtet wurde, dass eine alphabetische Darstellung die inneren Zusammenhänge zerreißen könnte, ist es möglich, die Artikel der Encyclopédie auf mehrfache Weise zu erschließen, z. B. durch eine Übersichtstafel und eine Angabe bei den Stichwörtern, wo der Artikel im ‚System der Kenntnisse des Menschen' angeordnet ist. Auch Querverweise (als klassisches Remedium für alphabetische Lexika) wurden genutzt, um Zusammengehöriges zusammenzubringen (vgl. Michel 2002: 72).

dass das Projekt Encyclopédie auf einem kollaborativen Bemühen fußte, nicht nur bezüglich der Schreibleistung, sondern auch im Hinblick auf die technische Umsetzung.

Auswirkungen neuerer Entwicklungen soziotechnisch geprägter Wissenssammlungen stehen dann auch in einem engen Zusammenhang mit eben jener technischer Umsetzung: Wenn die gedruckte Expertenmeinung, die über Jahrzehnte (wenn nicht gar Jahrhunderte) Bestand hatte, praktisch in Auflösung begriffen ist, müssen sich Fragen der Zuverlässigkeit einer neuen Realität stellen. Denn solange noch die faktischen Grenzen des Drucks dazu geführt haben, dass nur ein bestimmtes und als wesentlich betrachtetes Wissen an die Oberfläche gelangte, fand in dieser vollzogenen Kürzung ein Prozess der kulturellen Überformung und Determiniertheit statt (vgl. auch Weinberger 2011: 66f.). An die Stelle der Expertenmeinung tritt nun eine Art vorläufige Verlässlichkeit des Web 2.0 – das „Wissen bis auf Widerruf" (Iske 2002: 64).

Damit rückt der Nutzer in den Mittelpunkt der soziotechnischen Wissenssammlung. Er selbst ist es mittlerweile, der einen Schlusspunkt hinter ein sich in ständiger Transformation befindendes und prinzipiell als unabgeschlossen geltendes Wissen setzen kann. Und es sind auch die Empfehlungskulturen und Netzwerkautoritäten, die bestimmen, was an die Oberfläche des immensen Wissensvorrats gelangt (vgl. Weinberger 2011: 179). Im Zeitalter des Internets und des ‚Klicks' machen damit Individuen, Gruppen, soziale Netze und Algorithmen die alleinige Kompetenz der traditionellen Experten[6] und (gedruckten) Enzyklopädien streitig.

Vor allem der Netzwerkgedanke zeigt sich dabei allgegenwärtig. Zusammen mit dem Nutzer prägt das Netzwerk den Gedanken der soziotechnischen Sammlung in Form und technischer Funktion. Suchmaschinen etwa sollen den Suchenden schnell zum gewünschten Ziel führen und die Anzahl der Klicks

6 Weinberger (2011: 21) argumentiert, dass traditionelle Experten über längere Zeiträume für Stabilität und Verlässlichkeit gesorgt haben. Dieses Expertenwissen sei zwar in Form eines Almanach-Wissens noch vorhanden, bewege sich aber eher langsam und gelte nur für bestimmte, stabile Gegenstandsbereiche (ebd.). – Weitergehend sollte zwingend beachtet werden, dass die kommunikative Wissensverarbeitung im WWW in einem Raum stattfindet, in dem die Interessen von Experten und Laien unvermittelt aufeinandertreffen können. An dieser Stelle kann nur kurz auf eine sich zu etablierende Kompetenz im Rahmen der Experten-Laien-Kommunikation verwiesen werden. Diese wird notwendig, wenn sich fragende Akteure (d. h. Laien) Experten gegenüberstehen, z. B. in Diskussionsforen.

dorthin so gering wie möglich halten.[7] Hypertextuelle Verknüpfungen, die von dem Nutzern ausgezeichnet werden, werden dadurch zum Orientierungsgeber, womit in gewisser Hinsicht auch einem wissensökonomischen Interesse gezeitigt wird. Der amerikanische Internet-Philosoph David Weinberger betont etwa: „Wissen wird heute direkt und sozial generiert. Das ist *schneller*.“ (Weinberger in Graff 2013: 12; Herv. N. M.).

Das, was an die Oberfläche eines immensen Wissensvorrats sichtbar ist, wird also bestimmt von Empfehlungen und neuen Autoritäten. Bruns (2008: 2) macht jedoch deutlich, dass für viele konsumierte Inhalte der ‚Web-2.0-Generation‘ (z. B. Weblogs, Wikipedia etc.) die Nutzer selbst verantwortlich seien, die somit gleichzeitig Produzenten ihrer Wissenssammlung werden, unabhängig davon, ob sie sich dieser Rolle bewusst sind.[8] Es kann ferner davon ausgegangen werden, dass Kriterien wie generelle Offenheit, teilbare Inhalte, Datenaustausch mittels Peering und die globale Reichweite zirkulierender Informationen den Wert aktiver Nutzerbeteiligung steigern. Themen werden nicht mehr nur fachlich, sondern vor allem sozial erschlossen.

Die neuen Autoritäten formen damit praktisch die Sammlung nach ihrem eigenen Interesse, indem sie einen Weg durch das Konglomerat aufzeigen. Die Ergebnisleistung, z. B. in Form von Hyperlinks, bändigt, wie oben ausgeführt, die Informationsflut und reagiert wiederum selbst als Filter, indem bestimmte Bereiche (auch optisch) in den Vordergrund gebracht werden, während zugleich andere in den Hintergrund rücken. Die Ergebnisse sind zudem ständig

---

7 Es geht nach Weinberger (2011: 10f.) hier darum, wie viele Klicks man zu einem bestimmten Inhalt benötigt und welche Möglichkeiten es gibt, deren Anzahl zu reduzieren, denn nur so würden Inhalte des Internets in den Vordergrund gerückt und zur Aufmerksamkeit gelangen. Einer ähnlichen Motivation unterliegt auch die Auszeichnung durch Hashtags, wodurch eine Verschlagwortung erfolgt, nach der nicht nur gesucht werden kann, sondern die auch bestimmte Trends aufzeigt (etwa: www.twitter-trends.de).

8 Bruns argumentiert, dass “within the communities which engage in the collaborative creation and extension of information and knowledge […] the role of ‘consumer’ and even that of ‘end user’ have long disappeared, and the distinctions between producers and users of content have faded into comparative insignificance” (Bruns 2008: 2). Das bei ihm gebräuchliche Portmanteau ‚produser‘ (ebd.) ebenso wie das dazugehörige Konzept der ‚produsage‘ für sogenannte nutzer-generierte Inhalte geht sowohl über die bei Pscheida (2010: 332) gezogene Grenze von passiver Nutzung und aktiver Mitgestaltung hinaus als auch über das Verständnis der polyvalenten Rolle des Nutzers, der nach Belieben zwischen rezeptiven und aktiven Phasen hin und her wechseln könne (vgl. Geser 2008).

im Rahmen der Veränderung zu beurteilen, denn sie gelten nur für eine unbestimmte Zeit.

Der verstärkte Trend des nutzerzentrierten Wissens geht also mit einer zeitlichen Vorläufigkeit einher. Wenn Nutzer zeitgleich Produzenten sind, ist diese Personalunion zugleich Prüfer dessen, was an die Oberfläche eines Wissensvorrats gelangt. Sie evaluieren die Inhalte und treffen eine individuelle, für jeden einsehbare und – das soll hervorgehoben werden – jederzeit änderbare Auswahl. Für die Festlegung, was Wahrheit, Evidenz und Wissen jeweils ist, etablieren sich deshalb auch veränderte Strukturen und Regeln, denen auf den Grund zu gehen ist:

> That knowledge is a property of the network means more than that crowds can have a type of wisdom in certain circumstances [...] Rather, the change in the infrastructure of knowledge is altering knowledge's shape and nature. (Weinberger 2011: XIII)

Alte Fragen[9] und neue Herausforderungen treffen auch bei jüngeren Versuchen, eine umfassende Enzyklopädie bzw. Wissenssammlung zu schaffen, aufeinander, wie am Beispiel der Wikipedia zu zeigen sein wird. Dabei handelt es sich weniger um einen abrupten Wechsel als um die notwendige Konsequenz einer stetigen Weiterentwicklung von Sammlungen und Repräsentationsformen von Wissen. Nachschlagesysteme sind und bleiben viel benutzte Adressen für (Erst-)Informationen.[10] Die Weiterentwicklung von Produktion und Rezeption als Kulturtechniken vor dem Hintergrund derjenigen Phänomene, die das WWW hervorbringt, steht nun jedoch mit veränderten Techniken und Formen der Wissenssammlung im Zusammenhang. Dabei ist hervorzuheben, dass Textformen (immer noch) eine

---

9 Hierzu zu zählen sind gewiss auch Kommentarfunktionen, auf die noch zurückzukommen sein wird: "[I]n addition, indeed, the pages of discussion about content and quality which are attached to its [Wikipedias] entries also serve as the modern-reinvention of another medieval practice: the conduct of interpretative discussion and commentary on specific passages of core texts through a form of peer-to-peer annotation in the margins of those texts" (Bruns 2008: 139).

10 (Konversations)lexika und Enzyklopädien gehören seit dem 18. Jahrhundert zum bürgerlichen Bildungsgut (vgl. Coy 2003: 284) und haben praktisch eine Tradition des vermittelten Wissens etabliert, die durch den Wiki-Gedanken weiter getragen wird. Der anhaltende Erfolg von Wikipedia drückt sich nicht zuletzt in den gezählten Aufrufen der Internetseite aus; beim Alexa-Ranking liegt Wikipedia seit ihrem Beginn 2001 auf den vorderen Plätzen der 500 meistbesuchten Seiten im deutschsprachigen Internet: http://www.alexa.com/topsites/countries/DE. Zugriffe auf Wikipedia werden auch vom statistischen Bundesamt registriert (http://www.golem.de/news/statistisches-bundesamt-rund-72-prozent-nutzen-wikipedia-1207–93395.html; Abruf alle: 21.2.2012).

wichtige Rolle in diesem komplexen und sehr technisch orientierten (Kommunikations-)Prozess einnehmen (vgl. Hartung 1997: 24) – wenn auch in veränderter und in Gegenwart sogenannter Versionsgeschichten geradezu palempsestierter Form. Gerade diese Palimpseste, im Sinne von überschreibbaren Texten, dürften besonderer Ausdruck gegenwärtiger soziotechnisch geprägter Wissenssammlungen sein, weshalb sich dem ‚Text' in den folgenden Ausführungen etwas näher gewidmet wird.

1.2 Textverfahren

Texte können verstanden werden als Momentaufnahmen eines kontinuierlichen Prozesses. Von der individuellen Textplanung über die Produktion und letztlich Rezeption können verschiedene Textverfahren ihren Ausdruck finden. Zur Debatte steht im kollaborativen Hypertext, wie er etwa bei Wikipedia zum Einsatz kommt, ganz konkret das Phänomen der digitalen Textfassung, das weiter unten erörtert werden soll. Die Betonung eines so gearteten Stadiums im Textprozess rückt in einem systemtheoretischen Zugriff den Aspekt der Entwicklung und der Veränderung in den Vordergrund. Unter verschiedenen Prämissen beschäftigt sich ebenso die Textlinguistik mit den Faktoren Textprozedur und Textprozess, wie ein kursorischer Überblick zu zeigen versucht. Ferner sind die Textualitätskriterien und ihre Organisation in einer kollaborativen Hypertextumgebung zu diskutieren. Es folgt die Darstellung der digitalen Textfassung sowie eine Erörterung des Textbegriffs, der dieser Studie zugrunde gelegt wird. Schließlich erscheint es sinnvoll vor dem Hintergrund hypertextueller Umgebungen kurz auf Organisationsprinzipien und einer möglichen methodischen Erfassung (Quaestio-Ansatz) bezüglich der Textfassungen einzugehen.

1.2.1 Textprozeduren und Textprozesse

Anfang der 1980er ist von de Beaugrande und Dressler eine Formulierung des prozeduralen Ansatzes vorgestellt worden, bei dem es im Kern darum geht, Sprache als interaktives System zu betrachten und den Text[11] als funktionale Ganzheit innerhalb dieses Systems. De Beaugrande/Dressler (1981) beschäftigten sich ferner mit der Frage, welche Operationen es sind, die die Einheiten und Muster

11 Das ‚Phänomen Text' (Vater 1992: 25) war bereits Gegenstand vieler Diskussionen in der Textlinguistik. Angesichts der teilweise uneindeutigen theoretischen Verhältnisse, in denen der Textbegriff verwendet wird, erfolgt die Begriffsverwendung jeweils im Kontext der Textauffassung der genannten Autoren. Eine Einführung in den dieser Studie zugrunde liegenden Textbegriff erfolgt in Kapitel 1.2.4.

während der Verwendung von sprachlichen Systemen regeln. Sie nennen ‚Text' als Ergebnis dieser Verwendung:

> So betrachtet darf ein Text also nicht als eine Gestalt von Morphemen oder Sätzen erklärt werden [...]: Wir sind eher der Meinung, daß Morpheme und Sätze als operationale Einheiten und Muster zur Signalisierung von Bedeutungen und Absichten im Ablauf der Kommunikation wirken. (de Beaugrande/Dressler 1981: 34)

Interessant ist in diesem Zusammenhang, dass de Beaugrande/Dressler Entscheidungskriterien wie Operationalität und Plausibilität in ihren Ansatz zu Textprozeduren ganz selbstverständlich mit einschließen. Dies betrachten die Autoren als grundsätzliche Bedingung, denn nur so könne ‚Text', hier verstanden als eine Anordnung von Elementen, die eine Funktionsganzheit bilden (vgl. ebd.: 37), *funktionieren*. Das so bestimmte interaktive Sprachsystem bilde eine Struktur, die mittels Aktualisierungsprozeduren geschaffen werde; was in etwa gleichzusetzen ist mit einer Auswahl aus einem verfügbaren Repertoire. Dieser Systemcharakter erfordere eine starke Gewichtung von Effizienz (Verarbeitungsleichtigkeit), Effektivität (Verarbeitungstiefe) und Angemessenheit als gleichgewichtstiftende Elemente, also abstrakte und eher textextern einzustufende Faktoren (vgl. ebd.: 14).

In ihrem Verständnis von Text als einem ‚aktualisierten System' stellen de Beaugrande/Dressler ein hohes Maß an gegenseitigen Abhängigkeiten zwischen Entscheidungen und Selektionen fest und dadurch eine starke Kontrolle über mögliche Variationen bei der Verwendung eines einzelnen Textes. Text werde dadurch zu einem kybernetischen System, das ständig die Funktion seiner laufenden Zustände steuere (vgl. ebd.: 38f.). Bei Störung der Stabilität finde deshalb auch eine regulative Integrierung statt; ein wichtiger Aspekt, dem sich in dieser Studie ausführlicher in Kapitel 2.5 gewidmet wird.

Als Basis des prozeduralen Textmodells präsentieren de Beaugrande/Dressler (1981: 41–45) Verarbeitungsphasen, die bei der Produktion vollzogen werden. Sie nennen Planung, Ideation, Entwicklung bzw. die Suche nach gespeicherten Wissensräumen, Ausdruck und die grammatische Synthese, wobei eine lineare Abfolge dieser Phasen ausgeschlossen wird. Dass die Textrezeption sodann in entgegengesetzter Richtung ablaufen soll, ist allerdings – nicht nur im Hinblick auf die zuvor abgesprochene Linearität – nicht nachvollziehbar. Hier müssten andere Phasen formuliert werden, die die oben genannten Kriterien der Operationalität und Plausibilität konsequenterweise wieder aufnähmen; z. B. die Erfüllung von Erwartungshaltungen, Nachvollziehbarkeit u. Ä., die die Produktion in Auswahl, Organisation und Formulierung ständig beeinflussen dürften.

‚Text' ist nach Heinemann/Viehweger (1991) in ähnlicher Weise das Resultat einer Vielzahl ineinandergreifender, bei ihnen näher charakterisiert als psychische,

Operationen. Sie stellen an die Linguistik deshalb die berechtigte Forderung, prozedurale Textbeschreibungsmodelle zu entwickeln. Ihr Vorschlag ist der eines Wissensmodells, das auf unterschiedlichen Wissenssystemen beruht, auf die in Kapitel 2.4 näher einzugehen sein wird. Interessant ist an dieser Stelle der Aspekt, dass Wissen für Prozesse der Textproduktion sowie der Textinterpretation strategisch instrumentalisiert wird. Manifest würden die Prozeduren des Wissens dann in den Textstrukturen. Prozesse der Produktion und der Strukturfindung werden von Heinemann/Viehweger (1991: 124) als schöpferische Tätigkeiten verstanden und somit als dynamisch ablaufende. Ein linguistisches Textanalysemodell müsste demnach beschreiben, welche Kenntnissysteme sich in der mehrdimensionalen Struktur eines Textes manifestieren und wie sich diese Strukturen in den Dienst einer spezifischen Funktion stellen (vgl. ebd.). Über das prozedurale Modell wird also von den Vorgängen der Produktion und des Verständnisses abstrahiert. Die Autoren versuchen zu zeigen, wie und aufgrund welcher Kenntnisse interaktionale Tätigkeiten sozial handelnder Menschen in Textstrukturen manifest geworden und aus diesen heraus wieder interpretierbar sind. ‚Texte' sind hiernach nicht etwas Fertiges, sondern die komplexen Parameter ihrer Produktions- wie auch Rezeptionsbedingungen. Somit hat auch der ‚Text' für Heinemann/Viehweger keine Bedeutung und keine Funktion an sich, sondern ist immer relativ zur Interaktion zu sehen (vgl. ebd.: 126).

Bezüglich der sozialen Interaktion müssen jedoch nicht nur die Interaktanten, sondern auch deren Medienumgebung oder -determiniertheit berücksichtigt werden. Diese kommunikative Realität hat erhebliche Auswirkungen auf Prozesse der Textproduktion und -rezeption. Pogner (1997) weist etwa schwerpunktmäßig darauf hin, dass Textproduktion häufig arbeitsteilig und interaktiv ablaufen kann. Dies gilt insbesondere für den von ihm angeführten sogenannten technischen Arbeitsplatz.

Ihm zufolge ist die Produktion des Textes, in die er auch die Produktion von Text*bedeutung* mit einschließt, keine Leistung, die ausschließlich von Produzenten *oder* Rezipienten geleistet wird; sie kommt vielmehr in der Interaktion, in "chains of communication" (Faigley 1985: 241) zustande. In diesen Handlungsketten sind Textproduktion und -revision existenzielle Glieder und damit Handlungsgegenstände und nicht nur eine Begleiterscheinung. Pogner (1997: 85–87) verfolgt eine sozial-interaktionistische Sicht von Text und Textproduktion, die er – hier verallgemeinert dargestellt – durch folgende Prozesse und Strategien geprägt sieht[12]:

12 Der von ihm genannte interkulturelle Aspekt wird in dieser Übersicht nicht ausgeführt.

- einen organisatorischen Aufbau, der die Textproduktion nach einem Schema vorgibt; z. B. kann das Arbeitsprogramm durch das Inhaltsverzeichnis vorgegeben werden, wobei dessen Gliederung die zu besetzenden Leerstellen angibt;
- ein bewusstes Auf-Lücke-Schreiben (Becker-Mrotzek 1992), bei dem fehlende (möglich sein dürften auch falsche oder ungenaue) Informationen Handlungen auslösen;
- eine intertextuelle Prägung durch Import von Teiltexten unterschiedlicher Provenienz und Zitatangaben;
- einen untrennbaren Zusammenhang und eine fortlaufende Ergänzung von Textplanung und Textproduktion in konkreter Aushandlung.

Gerade letztgenannter Punkt macht deutlich, was de Beaugrande/Dressler (1981) in ihrer Darstellung der Verarbeitungsphasen, besonders in Bezug auf die Rezeption, vermissen lassen. Nicht nur die Option, dass Produktionsphasen immer unterschiedlich ablaufen können, sondern auch, dass sich die Rezeption in Erwartungen und Bedürfnisse, die an diese Phasen geknüpft sind, einmischen kann. Dieser Eingriff kann neben der reinen Registrierung noch folgendes Ausmaß annehmen: inhaltliche Korrektur, Spezifizierung, Präzisierung, neue oder genauere Erkenntnisse oder die Berücksichtigung neuer Entwicklungen (vgl. Pogner 1997: 86). Es kommt zu einer Aushandlung, die im günstigsten Fall in eine gemeinsame Akzeptanz mündet. Das Textsystem wäre mit Gelingen dieser Akzeptanz für alle Interaktanten operational und plausibel. Ein Denkanstoß sollte zudem in der Hinsicht erfolgen, dass Entwicklungen in der Kommunikationstechnologie sich nachdrücklich im Textproduktionsprozess abbilden (vgl. etwa Pogner 1999: 154f.). Die Verkettung von Produktion und Revision erfülle ferner in vielen Fällen weniger heuristisch-epistemische Funktionen als solche der konkreten Handhabung, Anwendung und Umsetzung. Zugunsten von Interaktivität, aber auch von Intertextualität rücke daneben der individuelle Autor bei vielen Schreibprozessen in den Hintergrund (vgl. Pogner 1997: 86f.).

An einem technischen Arbeitsplatz sowie in vielen redaktionellen Anwendungsbereichen werden jedoch zunächst die Abfolgehandlungen Textproduktion, -kommentar und -revision genutzt, um Erwartungen und Aufgabenstellungen zu präzisieren. Dies ist ein recht alltäglicher Vorgang, durch den ein bestimmter sozialer Kontext der Textproduktion geklärt und festgelegt wird. Er ist des Weiteren keineswegs trivial, wenn man bedenkt, dass (auch arbeitstechnischer) Kontext per se nicht statisch, sondern vielmehr durch Dynamik geprägt ist. Die Fokussierung auf die Abfolgehandlung wird umso wichtiger, wenn man die

Überlegung mit einbezieht, dass Produktion, Kommentar und Revision den Wissensexport als sozial-interaktionistische Aspekte (mit)bestimmen.

Im Zusammenhang von Text und Wissen stellt daneben Antos (1997) fest, dass damit anscheinend die Verselbstständigung eines Hilfsmittels einhergeht. Wissen konstituiere sich als Text und sei nicht nur dessen Manifestation. Texte machten Wissen nicht nur sichtbar, sondern soziokognitiv existent. Was thematisiert wird, was wie fokussiert, entwickelt, gewichtet, detailliert oder ausgeblendet wird, sei qua Selektivität nicht nur entscheidend für die Architektur eines Textes – sondern darüber hinaus, so Antos, „Mittel für einen theorieanalogen ‚Zugriff' auf Welt(en)" (Antos 1997: 56; Herv. i. O.). Texte sind also nicht nur eine sehr erfolgreiche Form der sozialen Konstitution und Organisationsform von Wissen (vgl. ebd.: 48), sondern Textarchitektur – und zwar über die van Dijksche Superstruktur hinausgehend – ermögliche zudem ein entsprechendes Retrieval. Angebots- und Zugriffsoptionen (auch im Textverbund) seien jedoch von Selektionsstrukturen abhängig (ebd.: 56). Anders ausgedrückt: Über Mittel des Textes kommen sogenannte Filter zum Ausdruck, die die Rezeption entscheidend beeinflussen. Auch diese unterliegen wiederum einer dynamischen und prozessualen Sichtweise.

Antos (ebd.: 59) betont, dass Texte aufgrund ihrer sowohl rekursiven wie gestalthaften Formen eine im Prinzip unendliche, d. h. nicht begrenzbare Formung und strukturierte Gestaltung von kumuliertem Wissen erlauben. Er vermutet aber auch, dass die Wissensrevolution und -evolution neue, leistungsfähigere Formen der Wissensrepräsentation benötigt und fördert. Dies ist ein fast schon pessimistischer Blick in die Zukunft, in der die Digitalisierung und Visualisierung von Informationsangeboten Texte als zentrale gesellschaftliche Konstitutions- und Organisationsformen des Wissens ablösen könnte. Dem entgegen stehen Trends in der Textlinguistik, die statt einer Ablösung eher den Zuspruch, auch unter Berücksichtigung des neuen Potenzials von Texten, betonen; sie tun dies interessanterweise *gerade* aufgrund und vor dem Hintergrund von Digitalisierung und Visualisierung, wie im weiteren Verlauf der Studie gezeigt werden wird.

Die bis hierher angesprochene Wissensspeicher- und auch Wissensexportfunktion von Texten sollte allerdings nicht losgelöst vom Handlungsbegriff verstanden werden. So wie beispielsweise Textsorten als spezifische Konstitutionsform gesellschaftlichen Wissens gelten[13], können sie dies nicht ohne

13 Felder/Müller (2009: 3) nennen Sprache als Medium der Wissenskonstituierung auf allen Ebenen.

kommunikative Einbettung oder bei Missachtung der kommunikativen Funktion sein. Nochmals sei betont:

> Der dynamischen Textauffassung folgend, wird davon ausgegangen, daß Texte keine Bedeutung, keine Funktion an sich haben, sondern immer nur relativ zu Interaktionskontexten sowie zur Handlungsbeteiligten, die Texte produzieren und rezipieren. (Heinemann/Viehweger 1991: 126)

Das bedeutet ferner: Wenn ‚Text' immer ein ‚Text im System' ist, muss auch für die wissensbezogene Funktion von Texten (Antos 1997, Liebert 2002) ein systemtheoretischer Zugang gewährt werden.

Liebert (2002) etwa weist darauf hin, dass die Präsentation von Wissensstrukturen in der Kommunikation immer über mediale Vermittlungstexte verläuft. Er bemerkt, dass diese Vermittlungstexte Wissen nicht transferieren, sondern transformierend verzerren. Seine Forderung mit dem entsprechenden Vorschlag eines Vermittlungsmodells reicht deshalb über die deskriptive Analyse von Texten und Gesprächen hinaus, um zu einer Untersuchung (und Bewertung) des Funktionierens oder Nichtfunktionierens einer gesellschaftlichen Praxis zu kommen; in der Textanalyse legt er konsequenterweise eine interpretative Handlungssemantik an.

Für diese Herangehensweise ist ohne Zweifel die Erkenntnis notwendige Voraussetzung, dass Kommunikation immer in bestimmten historischen und politischen Konstellationen stattfindet. Sprachteilnehmer kommunizieren in sozialen Situationen und innerhalb geschichtlicher Gegebenheiten, die den Kontext für die sprachlichen Äußerungen bilden. Ausgehend von Handlungsmustern (Wittgenstein 1969; Hoffmann 1997) geht es Liebert um die Präsentation von Wissensstrukturen in der Kommunikation. Genauer: Was tut der Wissensvermittlungsautor und wie reagiert und handelt der Leser (vgl. Liebert 2002: 38)? Zu sehen ist hier die enge Verzahnung und die Notwendigkeit der zusammenfassenden Betrachtung von Textproduktion und -rezeption, der Wissensvermittler- und Wissenskonstituierungsfunktion von Texten und über dieses Verhalten von Texten und zum Text, die Herstellung des Bezugs zu einem und die Einbindung in einen sozial-interaktionistischen Kontext.

Diese umfassende Betrachtung der Textprozesse überprüft die Leistungsfähigkeit ausgewählter textlinguistischer Zugriffe, Begriffe und Modelle beständig. Angesichts der zunehmenden „Elektronisierung" der Kommunikation (vgl. Jakobs/Knorr/Pogner 1999: 1), eines kommunikativen Paradigmas, in dem der Hypertext eine zentrale kommunikative Erscheinungsform darstellen kann, setzt sie sich unweigerlich fort. Wenn auch nicht allein aufgrund veränderter technischer Umgebungen sich das Bedürfnis zeigt, statische Textganzheiten zu überwinden und sich einem dynamischen und prozessualen Textverständnis zu öffnen, erfordert die technische Entwicklung sich aufmerksamer mit Textformaten zu beschäftigen, die neben technisch erweiterten Funktionsbereichen nicht ohne eine Vielzahl von Autoren (die selbst wiederum auch Leser sind) und von diesen ständig eingeleiteten Revisionen auskommen und bestehen können. ‚Teamwork' (vgl. Huber 2003: 48) entsteht nicht erst durch die Strukturentscheidung des Autors in Kombination mit der Navigationsentscheidung des Lesers, sondern darüber hinausgehend in Form des stetigen Wechsels von Produktion und Rezeption. Diese doppelte Dimension eines Textprozesses, die sich einerseits durch die Anlage und Nachverfolgung einer (syntaktischen) Verknüpfung ergibt, sich andererseits jedoch die Ersetzung und Veränderung einzelner Textteile im wechselseitigen Produktions- und Rezeptionsverhältnis vorbehält, ist die eigentliche Herausforderung des textlinguistischen Zugriffs. Dieser muss jedoch neben dem Gesichtspunkt des Textprozesses auch den Aspekt der Textualität des Gebildes näher ins Auge fassen.

1.2.2 Textualität im digitalen Genre

Was macht einen Text aus? Und was unterscheidet ihn von einem Nicht-Text? Für die Berücksichtigung oder die Gewichtung und Differenzierung von Textualitätsmerkmalen scheint die Beantwortung dieser Fragen je nach Textverständnis zu variieren. Von der Vorstellung, dass es *den* Text gibt, auf den sich universelle Merkmale anwenden lassen, wird daher Abstand genommen.[14] Es erscheint vielmehr ratsam, eine Koordination mit anderen Disziplinen je nach (prototypischem) Anwendungsbereich anzustreben (vgl. Sandig 2000, ²2006: 309ff.), insbesondere wenn sich spezielle Situationen ergeben, wie z. B. unter Berücksichtigung einer veränderten medialen Umgebung; im vorliegenden Fall bei der Ausformung von Hypertexten. Es scheint offensichtlich und nur logisch,

---

14 Die Komplexität, Vielgestaltigkeit und Vielschichtigkeit von ‚Text' (vgl. Adamzik 2004: 31) machte es bislang nicht möglich den Textbegriff einzugrenzen, sodass es ratsam scheint, lediglich die jeweils relevanten Teilaspekte aufzugreifen und zu fokussieren (vgl. ebd.: 39). Am aussichtsreichsten scheint es ohnehin zu sein, Prototypen für die Textbestimmung zu formulieren (Sandig 2000, ²2006; Adamzik 2004); Fix (2008) betont zudem, dass der prototypische Zugriff auf „Text" zudem nicht notwendig die Textualitätskriterien nach Beaugrande/Dressler „aushebeln" muss, sondern zu einem differenzierten Gebrauch der Beschreibungsdimensionen anregen kann (vgl. Fix 2008: 19). Genauere Ausführungen dazu finden sich in diesem und im folgenden Teilkapitel. – Weitere Textmerkmale bei Weinrich (⁶2001).

dass veränderte Medienbedingungen auch zur Veränderung bzw. zu einem anderen Austarieren von Textbedingungen führen.

Die sieben von de Beaugrande/Dressler formulierten Textualitätskriterien sind der einflussreichste Versuch einer Zusammenstellung von den einer Größe Text zugeschriebenen Aspekten. Die Heterogenität der Merkmale wird durchaus kritisch bewertet[15]; die bewusst angelegte Vielfalt ist jedoch, wie zu zeigen sein wird, der Möglichkeit einer „nicht-definitive[n] Untersuchung fächerübergreifender Themen" (de Beaugrande/Dressler 1981: XI) in Bezug auf den Text als kommunikativem Ereignis geschuldet. Das Angebot von de Beaugrande/Dressler kann deshalb als offenes Modell positiv und flexibel und als den eigenen Forschungsinteressen anpassbar bewertet werden.

Das relationale Verständnis von Textualitätskriterien soll dafür im Folgenden weiter verfolgt werden. Es gilt dabei eine abwägende Betrachtung der Kriterien, die gerade, was ihre Anwendung in einer webbasierten und/oder hypertextuellen Umgebung angeht, nicht mit einem einfachen ‚plus' (für erfüllt) oder ‚minus' (für nicht erfüllt) auskommen kann. In diesem Zusammenhang ist auch die Hubersche Beurteilung (vgl. Huber 2003: 54–73) zu berücksichtigen und die auf den Anwendungsbereich bezogene Perspektivenwahl[16] vom jeweils gewählten Standpunkt aus. Huber betont in diesem Zusammenhang zwar die statische Ausrichtung seines TAH-Modells (TAH = Textlinguistisches Analysemodell für Hypertexte) und begründet diese anwendungsbezogen (vgl. Huber 2003: 48), sie wird aber meiner Meinung nach auch in der Beurteilung der Textualitätskriterien dem sehr wandelbaren Gegenstand und der Dynamik, die der Hypertextumgebung ja gerade inhärent ist, nicht in jedem Fall gerecht. Es soll an dieser Stelle deshalb eine Neubewertung dieser „Beschreibungsdimensionen" (Adamzik 2004: 53) unter Berücksichtigung des signifikanten dynamischen Aspektes versucht werden. Dies führt zu einer Gewichtung und Pointierung der Textualitätskriterien, die an dieser Stelle weniger die Frage nach der Textualität

15 Feilke (2000: 76) etwa kritisiert die „völlig heterogenen Theorietraditionen" der Kriterien. Zu den Textualitätskriterien als relativer Größe eher Vater (1992) und Sandig (2000: 93f.). De Beaugrande/Dressler (1981: XIII) betonen dagegen – die Kritik sozusagen vorwegnehmend – explizit die Angemessenheit der Unschärfe des Gegenstands Text in der Wissenschaft.

16 Huber führt in seiner Diskussion Vaters Kritik (1992) an, der in Bezug auf die Textualitätskriterien tendenziell eher allgemeine Kommunikationskriterien erfüllt sieht, als dass man bei der Erfüllung dieser Kriterien von einem Text sprechen könnte. Huber richtet sich jedoch teilweise gegen eine allzu strikte Forderung in Bezug auf die Anwendung auf Hypertexte (vgl. Huber 2003: 72f.).

des Hypertextes beantworten, sondern eher die Aufgaben oder Aktionsbereiche des in der Hypertextumgebung vorhandenen textuellen Gehalts näherbringen sollen. Die Anführung der Kriterien erfolgt deshalb von der stärksten hin zur schwächsten Gewichtung.

– **Kohärenz:** Als fundamentales Kriterium eines Textes gilt die Kohärenz, die inhaltliche Sinnkontinuität (vgl. de Beaugrande/Dressler 1981: 88) oder auch der semantisch-kognitive Sinnzusammenhang eines Textes (vgl. Bußmann [4]2008: 343). Sie sollte ferner als allumfassendes Prinzip (vgl. de Beaugrande/Dressler 1981: 7 sowie etwa Adamzik 2004: 58 im Anschluss an Brinker [7]2010: 17) verstanden werden und weniger als lediglich textinhärente Eigenschaft. Huber (2003: 60) bietet an für den Hypertext zwischen lokaler und globaler Kohärenz zu unterscheiden: Während auf Knotenebene die lokale Kohärenz (eines Teiltextes) gilt, geht es entsprechend für den gesamten Hypertext um die Frage der globalen Kohärenz. Bei Texten im Netz zerbricht sie häufig, da der Überblick über den Sinnzusammenhang schnell abhandenkommen kann. Die Gefahr dieses ‚lost-in-hyperspace-Effektes' kann durch unterschiedliche Strategien, die bei der individuellen Kohärenzbildung unterstützend wirken, eingedämmt werden, wie etwa durch die Browsereinstellung zur Verfolgung des Lesepfades. Huber (2003: 64f.) führt ferner die schemabasierte Vorstellung an, die bei der Anlage und Gliederung von Hyperlinks unterstützend wirken könnte. Der Kohärenzgedanke spielt jedoch auf mehreren Ebenen eine Rolle und bietet sich nicht nur in diesem Zusammenhang als allumfassendes Prinzip an; dazu ausführlicher die Kapitel 2.4.4 und 3. An dieser Stelle zeigt sich jedoch bereits die dominante Rolle der Kohärenz, die sich auf alle weiteren Kriterien auswirkt und ihnen damit geradezu inhärent ist.

– **Intentionalität:** Bei der Intentionalität handelt es sich um ein textextern eingestuftes Kriterium, wobei es um die beim Leser zu erreichende Wirkung geht. Bei Vater (1992: 51) wird sie lediglich als allgemeine Voraussetzung für erfolgreiches Kommunizieren betrachtet, doch es ist m. E. zwingend erforderlich, auf die *Text*intention einzugehen, denn ohne Intention gibt es keinen Text (vgl. van Dijk 1980: 79) oder dürfte es nur *Nonsens*-Texte geben, die nicht kohäsiv und kohärent sind. Huber mag dem ersten Anschein nach recht haben, dass *die eine* Intention bei offenen Hypertextsystemen[17] schlecht auszumachen ist, da sie nicht immer nachvollzogen werden kann. Hammwöhner (1993: 25) weist ferner darauf hin,

17 Ein Hypertextsystem erlaubt das Zusammenspiel verschiedener Software- und materialer Teile, die Gegenstände des Objektbereichs (d. h. Daten unterschiedlichen Typs und Umfangs) darstellen und verknüpfen (vgl. etwa Kuhlen 1991: 17f.).

dass in freien Literaturportalen die Intention der selektiven Aufnahme von Informationen nicht mehr zu erkennen sei. Für die kleineren Einheiten innerhalb eines offenen Hypertextsystems muss dies aber nicht unbedingt gelten.[18] Ohne die Intention des Hypertext-Autors, einen kohärenten Text zu erzeugen, würden etwa Links nicht an eine bestimmte Stelle gesetzt werden. Als „Intention im Kleinen" führt Huber (2003: 66f.) etwa die ‚guided tours' an, und meint damit sogenannte hypertextuelle Wegweiser. Doch sollte, wie bereits an anderer Stelle verdeutlicht, die Intention, einen bestimmten Text zu erzeugen, als Beitrag in einem größeren Zusammenhang gesehen und im Rahmen der Kohärenz beurteilt werden (s. a. de Beaugrande/Dressler 1981: 118).

– **Informativität:** Als eigentlich textinternem Kriterium geht es bei der Informativität um die Effizienz des Textes. Also darum, ob die gewünschte Menge, die „Erwartetheit der Zeichen" (Vater 1992: 56) vorhanden bzw. erfüllt ist. Sie ergibt sich aus der Menge neuer, nicht bekannter Information und dem Ausmaß der Erwartetheit bzw. Unerwartetheit derselben. Auf hypertextuelle Umstände übertragen bedeutet das: Um die Informationswünsche eines Lesers befriedigen zu können, muss die gewünschte Information in der Menge der Knoten vorhanden sein; entsprechende Anfragen können etwa über Suchfenster gestellt werden. Wie Huber (2003: 69) betont, wird Informativität im Hypertext einerseits dadurch erhöht, dass Hypertexte durch ihre multilineare Ausrichtung immer wieder neu durch die Verfolgung eines anderen Lesepfades rezipiert werden. Andererseits steigt die Informativität dadurch, und dies scheint hier die sehr viel gewichtigere Handlungsoption zu sein, dass häufig und schnell neue Informationen hinzugefügt werden (können). Die Informativität in Hypertextumgebung bleibt aber gleichzeitig auch immer etwas Vorläufiges, das der Bewertung durch den Rezipienten ausgesetzt ist.

– **Akzeptabilität:** Die Akzeptabilität erfolgt auf der Rezipientenseite. Um günstige Voraussetzungen für diese zu schaffen, muss jedoch schon vonseiten des Produzenten her von möglichen Lesegewohnheiten ausgegangen und mit Strukturinformationen gearbeitet werden; d. h. es geht darum, einen nützlichen und relevanten Text zu schaffen. Gerade Hypertexten sollten genügend Mittel zur Verfügung stehen, einen schnellen Zugriff auf relevante Informationen (vgl. Hammwöhner 1993: 25) zu gewährleisten. Natürlich ist es schwierig, für Hypertexte Lesegewohnheiten vorwegzunehmen (vgl. Huber 2003: 67); auf der

---

18 Hier sind durchaus Hammwöhners Anmerkungen zum KHS (= Konstanzer Hypertextsystem) zu nennen (Hammwöhner 1993). Die einzelnen Komponenten haben aufgrund einer bestimmten Intention, wie die Integration bestimmter Informationsquellen innerhalb einer KHS-Sitzung, ihre Berechtigung in diesem System.

anderen Seite bieten gerade Hypertexte die Möglichkeit, das Dargestellte laufend zu verändern und die Akzeptabilität des Textgehalts und darüber die Informativität (sowie ferner die Relevanz), die ja laufend auf dem Prüfstand steht, stets neu auszuloten.

– **Situationalität:** De Beaugrande/Dressler (1981: 12) zielen mit der Situationalität auf die Faktoren ab, die einen Text für eine aktuelle oder rekonstruierbare Kommunikationssituation relevant machen. Das bedeutet, dass in eine Kommunikationssituation durchaus die eigenen Überzeugungen und Ziele eingebracht werden, in die die Textrezeption fällt. Situationalität ist damit ein Kriterium, das sich zwischen Lenkung und Kontrolle bewegt, und zwar in Bezug darauf, welche Relevanz, welche Angemessenheit der Situation berücksichtigt wird und wo, sowohl aus Produzenten- als auch aus Rezipientenperspektive, der Schwerpunkt gesetzt wird. Die Situationalität ist damit ein durchaus flexibles Merkmal und steht mit Informativität und Akzeptabilität auf einer Ebene in einem engen Zusammenhang. Nicht nur in Bezug auf Hypertexte ist immer wieder die Frage zu stellen, ob der Text den spezifischen Informationsbedarf einer bestimmten Situation befriedigen kann. Hypertexte unterstützen stark ein selektives und situationsabhängiges Lesen, d. h. auch ihr textueller Gehalt wird grundsätzlich immer vor dem Hintergrund des Weltwissens im weitesten Sinne und einer Situationseinschätzung produziert und rezipiert. Textexterne und textinterne Faktoren beeinflussen einander also wechselseitig (vgl. Adamzik 2004: 57), je nachdem, in welcher ‚Welt' die Texte angesiedelt sind und wo sie die Interaktanten situieren.

– **Intertextualität:** Intertextualität ist in der Linguistik in seiner Tragweite ein nicht unumstrittener Gegenstand (vgl. Janich 2008: 187; Bußmann ^{4}2008: 304).[19] Festzuhalten ist jedoch, dass Intertextualität kein Privileg literarisch-ästhetischer Texte (mehr) ist.[20] Weniger geht es deshalb auch hier um die poststrukturalistische ‚Auflösung' des Textbegriffs als allumfassende Form kultureller Zeichensysteme. Vielmehr soll eine moderate Variante des Intertextualitätsbegriffs betont werden, für den sich die Textlinguistik entscheiden kann.[21] De Beaugrande/Dressler nehmen den Begriff der Intertextualität etwa zum Anlass, „um die

---

19 Sprachwissenschaftliche Reflektionen über und Definitionen des Intertextualitätsbegriffs sind zu finden bei Pfister (1985), Holthuis (1993: 12–28, 43–50), Heinemann (1997), Linke/Nussbaumer (1997), Tegtmeyer (1997), Jakobs (1999: 6–40), Fix (2000), Krause (2000: 58–67), Adamzik (2004: 94–106) oder Blühdorn (2006).

20 So liegt noch bei Holthuis (1993) der Schwerpunkt auf den relevanten Aspekten literarischer Texte.

21 Vgl. o. g. Literatur und den Ausgriff auf Kristeva bei Krause (2000: 58f.). Bevorzugt, aber an dieser Stelle nicht näher erörtert wird eine Anlehnung an Krause (2000);

Abhängigkeiten zwischen Produktion bzw. Rezeption eines gegebenen Textes und dem Wissen der Kommunikationsteilnehmer über andere Texte zu bezeichnen" (de Beaugrande/Dressler 1981: 188). Es geht bei ihnen also zunächst darum, dass der Text durch intertextuelle Bezüge in einen übergreifenden Kontext eingebaut werden kann. Daran anschließend geht es im Folgenden vor allem um den Bereich, der mit spezieller Intertextualität (Krause 2000: 62–66) bezeichnet werden kann. Auch in vielen (massen)medialen Texten, respektive in solchen des WWWs, ist vielfach der explizite Bezug auf andere Texte zu finden; im anzusprechenden Untersuchungsgegenstand Wikipedia wird dies durch Hyperlinks für interne und externe Verweise sowie in Form von Fußnoten ausgedrückt.

In Gegenwart des Hypertextes erfährt die Intertextualität also eine spezielle Ausprägung: Hypertext an sich kann geradezu als hochgradig intertextuelles Gebilde verstanden werden, vorausgesetzt man interpretiert die einzelnen Knoten[22] als selbstständige Texte oder Teiltexte. Denn auch wenn Knoten nur Teiltexte der größeren Einheit Hypertext sind, wird meiner Meinung nach die Darlegung eines intertextuellen Gebildes versinnbildlicht.[23] Huber (2003: 71) dagegen sieht dies nur dann realisiert, wenn auf Knoten anderer Hypertexte verwiesen wird, da Verweise neben gedanklichen Brücken und Argumentationshilfen gerade ein Angebot sind, den Lesepfad *woanders* fortzusetzen. Er bezeichnet diese Schnittstellen entsprechend als direkte und explizite, hypertext-spezifische Intertextualismen (vgl. ebd.).

Die praktische Umsetzung eines Beziehungsgeflechts von Texten beinhaltet jedoch noch eine weitere Dimension. Die Dynamik technischer bzw. hypertextueller Umgebungen ergibt sich ja nicht nur aus der Möglichkeit der expliziten Verknüpfung von Textteilen, sondern steht in Verbindung mit einem wesentlich strukturbildenden Charakteristikum: der Interaktivität (z. B. Krause 2000: 145f.). Mit Letzterem ist nicht nur die Bindung der Rezeption an den hypertextuellen Bezug gemeint, durch den sich der Nutzer seinen eigenen Text schafft, sie kann zudem die Möglichkeit des direkten Eingriffs in das Rezeptierte über

---

Genette (1993) diskutiert, das was folgend als allgemeine und spezielle Intertextualität bezeichnet wird (vgl. Krause 2000: 62–67), unter dem Begriff ‚Transtextualität'.

22 In einem Hypertext bilden Knoten die Anfangs- und Endpunkte der logischen Verbindungen, die durch Hyperlinks hergestellt werden. Die Erläuterung der technischen Komponenten eines Hypertextes erfolgt in Kapitel 2.

23 Ähnlich, jedoch weniger konkret, der intertextuelle Aspekt der Enzyklopädie (vgl. Fandrych/Thurmair 2011: 91).

entsprechende Verbindungsoptionen (passiv durch Kommentare, aktiv durch eine Bearbeiten-Funktion) meinen.[24]

- **Kohäsion:** Mit der Begriffswahl der Kohäsion möchten de Beaugrande/ Dressler (1981: 50) die Organisationsfunktion der Syntax für den Oberflächentext betonen. Sie gehen in ihrer betont kommunikativen Ausrichtung aber über den textgrammatischen Ansatz hinaus und möchten die beiden Faktoren „*Operationalisierung* syntaktischer oder grammatischer Strukturen [...] und [...] *Interaktion* der Syntax oder Grammatik mit anderen Faktoren der Textualität" (ebd.: 87; Herv. i. O.) mit verstanden wissen. Diese Perspektive kann in einem weiteren Sinne durchaus auf den Hypertext übertragen werden, wobei von folgendem Szenario auszugehen ist: Querverweise auf bestimmte Stellen im Text bewirken zunächst einmal, dass prinzipiell die Linearität eines Textes zumindest teilweise aufgehoben wird. Durch Hypertexte können Verkettungen, die in einem linear-gedruckten Text bestehen, explizit gemacht werden (vgl. Kuhlen 1991: 34). Notwendig wird nach Kuhlen nun eine kohäsive Geschlossenheit einzelner Knoten, denn ein Gebrauch kohäsiver Mittel über Knotengrenzen hinweg ist zum größten Teil unwirksam, da dieser „eine eindeutig definierte Lesefolge voraussetzt" (Hammwöhner 1993: 25). Damit die Referenzierung von Knoten Bestandteil beliebiger Lesepfade sein kann, ist also Geschlossenheit notwendig. Als knotenübergreifende kohäsive Mittel wären außerdem explizite Wiederaufnahmen durch Repetitionsstrukturen zu diskutieren, ebenso wie die Isotopie (vgl. Huber 2003: 55f.). Es ist allerdings unsicher, ob für Hypertexte überhaupt noch diese, eigentlich durch grammatische Mittel hergestellte, Kategorie angelegt werden sollte. Für die Oberflächenstruktur mag es gewisse kohäsive Mittel, allen voran Hyperlinks, geben, doch erfüllen diese eine weit umfassendere Funktion als solche, die bloß einer grammatischen Ebene zugerechnet werden können (vgl. Kapitel 3). Zudem müsste auch die Kohäsion in einem Rahmen diskutiert werden, in dem die Möglichkeit besteht, dass sich die Leserkompetenz immer wieder auf den Text abbildet[25], also die beiden Faktoren Operationalisierung und Interaktion mitberücksichtigt werden. Ein rein grammatisch begründeter Zugriff wird deshalb in diesem Zusammenhang abgelehnt.

---

24 Was erheblich über die von Krause angesprochene Mensch-Mensch-Interaktivität hinausgeht (vgl. Krause 2000: 145f.).

25 Anders Huber (2003: 72f.) und die dort geführte Diskussion.

Abb. 1: Gewichtung der Textualitätskriterien in dynamisch-kollaborativer Hypertextumgebung.

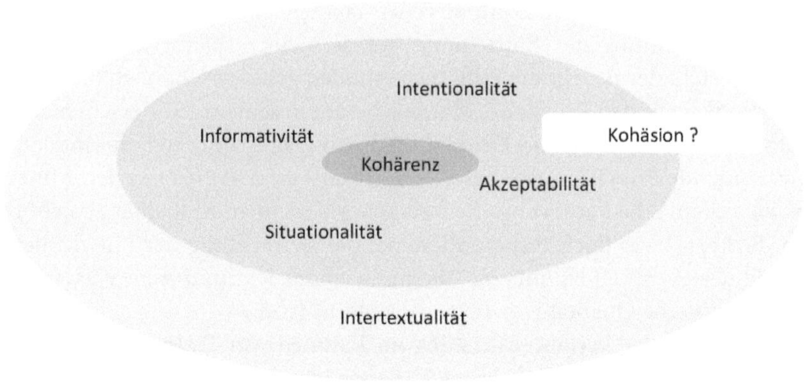

Insgesamt wurde in der kurzen Diskussion der Textualitätskriterien oder auch der „Matrixkarte der Textlinguistik" (Warnke 2002: 127) in Ausrichtung auf den Hypertext eine funktional-thematische Perspektive favorisiert. Es zeigt sich, dass aufgrund dieser Betrachtung das Textualitätskriterium Kohärenz eine für alle angeführten Merkmale eine äußerst zentrale und dominante Rolle spielt (vgl. Abb. 1). Ferner stehen von der Textlinguistik eingestufte externe Kriterien gleich neben internen, wobei eine im Zusammenhang mit einer hypertextuellen Umgebung angestrebte sehr differenzierte Unterscheidung zwischen Textpragmatik und Textsemantik nicht unbedingt zielführend zu sein scheint. Viele Merkmale finden sich deshalb auf derselben Ebene wieder, da sie alle sowohl von dem hier stark betonten prozessualen Aspekt geleitet sind als auch von der Kohärenz als durchdringendem Prinzip. Insbesondere sollte überlegt werden, ob die Kriterien Informativität, Akzeptabilität und Situationalität in hypertextueller Umgebung nicht eine stärkere Gewichtung als in analoger Textumgebung erfahren sollten. Intertextualität ist und bleibt in diesem Zusammenhang ein besonderer Fall, da über spezielle und explizite Bezüge verschiedene Abhängigkeiten und Verbindungen deutlich gemacht werden können. In Bezug auf die Kohäsion ist hingegen zu fragen, ob sie als ein eigentlich rein grammatisch motiviertes Kriterium in dieser Zusammenstellung noch einen Platz hat und ob nicht in Bezug auf Hyperlinks, die nur im weitesten Sinne auch eine grammatische Funktion ausüben, eine andere Begriffssetzung geeigneter wäre.[26] Dies sollte in einem anderen Zusammenhang geklärt werden.

26 Überlegenswert scheint ein Begriff wie Konnexitätsindikator o. Ä.

1.2.3 Die digitale Textfassung

Die Textfassung ist in den Editionswissenschaften eine geradezu alltägliche Größe zur Ermittlung des Entstehungsprozesses eines (literarischen) Werks. Gleichwohl stellt der Begriff die Editionsmethoden gerade im Bereich der neueren Philologien auf den Prüfstand. Martens betont in seinem 1971 erschienenen Aufsatz zur ‚Textdynamik und Edition' die Wichtigkeit, die „über variante Stadien verlaufende Entwicklung eines Werks" (Martens 1971: 167) in den Mittelpunkt zu stellen. Eine Forderung, die bislang wohl nicht an Aktualität eingebüßt haben dürfte, geht es doch insbesondere bei der Betrachtung der Entwicklung und Veränderung von Text um eine überaus wichtige textspezifische Aussage, ja um die „spezifische Qualität von Text schlechthin" (ebd.).[27]

Die Betonung der Verfahrensleistung im Rahmen von Textprozeduren und -prozesse sollte bisher deutlich gemacht haben, dass das Textphänomen nicht „auf einen einmal erreichten Einzelzustand" (Martens 1971: 168) zu fixieren ist. Stattdessen ist, wie von Martens gefordert, der Prozess der „Textbildung" und damit einhergehend „die Ersetzung oder Veränderung einzelner Glieder des Bezeichnungsaktes in der Varianz einer Textstelle" (ebd.) zu unterstreichen. Mit der Formulierung der Textstufe wird bei Martens das Merkmal einer „innerstrukturellen Beziehungseinheit" (ebd.: 179) betont und eine operationalisierbare Größe geschaffen. Die Stufe zeigt den „Werdeprozeß eines Textes" (ebd.) an und ist der der kleineren Einheit Textfassung übergeordnet.

Textfassungen, so definiert Scheibe[28],

> sind vollendete oder nicht vollendete Ausführungen eines Werks, die voneinander abweichen. Sie sind durch Textidentität aufeinander beziehbar und durch Textvarianz voneinander unterscheidbar. (Scheibe 1971: 17)

---

27 Nutt-Kofoth (2000) verweist auf die Tatsache, dass es sich nach dem Martenschen Verständnis der Textstufe um eine textgenetische Einheit handelt, die der Abgrenzung zu weiteren Stufen in der Textentwicklung dient. Demnach muss auch die Edition als eine „Wiedergabe des Werktextes in seinem genetischen Prozeß" verstanden werden, der eine textdynamische Konzeption zugrunde liegt (Nutt-Kofoth 2000: 171). Als Begriff, der sich nicht unbedingt auf diese textdynamische Komponente festlegt, schlägt Nutt-Kofoth die ‚Texteinheit' vor, was innerhalb der Textlinguistik m. E. jedoch in der Diskussion um klar abgrenzbare Texteinheiten und sonstige textkonstituierende Zeichen, die sich nicht unbedingt aus dem Handlungszusammenhang ergeben (vgl. z. B. Fix 2008: 18), zu Verwirrung führen kann.

28 S. a. Scheibe (1982: 28 und 1991: 25); daneben Zeller (1975: 115).

Dabei ist es erforderlich, die Begriffe Textidentität und Textvarianz zu präzisieren: Sie weisen darauf hin, dass zum einen zwischen Textteilen verschiedener Fassungen eines Werkes Identität bestehen muss und damit eine vollkommene graphematische und interpunktierende Übereinstimmung. Zum anderen ist von Varianz auszugehen, wenn diese Übereinstimmung zwischen Teilen verschiedener Fassungen nicht besteht.[29] In verschiedenen Fassungen müssen sowohl textvariante als auch textidentische Stellen vorkommen, damit der Begriff der Textfassung angewandt werden kann (vgl. Scheibe 1971: 18f.).

Mit der Einheit der Textfassung wird es möglich, die bei Textprozessen komplementär verlaufenden Korrekturbewegungen, wie die Auswechslung des Sprachmaterials, Tilgung, Ergänzung u. dgl. als Beobachtung mit einfließen zu lassen, um sogleich das Bedeutungsspektrum *Text* in seiner Gesamtheit erschließen zu können. Interessant scheint deshalb in diesem Zusammenhang – unter anderem, weil das Phänomen der textimmanenten Bewegung damit in den Mittelpunkt der Betrachtung gerückt wird – der editionswissenschaftlich geleitete Begriff für ‚Text' zu sein, der als Kriterium die Summe aller Einzelzustände nennt, die ein Text im Zuge seiner Entwicklung durchlaufen hat.

Der editionswissenschaftlich bestimmte Text besitzt ferner eine innere Spannung, ist aber auch dem Einfluss von außen durch die Faktoren Kontext und Zeit ausgesetzt, sodass „stets auch Impulse der Veränderung aus dem temporalen Verlauf, aus der Geschichtlichkeit des Vorgangs" (Martens 1971: 169) aufgenommen werden. Folglich ist auch die bereits im Rahmen der Textualitätskriterien diskutierte Intentionalität eine variable Größe, die abhängig ist von der Entwicklung einer (hier ganz bewusst im Plural zu verstehenden) Autorenschaft, die wiederum in vielfacher Verbindung mit den stetigen Veränderungen, einer zeitlich-gesellschaftlichen Situation steht (vgl. ebd.).

Nach diesem editionswissenschaftlich geleiteten Ansatz kommt es erst zum Textabschluss, wenn entweder der Entschluss des Textproduzenten feststeht, den Textprozess zu beenden oder es aufgrund des Desinteresses des rezipierenden Publikums nicht zu einer Fortführung des Textes kommt (vgl. Martens 1971: 170). Diese beiden letztgenannten Punkte sind gerade für Texte in digitaler Form denkbar und sollen als innere und äußere Abschlussbedingung verstanden

29 Scheibe (1971) führt als Merkmale der Varianz ferner Unterschiede in Metrik, Grammatik und Bedeutung an. Für den zur Anwendung kommenden Textfassungsbegriff sollte die Fokussierung auf Grapheme und Interpunktion, die weitestgehend auch Aspekte der Grammatik (wenn auch nicht in allen Fällen solche der Metrik oder Bedeutung) aufgreifen kann, allerdings genügen.

werden. Prinzipiell ist der Verfahrensprozess, der so einem Text[30] zugrunde liegt, jedoch nie abgeschlossen, da eine erneute Revision oder eine weitere Veränderung zu keinem Zeitpunkt ausgeschlossen werden kann. Ferner gilt in diesem Zusammenhang für den Begriff der Textdynamik die Feststellung eines Prozesses, der nicht darauf angelegt, ist ein letztgültiges Ergebnis zu erreichen. Es geht vielmehr um Annäherungsbewegungen. Hierzu gehört auch die stetige Entwicklung und Veränderung der Autorenschaft und der entsprechenden sozialen Zusammengehörigkeit.

Die digitale Textfassung[31] ist also als Station im Textprozess zu verorten und gleichzeitig einer übergeordneten Einheit ‚Text' unterzuordnen: Durch die Fassung wird es möglich, sowohl den zeitlichen Ablauf einer Textentwicklung als auch die sich verändernde Textgestalt in diesem Ablauf zu verdeutlichen. Als Bedingung für die digitale Textfassung werden deshalb in der Regel die genaue zeitliche Zu- und Einordnung und der Nachweis der Vorlage einer konkreten Textgestalt zu jedem Zeitpunkt angegeben; in der Versionsgeschichte eines Wikis erfolgt dies etwa für jeden Artikel über die Nennung von Datum und Zeit sowie den Namen oder die IP-Adresse des Autors in der Archivierung.[32] Dabei geht es zunächst weniger um die Bewertung und Analyse von zugrunde zu legenden Textzeugnissen, Positionen der Bearbeitung und Kommentaren, sondern um die Einordnung einer Produktionsetappe in ein digitales, sich ständig weiterentwickelndes Datennetz.

Für die digitale Textfassung ergeben sich abschließend folgende Bedingungen: Sie ist sowohl in Teilen identisch als auch variant in Bezug auf vorhergehende und nachfolgende Textzustände und in jedem Fall zeitlich sowie in Teilen inhaltlich von diesen abgetrennt. Die digitale Textfassung wird damit zu einer

30 Hier setzt auch der eigene Textbegriff an, vgl. die Ausführungen im nächsten Teilkapitel.

31 Der Begriff der ‚Fassung' ist der der ‚Stufe' (verwendet von Martens 1971) vorzuziehen, da er nicht so sehr auf die weitere Entwicklung des Textprozesses als höherwertiges Stadium abzielt, wie es durch den Stufenbegriff suggeriert wird. Die Bezeichnung ‚digitale Textfassung' oder ‚Textfassung' ist in dieser Studie ferner synonym zu ‚Artikelfassung' in Gebrauch, bisweilen ist letztere auch als Hyponym aufzufassen. Es wird davon ausgegangen, dass kollaborative Hypertexte durch Überschreibungsprozesse prinzipiell ‚digitale Textfassungen' ermöglichen können. Dass diese in Form von Artikeln vorliegen, ist als spezielle Konkretisierung durch das Wiki-System zu werten.

32 Versionsgeschichten werden so zu einem Repositorium für Metainformationen (bezgl. Änderungsdaten, Versionenanzahl und sonstiger Kommentare) zu einem Artikel. Solche Elemente der Versionsgeschichte können aufschlussreiche Informationen über die soziale Struktur und Dynamik der Artikelerstellung liefern.

Darstellungs- bzw. Arbeitseinheit, die einem bestimmten Punkt in Zeit und Raum zugeordnet werden kann und nicht losgelöst von diesem zu betrachten ist. Sie ist ferner geprägt durch Produzenten, die wiederum in vielfachem Bezug zu zeitlich-sozialen Begebenheiten stehen, die die digitale Textfassung mitbestimmen.

1.2.4 Zur Ausrichtung des Textbegriffs

„Für den Textbegriff ergibt sich […] die Forderung, ihn aus der Eindimensionalität, aus der der Fixierung auf einen einmal erreichten Einzelzustand herauszulösen."
(Martens 1971: 168)

Nachdem mithilfe der Textualitätskriterien ein ungefährer Rahmen für Textformen in hypertextueller Umgebung absteckt werden konnte, gilt es nun, die Dimension eines sich in diesem Rahmen bewegenden Textbegriffs auszuloten. Dabei scheint der schon häufiger beschrittene Weg sinnvoll, den Textbegriff für die jeweilige Forschungsfrage zu operationalisieren, indem Teilaspekte aufgegriffen und begründet werden.[33] Diese Richtung verfolgt etwa auch der integrative Ansatz Brinkers (^{7}2010). Er verdeutlicht, dass der Textbegriff sowohl einem sprachsystematischen als auch einem kommunikationsorientierten Anspruch Rechnung tragen sollte. Der von ihm entworfene Textbegriff bezeichnet deshalb „eine begrenzte Folge von sprachlichen Zeichen, die in sich kohärent ist und die als Ganzes eine erkennbare kommunikative Funktion signalisiert" (Brinker ^{7}2010: 17). Dieser Definitionsrichtung ist deshalb auch zu folgen, da sie den Kohärenzaspekt stark in den Mittelpunkt rückt, wobei ferner die grammatische und thematische Komplexität von Texten mit beachtet wird. Wie bereits oben ausgeführt, wird in dieser Studie betont, dass Kohärenz mehr beinhaltet als die Folge von sprachlichen Zeichen bzw. Sätzen, die in einer bestimmten, nämlich kohärenten Abfolge auftreten. Bereits bei de Beaugrande/Dressler (1981: 88) wird deutlich, dass in Bezug auf Textkohärenz von einer inhaltlichen Sinnkontinuität von Texten gesprochen werden kann.

---

33 Den Kern des Textbegriffs als Grundeinheit sprachlicher Kommunikation mit thematischer Bestimmung und in ausübender Funktion formulierte Hartmann (1968), noch stark auf mündliche Äußerungen bezogen. Die Mittlerposition von Text berücksichtigt Ehlich (1984). Gerade viele aktuellere Auseinandersetzungen mit dem Textbegriff legen nahe, dass diesem, um verschiedenen Erkenntnisinteressen Folge zu leisten, nicht zu enge definitorische Grenzen gesetzt werden sollten. So z. B. auch die Anregung eines prototypischen Verständnis bei Sandig (2000, ^{2}2006), der Überblick und die Überlegung bei Adamzik (2004: 31–48) sowie die gesammelten Darstellungen bei Fix u. a. (2002) und Janich (2008).

Des Weiteren unterstreicht eine Anlehnung an den Brinkerschen Textbegriff m. E. im Besonderen zwei Aspekte, die so essenziell sind, dass ihre Veränderung immer zu einem anderen Text führt: (1) die sprachliche Ausführung eines (2) inhaltlichen Zusammenhangs. Zu diesen sollte jedoch noch der, bei Brinker nicht explizit ausgeführte, mediale Träger (3) treten, durch den die Realisierung der erstgenannten Aspekte erst möglich wird.[34] Diese Aspekte dominieren das Text verständnis, das dieser Studie zugrunde gelegt wird und folgen im selben Zusammenhang sowohl einer sprachlichen als auch einer funktionalen Perspektive.

Der Versuch der Modifizierung und Verallgemeinerung des Brinkerschen Textbegriffs zeigt allerdings auch, dass *Text* nicht nur ein materielles Zeugnis, wie etwa eine Todesanzeige in einer Zeitung, sondern auch ein abstraktes oder virtuelles Konzept sein kann, das als Analysekategorie hinter seinen vielen möglichen konkreten Ausformungen – im vorliegenden Fall der digitalen Textfassung – zurückstehen muss.[35] Darüber hinaus machen die Entwicklungen des aktuellen Medienwandels und seine Auswirkungen nur allzu deutlich, dass die möglich werdenden Textrealisierungen immer schwerer traditionellen Textauffassungen zuzuordnen sind, als noch diejenigen, die aus analogen Medien stammen.

Auch dem aus der editionswissenschaftlichen Perspektive stammenden und hier angeführten Vorschlag, Text als die „Summe aller Textzustände" (Scheibe 1982: 28; Martens 1989: 5) zu begreifen, ist nur eingeschränkt und zwar immer nur als abstraktes Konzept zuzustimmen. Besser wäre es wohl, in diesem Zusammenhang von einer Art ‚totalem Text' (vgl. Gabler 1984) zu sprechen, der eine diachrone Struktur etabliert, in die alle (materiellen) Textzustände eingehen und in der Textfassungen synchrone Positionen in einer abstrakten Einheit kennzeichnen.

Nicht nur mit der Brille der Editionsphilologen ist also zunächst an ein statisches Textverständnis zu appellieren, das von einem einheitlichen, in sich geschlossenen Sprachgebilde ausgeht und damit von etwas Feststehendem. Diesem Verständnis nach würde jede hier so benannte Textfassung als selbstständiger Text erscheinen, da sich jeweils die sprachlichen Ausführungen eines inhaltlichen Zusammenhangs ändern. Dagegen (oder, je nach Betrachtungsweise, ergänzend) geht die dynamische Sichtweise per se von einem Gebilde aus, das sich in ständiger Veränderung befindet. Dies betrifft einerseits die Textkonstitution, die durch Rezeption, also den individuellen Lesevorgang erreicht wird und dadurch

34 Gerade im Hinblick auf technisch realisierte Kommunikation ist es in diesem Zusammenhang wichtig, auf Trägermedien hinzuweisen (vgl. Weingarten 2001).

35 Auch bei van Dijk (1980) ist die Einheit, Geschlossenheit und Ganzheit eines Textes linguistisch nicht fassbar.

jeweils einen eigenen Text schafft.[36] Andererseits bezieht sich diese Überlegung auf die Textproduktionsbedingungen und darauf, dass der Text innerhalb seiner Entstehung und Bearbeitung verschiedene sogenannte Stadien durchläuft, die durch die beschriebenen unterschiedlichen Fassungen eines Textes in Erscheinung treten.[37]

Gerade die letztgenannte dynamische Sichtweise führt dazu, dass die Aufmerksamkeit auf die komplexen Zusammenhänge gelenkt wird, die zwischen den (digitalen) Textfassungen bestehen. Im Gegensatz zur isolierten Betrachtung einer Entwicklungsposition kann so ein tiefes und umfassendes Verständnis des Textes ermöglicht werden. Dies erfolgt auch dadurch, dass die Identität des Textes nicht auf einen statischen beziehungsweise konservierten Zustand einer ganz bestimmten Textgestalt reduziert wird. Vielmehr soll im Zeichen des abstrakten Textverständnisses an die Wahrnehmung eines Zusammenwirkens von „Festgefügtheit und entgrenzender Bewegung" (Martens 1989: 19), an die Berücksichtigung des Wechselspiels von Statik und Dynamik appelliert werden.

Das hier angeführte, und m. E. keineswegs eklektische, Textverständnis geht also aus von einer

> Grundgesamtheit von zu unterschiedlichen Zeitpunkten geäußerten und inhaltlich zusammenhängenden sprachlichen Abfolgen, die auf einer abstrakten Ebene zu situieren sind, von der aus die (digitalen) Textfassungen realisierte Repräsentanten auf einem medialen Träger darstellen.

Diese Betrachtungsweise erlaubt ferner, die Entwicklung eines Textes auch an statisch definierten Positionen zu verfolgen. Wann die Veränderung der zugrunde gelegten Aspekte sprachliche Abfolge, inhaltlicher Zusammenhang und medialer Träger so umfassend ist, dass sie zu einem anderen Text führt, wird an gegebener Stelle zu untersuchen sein.

---

36 Gedacht sei hier an unstete Abstrakta, die sich immer wieder neu durch den jeweiligen Rezeptionsakt konstituieren, beschrieben auch als „verdinglichte Resultate von Aktivitäten" (Heinemann/Viehweger 1991: 126).

37 Für die Diskussion statischer und dynamischer Textkonzepte und die Verfechtung eines komplexen Textbegriffs, der beide Konzepte umfasst, steht wiederum Martens (1989; insbesondere S. 19). In diesem Zusammenhang ist auch wieder auf die o. g. Formulierung der „inhaltlichen Sinnkontinuität" (de Beaugrande/Dressler (1981: 88) hinzuweisen, die sowohl statisch, also nur zu einem einzigen Zeitpunkt bestehend, als auch, die (Gesamt-)Entwicklung repräsentierend, dynamisch aufgefasst werden kann.

1.2.5 Organisationsprinzipien von Text

Mit der Vorstellung einer dynamischen elektronischen Textfassung, die repräsentativ für ein im Hintergrund befindliches Textkonzept steht, stellt sich die Frage, was diese Textfassungen ausgehend von Kohärenz zusammenhält und welche Mittel der Organisation zum Tragen kommen können. Zu fragen ist dabei insbesondere nach der Feststellung thematischer Zusammenhänge und Strukturierungsmuster, die auch in einer hypertextuellen Struktur und in Bezug auf kollaborative Textproduktion möglich ist.

In seinem Ansatz zur Dynamischen Texttheorie (= DTT) sucht Fritz (2013) Konstellationen von Organisationsprinzipien einer adäquaten Texttheorie zu etablieren. Dabei unterscheidet er zwei Idealtypen von Organisationsprinzipien von Text[38]: additive und integrative Konzeptionen. Während unter additive Konzeptionen eher Beschreibungsebenen wie die referentielle, thematische und temporale Struktur, Illokutionsstruktur, Argumentationsstruktur sowie rhetorische Struktur fallen (vgl. auch Stede 2007), legt Fritz den Schwerpunkt auf eine integrative Texttheorie. Für diese sieht er unterschiedliche Organisationsprinzipien von Text, z. B. Wissensaufbau, Themamanagement und Koreferenz, ineinandergreifen. Eine wesentliche Komponente der DTT ist die Beschreibung von Organisationsprinzipien für lokale und globale Sequenzierungen. Diese soll nun dahingehend beleuchtet werden, ob sie für die gewählten Fragestellungen den geeigneten theoretischen Rahmen bietet.

Im Rahmen der lokalen Textorganisation gilt bei Fritz (2013: 134–278) z. B. die vorwärts- und rückwärts orientierte Betrachtung von Text für alle Organisationsprinzipien. Kommunikative Prinzipien wie das Prinzip der Verträglichkeit von aktuellen mit früheren Äußerungen im Text und das Relevanzprinzip, über Sperber/Wilson (1986) und Grice (1968) hinausgehend, bekommen eine besondere Rolle zugewiesen. Fritz betont, dass diese Prinzipien auch für non-lineare Angebote, wie z. B. den Hypertext, für die es zunächst so zu sein scheint, dass es keine (vorgegebenen) Sequenzen nach bestimmten Sequenzmustern gibt, gelten. Der Nutzer schafft sich seine eigene Linearität mit der Wahl seines Benutzerpfades, wobei immer zu überlegen ist, wie der Pfad sinnvoll oder kohärent in die (konstruierte) lineare Lesefolge eingefügt werden kann (vgl. Fritz 2013: 202). Diese Überlegung folgt den Organisationsprinzipien von Text, insbesondere den thematischen Zusammenhängen und funktionalen Sequenzmustern. Da es mehrere, wenn nicht teilweise sogar unzählige, Benutzerpfade gibt, greift hier

38 Fritz' Auffassung von Text liegt der Charakter eines „sozialen Werkzeugs" (Fritz 2013: 14) zugrunde.

eher die Bezeichnung der ‚multi-linearen Sequenz'. Die Beachtung der Organisationsprinzipien führt in der Regel also, auch in komplexen (Sequenz-)Angeboten, zu einer grundsätzlichen Linearität.

Über Referenz und Koreferenz werden nach Fritz (ebd.: 225) die Zusammenhänge zwischen den verschiedenen Organisationsprinzipien von Text, und zwar Sequenzmustern Themaorganisation und Wissensaufbau, besonders deutlich. Auch die funktionale Organisation spielt eine Rolle. In Bezug auf Hypertext (ebd.: 266–268) ist die Koreferenz beim Übergang von einem Knoten zu einem anderen besonders relevant, da die Kenntnis eines bestimmten Vorgängerknotens nicht unbedingt vorausgesetzt werden kann, wenn unterschiedliche Pfade zum Erreichen eines bestimmten Knotens möglich sind. Strategien der Koreferenz sind hier z. B. die Verwendung von Eigennamen oder stark determinierte Kennzeichnungen, die eine thematische oder funktionale Orientierung (z. B. auch über Hilfeseiten) geben.

Deutlich wird bei Fritz, dass das Thema das wichtigste Organisationsprinzip ist, da es Relevanz- und Sequenzierungskriterien liefert (ebd.: 279). Natürlich hängen Thema und Funktion zusammen bzw. treten sie stets gemeinsam auf, doch rät Fritz zu einer systematischen Unterscheidung. Das alltagsphänomenale Auftreten thematischer Organisation sieht er etwa als wichtigstes Prinzip für die Textkohärenz. Es stellt praktisch das Kontrollzentrum für den Aufbau der Textwelt dar (s. a. de Beaugrande 1997: 163). So werde gleichzeitig die Dynamik des Gegenstandsbezugs im Zusammenhang mit der Anwendung von anderen Organisationsprinzipien von Text deutlich und damit der Doppelcharakter des Themas als Gegenstand und organisatorisches Mittel.

Von den textbezogenen Themabegriffen, die von den möglichen Ansätzen Gegenstand, Kerninformation oder Fragestellung ausgehen, präferiert Fritz eindeutig eine Gegenstandsorientierung (vgl. Fritz 2013: 300). Nach dieser sei es möglich, dem Textproduzenten „Relevanzkriterien für einzelne Textteile" (ebd.) zu liefern, während zugleich die Textrezeption in einem Verständnisrahmen stattfindet. Dagegen werden Ansätze, die die Fragestellung in den Mittelpunkt rücken, als problematisch eingestuft (vgl. Fritz 2013: 284). Gerade Positionen, nach denen außer Zweifel steht, „daß ein Thema im normalsprachlichen Sinne des Wortes etwas Fragliches ist" (Hellwig 1984: 14) sollten m. E. jedoch als Anreiz bzw. Ausgangspunkt aufgefasst werden, sich intensiver mit einer *bestimmten* Themaform zu beschäftigen. Insbesondere wenn, wie Fritz betont, „thematische Organisation [...] in offensichtlicher Weise greifbar in kommunikativen Zusammenhängen" (Fritz 2013: 280) wird. Eben aufgrund der vielfältigen

Möglichkeiten kommunikativer Zusammenhänge muss es m. E. auch ganz individuelle und formbare Herangehensweisen des Themabegriffs geben.

In dieser Hinsicht sollte auch ein Ausgriff auf die Fragetheorie bewertet werden, die, anders als Fritz‘ (ebd.: 284) Ausführungen es vermuten lassen, für Texte, die eine Frage- oder Problemstellung behandeln, durchaus geeignet zu sein scheint (vgl. auch Schröder 2003: 50–77). In weiterer Auseinandersetzung mit einem fragetheoretischen Ansatz werden im Folgenden auch Wege aufzuzeigen sein, wie eine vorangestellte explizite Themaformulierung durch einen Text umgesetzt werden kann und welche Relevanzkriterien ein Thema für einen Text liefern kann.

Die Produktion eines zusammenhängenden Textes gelingt unter Beachtung der von Fritz genannten Prinzipien nun dadurch, dass man Sequenzmustern folgt, thematische Zusammenhänge nutzt oder konstruiert, einen systematischen Wissensaufbau organisiert und Zusammenhänge mit geeigneten sprachlichen Mitteln signalisiert. Dies gilt für eine lokale sowie für eine globale Herangehensweise. Bei letzterer sind die Abfolgeregeln allerdings häufig flexibler angelegt, woraus sich vielfältige Sequenzierungsvarianten ergeben können, die Raum schaffen für strategische Erwägungen im Hinblick auf Textualität und Textwirkung.

Diese Perspektive der globalen Sequenzierung ist für multilineare Textrealisierungen in hypertextueller Umgebung unerlässlich, in denen der Nutzer verschiedene Selektions- und Sequenzierungsleistungen zu erbringen hat und gleichermaßen funktionale und thematische Zusammenhänge abarbeiten muss. Auf diesem Sequenzpfad ist die Berücksichtigung einer Dynamik (d. h. „die Notwendigkeit der lokalen Anpassung“ (Fritz 2013: 338)) des Wissensaufbaus unerlässlich. Dennoch ist es schwierig einen solchen Pfad adressatenspezifisch anzulegen, da eine Linearisierung nach bereits genannten Prinzipien angestrebt werden muss. Eine potenziell hochgradige Verzweigungsstruktur, z. B. in Form eines thematischen Netzes, stellt den Nutzer jedoch zunächst vor allem vor diverse Entscheidungsprobleme.[39] Als eine der Stärken der hypertextuellen Realisierung sei jedoch in diesem Zusammenhang auf das von Fritz so bezeichnete „just in time Wissen“ hingewiesen (ebd.: 426), nach dem Problemstellen antizipiert werden können und das dort nötige Wissen mithilfe von Hyperlinks zur Verfügung gestellt werden kann.

Als Organisationsprinzipien von Hypertext nennt Fritz (ebd.: 307) damit das Netzwerk von Knoten, die durch Links verbunden sind, die hierarchisch

39 Nähere Ausführungen dazu in Kapitel 2.5.2.

ausgerichtete Knotenkonstellation und die sich aus diesen ergebenden linearen Eigenschaften des gewählten Benutzerpfades.[40] Letztere bewertet Fritz als fundamental: Rezeption und Produktion haben eine lineare Folge von Äußerungen vor Augen, die funktional und thematisch strukturiert ist. Die kommunikative Alltagspraxis sieht thematische Netzstrukturen und hierarchische Strukturen als Produkte einer Reflexion vor. Der Hypertext gebe darüber hinaus Hinweise auf den methodischen Charakter der Rekonstruktion von thematischen Netzen und hierarchischen Strukturen von thematischen Zusammenhängen.

Es zeigt sich damit, dass Linearisierungsfragen für eine dynamische Texttheorie von besonderem Interesse sind. Um diese beantworten zu können, stehen Organisationsprinzipien zur Verfügung, die wiederum auf Kohärenz ausgerichtet sind. Wichtig scheint insbesondere zu sein, dass diese Prinzipien und auftretende Linearisierungsfragen, vor allem die der thematischen Ausrichtung, immer relativ zum Text und interaktantenspezifisch zu stellen sind. Der hier dargestellte dynamische Ansatz von Fritz bietet, auf den Hypertext bezogen, einige wichtige Hinweise. Zu fragen ist allerdings, ob nicht eine handlungsbezogene Betrachtungsweise noch mehr in den Mittelpunkt eines dynamischen Ansatzes zu stellen wäre. Im Folgenden soll deshalb der Fokus auf eine stärkere interaktive Perspektive gelegt werden, die damit die Verbindung von Text und Thema in kommunikativen Zusammenhängen unter dem Aspekt der Quaestio betont.

1.2.6 Textfassung und Quaestio

Für einen Untersuchungsgegenstand wie Wikipedia, der seinen Nutzen über die Möglichkeit der Suche und somit mehr oder weniger direkt über die Eingabe von Fragen erfährt, scheint es sinnvoll, sich einem Thema-Konzept zu widmen, welches Frage- und Problemstellungen in den Mittelpunkt stellt.[41] Ein Ansatz, der zusätzlich die Abhängigkeit von Produktion und Rezeption in Bezug auf die Strukturgröße Text berücksichtigt und zudem eine große Offenheit zulässt, verfolgt von Stutterheim (1997) unter Beachtung der ‚Quaestio'. Text wird hier

40 Fritz (2013: 457) definiert Hypertext wie folgt: Ein Hypertext ist eine Konstellation von funktional-thematischen Bausteinen („Hypertextmodulen", „topics"), die durch Links verknüpft sind und die vom Benutzer in unterschiedlichen Abfolgen durchlaufen werden können. Sie sind „multilinear" angeordnet, sodass sich Benutzerpfade in unterschiedlichen Sequenzierungen ergeben; jeder Benutzerpfad hat wiederum viele Eigenschaften eines sequentiellen Textes. Nähere Ausführungen zur Definition von Hypertext in Kapitel 2.1.

41 Vgl. Ungeheuer (1980), Hellwig (1984), Klein/von Stutterheim (1992), von Stutterheim (1997).

verstanden als Lösung kommunikativer Aufgaben in Form einer komplexen Antwort auf eine einleitende Frage (= Quaestio), die inhaltliche und (informations-)strukturelle Vorgaben macht. Die Vorgaben gelten nicht nur für einzelne Sätze, sondern auch für den Satzzusammenhang und eine über diesen gebildete geschlossene kohärente Einheit (vgl. von Stutterheim 1997: 16). Der vielschichtige Textplanungsprozess beinhaltet also ein höchst integratives Potenzial der durch die Frage gestellten kommunikativen Aufgabe. Von Stutterheim (1997) und von Stutterheim/Klein (z. B. 1989; 2008) legen mit dem Quaestio-Ansatz zwar insgesamt betrachtet ihren Schwerpunkt auf die mündliche Textproduktion. Es erscheint allerdings sinnvoll, aus ihren Ausführungen allgemeinere Prämissen abzuleiten, die auch für die schriftliche bzw. insbesondere kollaborativ (und hypertextuell) orientierte Textproduktion gelten können. Ihr Ansatz soll deshalb im Folgenden etwas näher erläutert werden.

Bereits in der antiken Rhetorik wurde die Quaestio als Frage konzipiert, die in einem Äußerungsereignis, einem Text oder einer Rede beantwortet wird (vgl. Bußmann [4]2008: 563). Die Quaestio, verstanden als ‚Intention für Rede', bewirkt im Textplanungsprozess inhaltlich die Festlegung eines Sachverhalts als Thema und damit verbunden die Selektion eines bestimmten Ausschnittes des beim Sprecher vorhandenen Wissens sowie die Festlegung einer Perspektive und damit die spezifische Verankerung und Strukturierung des vorhandenen Wissens (vgl. von Stutterheim 1997: 20–45). Sie ist also steuernde Instanz bei der Planung eines Textes. In der Textproduktion werden dann propositionale Strukturen erzeugt, also eine Zusammensetzung von Informationen, die verschiedenen konzeptuellen Domänen (s. u.) angehören: Texte sind damit nach von Stutterheim/Klein (2008: 223) Geflechte verschiedener Informationsbestandteile aus eben diesen Domänen.

Als bestimmend für die Wandlung der Textgestalt betrachten die Autoren etwa Wissenskomponenten und Verarbeitungsprozesse, deren Ergebnis dann durch den Text repräsentiert ist. Strukturell gesehen geht es dabei um die hierarchische Organisation von Informationseinheiten in Hauptstrukturen, welche auf die Quaestio antworten, sowie in nicht-Quaestio-bezogene Nebenstrukturen. Ferner ist ein Schwerpunkt die sequentielle Organisation der Informationseinheiten, die den bereits im vorherigen Teilkapitel angesprochenen Aspekt der Linearisierung einbezieht. Die Mikroplanung auf Äußerungsebene ist dabei weitgehend aus den Vorgaben auf der Makroebene abzuleiten, womit prinzipiell immer von zwei Strukturebenen auszugehen ist, die einen Zusammenhang bilden. Die Hauptstruktur des Textes legt die Quaestio fest, wobei hier Kohärenz für die Musterbildung eine wichtige Rolle spielt. Von Stutterheim (1997: 30–33) unterscheidet in diesem Fall zwischen statischer Kohärenz, bei der Referenzen des Textes von Äußerung zu Äußerung erhalten bleiben und Komponenten eines Situationsrahmens sind, und der dynamischen Kohärenz, die sich nach dem Linearisierungsprinzip für den sequentiell organisierten Zugriff über Muster des referentiellen Bezugs ergibt; insgesamt betrachtet wird davon ausgegangen, dass kohärente Texte einem einheitlichen Linearisierungsprinzip unterliegen (vgl. von Stutterheim/Klein 2008: 224).

Aspekte der Hauptstruktur/Nebenstruktur-Gliederung, dem Bewegungsmuster der Referenz oder auch der ‚Informationsentwicklung' und der Topik-Fokus-Gliederung bestimmen damit die Informationsorganisation auf der Makroebene. Von dieser werden dann spezifische Informationen für die konkrete Inhaltsplanung ausgewählt: „[S]trukturelle Vorgaben für den Aufbau der Hauptstruktur beziehen sich auf Kohärenzmuster, oder – wie wir es nennen wollen – auf Bedingungen der referentiellen Bewegung von einer Äußerung zur nächsten" (von Stutterheim 1997: 40). Für die Kriterien der Informationsverteilung werden die Spezifikationen des Fokus von den Komponenten der Topik bezüglich des anzunehmenden Antworttextes vorgegeben (vgl. ebd.). Um auf die Quaestio antworten zu können, muss also der globale Rahmen der Topikinformation übernommen werden. In jedem anderen Fall werden neue globale Vorgaben gesetzt, um einen kohärenten Text zu schaffen, die dann jedoch keine Antwort auf die gestellte Frage mehr darstellen.

Als weiteres Beschreibungsinstrument berücksichtigt von Stutterheim (vgl. ebd.: 56) den Aspekt referentielle Besetzung. Die referentielle Besetzung sogenannter Konzeptdomänen bestimmt den semantisch-konzeptuellen Rahmen von Äußerungssequenzen. Es wird angenommen, dass Textproduzenten sich im Laufe des Produktionsprozesses an fünf Konzeptdomänen orientieren, den sogenannten „Säulen der inhaltlichen Strukturen" (ebd.: 62): Person/Objekt, Ereignis-Prädikation, Zeit, Raum und Modalwerte (vgl. ebd.: 57). Die komplexe konzeptuelle Repräsentation der Redeintention wird dann in einer Folge von Äußerungen umgesetzt. Innerhalb der postulierten konzeptuellen Domänen werden verschiedene Muster sogenannter referentieller Bewegung unterschieden. Dabei geht es um die Art und Weise, wie sich in einem Text bzw. in einer mündlichen Äußerung die Information von einem Segment zum nächsten entfaltet. Diese haben wiederum unterschiedlichen Einfluss auf die Kohärenz: Textgegenstände können neu eingeführt, wiederaufgenommen, erweitert, eingegrenzt und verschoben sein. Bleibt die referentielle Besetzung gleich, trägt die referentielle Bewegung wie o. g. zur statischen Kohärenz einer Folge bei, verändert sie sich (regelhaft), führt sie zu einer dynamischen Kohärenz (s. o.).

So tragen verschiedene Typen referentieller Besetzung in unterschiedlicher Weise zur Entstehung von Kohärenz bei.

Es zeigt sich damit, dass die Beschränkungen der Quaestio sich auf die Selektion, Anordnung und Gewichtung von Information auswirken sowie in Bezug auf die Gewichtung von beteiligten Faktoren, was letztendlich dazu führt, dass Texte als Lösungen zu bestimmten kommunikativen Aufgaben betrachtet werden können. Die Anwendung des Quaestio-Modells ist darüber hinaus insofern flexibel, als es sich nicht auf bestimmte sprachliche oder grammatische Phänomenbereiche zur Erklärung der inhaltlichen Beziehungen der Segmente beschränkt, sondern, wie die Ansätze bei Huber (2003: 92–99) zeigen, auch im Bereich des elektronischen Hypertextes Anwendung finden kann.

Um die inhaltlichen Beziehungen zwischen Text- oder Äußerungssegmenten zu beschreiben, verspricht das Quaestio-Modell daher ein geeignetes Instrument. Die Quaestio eines Textes ist in ihrer allgemeinsten Form die kommunikative Aufgabe in Bezug auf Informationsauswahl und -organisation. Der Prozesscharakter des Ansatzes kann dementsprechend für die bereits erwähnten hypertextuell geformten Produktions- und Verstehensprozesse eine gewinnbringende Perspektive sein. Davon unabhängig ist es von Vorteil, dass verschiedene Einflussgrößen in ihrem Zusammenwirken berücksichtigt werden, worüber man zu einem grundlegenden Verständnis der (Hyper-)Textstrukturen und der Prinzipien, die diese Struktur bestimmen, gelangen kann. Wie bei Huber (ebd.) zu sehen, kann die referentielle Bewegung als thematisch-struktureller Aspekt auf unterschiedlichen Ebenen des Hypertextes als Analysekategorie Anwendung finden. Es sei jedoch angemerkt, dass gerade für den Hypertext neben den von Huber genannten Propositionenbeziehungen, die sich auch über die Knotengrenze hinweg etablieren können, prinzipiell ebenso referentielle Bewegungen auszumachen sein dürften. Im Fall der dynamischen Kohärenz müsste außerdem das Verhalten von Hyperlinks mitberücksichtigt werden: Hier ist ein einfacher Wechsel zwischen thematisch verwandten Modulen unterschiedlicher Hypertextdokumente möglich, der zur Veränderung der Quaestio führen kann. Bedacht werden müssten in diesem Fall jedoch auch mögliche Kohärenzbrüche oder fälschliche Koreferenzen. Nicht außer Acht gelassen werden darf zudem, dass Überschreibungsprozesse zur Veränderung der Quaestio führen können. Auszugehen ist ferner von verschiedenen Formulierungen von Teilquaestiones innerhalb einer Konzeptdomäne (vgl. z. B. von Stutterheim 1997: 103). Es gilt deshalb bereits an dieser Stelle der Vorschlag, für das Quaestio-Modell nicht nur eine synchrone, sondern auch eine diachron-kontrastive Perspektive anzunehmen, um verschiedene Entwicklungsstufen eines (Hyper-)Textes untersuchen zu können. Der Quaestio-Ansatz wird damit auf schriftliche Textproduktionsprozesse, die in hypertextueller Umgebung stattfinden, an gegebener Stelle (Kapitel 4) erweitert werden müssen.

1.3 Kollaborative Wissensverfahren

In soziotechnisch geprägten Wissenssammlungen des Internetzeitalters ist die soziale Teilkomponente stark von kollaborativen Wissensverfahren geprägt, die sich wiederum deutlich auf den angesprochenen Prozesscharakter der Textverfahren auswirkt.[42] Die Zusammenarbeit mehrerer Akteure an einem Projekt, wie einer Wissenssammlung, wird mitbestimmt durch die mediale Umgebung und die mögliche Indikator- und Referenzleistung der Sammlung. Zudem gilt es in diesem Zusammenhang auf das Phänomen der Wissensüberschreibung aufmerksam zu machen.

1.3.1 Informationswerkzeuge und reagierende Medien

Als Beispiel der klassischen Wissenssammlung sind bereits gedruckte Nachschlagewerke nicht nur Rechercheinstrumente, sondern auch Zustandsprotokollanten ihrer Zeit (vgl. Estermann 1988: 251, 257). Von ihrer Charakteristik her sind sie zudem Gegenstände ständiger Neuausrichtung, was durch Neuauflagen möglich wird. Diese Neuausrichtung und Orientierung am Zeitgeschehen beeinflusst auch ihre Wissensspeicherfunktion, die prinzipiell fortlaufend erweiterbar sein muss.[43] Sieht man sich den Transformationsprozess des Enzyklopädiegedankens in die Neuzeit an (vgl. Pscheida 2010), wird neben inhaltlichen Indikatorwerten, wie z. B. Themenrelevanz, Such- und Nachschlageoptionen, die Ausrichtung an externen Gegebenheiten in Verbreitung und technischer Formierung umso deutlicher.

Als Repräsentationsformat für Wissensbestände geben Nachschlagewerke bzw. moderne Nachschlagesysteme, zu denen auch webbasierte Wissenssammlungen

---

42 Auf den Begriff der Kollaboration wird in Kapitel 3.1.2 eingegangen. Zum besseren Verständnis sei bereits an dieser Stelle erwähnt: Unter Kollaboration wird der Prozess des Zusammenarbeitens verstanden; im Unterschied zu Kooperation ist sie nicht auf das Erreichen eines gemeinsamen Ziels gerichtet. Kollaborative Prozesse sind jedoch nicht nur für die Wikipedia relevant, sondern spielen in vielen Bereichen des Informationsmarktes eine Rolle (vgl. Lih 2004; Emigh/Herring 2005).

43 Gouws (2000: 131) bezeichnet Wörterbücher auch als "containers of knowledge".

gezählt werden sollen, ihre Inhalte über ihre technisch-mediale Funktion[44] weiter. Eine gegenseitige Bedingung von Funktion und Form ist deswegen kaum auszuschließen. Die bisher letzte Entwicklungsstufe zeigt, dass der durch die Buchform bedingten recht langen Entstehungszeit mit der Implementierung von hypertextuellen Informationssystemen entgegenzuwirken versucht wurde. Form und Funktion scheinen deshalb bis zu einem gewissen Punkt zusammenzufallen, eignet sich doch die Textsorte ‚Nachschlagewerk' nur allzu gut für das Hypertextprinzip. Dies aber nicht nur, weil dem Nachschlagewerk – so die weit verbreitete Ansicht – die Hypertextidee schon lange innewohnt[45], sondern auch weil in digitaler Form zügig auf die oben angesprochenen Zeitströmungen reagiert werden kann und der Platz zudem nicht begrenzt ist: „Hypertexte sind virtuell und damit von den Raum-Zeit-Begrenzungen der gedruckten [Texte] befreit" (Bucher 1999: 10). Traditionell analoge Referenztexte werden demgemäß also funktional durch Hypertexte erweitert. Die hypertextuelle Umgebung als offenes System entspricht dann auch der Charakteristik der ständigen Neuorientierung und -ausrichtung einer Wissenssammlung, z. B. in Form von Versionierungen, und eignet sich für einen Wissensspeicher, der theoretisch und praktisch nie eine endgültige Form erlangen kann: „Wissen ist immer Wissen bis auf Widerruf, kann jederzeit angezweifelt werden und muss immer mit Widerlegung rechnen" (Iske 2002: 64). Dass damit auch bestimmte Probleme verbunden sind, wie Verzettelung, ausufernde Artikel durch mangelnde Textbegrenzung u. dgl., die Hypertexte keineswegs zu einer durchweg präzisen Form der Wissenssammlung verhelfen, sollte jedoch in einem anderen Rahmen diskutiert werden.

Diese zunächst nur skizzenhaft dargestellten Umstände haben Auswirkungen auf den anzusetzenden Medienbegriff. Zu beachten ist dabei die zunehmende Tendenz der Bindung der Informationsträger und Wissensrepräsentationsformate an die Computer-Technologie einerseits und ihre Option zur Neuausrichtung

44 In Bezug auf ein Funktionenkonzept lohnt ein Ausblick auf Tarp (2013). Es zeigen sich aber auch recht schnell die Grenzen dieses Konzepts, wenn etwa versucht wird dieses auf die Realität eines Wikis zu übertragen, s. a. Kapitel 2.2.2.

45 Kuhlen siedelt Hypertexte in der Nähe traditioneller Referenztexttypen wie Wörterbuch und Lexikon an (Kuhlen 1991: 37). Doch auch in Bushs Vision von einer Informationsarchitektur (Memex) wird bereits der Möglichkeit Raum gegeben, die mit dieser Idee verbundenen Leistungen optimal umzusetzen: "Wholly new forms of encyclopedias will appear, ready-made with a mesh of associative trails running through them, ready to be dropped into the memes and there amplified" (Bush 1945, Section 8). Auf die verweisstrukturelle Vernetzung in einem multilinearen Text wird in Kapitel 2 genauer eingegangen.

andererseits. Dies hat zur Folge, dass überwiegend technisch und linear verstandene Kommunikationsprozesse, wie z. B. in den sehr frühen Modellen nach Shannon/Weaver (1948) oder Lasswell (1948), alleine nicht ausreichen. Im ersteren Fall wird etwa ein Kommunikationsprozess beschrieben, in dem das Medium zu einem Kanal reduziert wird, der für die Informationsübertragung zuständig ist.[46] Die Lasswell-Formel dagegen ("Who says what in which channel to whom with what effect?") beschreibt weniger ein Modell, sondern versucht vielmehr, die Elemente des Kommunikationsprozesses zu identifizieren.

Positiv an einem technischen oder technologischen Medienverständnis zu werten ist die Hervorhebung des material-technischen Zeichenträgers, dem Medienmittler, und damit sowohl die Benennung der Trägermaterialien als auch der Vervielfältigungsfaktoren. Problematisch zeigt sich jedoch bereits hier die mögliche Überschneidung zwischen Mittler und Medium selbst oder die Frage, ob eine funktionale Trennung überhaupt möglich ist.[47] Ein technischer Medienbegriff, der diesen Anforderungen gerecht zu werden versucht, rekurriert auf die nachrichtentechnische Entwicklung, angezeigt bei Shannon/Weaver (1948), erfordert darüber hinausgehend allerdings die Stufung in primäre, sekundäre und tertiäre Medien.[48] Mittlerweile ist auch zu überlegen, ob hier quartäre Medien

---

46 Die starre, mathematische Form der shannonischen Informationstheorie kritisiert etwa Lévy (1999 [1990]).

47 Zu verweisen ist an dieser Stelle auch auf den Medienbegriff bei Habscheid (2000). Medien als Mittler der Repräsentation von etwas sind ferner transformierende Größen (vgl. Linke/Feilke 2009: 9): So scheine auch die Schrift auf den ersten Blick etwas der Sprache Äußerliches zu sein, nämlich ein bloßes Mittel der Aufzeichnung von Sprache. Das schriftliche Sprachhandeln verändere jedoch die Struktur der Sprache tiefgreifend und führe zur Ausbildung epistemologisch eigenständiger Formen des Sprachdenkens (vgl. Ágel 1999).

48 Wikipedia kann in diesem Zusammenhang aufgrund seiner kommunikativen Konstellation als ‚massenmedial' (vgl. Habscheid 2005) im eingeschränkten Sinne charakterisiert werden. Einerseits wird ein Dienst angeboten, der in seiner technischen und organisatorischen Struktur überwiegend den Rahmen der Ein-Weg-Kommunikation nutzt (im Verhältnis Rezeption-Produktion wird bei Wikipedia weitaus häufiger die Möglichkeit genutzt, Informationen abzurufen, anstatt Artikel einzustellen oder zu bearbeiten; so auch u. a. die Ergebnisse der ARD/ZDF-Onlinestudie 2011; vgl. Busemann/Gscheidle 2011). Andererseits ist Wikipedia von einer gewissen, noch zu erläuternden Interaktion zwischen Textproduzent und -rezipient abhängig. Dennoch lässt sich in dem Sinne von ‚Masse' sprechen, dass sich in dem Kommunikationsprozess, der durch Plattformen bzw. Seiten wie Wikipedia ermöglicht wird, herrschende Meinungen abbilden oder auch die Widerspiegelung und Reproduktion öffentlicher Meinungen und Wertvorstellungen möglich wird. Es sollte also für Wikis als Objekte

(Pross 1972, Faßler 1997) mit einzubeziehen wären, die aufseiten des Produzenten wie auf der des Konsumenten Geräte voraussetzen, die nicht ausschließlich der massenmedialen, sondern auch der individuellen Kommunikation oder der Mitteilungsverbreitung dienen.

Neben der Konzentration auf Material, Form und Qualität der Übertragung, auf den Transfer und seinen Eigenschaften (Messung und Optimierung), müssen also die Entwicklung neuerer medialer Formen und Systeme für den Informationsaustausch berücksichtigt werden, wie etwa soziale Plattformen (Facebook, Instagram), Messengerdienste (WhatsApp, Snapchat) oder Mikroblogs (Twitter). So ist vergleichbar zum Modell nach Shannon/Weaver (1948) der strukturelle Rollenaspekt der Kommunikation von Produzent und Rezipient, wenn auch eher in koinzidierter Form, zwar grundsätzlich anzutreffen, doch ergeben sich in Bezug auf die Informationsquelle und den Kanal Veränderungen, die mit diesen ersten Beschreibungen der Kommunikationsprozesse nicht zu fassen sind. Nicht abgebildet werden können zudem Wechselwirkungen einerseits zwischen Produzent und Rezipient, andererseits zwischen Mediennutzung und Medienstruktur. Ferner scheint eine Ausweitung auf einen kommunikativ-funktionalen Medienbegriff notwendig, nach dem die mediale Kommunikation eine kommunikative Funktion realisiert und sich das Medium in dieser kommunikativen Funktion beschreiben lässt. Es ist erforderlich zu beachten, dass Kulturgeschichte und soziale Gegenwart dazu führen, dass bestimmte Kommunikationsfunktionen herausgebildet oder den Medien zugeschrieben werden. Als funktional komplexes Medium bzw. „technisches Hilfsmittel der Kommunikation" (Habscheid 2000: 136) ist in diesem Zusammenhang nicht zuletzt das Internet und seine Entwicklung zu einer kollektiven, gemeinwirtschaftlichen Nutzung als Wissen(schaft)snetz interessant. Nicht nur stehen verschiedene Wikis in einem Wissen(schaft)snetz bzw. Forschungskontext auch findet die Verbreitung und Kommentierung wissenschaftlicher Nachrichten vermehrt über Newsletter, Facebookgruppen und/oder Twittermeldungen statt.[49]

---

des Meinungsaustauschs eine Indikatorfunktion (s. nächstes Teilkapitel) gelten, da sie über Politik, Bildung, Soziales, kurz den kulturellen und gesellschaftlichen Zustand unserer Epoche Auskunft geben. Sie sind deshalb durchaus als Massenmedium und damit auch als Einrichtungen der Gesellschaft zu verstehen (vgl. Habscheid 2005: 57f.).

49 Z. B. als Instrument der Wissensverwaltung das Wiki des Arbeitskreises Digitale Kunstgeschichte, vgl. http://www.digitale-kunstgeschichte.de/wiki/; Abruf: 19.7.2014. – Das Potenzial webbasierter Publikationen schöpft die seit 1996 existierende Online-Zeitschrift ‚Internet Archeology' aus; sie gilt als Vorreiter für nachhaltige e-Publikationen.

Die Mediendefinition nach Saxer (1998, 2012) versucht in dieser Hinsicht, sowohl den technischen Aspekt als auch die gesellschaftliche Dimension der Medien zu erfassen. Der Definition über „komplexe institutionalisierte Systeme um organisierte Kommunikationskanäle von spezifischem Leistungsvermögen" (Saxer 2012: 52) sind fünf Merkmale zugeordnet, die sich auf

(1) den Transportcharakter der Kommunikationskanäle,
(2) die Organisationsfähigkeit zugunsten der Medientechnik,
(3) das komplexe, prozessgeleitete System der Medien,
(4) ihre funktionalen und dysfunktionalen Eigenschaften und
(5) ihren Institutionscharakter

beziehen.[50] Diese Merkmale werden in unterschiedlicher Schwerpunktsetzung im komplex angelegten Netzmedium (Neverla/Schäfers 1998; Hickethier ^{2}2010: 22) deutlich. Das Internet steht beispielsweise als Hybrid zwischen Massenmedium und technisch vermittelter Kommunikation und bietet infrastrukturell verschiedene Kommunikationsmodi an (Höflich 1997; 2003: 75–76). Bislang hat es sich in erster Linie als Informations- und Austauschmedium etabliert[51], generell ist die Erwartung an die ‚Funktionsvielfalt' jedoch hoch, sodass vorhandene Distributionsstrukturen ständig erweitert und intensiviert werden (vgl. Hickethier ^{2}2010: 317). Mit dem Web 2.0 kommen außerdem neue Formen der aktiven Nutzerbeteiligung hinzu. Und mit diesen die Betonung des nutzergenerierten Inhalts (‚user generated content'), die sich wiederum auf die Kommunikationskanäle, den Einsatz der apparativen Technik, den medialen Prozess und weitere Merkmale auswirkt, wodurch neue mediale Reaktionsmuster verlangt werden.[52] In Bezug auf die Mediennutzung ergibt sich im Sinne eines symbolischen Probehandelns, insbesondere für hypertextuelle Wissensrepräsentationsformate des

---

50 Vgl. Saxer (1998: 54–56); vergleichbar sind die Basisthesen Winklers (2008: 11) zum Medienverständnis.

51 Das Internet wird häufig als Hybridmedium beschrieben, da die Integration unterschiedlicher Kommunikationsweisen in ein interaktives Netzwerk stattfindet. Castells (2001: 376) betont zudem die Besonderheit der Herausbildung eines Hypertextes und einer Meta-Sprache, die erstmals in der Geschichte der schriftlichen, oralen und audiovisuellen Spielarten der menschlichen Kommunikation in dasselbe System integriert werden.

52 Für die Begriffsetablierung ‚Web 2.0' ist offenbar der 2005 von Tim O'Reilly veröffentlichte Artikel „What is Web 2.0" mit verantwortlich (http://oreilly.com/web2/archive/what-is-web-20.html), wobei sich das Phänomen – ihm zufolge– wohl am besten unter dem Aspekt der ‚Nutzbarmachung kollektiver Intelligenz' fassen lässt (vgl. http://radar.oreilly.com/2006/12/web-20-compact-definition-tryi.html; Abruf beide: 12.05.2014).

Web 2.0, dass sie einen Raum etablieren, in dem es keine tatsächlichen Konsequenzen gibt (vgl. Winkler 2008: 63), sondern vielmehr ein Austarieren von Möglichkeiten. Diese Gegebenheit gilt es auch für die vonstattengehenden Textverfahren zu berücksichtigen.

1.3.2 Indikator und Referenz in Wissenssammlungen

Bei Wikipedia entscheidet die Gemeinschaft der Bearbeiter, welche Themen in welcher Form aufgenommen werden.[53] In der Tat wird davon ausgegangen, dass Wikipedia *besser* wird, "the more people use it, since more people can contribute more knowledge, or can correct details in existing knowledge for which they are experts" (Vossen/Hagemann 2007: 47). Hierbei kommt neben den neuen medialen Möglichkeiten auch ein demokratisches Verständnis der Produktion zum Tragen.[54] Die medientechnischen und dadurch auch inhaltlichen Begrenzungen, die in der Buchform der Gattung Enzyklopädie auferlegt waren, können zudem mit den Möglichkeiten des Web 2.0 überwunden werden. Die Folge daraus ist einerseits, dass das Wissensspektrum, das in seinem Umfang praktisch unbegrenzt ist, und dessen Inhalte offen und flexibel angeordnet werden können, prinzipiell immer aktuell gehalten werden kann. Andererseits ist jedoch die Gewährleistung eines gleichzeitig anzunehmenden Wahrheitsanspruchs der abgebildeten Inhalte nicht mehr objektiv sicherzustellen (vgl. Pscheida 2010: 445), was wiederum eine gewisse Sensibilität des Nutzers im Umgang mit diesen Inhalten voraussetzt.

Die Wikipedia als neuartige Wissenssammlung transportiert Grundzüge des Enzyklopädiegedankens in die Gegenwart, verlangt jedoch eine erneute Auseinandersetzung mit Funktion und System (s. o.). Das Konzept des Lexikons ist zwar nicht grundsätzlich ein anderes, doch ein neues geworden. Zu den grundlegenden Bedingungen dürfte allerdings gehören, dass Wissenssammlungen enzyklopädischer Art die Wissenskultur einer jeweiligen Epoche widerspiegeln, einschließlich der medialen Repräsentation: Sie zeigen, wer was wie abgebildet hat und besitzen damit gleich in mehrerlei Hinsicht eine Indikatorfunktion, und zwar in Bezug auf eine kulturelle Dimension, die Dokumentation eines Sprach- und Wissensverständnisses und das Verständnis von Routinen des Nachschlagens.

Auch in veränderten Medienumgebungen zeigt sich in diesen Punkten die vielfältige Protokollfunktion eines Nachschlagewerks, die bereits Estermann

---

53 Vgl. http://de.wikipedia.org/wiki/Wikipedia; Abruf: 19.7.2014.

54 Vgl. z. B. Stegbauer (2009), der einen Einblick in die sozialen Prozesse der Wikipedia gibt, indem er Profile, Kompetenzen und Motive von Nutzern betrachtet.

(1988: 255) für die Brockhaus-Enzyklopädie des 19. Jahrhunderts festgestellt hat. Diese Protokoll- oder Barometerfunktion ist gleichzeitig Indikatorwert. Als ungebrochen aktuell darf deshalb die mit ihr verbundene Vorstellung von Enzyklopädien als reagierenden Medien[55], gelten, die in erster Linie einen Zustand protokollieren, ihn durchaus, gerade was gesellschaftliche Themen anbelangt, auch beurteilen, aber aufgrund ihres Protokollverhaltens kaum innovativen Charakter bezüglich der Themendarstellung zeigen (vgl. Estermann 1988: 257).

Enzyklopädische Wissenssammlungen können damit als Referenzsysteme für die Verortung bestimmter Einheiten in Raum und Zeit auftreten und als „biblio-kulturelle Indikatoren" (ebd.) gelten. Dabei ist es nicht unüblich, dass auch deutliche Urteile oder Kritik zu Geschehnissen der eigenen Zeit in das Werk einfließen können.[56] Nicht nur im Hinblick auf die Encyclopédie von d'Alembert und Diderot ist dies in vielfältiger Hinsicht deutlich geworden (s. o.).[57]

Nachschlagewerke sind also seit je her geprägt von eigenen Meinungen und Positionen, besonders wohl zu gesellschaftlichen bzw. politischen Themen. Gleichzeitig

---

55 Es gilt das Medienverständnis nach Saxer (1998, 2012), vgl. vorheriges Teilkapitel.

56 Kritik, aber auch die Auffassung von Welt kann hierbei nicht nur über den Inhalt, sondern auch in der Form des Transfers deutlich werden. Krameritsch (2007: 97f.) zeigt, dass bereits in der Frühen Neuzeit die Überzeugung reifte, dass mit der „Expansion des Buchdrucks der Zugang zu und die Verarbeitung von Wissen [...] klare Ordnungsstrukturen benötigen" (ebd., ähnlich auch Geyer-Haiden 2009 und Michel 2002). Nicht nur kann für den von Krameritsch angesprochenen Zeitraum der Frühen Neuzeit (für den der ‚Baum des Wissens' mit seinen Einteilungen ein prominentes Gedankengebilde darstellte) festgestellt werden, dass Klassifikations-, Verweisungs- und Hierarchisierungssysteme auf jeweilige Bedürfnisse mit bestimmten Ordnungsstrukturen reagieren, sondern zudem, dass diese gleichzeitig die jeweilige Auffassung von Wissen, Weltsicht und Weltvorstellung widerspiegeln. Wissen, das macht auch Giesecke (1991: 667) deutlich, wird zu einer Eigenschaft des Mediums. Diesbezüglich sahen wohl bereits d'Alembert und Diderot einiges Potenzial in der Verweissetzung, wie die (als skandalös beurteilte) Verweisung von ‚Anthropophagie' auf ‚Eucharist, Communion, Altar': "The Encyclopedists conveyed a message merely by positioning things, as in the notorious cross references of their articles" (Darnton 1985: 200). Fraglich ist deshalb in der Tat, ob im mediengeschichtlichen Vergleich nun die am Hypertext orientierte Repräsentation grundsätzlich eine andere ist als eine am typografischen Medium orientierte (vgl. Krameritsch 2007: 106f.).

57 Zur Ordnungssystematik gehört ein umfassender Anspruch des Wissens. Die Deutlichkeit der Systemkritik des Aufklärungszeitalters veranschaulicht z. B. Coy (2003: 284): Er führt die enorme Wirkungskraft der Encyclopédie auch auf den Zusammenhang zurück, dass Enzyklopädien und Lexika zur damaligen Zeit zum bürgerlichen Bildungsgut werden und die Kulturtechnik des Buchdrucks öffentlich wird.

beanspruchen sie für sich eine gewissermaßen naturwissenschaftlich genormte Protokollfunktion, eine „Aura von Objektivität und auch Wahrheit“ (Estermann 1988: 249), was ihrem Bewertungscharakter natürlich entgegensteht und eine gewisse Ambiguität deutlich macht. Sie beurteilen einerseits historische Ereignisse und soziale Fragen, reagieren andererseits relativ unvermittelt und protokollarisch auf die Veränderungen in den gesamtgesellschaftlichen Strukturen und Wertvorstellungen, was sie in verschiedener Hinsicht zu mehr oder weniger unfreiwilligen, aber doch sehr wichtigen ‚Zeitzeugen‘ werden lässt. Diese beschriebene Barometereigenschaft etabliert sich über Reaktionsverhalten in der Wissensvermittlung und über die Eigenschaften der gewählten Form und ihrer Funktion. Estermann (1988: 257) bemerkt in diesem Zusammenhang einerseits eine Art Filterfunktion für Lexika des 19. Jahrhunderts bezüglich verschiedener Zeitströmungen, wie etwa für Geschmacks-, Bildungs- und Sozialgeschichte, andererseits stellt sie über das Verbreitungsformat wichtige Indikatoren für wirtschaftliche Faktoren, wie z. B. den Buchmarkt fest.

Was vor zwei Jahrhunderten zunächst mit dem Buchdruck einen wirtschaftlichen Höhepunkt erreichte, gilt deshalb gegenwärtig nicht weniger für das Internetzeitalter. Nachschlagewerke waren und bleiben populär und sind nicht zuletzt deswegen Zeugen einer Lesekultur[58]. Zudem dokumentieren sie die Verschiebung und Verlagerung von repräsentativen Meinungen und Urteilen. Sensible Bereiche wie die Bewertung historischer Ereignisse, sozialer Fragen und literarischer Kanonbildung lassen Nachschlagewerke eben zu jenen Barometern für geltende Wertvorstellungen werden. Sie spiegeln darüber hinaus die Gesetze des Marktes wider und sind Ausdruck der Erwartungen der Käuferschicht: Es kommt beispielsweise nicht von ungefähr, dass ein Verlag wie F. A. Brockhaus vor einigen Jahren überlegte, die gedruckten Veröffentlichungen des Lexikons einzustellen, um sich angesichts der stetig wachsenden webbasierten Nachschlageoptionen auf die elektronische Produktion zu konzentrieren.[59]

---

58 Als Übertragung von Estermann (1988: 253) darf man wohl aktuell von einer Hypertextkultur sprechen.

59 Vgl. Kleinz (2008) und Financial Times Deutschland (31) 13.2.2008. Im Laufe des angegebenen Jahres stellte sich jedoch heraus, dass auch das digitale Zeitalter nicht die Zukunft für den Brockhaus gewesen ist (süddeutsche.de (Ein Brocken bröckelt) 17.12.2008; http://sz.de/1.372797); die kostenlose Internetplattform wurde durch den Verkauf an Bertelsmann abgeschaltet (vgl. auch Keiderling 2012: 205). Dagegen erscheint Wikipedia als Print-on-demand oder „Jahrbuch“ mittlerweile auch als Druckwerk (vgl. ddp Basisdienst 7.2.2009).

Estermann nennt also Aspekte, die sich durchaus in das 21. Jahrhundert übertragen lassen. Nicht nur im Selbstverständnis bleiben enzyklopädische Gesamtwerke oder die hier so bezeichneten Wissenssammlungen, sei es nun ein gedruckter Brockhaus oder die hypertextbasierte Wikipedia, doch immer Reproduktionsstätten bereits vorhandenen Wissens: Sie sammeln und verbreiten, produzieren aber keine Neuheiten. Mit veränderter Mediensituation wird zudem Folgendes deutlich: Eine einheitliche, geschlossene Repräsentation von Wissen, wie sie zur Zeit der Encyclopédie versucht wurde[60], ist nicht möglich, da gerade der Hypertext Inbegriff der laufenden Veränderung ist und einen erweiterten Handlungsspielraum sowohl für die Rezipienten als auch die Produzenten bietet. Wissen wird nicht zuletzt durch diese Entwicklung einmal mehr zu einem vorläufigen Wissen und befindet sich auch medial ständig in einer Zone des Übergangs. Die Frage, ob durch Hypertext dann so überhaupt noch neues Wissen entstehen kann, ist eine wichtige, sie sollte jedoch in einem anderen Zusammenhang beantwortet werden.

Zum neuen Indikatorwesen und den veränderten Bedingungen der Referenzsystematik tritt auch eine neue Form des Paratextes, der Zugänge zum Text im Hypertext markiert und Möglichkeiten schafft, den jeweiligen Textgegenstand einzuordnen. In einem (kollaborativen) Hypertext betreffen paratextuelle Elemente im Einzelnen das Design in Bezug auf die Gestaltung und Anordnung interaktiver Bestandteile sowie die Gestaltung der Navigation und deren zugehörige Elemente (vgl. Huber 2003: 83–85). Ein elektronischer Paratext beinhaltet damit also produzenten- und rezipientenspezifische Peritexte, die eine ‚Zone der Transaktion' (vgl. Genette 1989: 10) schaffen. Über ausgewiesene Metainformationen, z. B. über den Hyperlink, wird die Orientierung erleichtert, eine schnelle Aufnahme der präsentierten Information ermöglicht, und es werden Textzusammenhänge erschlossen. Damit wird eine Form der ‚unbestimmten Zone zwischen innen und außen' (vgl. ebd.) formuliert.[61] In dieser Form kann ein Paratext zum Ausweis einer Gatekeeper-Funktion werden.

---

60 Vgl. z. B. Darnton (1985: 194): "[S]till more important was the metaphor of the tree of knowledge, which communicated the idea that knowledge grew into *an organic whole* [Hervorhebung N. M.], despite the diversity of its branches."

61 Zu überlegen ist, ob der Platz des Epitextes, in der Form des separaten Kommentars, in einem Wiki durch den Diskussionsraum oder Hilfeseiten eingenommen werden kann. Allerdings liegen diese in der gleichen Hypertextsystematik vor, was gegen eine epitextuelle Einordnung spricht. Über diese formale Einschränkung hinwegblickend wäre trotzdem zu diskutieren, wie über die auf diesen Seiten diskutierten Aspekte

Der letztliche Zugang zu einer kollaborativen Wissenssammlung erfolgt jedoch über mehr als einen elektronischen Paratext. Die Funktion, Inhalte zu filtern, vollzieht sich neben (peritextuellen) Wegweisern, wie o. g., häufig über Auswahlprozesse, die sich jenseits der paratextuellen Begriffsdimension befinden. In Wiki-Formaten wie Wikipedia werden Aspekte dieser Auswahlprozesse durch Versionierungen dokumentiert, deren Verlauf, stärker als noch durch gedruckte Neuauflagen, anzeigt, was als irrelevant eingestuft und aussortiert wurde. Die Auswahlkriterien für diese Form des ‚gatekeepings' sind bis auf qualitative und quantitative Ansätze bei Stegbauer (2009), Stvilia u. a. (2005a/b) und Stvilia/Gasser (2008) wenig erforscht. Sie spielen jedoch eine wichtige Rolle, wenn es darum geht, die Signifikanz von Aussagen zu steigern, indem von vielen möglichen Inhalten, nur bestimmte genannt werden und der Rest von der Darstellung ausgeschlossen wird. Der soziotechnologische Kontext, in dem Wissensüberschreibungen stattfinden, ist damit wiederum begründet.

1.3.3 Wissensüberschreibung im soziotechnologischen Kontext

Das Referenzsystem Nachschlagewerk ist nicht nur von vielen Meinungen, sondern auch von vielen Händen geprägt. Bereits bei Diderot und d'Alembert wurde deutlich (vgl. Hoinkes 2012), dass die Herstellung einer Enzyklopädie als kollektives Unternehmen im Sinne von Arbeitsteilung galt. Nicht nur Autoren und Herausgeber verständigten sich gemeinsam über den Wissensstand der Zeit, auch die am Druck beteiligten Personen machten Vorschläge, wie dieser umzusetzen ist (vgl. Darnton 1993). Ein ähnliches Verfahren ist bei Zedlers „Universal-Lexikon" anzunehmen: Vermutet wird, dass die Artikel hauptsächlich von Ärzten, Lehrern, Pastoren und Anwälten der Region stammten und weniger von prominenten Gelehrten (vgl. Schneider/Zedelmaier 2004: 362). Vergleichbar ist auch die Situation des Brockhaus gewesen, dessen Stammpersonal aus mehreren hundert externen Artikelschreibern bestand (vgl. Keiderling 2012: 205).

Wissensüberschreibungen in einem Wiki, d. h. Textproduktion und Redaktion, werden im Internetzeitalter nun vollständig nach außen gekehrt. Kollaboratives Schreiben wird zu einer eigenständigen kulturellen Praxis. Das Redaktionssystem ist dafür umgebaut und wird praktisch den Artikelproduzenten zurückgegeben. Diskussionen zu einem Eintrag finden nicht mehr hinter verschlossenen Türen, sondern öffentlich und für jeden einsehbar statt; Projektentwicklung und -bestand werden zudem für jeden zugänglich gemacht.

Zugangskriterien zum Text gelegt werden und welche Überlegungen außerhalb des paratextuellen Bestands mit einfließen.

Mit der Wikipedia zeigt sich einerseits ein Verhaften in einem enzyklopädischen Anspruch und andererseits ein Bruch mit traditionellen internen Verfahren, wie z. B. dem des Redaktionsprozesses, was der Internetkultur geschuldet ist (vgl. Pscheida 2010: 443f.). Pscheida führt weiter aus, dass diese bei Wikipedia festzustellenden Ambivalenzen symptomatisch für einen wissenskulturellen Wandel stehen, der sich u. a. in den strukturellen Möglichkeiten der Produktion, Verbreitung und Rezeption zeigt (ebd.). Der kollaborative Charakter werde etwa in konkreten Aushandlungen, z. B. in dem, was als ‚allgemein bekannt' anzusehen ist, deutlich (vgl. Schlieker/Lehmann 2005: 256). Damit verändert sich der Enzyklopädiebegriff radikal, denn gewohnte Strukturen der Wissensgenese und -kommunikation unterliegen nun einer vollkommen veränderten Sichtweise (vgl. Pscheida 2010: 445).

Mediale Umgebung zum einen und die Soziotechnologie der Wissenssammlung zum anderen erfordern, dass Nachschlagesysteme des Web 2.0 unter dem Gesichtspunkt der Wissensüberschreibung betrachtet werden müssen. Die Erarbeitung und Benutzung hypertextueller und kollaborativer Nachschlagesysteme bzw. Wissenssammlungen etablieren sich damit als neue, eigenständige kulturelle Praxis.[62] Deshalb ist auch an ein Umdenken zu appellieren, wie mit diesen Wissenssammlungen umzugehen ist, welche Inhalte sie transportieren können und wie sie zu lesen und zu werten sind. Zumal ihre Systematik sehr vielfältig eingesetzt wird. So ist zwar die Wikipedia das bekannteste Wiki, aber nur eines von vielen möglichen: Wikis sind in Unternehmen zu finden und an Hochschulen[63], ferner erreichte das 2011 mit dem Grimme Preis ausgezeichnete GuttenPlag Wiki[64] einen großen Bekanntheitsgrad. Für die weltweite Popularität des Konzepts spricht nicht zuletzt Wiktionary[65], das bis dato in 172 Sprachen existiert.

1.4 Palimpseste als Ergebnis dynamisch-kollaborativer Textualität

In einer soziotechnischen Wissenssammlung können Texte, Textproduzenten und -nutzer eine Einheit bilden. Hier ist dem Faktor der Vorläufigkeit ein besonderes Gewicht beizumessen. In den alltäglichen und internetgestützten Recherchehandlungen

62 Die jedoch in ihren Grundideen und unterschiedlichen Ausprägungen historisch verankert ist (ähnlich zur Fachlexikografie vgl. Wiegand 1998: 38f.).

63 http://www.studiwiki.tu-dortmund.de/.

64 http://de.guttenplag.wikia.com/wiki/GuttenPlag_Wiki.

65 http://de.wiktionary.org/wiki/Wiktionary:Hauptseite.

zeigt sich zudem mit aller Deutlichkeit die stetige Veränderlichkeit der Textgestalt und des -inhalts. In diesem Kapitel soll deshalb auf zwei grundsätzliche Aspekte hingewiesen werden, die die weiteren Ausführungen bestimmen:

- In Bezug auf **Textverfahren** gilt ein prozeduraler Ansatz, durch den Veränderungen an Textfassungen durch Überschreibungsprozesse möglich werden.
- **Wissensverfahren** treten in Form von kollaborativen Wissenssammlungen als offenes System mit erheblichem Aushandlungscharakter zutage.

In den weiteren Kapiteln dieser Studie soll nun gezeigt werden, wie die genannten Aspekte der digitalen Textfassung mit denen einer hypertextuell existierenden Wissenssammlung in Verbindung zu bringen sind. Dabei wird davon ausgegangen, dass alle bisher eingeschlagenen Richtungen in der Vorstellung des Palimpsests, d. h. des überschreibbaren Textes, zusammenfinden. Es wird sich zeigen, dass sich die Überschreibung bei Wikipedia aus zahlreichen internen und externen Faktoren speist. Anhand dieser Faktoren lassen sich Wege und Regularitäten der Indikation, Produktion und Rezeption formulieren, die auch textlinguistisch greifbar sind.

Dem Palimpsestgedanken unterliegt damit eine dynamisch-kollektive Textualität, die neu und grundsätzlich zu erörtern ist. Dafür müssen vor allem die Textualitätskriterien Informativität, Akzeptabilität und Situationalität der andauernd stattfindenden Textprozesse berücksichtigt als auch Fragen der Kohärenz neu gestellt werden. Diese sind an konvergente Rahmenbedingungen, wie etwa die konkrete mediale Disposition, gekoppelt, denen sich das folgende Kapitel widmet.

2. Konvergente Rahmenbedingungen

2.1 Mediale Disposition

Wissen zu sammeln und zu organisieren ist ein urmenschliches Bedürfnis, zugleich eine Sisyphos-Arbeit. Denn mit der Sammlung und Organisation von Wissen treten bestimmte Probleme auf. So liegen etwa Aufbau und Demontage von Wissensbeständen häufig nah beieinander.[66] In diesem Zusammenhang müssen auch die Kapazitäten der medialen Beschaffenheit mitbedacht werden: Wissenssammlungen versuchen zwar gemeinhin umfangreiche Kenntnisse auf bestimmten Gebieten zur Verfügung stellen, indem sie Informationen, die für den potenziellen Nutzer Relevanz besitzen, strukturieren. Doch gerade typografische Medien stoßen dabei recht schnell, wie im vorherigen Kapitel angesprochen, an ihre Grenzen. Daneben können Wissensbestände nie exakt so abgebildet werden, wie sie uns in einem Moment vorliegen. Sie befinden sich – wie die Synapsen in unserem Gehirn – in stetiger Veränderung und werden laufend neu organisiert und vernetzt. Prozesshaftigkeit ist deshalb eine weitere Eigenheit von Wissenssammlungen, die sich in Wissensüberschreibungen ausdrückt. Letztendlich ist aber auch diese wieder durch die Bedingung der medialen Umgebung bestimmt.

Es ist gegenwärtig die Datentechnik, die Möglichkeiten eröffnet, die Organisation von Informationen zu Wissensbeständen, und das Verfügbarhalten dieser Bestände, schneller, leichter und effektiver bzw. effizienter zu gestalten. Unter anderem stellt die Hypertext-Technologie[67] die Grundlage für eine mittlerweile sehr etablierte mediale „Darstellung und Verwaltung von Wissen und der Erarbeitung von Information“ (Kuhlen 1991: IX) dar. Zudem zeigen viele (vor allem wikibasierte) Projekte der letzten zwei Jahrzehnte, wie Wissenssammlungen ideal die Hypertextidee zu nutzen wissen. Mit dem Hypertext hat sich zusätzlich die technische Möglichkeit eröffnet ein Gegenmodell zur langen Bearbeitungsdauer, dem „Todfeind aller Lexika“ (Estermann 1988: 248) zu schaffen: Anstatt „Langsamkeit in der Erscheinungsweise“ (ebd.) ist man in der Hypertextwelt dagegen mit Attributen wie ‚Schnell(leb)igkeit‘ und ‚Flexibilität‘ konfrontiert, von denen

66 Burke (2012: 137–164) führt Typen des Wissensverlusts auf und nennt viele (sozial-) historische Beispiele, die der allgemeinen Annahme des kontinuierlichen Wissensfortschritts entgegenstehen.

67 Zum Technologie-Begriff: Mit der Zusammensetzung von ‚Technik‘ und ‚Logik‘ soll deutlich gemacht werden, dass Hypertext ein neuartiges Verfahren im Umgang mit Information und Wissen auf der Basis der Digitalisierung darstellt (vgl. Iske 2002: 28).

nicht umstandslos angenommen werden kann, dass sie zu einer angemesseneren Abbildung der Wissensbestände führen.[68]

Insgesamt betrachtet wartet diese Architektur mit ganz eigenen Herausforderungen und Problembereichen auf, wie die weiteren Ausführungen zeigen werden. Damit einher geht eine grundsätzlich veränderte kommunikative Grundsituation von alleiniger Rezeption zu einer aktiven Teilhabe. Es ist daher auch der medialen Disposition geschuldet, wie Text- und Wissensverfahren zum Ausdruck kommen. Über die Anordnung von Zugänglichkeit und Distribution von Informationen durch Hypertext soll an dieser Stelle deshalb ein Überblick erfolgen. Daran anschließend folgt die Erörterung der Vereinbarkeit von Text- und Hypertextkonzept.

2.1.1 Idee und Technologie von Hypertext

"It should be possible to beat the mind." (Bush 1945)

Bereits längere Zeit vor der eigentlichen technischen Implementierung des Hypertextes legte Vannevar Bush 1945 wichtige Aspekte für dessen Informationsarchitektur fest. In seinem Gedankenexperiment zu ‚memex' (= memory extender)[69], stellt er grundlegende Überlegungen dazu an, wie Wissen effizient vernetzt, zugänglich und vor allem handhabbar gemacht werden könne.[70] Das Memex gilt als methodischer und ideeller Vorläufer für alle nachfolgenden Überlegungen zum Thema Hypertext[71] sowie als ein utopisches, aber nicht wegzudenkendes Modell für die Entwicklung adaptiver Benutzerschnittstellen und kooperativer Arbeitsumgebungen im Netz, weswegen einige Punkte

68 Den Mehrwert des Hypertextes in Bezug auf Wörterbücher (und Enzyklopädien), aber auch die Faktoren „Verbindlichkeit und Verläßlichkeit" disktutieren bereits Mitte der 1990er Storrer/Freese (1996: 129).

69 Bush wählte in seinem Aufsatz die Kleinschreibung „memex". Da sein Gedankenexperiment aber mittlerweile als Bezeichnung eines Hypertextsystems gewertet wird, erfolgt im weiteren Verlauf die Schreibung „Memex".

70 Vor allem letzterer Aspekt soll im weiteren Verlauf der Studie noch stärker herausgehoben werden; vgl. dazu Kapitel 3.

71 Zur sogenannten begründenden „Dreifaltigkeit des Hypertextes" (Joyce 1995: 23) zählen Vannevar Bushs Beschreibung des Memex (1945), Douglas Engelbarts Augment (der technische Prototyp des Hypertextes, 1962) und die als Utopie konstruierte Idee Ted Nelsons von ‚Docuverse' (das durch das Projekt ‚Xanadu' entstehen sollte), einer universalen Bibliothek mit zahlreichen verknüpften Dokumenten (Nelson 1965). Als weiterer Hypertextpionier aufgrund seiner Grundlagenarbeit am HTML-Code und des World Wide Web Anfang der 1990er-Jahre gilt Tim Berners-Lee.

herausgehoben werden sollen. Dass Bush für die Realisierung seiner Idee nur den analogen Mikrofilm im Blick hatte, wird beachtet, spielt in den weiteren Ausführungen, die sich direkt auf den Aufsatz ‚As we may think' (Bush 1945) beziehen, allerdings keine allzu signifikante Rolle.[72]

Dem Gedankenexperiment Bushs geht die Vergegenwärtigung der Wissensüberflutung voraus, der, so scheint es, mit traditionellen Medien nicht mehr Herr zu werden ist. Gerade für Experten sei es nur schwer möglich, den Entwicklungen der Disziplinen zu folgen. Deswegen hat er ein dynamisches Instrument vor Augen, das der Zugänglichkeit zu einem großen und vielfältigen Informationsbestand auf Mikrofilm und einem effizienten Umgang mit diesem Bestand dient. Er beschreibt das Memex als eine Art mechanisiertes Ordnungssystem oder auch als ‚mechanisierte Bibliothek'. Die Kombination aus klassischen (wie z. B. hierarchische Kategorisierungen) und assoziativen Indexsystemen hält Bush dabei für keineswegs ausgeschlossen, wobei jedoch die Betonung auf dem effektiven und unmittelbaren Zugriff liegt:

> It affords an immediate step, however, to associative indexing, the basic idea of which is a provision whereby any item may be caused at will to select immediately and automatically another. This is *the* essential feature of the memex. The process of tying two items together is the important thing. (Bush 1945 o. S.; Herv. i. O.)

Die Unterstützung des menschlichen Gedächtnisses durch das Memex biete genügend Hilfsmittel, um einer gewünschten Selektion innerhalb einer Wissenssammlung Folge zu leisten. Voraussetzung sei jedoch die Bewältigung der Informationsflut sowie die Mechanisierung der Assoziationsauswahl um umfassende Verknüpfungsoptionen und der Datendarstellungen von handschriftlichen Notizen über Bücher bis hin zu Fotografien zu ermöglichen (vgl. ebd.).

Um aber in diesem komplexen System auf die jeweils relevanten Informationen zugreifen zu können, müssten

(1) Informationsbausteine mit bestimmten Charakteristika durch einen Selektionsprozess herausgesucht,
(2) durch assoziative Vernetzung verbunden und
(3) aus einer Fülle von Daten mehrere Informationsbausteine zu Pfaden zusammengebunden werden,
(4) denen eine offene und flexible Struktur zugrunde gelegt wird, um bestehenden Pfaden neue Informationsbausteine hinzuzufügen.

72 Zum Memex-Entwurf auch ausführlich Nyce/Kahn (1991).

Jeder verkettete Informationsbaustein und die von ihm ausgehenden Verweise blieben auf diese Weise, anders als durch alleinige Gedächtnisleistung möglich, erhalten, es dürfte sich aber auch die Möglichkeit der Veränderung ergeben. Die ständige Weiterentwicklung und die flexible Struktur würden sich, so Bush, dann in der Folge dadurch ergeben, dass neue Bausteine hinzugefügt und dadurch interne Assoziationsketten der Benutzer externalisiert bzw. in das Memex ausgelagert und somit für andere verfügbar gemacht würden. Bush prognostiziert sogar folgendes Szenario:

> There is a new profession of trail blazers, those who find delight in the task of establishing useful trails through the enormous mass of the common record. The inheritance from the master becomes, not only his additions to the world's record, but for his disciples the entire scaffolding by which they were erected. (ebd.)

Von einem gegenwärtigen Standpunkt aus gesprochen, könnten Personen die Aufgabe der ‚trail blazers' übernehmen, indem sie Basisinformationen in Form publizierter Texte und anderer Informationsbestände durch ein Netz von Hyperlinks aufwerten. Die Idee des dynamischen Instruments Memex betont damit die für die vorliegende Studie folgenden wichtigen Punkte:

(a) das gezielte Aufzeichnen und Abrufen von Informationen und
(b) die individuelle Anpassung dieser sowie
(c) die Möglichkeit des ständigen Um- und Ausbaus des Informationsangebots.

Der computertechnischen Umsetzung eines von Bush angedachten Information Retrieval wird genau 20 Jahre später mit Nelsons Idee der ‚Evolutioning-File-Structure', durch das es gelingen sollte, große Informationsmengen in vielfältigen Zusammenhängen zu verwalten und generell verfügbar zu halten, der Weg bereitet. In diesem Zusammenhang prägte Nelson den Begriff ‚hypertext' als "a body of written or pictorial material interconnected in such a complex way that it could not conveniently be presented or represented on paper" (Nelson 1965: 96). Interessanterweise schließt seine gewählte Definition unsere gegenwärtige Auffassung von Hypermedia, ein Begriff, der ebenfalls Nelson zuzusprechen ist, bereits mit ein. Durch eine allumfassende Informationsdatenbank[73] wird, Nelson (1967) zufolge, eine intertextuelle Struktur offengelegt und so die Dynamik der Wissensproduktion transparent gehalten. Mit dem ‚Hypertext' ergibt sich für

---

73 Diese ist nicht zwingend an den Computer gebunden. Hypertext ist nach Nelson ein Sammelbegriff für alle Textarten, die nicht im herkömmlichen Sinne gedruckt werden können (Nelson 1967: 195); eingeschlossen sind also auch druckbare Texte, die über Hypertextstrukturen verfügen.

Nelson dadurch eine multilineare, flexible und generalisierende Option, Wissen über ein Thema zu repräsentieren.

Nelsons Gedanken schaffen damit eine grundlegende Voraussetzung für eine neue Kommunikationsform (vgl. Habscheid 2005): Mit der technischen Basis computeraler Netzwerke (d. h. des Internets) sind gegenwärtig ganz verschiedene – vor allem interaktionale – Kommunikationsformen möglich (vgl. Habscheid 2005: 59), denen spätestens durch Nelsons Idee der Wunsch der Stärkung der nutzerindividuellen Auswahl- und Verarbeitungsprozesse Ausdruck verliehen wurde. – Die spätere Politisierung von Nelsons Hypertextgedanken mit seiner Forderung einer freien Zugänglichkeit der Informationsquellen (Nelson 1974) wird an dieser Stelle nicht weiter verfolgt. Betont sei jedoch, dass die uns zugänglichen Hypertexte weder einer freien noch einer demokratischen Informationsdistribution entsprechen, wie es häufig den Anschein hat.[74]

Unter Zusammenführung der vorgestellten Leitideen soll der Fokus nunmehr darauf gerichtet werden, wie das von Tim Berners-Lee mitentwickelte Computernetz WWW als hypertextuelles oder auch hypermediales Informationssystem genutzt wird:

> Gesucht wird also ein Medium simultanpräsenter Darstellung. […] Eben diese Möglichkeit […] eröffnen Hypermedien [sic!]. Sie implementieren ein Wissensdesign, das Daten gleichsam frei begehbar macht; d. h. sie dekontextualisieren Informationselemente und bieten zugleich Verknüpfungs-Schemata der Rekombination an. (Bolz ^{2}1995: 207)

Ausgehend von der historischen Ideenarbeit ist es Nutzern dieser Tage etwa möglich, durch die individuelle Verfolgung eines ausgewählten Lesepfads über Hypertexte oder auch das gesamte WWW einen eigenen ‚Text' zu schaffen, da sie sich den Gegenstand der Rezeption selbst konstituieren. Bevor Nutzer sich jedoch wie selbstverständlich im Netz bewegen können, müssen zunächst entsprechende Grundlagen geschaffen, sprich Informationen in Form von Dokumenten und damit Daten bereitgestellt werden. Da Hypertextstrukturen allgemein sehr komplexe Ausmaße annehmen können, werden viele Hypertexte im WWW auf der Basis von Datenbanken verwaltet: Strukturen und Daten lassen sich so ausschnitthaft untersuchen, aber auch als Volltext darstellen (vgl. Kuhlen 1991: 18, 25, 213). Eine Informationsdatenbank kann innerhalb ihres Systems Dokumente miteinander verknüpfen, verschiedene mediale Dokumente oder Blöcke integrieren und jegliche Bausteine öffentlich zugänglich machen. Es ist auf diese Art

74 Vgl. etwa Hasebrook (1995: 169) und Winkler (1997a: 357; zur Utopie der universellen Zugänglichkeit insbesondere S. 351). Kritisch zu Google-Suchergebnissen äußert sich darüber hinaus z. B. Schmitt (2011).

und Weise außerdem möglich, sowohl die Versionen unterschiedlicher Bearbeitung der Dokumente abrufbar zu halten als auch die Erstellung neuer Versionen zu erlauben.[75] Diese informationswissenschaftlichen Gegebenheiten weisen bereits auf aktuelle Hypertextkonzepte hin, zeigen aber auch eine gewisse Nähe zu sprachwissenschaftlichen Fragestellungen, was die folgenden Ausführungen zeigen sollen.

2.1.2 Definition von Hypertext

Aus Sicht der Informatik wird Hypertext meist über die Strukturmerkmale Knoten und Links[76] charakterisiert (vgl. Huber 2003: 24–34), während tendenziell textlinguistisch orientierte Perspektiven teilweise dazu übergegangen sind, Hypertexte in ihrem kommunikativen Umfang wahrzunehmen.[77] So ist Kuhlens Hypertext-Begriff (1991) durch einen informationswissenschaftlichen Blickwinkel bestimmt, der allerdings auch textlinguistische Fragestellungen wie solche nach der Kohärenz einbezieht. Er beschreibt etwa als Besonderheit des Hypertextes, neben der elektronischen Realisierung, die tendenziell multilineare Anordnung der Informationen in Teiltexte und Knoten, die über Verweise bzw. Hyperlinks verbunden sind und durch welche die Navigationsmöglichkeiten des Rezipienten begrenzt werden. Dadurch werde Hypertext zu einer multilinearen Form der Wissensdarstellung zu einem bestimmten Thema, wobei aufgrund dieser Form je nach Bedarf eine bestimmte Sequenz des gespeicherten Informationsmaterials abgerufen werden könne: „Die faktischen Pfade, die ein Hypertextleser […] einschlägt, sind im Sinne des reinen Abfolgearguments natürlich linear“ (Kuhlen 1991: 33).

---

75 Auf der Feststellung dieses grundlegenden Sachverhalts baut die vorgelegte Untersuchung auf: Hypertextuelle Versionen und ihre architektonischen Schnittstellen fordern den Ausbau des kommunikativen und interaktiven Potenzials von Hypertexten, die wiederum einer linguistischen Analyse bedürfen (vgl. auch Busch 2004b: 154).

76 Mit Knoten werden Informationseinheiten im Hypertext bezeichnet, die Anfangs- und Endpunkte einer logischen Verbindungen bilden können, die durch Hyperlinks hergestellt werden; in Knoten können außerdem unterschiedliche Medientypen kombiniert werden (vgl. Kuhlen 1991: 71f.).

77 Die Fülle an Literatur zum Hypertextthema in den verschiedenen Disziplinen ist erheblich. Huber (2003) führt thematisch relevante Literatur aus den Bereichen Informatik, Psychologie und Literaturwissenschaft an, um nur einige zu nennen. Weitere Überblicksdarstellungen, wie etwa bei Kuhlen (1991: 57), Huber (2003: 10f.) und Rehm (2006: 72f.), zeigen, dass für Hypertext je nach Disziplin andere Phänomene betont werden.

Kuhlen verweist damit einerseits auf die Grundkomponenten des Hypertextes, und zwar die nicht-lineare Strukturierung in Knoten, die durch Links miteinander verbunden sind und so eine netzförmige Gesamtstruktur bilden. Er gibt andererseits auch weiterzudenkende Aspekte, wie die themageleitete Wissensdarstellung und die Leseführung durch Hyperlinks, an. Auch Landow (2006) verweist auf das Leseverhalten in einem Hypertext, das oft nicht vorherzubestimmen sei und wodurch die Grenze zwischen Autoren und Nutzer verwischt werde, erfasst Hypertext jedoch als Text (!), der aus Textblöcken besteht und über elektronische Verweise verbunden ist[78]: "Hypertext [...] denotes text composed of blocks of text [...] and the electronic links that join them" (Landow 2006: 3).

Bucher (1999) richtet seinen Hypertext-Begriff nach den Charakteristika einer Tageszeitung aus.[79] Er setzt eine individuelle Erschließung und Nutzbarkeit voraus, die sich inhaltlich und operational aus dem segmentierten Informationsangebot, Zeichenvorrat und Verweisen für das Angebot ergeben. Als Hypertextkriterien nennt er die Mehrmedialität durch die Nutzung von Text, Bild und Grafik als Kommunikationsmittel, die Nichtlinearität durch die verschiedenen Formen der Modularisierung und die Interaktivität. Er weist in Bezug auf nichtlineare Medien auch auf zwei Erschließungs- bzw. Deutungsebenen hin (vgl. Bucher 1999: 13): eine inhaltliche Ebene, auf der Wissen und Meinen verfügbar ist, und eine operationale, „die das Navigieren im Wissens- und Informationsangebot ermöglicht" (ebd.). Eine ähnliche Vorstellung ist auch bei Kuhlen (1991: 17) zu finden: Erst das Zusammenwirken von einer Informationsbasis und einem Verwaltungssystem machen das Informationsangebot nutzbar (vgl. ebd.).

Endres (2004) differenziert zwischen Hypertext als Konzept und Hypertext als Realisierung. Sie unterscheidet, wie auch Nelson (1965), nicht zwischen Hypertext und Hypermedia, da Letzteres eine Weiterentwicklung des textbasierten und wissens- bzw. informationsbasierten Systems sei. Das Konzept Hypertext gilt für sie zudem als Strukturierungsprinzip, während der konkrete Hypertext in Form von Hyperdokumenten als eine „realisierte Struktur" oder als eine „Instanziierung des Prinzips ‚Hypertext'" (Endres 2004: 41) in Betracht kommen kann. Für textlinguistische Untersuchungen schlägt sie entsprechend den Arbeitsbegriff „Hyperdokument" vor (ebd.: 43–45).

Schröder (2008) setzt eine weitere Akzentuierung, nach der Hypertexte auf Handlung ausgerichtete Texte sind, deren Bausteine sich zu abgegrenzt

78 Ähnlich beschreibt Fritz (noch 1999) Hypertext als Netzwerk textueller Elemente; die ausgewiesene Struktur des Netzwerks könne durchaus eine hierarchische Form annehmen (vgl. Fritz 1999: 222).

79 Ähnlich auch Jakobs/Püschl (1997).

auftretenden Modulen verselbstständigt haben. Links würden die Zusammenhänge realisieren, die aus den Modulen ein Ganzes machen und zu einer Texthandlung führen. Hypertext, verstanden als eine kommunikative Einheit, entspricht bei Schröder (ebd.) dem traditionellen Text, mit dem eine komplexe Handlung vollzogen wird.[80]

Hypertext ist damit, wie Storrer (2013) auch in ihrem Aufsatz zu neuen Texten und Schreibformen im Internet bemerkt, ein „schillerndes Konzept“ (ebd.: 279), bei dem sich je nach Disziplin und Schwerpunktsetzung gewisse Akzentuierungen feststellen lassen. Aus sprachwissenschaftlicher Perspektive fasst sie deshalb obligatorische und fakultative Merkmale des Hypertextes zusammen, über die Konsens bestehe: Grundlegend seien Hypertexte in der Basisdefinition als „nicht-linear organisierte Texte, die durch Computertechnik verwaltet werden“ (Storrer 2008: 318) zu verstehen. Als erweiterte Definitionsmerkmale werden von ihr genannt: multimodale Kodiertheit, Dynamik, Interaktivität und computervermittelte Kommunikation (ebd.: 320).

Für die zu fokussierenden Beschreibungsaspekte von Hypertexten sollen, von der Basisdefinition Storrers ausgehend, für die Schwerpunktsetzung der vorliegenden Untersuchung insgesamt vier konstitutive Eigenschaften genannt und verwendet werden: Multilinearität, Multimedialität, Interaktivität und (computerunterstützte) Dynamik. Es handelt sich damit auch um Eigenschaften, die bereits bei Bush (s. o.) von Bedeutung waren und deshalb im Folgenden genauer ausgeführt werden:

Hypertext bietet die Möglichkeit die Fortsetzung einer anzunehmenden Texteinheit „durch Mehrfachverknüpfungen offen zu halten und die Entscheidung den Rezipienten zu überlassen“ (Rothkegel 1998: 81). Die Reihenfolge ist zwar nicht festgelegt, „[d]ennoch ist auch ein Hypertextsystem ein Produkt in einem Medium, das in gewisser Weise ebenfalls der Linearität verpflichtet ist“ (ebd.). In Produktion und Rezeption erfolgt die Verknüpfung der Module – über Computertechnik – also multisequentiell. Als vorteilhaft wird häufig hervorgehoben, dass die multilineare Wissensaufbereitung die selektive Lektüre und die gezielte Suche unterstütze (vgl. Storrer 2008: 319). Da es sich beim Hypertext jedoch keinesfalls um „ein methodisch einfach beherrschbares Instrument“ (Kuhlen 1991: 55) handelt, braucht es daneben geeignete Such- und Navigationswerkzeuge, die zunächst die ‚Begehung‘ des Hypertextes erleichtern.

80 Vgl. www.festschrift-gerd-fritz.de/files/schroeder_2008_textbegriff-in-zeiten-von-web2.0.pdf; Abruf: 12.5.2014.

Darüber hinaus sind Hypertexte potenziell multimedial, was bereits der Definition Nelsons zu entnehmen ist. Um diesen Aspekt stärker zu betonen, wird auch von Hypermedia gesprochen, wohingegen Hypertext mehr auf das generelle (und textbasierte) Konzept verweisen dürfte (ähnlich Storrer 2008: 320f.). Große (2011) betont, dass Sprache-Bild-Bezüge im Hypertext multimediale Ausmaße annehmen können, die unter strukturellen und intertextuellen Aspekten zu betrachten seien (vgl. Große 2011: 217–225). Allerdings ist vorab der Tatsache Beachtung zu schenken, dass bei Hypertext zwar grundsätzlich Hypermedia mit zu berücksichtigen ist, dieser jedoch sprachlich, nicht zuletzt durch die Auszeichnungssprachen HTML oder XML dominiert ist. Es sind zudem vor allem schriftliche Elemente, die verknüpft und ausgetauscht werden, wohingegen Bilddateien extra kodiert werden müssen, damit sie vom Hypertextsystem entsprechend zugeordnet werden können (vgl. Winkler 1997a: 356).

Interaktivität beschreibt sowohl das Verhältnis Mensch-Computer als auch die durch den Computer ermöglichte Mensch-zu-Mensch-Interaktivität (vgl. Krause 2000: 145f.; Wagner 2002). Im ersten Fall ist die Rezeption an die Nutzung des hypertextuellen Bezugs gebunden, der Nutzungsvorgang ist also von dem bestimmt, was die ‚Maschine' ermöglicht. Außerdem muss der Nutzer sein Informationsinteresse so genau wie möglich benennen und auf die Möglichkeiten des zu benutzenden Systems ausrichten, um seinen ‚Weg' durch den Hypertext einigermaßen gezielt und orientiert gehen zu können (vgl. Kuhlen 1991: 57). In der computervermittelten Kommunikation werden sprachkommunikative Verbindungsmöglichkeiten des WWWs auf vielfältige Weise genutzt und erlauben den synchronen oder zeitversetzten Austausch von Hypertextnutzern: In erster Linie ist damit eine Interaktivität im technischen Sinne gemeint, die einerseits das Wechselspiel zwischen Nutzer-Handlungen und System-Ausgaben (z. B. in Form von Formularen und Auswahl-Menüs) bezeichnet andererseits auf die nutzerindividuellen Auswahl- und Verarbeitungsprozesse in computerbasierten Programmangeboten hinweist (vgl. Habscheid 2005: 59f.; ferner Esposito 2001, Holly/Habscheid 2000: 131–134, Wagner 2002). Der Umgang mit elektronischen Hypertexten meint dabei auch die Schaffung ergänzender und erweiternder Schnittstellen für den Ausbau des hypertextuellen kommunikativen und interaktiven Potenzials.

Die dynamische Eigenschaft von Hypertexten umfasst zwei Unterkomponenten und wird in dieser Betrachtung mit am stärksten gewichtet.[81] Dynamik

81 Dynamik spielt gerade unter Einbezug des Wiki-Prinzips (s. u.) eine wichtige Rolle, sie ist jedoch eine, wie Storrer (2008: 321) anmerkt, optionale Eigenschaft; abgeschlossene und veränderliche Formen können ferner kombiniert werden.

soll hier zum einen verstanden werden als prinzipielle Adaptivität und zum anderen als Offenheit der Datenstruktur, d. h. Daten aus ein und derselben digitalen Datenbasis werden z. B. je nach Zugriffsmedium in jeweils spezifischer Weise präsentiert (vgl. Storrer 2013: 287), wobei die zugehörige Datenstruktur stets veränderbar und ausbaubar bleibt. Form und Umfang sind also veränderlich und laufend an neue Gegebenheiten anpassbar (ebd.), so wie auch die Zusammensetzung von Webseiten je nach Anfrage geschieht. Erlaubt und möglich ist auch das individuelle Eingreifen und Verändern der Hypertextbestandteile durch den Nutzer. Dadurch bewegt sich der Hypertext nie in festen Grenzen, weshalb er wiederum für bestimmte Hypertexttypen so attraktiv ist, z. B. für kollaborative Nachschlagesysteme, deren Interesse darin besteht, ein ständig variierbares, in gewisser Weise ‚instabiles' Gebilde zu schaffen. Somit ist also weniger ein Produkt als ein Prozess das Ziel. Adaptivität und Offenheit bedeuten in diesem Zusammenhang, dieselben Daten in unterschiedlichster Weise zu präsentieren und ihre Struktur den Gebrauchssituationen von Produzenten und Nutzern anzupassen sowie gleichzeitig die digitalen Inhalte selbst leicht austauschbar zu machen.

Nach diesem Definitionskriterium ist Hypertext also ein „Text-in-Bewegung" (Storrer 2000: 233). Diese ‚Textverflüssigung' oder Fluidität „besteht darin, dass Hypertexte gerade im WWW typischerweise nicht aus einer festen Anzahl von Modulen bestehen, sondern sich in ständigem Auf- und Umbau befinden" (ebd.). Das rasche und unkomplizierte Ersetzen veralteter Daten geschieht jedoch, wie immer wieder betont werden sollte, auf Kosten der Beständigkeit und Verlässlichkeit. Auch für den Aspekt der Offenheit muss berücksichtigt werden, dass Hypertexte prinzipiell ergänzt und fortgeschrieben werden können.[82] Der Umgang mit dynamischen Webinhalten dürfte für den Nutzer zwar mittlerweile schon fast zur Selbstverständlichkeit geworden sein, die Fluidität stellt aber für

82 Bei Wikipedia ist dieser Text-in-Bewegungs-Modus sehr extrem, da prinzipiell jedem Nutzer die Möglichkeit eröffnet wird, sich an dem Um- und Ausbau der Artikel und ihrer Diskussion zu beteiligen. Darauf weist auch Stöcklin (2010: 104f.) hin, wobei er betont, dass Diskussion und Versionsgeschichte hilfreiche zusätzliche Anhaltspunkte für die Bewertung von Aktualität und Zuverlässigkeit geben. M. E. ist die Versionsverwaltung zudem eine Verwaltung dynamischer Daten (es handelt sich also auch immer um eine neue ‚Version' bzw. ‚Fassung' eines Textes und nicht um einen neuen Text; archiviert wird eine statische Position der digitalen Textfassung).

textlinguistische Untersuchungen, wie Storrer (2008: 330) bemerkt, eine große Hürde dar, da immer nur statische Vergleiche angestellt werden können.[83]

Der Hypertextbegriff, wie er in dieser Studie Anwendung findet, wird an den Charakteristika Multilinearität, Multimedialität, Interaktivität und Dynamik festgemacht. Ein starker Fokus liegt jedoch aufgrund der kollaborativen Schwerpunktsetzung auf einem dynamischen Text-Inventar des Hypertextes und damit auf kontinuierlicher Erweiterung, Veränderung und Aktualisierung. Deutlicher als bei Storrer und den anderen Ansätzen muss dabei noch auf den sozialen Konstruktions- und Überschreibungsprozess[84] eingegangen werden: Kollaborativer Hypertext wird hier also verstanden als die

> computertechnisch ermöglichte multilineare Strukturierung von Knoten durch Links; sie erlaubt neben einer netzförmigen Gesamtstruktur ein prinzipiell dynamisches Text- und Medieninventar, das durch interaktive und soziotechnische Überschreibungsprozesse geprägt ist.

Unter weiterer Bezugnahme auf die in Kapitel 1 angesprochenen Text- und Wissensverfahren wird ferner insbesondere die linguistische Einordnung der dynamischen Eigenschaft von Hypertexten auf der Bezugsebene Text-Hypertext notwendig werden.

2.1.3 Problembereich Text und Hypertext …

Es kommt nun zu der Schwierigkeit, dass „[e]indeutige Abgrenzungen zwischen Text und Hypertext […] nicht möglich [sind], vor allem dann nicht, wenn die referenzierte Basis von Hypertext Texte sind“ (Kuhlen 1991: 27). Diese Schwierigkeit muss vor dem Hintergrund des Text-Hypertextbezugs diskutiert werden, denn die Realisierung des in dieser Studie verwandten Textfassungsbegriffs ist von der Leistung des Hypertextes abhängig und mitbestimmt.[85] Die in der Literatur geführte Diskussion widmet sich unter verschiedensten Blickwinkeln der Frage, wie Text von Hypertext abzugrenzen ist bzw. ob und unter welchen Umständen Hypertext per definitionem als Text bezeichnet werden kann.

Dabei ist zunächst festzustellen, dass in dieser Diskussion bereits eine (oft uneindeutig genutzte) Benennungsbasis ‚Text‘ zu einigem „begrifflichen Wirrwarr“

---

83 Wie methodisch mit diesem Umstand umgegangen wird, sollen die Kapitel 4 und 5 zeigen.

84 Diesem Prozess wird aus kommunikativer Perspektiver besondere Beachtung in Kapitel 3 geschenkt.

85 Die Diskussion wird darüber hinaus auch wichtig, wenn erweiterte Konstellationen, wie Text-Bild-Ton in eine linguistisch motivierte Perspektive einbezogen werden.

führt, zumal wenn versucht wird „Hypertext im Rückgriff auf die Entität Text" zu erklären (Jakobs/Lehnen 2005: 160). Erkennbar ist häufig der Versuch Gemeinsamkeiten und Unterschieden von Texten und Hypertexten anhand der Textualitätskriterien nach de Beaugrande/Dressler (1981), wie z. B. bei Hammwöhner (1993, 1997) und Huber (2003) geschehen, zu erklären. Dieser Versuch mag sich zudem eignen, wenn man die Blickwinkel der Textproduzenten und -rezipienten zugrunde legt.[86] In Abgrenzung dazu verfolgt Storrer (2008) den Weg Bestimmungen des prototypischen Textes (nach Sandig ^{2}2006) zugrunde zu legen. Dass Hypertext nach Kriterien der Textlinguistik prinzipiell erschließbar ist, verleitet anscheinend unvermeidbar dazu, Hypertext auch aus dieser Perspektive zu betrachten. An dieser Stelle ist jedoch ein Perspektivenwechsel angebracht, der es erfordert Textfassungen aus der Blickrichtung Hypertext wahrzunehmen und dies an den möglichen Berührungs- bzw. Abgrenzungspunkten Multilinearität, Dynamik, Multimedialität und Interaktivität deutlich zu machen.

Insbesondere auf den Aspekt der Multilinearität bezogen, lässt sich etwa folgendes festhalten: „Statt textlich-linearen Folgen von sprachlichen Zeichen kann Hypertext eine Menge nichtlinear oder multilinear vernetzter Informationseinheiten darstellen" (Busch 2004b: 147). Gerade die Multilinearität des Hypertextes eröffnet neue Möglichkeiten der Partizipation und Interaktion, die das Verhältnis zwischen Autor und Leser neu strukturieren. Sie lässt außerdem ein grundlegend neues Verständnis für diese Möglichkeiten sowie für den „Umgang und die Auffassung von dem, was ein ‚Text' ist" (Gabriel 1997: 21; Herv. i. O.) zu. Indem Hypertext die Linearität aufhebt, befreit er seine über Knoten modulhaft angelegten Inhalte von einem einzigen sequentiell angelegten Ordnungsprinzip.[87] Hypertext löst zudem die Vorstellung von einem festen und einheitlichen Textkonzept mit Einleitung, Hauptteil und Schluss auf. Jeder Textteil (vgl. Fritz 1999: 222) kann sich durch die angebotenen Verknüpfungen in viele weitere Textteile auffächern. So unterscheidet sich Hypertext als Konstrukt aus Knoten und Hyperlinks augenfällig von einem traditionellen, meist monosequenzierten Textkonzept, bei dem Ausgangs- und Zielpunkt des Leseflusses vorgegeben sind.

86 Siehe dazu Kapitel 1, in dem anhand der Textualitätskriterien Leitgedanken für eine linguistische Auseinandersetzung in einer hypertextueller Umgebung formuliert worden sind; dort erfolgte auch eine Neubewertung der Kriterien.

87 Während ein ‚gewöhnlicher Text' sequentiell sei, treffe dies nicht auf den Hypertext zu, da es keine eindeutige Reihenfolge gebe. Entsprechend könnten bei einem Vergleich zwischen elektronischem Text und ein mit Fußnoten versehener ‚gewöhnlicher Text' Hypertexte aufgrund ihrer Zugriffsstruktur auch als *„verallgemeinerte Fußnote"* (Nielsen 1996: 1; Herv. i. O.) bezeichnet werden.

Multilinearität entspricht dem Hypertextgedanken und unterstützt ihn ferner dahingehend, dass es gar nicht um die vollständige Rezeption der Textinhalte geht, sondern eher um das selektive oder punktuelle Wahrnehmen einzelner Inhalte:

> In dem Maße, in dem Hypermedia-Anwendungen [sic!] durch ihre strukturelle Anlage dazu auffordern, zwischen verschiedenen Themenkomplexen assoziativ hin- und herzuspringen, machen sie den Eindruck von Nichtlinearität [!]. (Sager 2000: 599)

Diese Eigenschaften finden sich im Übrigen grundsätzlich auch in mehrfach- oder unsequenzierten Textsorten wieder.[88] Eine differenzierte Betrachtung muss jedoch den Unterschied zwischen Hypertexten und traditionellen Texten statt an der medialen an der konzeptionellen Linearität bzw. Multilinearität festmachen.[89] Hypertexttechnologisches Verlinken, Such- und Navigationsfunktionen und die o. g. dynamische Adaption sind in schriftlich verfassten und gedruckten Texten allerdings nicht möglich.

Man spricht insofern von Dynamik, dass Hypertexte „nicht wie ein Text nach der Drucklegung durch ihren Materialcharakter abgeschlossen und beendet" sind, sondern jederzeit „eine Anbindung neuer Inhalte bis hin zur kooperativen Textproduktion" möglich ist (Busch 2004b: 148). Das bedeutet: Während sogenannte „monumentale Texte" (Storrer 2000: 231) mit dem Druck endgültig fertig und damit statisch sind, können Hypertexte sich entsprechend des zu behandelnden Gegenstands immer wieder neu ausrichten. Neben der individuellen Zusammenstellung des Pfads durch den Nutzer erfüllt Hypertext ferner auch noch eine weitere Funktion in der Navigation. Etwa wenn im Hypertext schriftliche Einheiten, d. h. Hyperlinks, nicht nur die Funktion des sprachlichen Informationsträgers, sondern auch die eines Handlungsträgers übernehmen (vgl. Kapitel 3.2.2.4).

Durch diese dynamischen Gesichtspunkte geht die Bindung an einen prinzipiellen Textträger verloren, da sich Inhalt und Gestalt des Dargestellten nach Bedarf schnell ändern lassen. Wichtige Anhaltspunkte für die Begrenzung von Hypertexten und ihrer Klassifikation liefert deshalb die Zuordnung verschiedener, auch eigenständiger konzeptioneller Einheiten (in den möglichen Kodierungen: Schrift, Bild, Ton und Video) zu einem thematischen und funktionalen

88 Ein typisches Beispiel für mehrfachsequenzierte Texte sind z. B. Reiseführer, dem Gedanken des unsequenzierten Textes entsprechen Wörterbücher und Lexika (vgl. Storrer 2000: 241).

89 Zur Unterscheidung von medialer und konzeptioneller Linearität sowie von mono-, mehrfach- und unsequenzierten Texten vgl. Storrer (2000: 240–243).

Gerüst. Damit werden zudem grundlegende Fragen der Kohäsion und der Kohärenz berührt.[90] Auf den besonderen Fall der Kohärenz in einem kollaborativ erstellten Hypertext wird gesondert in den Kapiteln 2.4.4 und 3 eingegangen.

In den medienspezifischen Ausprägungen Multimedialität und Interaktivität weisen Hypertexte Merkmale auf, die in der Regel über die Möglichkeiten monumentaler Texte hinausgehen. Hier stößt m. E. eine textmotivierte Betrachtung des Hypertextes vollends an ihre Grenzen, wie folgende Aussage verdeutlicht:

> Eine weitere für die Betrachtung von Hypertext wichtige Eigenschaft ist die Option der Multimodalität bzw. -kodalität. Sie setzt das bereits den Printmedien auszeichnende Zusammenspiel verschiedener Codes [...] auf einem höheren Komplexitätsniveau fort. (Jakobs/Lehnen 2005: 162)

Sowie:

> Für [die] dialogische Interaktion bilden sich neue digitale Genres heraus, in denen nicht das Schreibprodukt, sondern die laufende Interaktion zwischen den Kommunikationspartnern im Zentrum steht. (Storrer 2013: 295)

In diesem Zusammenhang erstaunt es, dass, wie Endres (2004) betont, keine Untersuchung, die sich der zentralen Frage „Brauchen wir einen neuen Textbegriff?“ (Fix u. a. 2002) gewidmet hat, Zweifel darüber aufkommen lasse, „dass Hypertext als Text zu betrachten sei, wenn auch als Text mit gewissen Besonderheiten“ (Endres 2004: 40). Allerdings ist selbstverständlich die Blickrichtung bei dieser Aussage in hohem Maße entscheidend: Betrachte man nämlich Hypertext nicht aus der Perspektive ‚Text‘, sondern aus der Perspektive ‚Hypertext‘, „so drängt sich der Verdacht auf: *Hypertext ist gar kein Text*“ (ebd.; Herv. i. O.). Es sei daher zwingend notwendig zwischen dem Strukturierungsprinzip und Konzept ‚Hypertext‘ und dem konkreten ‚Hyperdokument‘ zu unterscheiden, so Endres (2004: 45f.). Somit ist auch der Text bzw. die Textfassung das konkrete Dokument in einer Hypertextumgebung, das untersucht werden soll. Dieses stellt gleichzeitig, nach dem Verständnis, das dieser Studie zugrunde gelegt wurde, eine Realisierung des abstrakten Textes dar. Hypertext existiert hinter dieser Realisierung als eine funktionale Ganzheit und wird damit der Diskussion um eine Textualität der Hypertextualität enthoben, was weitere Ausführungen unter Berücksichtigung des Reihenkonzepts nach Wichter (2011) verdeutlichen sollen.

90 Dazu u. a. Kuhlen (1991), Freisler (1994), Foltz (1996), Fritz (1999), Bucher (2001), Storrer (2004).

2.1.4 … und ein Lösungsversuch

Eine Lösungsoption für den problematischen Bezug von Text zu Hypertext stellt, wie bereits angedeutet, das Wichtersche Reihenkonzept dar, das über statisch fixierte Textgrenzen hinausreichen kann. Dem Konzept ist eine umfassende Betrachtungsweise zuzusprechen, da es einen Text als eine funktionale Ganzheit und eingebettet in übergreifende soziale Handlungszusammenhänge, den Kommunikationsraum, betrachtet (vgl. Wichter 2011: 5).[91] Diese Betrachtungsweise wird umso wichtiger, wenn im World Wide Web, begriffen als Ort für bestimmte Kommunikationsmodalitäten (z. B. E-Mail, Chats, Twitter etc.), auch der Hypertext sich zu einem vielgenutzten Medienangebot entwickelt und Hyperdokumente zu einem oft verwendeten Dokumenttyp. Aufgrund seiner besonderen Gestaltungsoptionen empfiehlt es sich deshalb zwingend, Hypertext als Kommunikationsausschnitt innerhalb einer bestimmten Modalität wahrzunehmen. Die Konstitution und Begrenzung dieser Ganzheit erfolgt über die Funktion der Textkonstituenten. Das bedeutet konkret auf die Situation des Hypertextes übertragen, dass ein Austauschen, Hinzufügen oder Verändern von Knoten(teilen) und Links vorgenommen werden kann, ohne dass das funktionale Ganze berührt wird. Dieser komplexe Raum beinhaltet damit eine Reihe von Texten unterschiedlicher Beteiligter (Sprecher oder Schreiber) zu einem bestimmten Gegenstand innerhalb eines bestimmten Zeitraums. Da dieses Phänomen sehr heterogen bezogen auf die Beteiligten und ihre möglichen Beiträge ist, ist es zudem angebracht, sich mit möglichen textlichen Realisierungen von Hypertexten auseinanderzusetzen.

Versucht man nun, das Wichtersche Text-Kommunikat[92] als eine Grundidee oder als Verhaltensmodus zum Hypertext umzuformulieren, ist Folgendes zu berücksichtigen: Zunächst erfordert ein Text-Kommunikat eine Abfolge von Produktion und Rezeption des einzelnen Textes. Der Produktionsprozess eines Textes ist zwar für sich genommen der notwendige Beitrag und erste Schritt zur Kommunikation, der Text als Teil einer Kommunikation kommt jedoch erst mit

---

91 Ähnlich gefordert bereits bei Storrer (2000: 244).

92 Kommunikat bezeichnet Wichter als Kommunikationseinheit mit den Bestimmungen des jeweiligen Profils (z. B. Gespräch oder Text) und den Eigenschaften (lokale) Geschlossenheit und (globale) Offenheit (vgl. Wichter 2011: 32 und 100). Das Kommunikat ist ferner eine Ebene in der sprachlichen Kommunikation: Hier sind **Akte** die inhaltliche konstituierte Basiseinheit der **Kommunikate**. Diese wiederum ergeben sich aus der Abfolge von Produktion und Rezeption, konstituieren sich also aus (Sprech-) Akten und bilden inhaltlich Basiseinheiten der Reihe. Die **Reihe** definiert sich sodann als zweckbestimmte Folge von zwischen zwei Beteiligten stattfindenden Gesprächen bzw. als Textrezeption einschließlich bestimmter Entwicklungen.

der Rezeption des produzierten Textes zustande. Die angesprochene Kommunikationseinheit wird also vornehmlich vom rezipierten Text bestimmt (vgl. Wichter 2011: 83). Bleibt ein Text unveröffentlicht und ungelesen, liegt er außerhalb jeder Kommunikation. Erst als Text-Kommunikat wird er Teil derselben. Auf diese Weise führt jeder Rezeptionsvorgang zu einem Text-Kommunikat: Gibt es z. B. mehrere Rezeptionsvorgänge zu einem Text, müssen diese nicht gleich ausfallen. Es ist bei solchen Vorgängen zudem angedacht, einen räumlichen wie zeitlichen Spielraum der Rezeption anzunehmen. Wichtig ist in jedem Fall, Produktion und Rezeption als Ausdruck einer Text-Kommunikationseinheit zu verstehen.

Wichters Ausführungen zum Elementar- und Sammeltext sind sehr differenziert und auf ein monumentales Textkonzept ausgerichtet (vgl. ebd.: 78–83). Sein Reihen-Begriff erlaubt gleichwohl den gedanklichen Einbezug eines *dynamischen Textinventars* und damit eine Übertragung auf die von mir so bezeichneten digitalen Textfassungen als Realisierungen eines abstrakten Textes, die durch Hypertext möglich werden. So sei, laut Wichter (vgl. ebd.: 270) etwa die sich laufend aktualisierende Webseite als dynamisches Textinventar zu verstehen, aus dem Elemente herausgenommen und in das neue eingefügt werden können. Rezeption zu verschiedenen Zeitpunkten führt also auch aufgrund des wechselnden Inventars zu unterschiedlichen Kommunikationseinheiten.

Dynamische Webseiten sind nach Wichter aufzufassen als ein im weitesten Sinn „thematisch konstruiertes Ensemble dem Rezipienten kopräsenter, aber in Teilmengen laufend erneuerter oder gänzlich durch neue ersetzter Texte" (ebd.: 270). Die Produktion und Rezeption eines dynamischen Textinventars stellt sich Wichter zufolge bei einfacher Seitenarchitektur als eine Reihe von Text-Kommunikaten dar, es handelt sich also um eine webseiten-interne Reihe (vgl. ebd.).

Für diese webseiten-interne Reihe, verstanden als potenziell interaktives und dynamisches Inventar von Texten, führt Wichter als Beispiel die Wikipedia an (ebd.: 271f.): Wohingegen Papier-Enzyklopädien aus einer Reihe von Kommunikaten zwischen Herausgeber, Autoren und Verlagen bestünden, die zum Sammel-Text-Kommunikat Enzyklopädie führten, stelle ein Wiki nicht nur ein dynamisches Textinventar dar, sondern unterscheide sich auch in anderen Punkten augenfällig von herkömmlichen Enzyklopädien. Dazu gehöre statt einer vorgelagerten eine begleitende Erarbeitungsreihe[93], ein praktisch unbegrenztes Reihenpersonal, derjenigen, die sich in verschiedenen Formen an einem Wiki beteiligen sowie die Bestimmung der funktionalen Ganzheit durch die Sozialität

93 Wie z. B. Diskussions- und Hilfeseiten, vgl. Kapitel 2.2.5.

einer bildungsbürgerlichen Zivilgesellschaft anstelle der Unternehmenssozialität eines Verlags (vgl. Wichter 2011: 272).

Für eine Wiki-Enzyklopädie ergebe sich damit folgende Reihenrealität: Die Akte seien nach Wichter auf Artikelebene zu finden, sie entsprechen einer wissenschaftlichen Formulierung und orientierten sich – mal mehr, mal weniger – an fachsprachlichen Niveaus.[94] Die Ebene der Kommunikate werde durch einzelne Artikel und ihre Diskussionsbeiträge realisiert. Hieraus ergebe sich das oben beschriebene Text-Kommunikat. Die Ganzheit eines so zu bezeichnenden Sammelhypertextes entstehe ferner aus einer Reihe arbeitsteilig produzierter Untertexte (vgl. ebd.: 82), wobei Wichter eine (zeitlich) diskontinuierliche Rezeption annimmt.

Darüber hinaus sollte m. E. berücksichtigt werden, dass ein kollaboratives Produkt wie ein auf hypertextuellen Prinzipien gegründetes Nachschlagesystem, abhängig davon, wie viele Beteiligte es gibt, von subjektiven Urteilen bzw. Eigenperspektiven geprägt ist, die zu nicht unerheblichen inhaltlichen und methodischen Inkonsistenzen führen können. Es kann also im Ergebnis keine einheitliche Gesamtperspektive erwartet werden. Interessant ist, dass man sich in einem Wiki bzw. einem kollaborativen Hypertextsystem in der ständigen Optimierungsphase und dem Übergangsstatus zwischen Uneinheitlichkeit und Einheitlichkeit befindet. Da Hypertexte tendenziell unabgeschlossen sind und nicht nachvollzogen werden kann, wie viele Rezeptionsvorgänge und damit Text-Kommunikate vorliegen, bevor ein neuer Text oder Textteil produziert wird, sollte meiner Ansicht nach angeboten werden, von einer Reihe von Text-Kommunikaten zu sprechen. Die Hypertextumgebung ermöglicht ferner das Hin- und Herwechseln des Abfolgepaars Produktion und Rezeption und verdeutlicht das starke Ineinandergreifen bzw. die enge Verzahnung dieser beiden Prozesse, ohne dass etwa die lokale Geschlossenheit einer einzelnen Text-Kommunikationseinheit vorausgesetzt werden muss, wie etwa von Wichter (2011: 99) gefordert: Der von mir angebotene Schwerpunkt liegt auf der funktionalen Geschlossenheit.

Die Reihentheorie Wichters und ihre interdisziplinäre Orientierung erlauben es, anhand der von ihm genannten Kommunikationsebenen über enge textlinguistische Grenzen hinauszutreten und hypertextuelle Umgebungen für die eigene Fragestellung zu berücksichtigen. Konzeptionell gesprochene oder geschriebene Akte können beispielsweise auch geöffnet werden für Mischformen oder Navigationsakte (vgl. ebd.: 277). Die Text-Kommunikatsorten werden mit der Öffnung umfangreicher, die einzelnen Kommunikate technisch zeitdirekter, wobei

94 Wichter nennt dies „konzeptionelle Schriftlichkeit mit fachsprachlicher Ausprägung" (Wichter 2011: 271).

die ihnen zugehörigen Navigationsvorschriften streng beachtet werden müssten; auf der Ebene der Reihe gebe es schließlich aufgrund der Berücksichtigung der Hypertextualität eine starke Dynamisierung (vgl. ebd.).

Insbesondere für hypertextuelle Nachschlagewerke bzw. Wikis allgemein ist die Reihenstruktur ferner der Arbeitsrichtung in der Herstellung und Präsentation von Wissen verpflichtet. Die kollektive Form des Umgangs mit Wissen bedeutet auch eine weitestgehend rationale und gemeinschaftliche Kontrolle: Der Artikel wird ins Zentrum des Interesses gestellt und es wird möglich, auf diesen Einfluss zu nehmen, indem man ihn durch sein eigenes Wissen mittels der Bearbeiten-Funktion verändert.[95] Die Schwierigkeiten, die darin bestehen, Texte vor dem Hintergrund einer hypertextuellen Bezugsgröße zu betrachten, werden also dadurch gelöst, Hypertexte als funktionale Ganzheiten zu betrachten, die eines, wie in Kapitel 1 angemerkt und nun durch das Reihenkonzept Wichters verdeutlicht, interdisziplinären Wirkungsbereichs bedürfen.

Unter Bezugnahme auf Endres (2004) ergibt sich damit erneut, dass Hypertexte weder Texte (in einem vorwissenschaftlichen, monumentalen Sinn) sind noch ‚Texte mit spezifischen Eigenschaften' (vgl. Storrer 2000: 223). Vielmehr sollte dem Hypertext der Status einer funktionalen Ganzheit zugeschrieben werden, in dem u. a. (!) ein dynamisches Textinventar[96] ermöglicht wird, über das wiederum die Betrachtung der Hypertext-Charakteristika Multilinearität, Multimedialität, Interaktivität und Dynamik erfolgen kann. Zur Verdeutlichung sei an dieser Stelle das Verständnis von Hypertext und Text noch einmal gegenüber gestellt:

Tab. 1: Hypertext- und Textverständnis

Kollaborativer **Hypertext** ist die …	**Text** wird verstanden als …
… computertechnisch ermöglichte multilineare Strukturierung von Knoten durch Links; diese erlaubt neben einer netzförmigen Gesamtstruktur ein prinzipiell dynamisches Text- und Medieninventar, das durch interaktive und soziotechnische Überschreibungsprozesse geprägt ist.	… Grundgesamtheit von zu unterschiedlichen Zeitpunkten geäußerten und inhaltlich zusammenhängenden sprachlichen Abfolgen, die auf einer abstrakten Ebene zu situieren sind, von der aus die (digitalen) Textfassungen realisierte Repräsentanten auf einem medialen Träger darstellen.

95 Das bedeutet, es liegt eine Vielzahl von Text-Kommunikaten vor, die untersucht werden können, sofern sie etwas direkt mittels Hypertext abbilden.

96 Die Wahl des Textbegriffs ist hier selbstverständlich entscheidend; vgl. Kapitel 1.2.4.

2.2 Wikis und Wikipedia

Für welche Gegenstände ist Hypertext gemacht? Und: Welche Modi des Verhaltens zum Hypertext können antizipiert werden? Bereits an verschiedenen Stellen wurde festgestellt, dass Hypertexte ‚mehr' sind als eine spezielle Form von Text (vgl. Storrer 2000: 231f.). Dies führte im Weiteren zu der Feststellung, dass Hypertexte ein dynamisches Textinventar ermöglichen können. In diesem Abschnitt geht es nun um die nächste Ebene der medialen Problemstufung, die an den betrieblich-relevanten Zusammenhängen in einem Wiki, einer möglichen Architektur eines Hypertextsystems, dargestellt werden soll. Dargelegt werden dafür kursorisch Prozesse technischer, verwaltungsspezifischer bzw. organisatorischer Art, die in diesem kollaborativen Hypertext zum Tragen kommen. Daneben finden Regeln, Konventionen, Wertestandards sowie hierarchische Beziehungs- und Entscheidungsstrukturen Beachtung.

2.2.1 Wikis

Wikis sind webbasierte Anwendungen, die ein einfaches Editieren von WWW-Seiten erlauben, welche durch Hyperlinks verbunden sind (vgl. Leuf/Cunningham 2001). Hierbei greift sowohl das Konzept des Hypertextes als auch das des interaktionsorientierten Schreibens (vgl. Storrer 2013), da Wikis ihren Nutzern erlauben ad hoc eine Art Wissensnetzwerk individuell verfügbarer Informationseinheiten zu schaffen: "they represent, in short, a rapidly changing microcosm of the structures of the wider Web beyond their own technological boundaries" (Bruns 2008: 102). Nachdem sich der Bekanntheitsgrad von Wikis bis zum Ende der 1990er-Jahre eher in Grenzen gehalten hat, gehören sie seit Anfang der 2000er neben der sogenannten Blogosphäre zu den treibenden Kräften des Web 2.0-Phänomens (vgl. ebd.).

Das Hypertextsystem, eingeführt von Cunningham Mitte der 1990er, diente zunächst als einfaches Werkzeug – "the simplest online database that could possibly work" (in: Leuf/Cunningham 2001: 15) – um kollaborative Diskussionen für die Entwicklung von Software zu ermöglichen. Dieses erste Wiki, benannt nach hawaiianisch ‚wikiwiki' für ‚schnell', besaß bereits damals die uns noch heute bekannten Vorteile, nämlich dass es in jedem Webbrowser gelesen werden konnte und, im Gegensatz zu HTML, auch eine (leicht zu erlernende) Schreibfunktion besaß, die einzelne Editiervorgänge und sonstige Änderungen erheblich, d. h. mittels weniger Mausklicks direkt im Browser, beschleunigte.

Die ersten weiteren Nutzungen der Wiki-Technologie dienten dazu, Inhalte von Entwicklern zu organisieren (z. B. MeatballWiki). Sie entwickelte sich dadurch zu einem populären Werkzeug der Befürworter von open-source-Inhalten, das ein öffentliches Arbeiten erlaubte und zugleich für alle Beitragenden zugänglich war. Da Wikis sich zudem als effektiver Weg erwiesen, um Änderungen zurückzuverfolgen und zu diskutieren, etablierten sie sich schnell als populäres Instrument des Wissensmanagements und der Wissensverwaltung. Heute gehören sie zum großen Bereich der Social Software, die eine neue Kultur der Teilhabe etablieren.[97]

2.2.2 Das Wiki der Wikipedia

Den umfangreichen Nutzen, den das mittlerweile meistbesuchte Wiki, die Wikipedia, aus der Wiki-Technologie zieht, ist rückblickend eine recht unerwartete Entwicklung, diente die im Jahr 2001 gestartete Wikipedia doch zunächst als eine sogenannte ‚sandbox', einen informatischen Testbereich, bzw. als ‚fun project' neben dem ebenfalls von den Initiatoren Sangers und Wells betreutem Projekt Nupedia.[98] Die Idee war, anders als bei der Nupedia, die sich eine rigorose Qualitätskontrolle auferlegt hatte, die Artikel von interessierten Laien verfassen zu lassen anstatt von qualifizierten Experten.[99] Die Wiki-Technologie entsprach zudem den Vorstellungen einer offenen, internetbasierten Enzyklopädie (vgl. Fiebig 2005: 22f.). Bereits im ersten Jahr nach der Projektlancierung schlug sich der Erfolg in Zahlen nieder: Während in der Nupedia bis Ende 2001 gerade einmal 25 Artikel erfolgreich den Editierprozess durchliefen, fertigten Autoren in der englischsprachigen Wikipedia über 3000 Einträge innerhalb weniger Monate an.[100] Zwar konnte und kann bei der Menge der

---

97 Als Werkzeuge kollaborativen Ausdrucks gilt innerhalb der Wikipedia das Prinzip „bottom-up", vergleichbar zur Funktionsweise eines kleinteiligen Basars (vgl. Stegbauer 2011: 60). Zu überlegen wäre, ob die offizielle Institutionalisierung bestimmter Wikis überhaupt funktionieren könnte, also ob sich Beitragende an einem „von oben" aufgesetzten Wiki, d. h. einem nach kathedralenartigem Bauplan (nach Raymond 1998) beteiligen würden. Darüber hinaus ist die Feststellung interessant, dass über das Konstruktionsprinzip der Wettbewerb zwischen Enzyklopädien deutlich wird, denn: „Hierhin drückt sich die Frage nach der Überlegenheit des Kathedralen- oder des Basarprinzips aus" (Stegbauer 2011: 60).

98 Vgl. http://web.archive.org/web/20010118225800/http://www.nupedia.com/; Abruf: 26.05.2014.

99 "We wish all editors to be true experts in their fields and (with very few exceptions) possess Ph.D.'s" (http://web.archive.org/web/20010410035607/www.nupedia.com/steering.shtml; Abruf: 26.05.2014).

100 Vgl. http://features.slashdot.org/story/05/04/18/164213/the-early-history-of-nupedia-and-wikipedia-a-memoir; Abruf: 12.5.2014.

Wikipedia-Einträge wohl nicht zwangsläufig von qualitativ hochwertigen Ergebnissen oder Informationen ausgegangen werden[101], doch entwickelte wohl gerade die Kombination aus hohen Beitragszahlen und niedrigschwelligem Zugang für Autoren und den wenig restriktiven Editierprozessen ein recht widerstandsfähiges System, das wiederum auch dazu führte, dass sich solch eine große Anzahl von Mitwirkenden fand, die letztendlich zum Gelingen der Wikipedia beitrugen und dem Projekt zu einer gewissen Eigendynamik verhalfen. Dieses unvorhersehbare Ergebnis trug einerseits zu einer Abspaltung von Nupedia und zum anderen zur Popularität einer Plattform bei, die durch die massenhafte Beteiligung und den großen Bekanntheitsgrad inzwischen einen erheblichen Geltungsanspruch besitzt. Vermutet wird, dass bei diesem Projekt insbesondere die Möglichkeit der passiven Nutzung bei gleichzeitiger aktiver Mitgestaltung dem neuen Weg einer digitalen Wissensverbreitung entspricht, der die gemeinschaftliche und vernetzte Herstellung eines Wissensprodukts vorsieht (vgl. Pscheida 2010: 332). Die gewachsene Popularität von Wikis, insbesondere die der Wikipedia, zeugt zudem nicht zuletzt davon, dass hier eine überaus geeignete Funktion[102] für die Form kollaborativer Nachschlagesysteme gefunden wurde: Die für die Wikipedia geltende massive öffentliche (und massenmediale) Präsenz setzte in den Jahren zwischen 2004 und 2006 ein und hält sich bis heute (vgl. [Wikipedia:Geschichte]).[103] Wikipedia gilt derzeit als das umfangreichste Lexikon bzw. die bedeutendste Online-Enzyklopädie in gleich mehreren Sprachen (vgl. Cölfen 2012: 512f.).

---

101 Eine gerade anfangs geführte, scheinbar nicht enden wollende Diskussion drehte sich um die öffentliche Autorschaft und die flüchtige Qualität der Wikipedia-Artikel (z. B. Kohl/Liebert 2004 und Cölfen 2012: 509).

102 ‚Funktion' kann hier durchaus, in Anlehnung an Tarp (z. B. 2013), in der Verbindung von lexikografisch relevanten Bedürfnissen des Nutzers und den Unterstützungsoptionen eines Nachschlagewerks als kulturelles Erzeugnis verstanden werden. Allerdings gilt zu beachten, dass sich die extra- und intra-lexikografischen Elemente des Funktionenkonzepts Tarps (ebd.) bei Wikis stark, wenn nicht sogar unauflösbar, ineinanderfügen, da sich etwa Nutzerbedürfnisse direkt auf die lexikografische Unterstützung (insbesondere in Form von Daten, aber auch Zugriffsstrukturen) abbilden können.

103 Bemerkung zur Zitierkonvention: Sämtliche Webadressen, die sich auf Namensräume der Wikipedia beziehen, werden der Übersichtlichkeit halber abgekürzt durch das Namensraumpräfix (Wikipedia), Doppelpunkt und Seitentitel (z. B. Artikel). http://de.wikipedia.org/wiki/Wikipedia:Artikel wird damit reduziert zu [Wikipedia:Artikel].

2.2.3 MediaWiki als Verwaltungsgrundlage

"A wiki article without links is like a room without exits."
(Barrett 2009: 75)

Wikis stellen mittlerweile ein recht typisches Phänomen, aber auch ein vielgenutztes ‚technisches Hilfsmittel'[104] des Web 2.0 dar, für das Inhalte kollaborativ von freiwilligen Autoren verfasst und allen Interessierten kostenlos und uneingeschränkt zur Verfügung gestellt werden. Für diese ist, wie oben beschrieben, das Hypertextkonzept konstitutiv. Die technische Umsetzung von Wikis erfolgt in einem Elementverbund aus datenbankgestütztem Content-Management-System und kollektivem Schreibwerkzeug (vgl. etwa Möller ^{2}2006). "[F]or building a repository of knowledge in bits and pieces" (Barrett 2009: 5) wird für Wikipedia gegenwärtig die Software MediaWiki als entsprechende Verwaltungsgrundlage genutzt. Auch braucht es eine auf die Benutzung vieler Mitwirkender ausgelegte Auszeichnungssprache (= Wikitext), die die Bearbeitung von Informationstexten und audiovisuellen Komponenten in einem Wiki-Artikel ermöglicht. Dazu gehört etwa das vereinfachte Einrichten und Auszeichnen bestimmter Elemente (z. B. von Hyperlinks), das durch bestimmte Symbol- und Zeichensetzung (wie Klammern und Anführungszeichen) dem in einem Artikel enthaltenen Text jeweils eine bestimmte Formatvorlage zuweist; der Speicherung der Inhalte dient dann eine relationale Datenbank.[105]

Die für diese mediale Spezifik erforderliche Handhabung ist nicht mehr mit der analoger Nachschlagewerke vergleichbar und wirkt sich aufgrund der aktiven und passiven Beteiligung vieler Nutzer maßgeblich auf Kommunikations- und Interaktionsprozesse bezüglich Herstellung, Darstellung und Verbreitung von Wissen aus (vgl. Pscheida 2010: 87). An ihnen wird unter anderem deutlich, dass die Idee der alphabetischen Ordnung überholt ist, da durch Google-Suchanfragen und den Möglichkeiten des Hypertextes der Inhalt eines Wikis in mehrerlei Hinsicht erschlossen werden kann. Auch die Einordnung von Artikeln in eine inhaltliche Systematik (vgl. z. B. [Wikipedia:Kategorien]) wird eher als Relikt gedruckter Enzyklopädien verstanden (vgl. Lih 2009: 115) und weniger als Einstiegs- oder Ausgangspunkt für die Bewegung in einem Wiki. An dieser Stelle soll deshalb innerhalb des technischen Rahmens ein kurzer Blick auf die

104 Vgl. in diesem Zusammenhang auch den Medien-Begriff bei Habscheid (2000: 136).
105 Ausführliche Ausführungen dazu z. B. bei Barrett (2009).

grundlegenden Vorgehensweisen der Linktypisierungen bei Wikipedia geworfen werden. Hier zeigt sich, dass insbesondere den internen Links, den sogenannten Wikilinks, große Bedeutung beigemessen wird.[106]

Ein interner Link führt zu einer anderen Seite, einem anderen Knotenpunkt im selben Wiki und ist mithilfe der Wiki-Software MediaWiki recht einfach zu erstellen, indem man die gewünschte Zielseite in doppelte eckige Klammern setzt: So verweist in einem Wikitext [[Zitrone]] auf den Wiki-Artikel ‚Zitrone'. Diese internen Links sind in ihrer Verweisrichtung unidirektional und klassisch betrachtet überwiegend als Lokal-Global-Verweis zu klassifizieren (vgl. Abb. 2): Innerhalb eines Knotens dient ein Bereich (Wort, Satz, Grafik) als Ausgangspunkt oder Absprungstelle. Zielpunkt ist dann der gesamte Zielknoten bzw. der Zielartikel. Ist der Zielartikel sehr umfangreich, sind auch Lokal-Lokal-Verweise üblich. Zielpunkt ist dann der entsprechende Unterpunkt innerhalb eines anderen Knotens.

Abb. 2: Link-Klassifizierung nach Lokalität und Globalität.

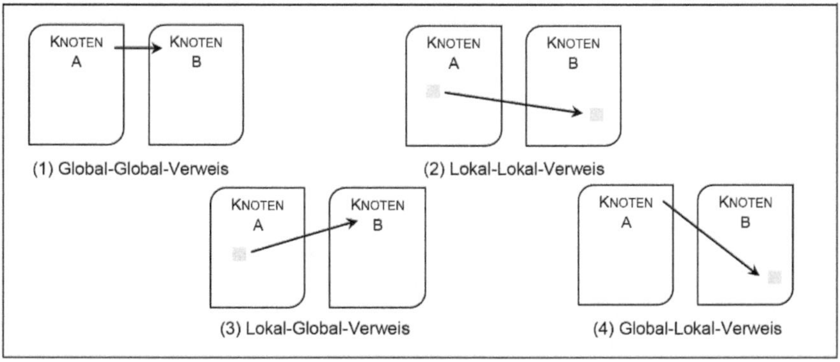

106 In Wikipedia-Artikeln sind, insbesondere wenn auf Gesetztestexte verwiesen wird, auch externe Links im Artikeltext gesetzt. Diese sind oberflächenstrukturell durch das Icon ‚Pfeil' gekennzeichnet. In der Auszeichnung wird der entsprechende externe Zielpunkt (etwa der Zielpunkt www.gesetze-im-internet.de/gg/art_123.html) in doppelte geschweifte Klammern gesetzt {{Art.|123|gg|juris}}. Externe Links werden als Weblinks bezeichnet.

Hyperlinks sind in einem Wiki unterschiedlich eingefärbt, was sie vom umgebenen schwarzen Schriftbild deutlich abhebt. Das Spektrum umfasst die Farben

- blau, wenn der entsprechende Zielknotenpunkt noch nicht besucht worden ist bzw. im Browserverlauf nicht auftaucht;
- lila, wenn ein Ziel bereits besucht wurde;
- rot, wenn es zum angebotenen Link noch keinen Artikel gibt.

Über diese farbliche Ausdifferenzierung der Linkoberfläche wird deutlich, welche herausgehobene Stellung Wikilinks einnehmen: Erst effektives Verlinken macht einen Wikiartikel benutzbar (vgl. Barrett 2009: 75). Das bedeutet auch, dass Artikel vernetzt werden können, die noch gar nicht existieren. Mit diesem von dem MediaWikiHandbuch beschriebenen Verfahren des "lazy linking" (Barrett 2009: 76) wird dem jeweiligen Autor die Option gegeben, den Pfad zu einem möglichen weiteren Thema aufzuzeigen, ohne dass er die Arbeit am aktuellen Artikel unterbrechen muss. Dieses Verfahren ist damit jedoch keinesfalls – und wie der Ausdruck vermuten lässt – der Bequemlichkeit geschuldet, es verdeutlicht vielmehr die konsequente Fortführung und Ausnutzung des Wikilink-Potenzials, denn: Damit ein Wiki mehr ist als die bloße Ansammlung unabhängiger Artikel, müssen Wikilinks ‚sinnvoll'[107] und effektiv gesetzt

107 Wikipedia gibt den Hinweis über interne Links Artikel „sinnvoll" zu verlinken (vgl. [Wikipedia:Verlinken]), worunter mehrere Eigenschaften zusammengefasst werden: Zum einen gehe es darum ‚sachgerechte' Links zu setzen, ohne dass dieser Punkt weiter ausgeführt, oder ein Beispiel genannt wird. Des Weiteren gehe es um den Zielpunkt des Links, nämlich ob es dort Erläuterungen oder weiterführende Informationen gibt. Sind die beiden letztgenannten Aspekte erfüllt, handle es sich um „gute Links". Für diese gelte auch, dass sie sparsam, nicht für allgemein Bekanntes und „sinnführend" verwendet werden sollen. Dass der Text „auch ohne Links" verständlich und informativ sein soll hat m. E. darüber hinaus weniger etwas mit ‚sinnvollem verlinken' als mit Textarbeit im Sinne von Inhalt und Form eines Artikels zu tun. Nicht erkennbar wird ein notwendiges Verständnis von Links als Informationskomponenten zusätzlich zum Artikeltext (vgl. ebd.). Diese etwas diffuse Aneinanderreihung von Linkquantität und -qualität ließe sich evtl. unter Zuhilfenahme des TAH nach Huber (2003: 104) gut einordnen. Sinnvolles Verlinken bedeute demnach einerseits die Erfüllung kommunikativ-funktionaler (der Link hat die Funktion für relevante Einheiten eine illokutionäre Beziehung zu etablieren) und thematisch-struktureller Aspekte (es geht um die sachgerechte Themenentfaltung über Erläuterungen oder weiterführende Informationen) (vgl. ebd.).

werden und sowohl in Aussagekraft, Leistung und Benutzbarkeit des Angebotenen eine Doppelfunktion des Sprachelements und Navigationswerkzeugs (vgl. Dürscheid 2000: 66) erfüllen.

2.2.4 Anlage eines Wiki-Artikels

Bei Wikipedia sind viele Merkmale einer typischen Enzyklopädie aufzufinden (vgl. Fandrych/Thurmair 2011: 89–113), die grundsätzlich auf einem intertextuellen Aspekt[108] fußen, und zwar dahingehend, dass sie bereits in anderen Quellen vorliegende Informationen zusammenfassend und systematisierend aufbereiten sowie durch Fußnoten belegen.[109] Die noch bei analogen Nachschlagewerken aufzufindende starke Selektion und Kondensation, um das jeweils Relevante eines Gegenstandes zu fokussieren, tritt bei digitalen Inhalten immer mehr in den Hintergrund. Dessen ungeachtet gilt sowohl für traditionelle Enzyklopädien als auch für gegenwärtige Wikipedia-Artikel das Bemühen der einführenden Orientierung in einen Sachverhalt sowie eine ausgewogene und angemessene Themendarstellung (vgl. [Wikipedia:Artikel#Umfang]). Darüber hinaus finden basale Prinzipien der Textarchitektur und Textstruktur einer Enzyklopädie (vgl. Fandrych/Thurmair 2011: 93–103) wie beispielsweise die neben dem Artikelteil existierenden Einführungs- und Benutzungshinweise und die mikrostrukturelle Gliederung der Artikel in Stichwort, Bedeutungsteil und ggf. weiterführende Informationen, auch bei Wikipedia Verwendung.[110]

---

108 Auf die verschiedenen Ausprägungen des Komplexes der speziellen bzw. aktuellen Intertextualität im Sinne von Krause (2000: 62–66) kann hier durchaus Bezug genommen werden.

109 Für Wikipedia-Artikel gilt grundsätzlich eine Belegpflicht ([Wikipedia:Belege]; Abruf: 28.4.2014).

110 Vgl. [Wikipedia:Wie_schreibe_ich_gute_Artikel#Aufbau_eines_Artikels]; Abruf: 28.4.2014.

Abb. 3: Artikelaufbau in der Wikipedia.

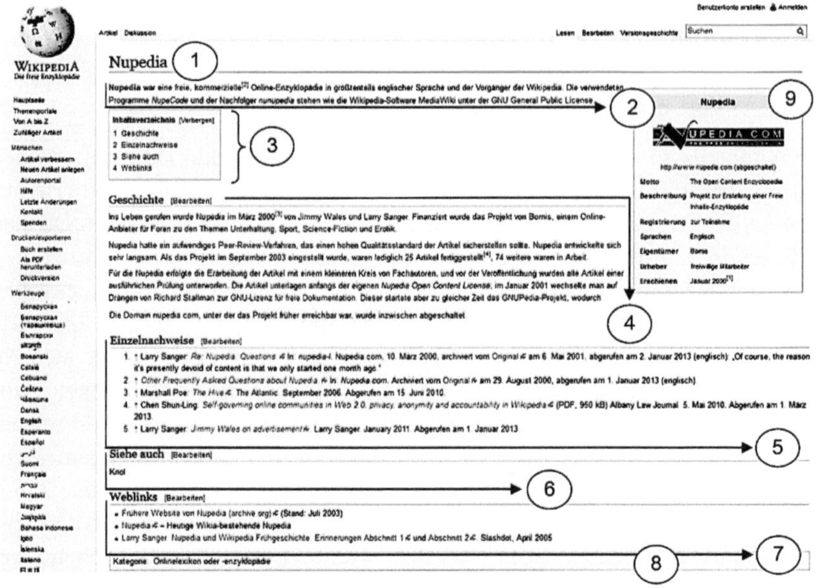

Der Aufbau eines Wikipedia-Artikels (Abb. 3) gestaltet sich in der Regel in folgende Einheiten:

(1) Artikelstichwort bzw. Lemma
(2) Begriffsdefinition und Einleitung
(3) Inhaltsverzeichnis, das ab drei Überschriften automatisch angelegt wird
(4) Zwischenüberschrift
(5) Inhaltsbelege in Form von Fußnoten
(6) assoziative Verweise
(7) externe Links mit weiterführenden Informationen
(8) Kategorienzuweisung
(9) Infobox (fakultativ) mit grundlegenden Daten

Diese Artikelstruktureinheiten können, müssen aber nicht zwingend als stabile Einheiten bzw. Strukturelemente eines Wikipedia-Artikels[111] auftreten: Die kollaborative

111 Wikipedia-Vorgaben bezüglich der inhaltlichen (vgl. [Wikipedia:_schreibe_gute_Arti kel]) und formalen (vgl. [Wikipedia:_gute_]) Artikelstruktur entwickeln sich projektbegleitend auf Informations- bzw. Hilfeseiten. Die Formatvorgaben können überdies für

Artikelproduktion erfolgt nach dem Muster der ‚Weisheit der Vielen' (vgl. Surowiecki 2004), sodass Grundlagen und Vorgaben zum mikrostrukturellen Artikeltextaufbau sowie die Architektur des Artikeltextverbunds zwangsweise Änderungen unterworfen sind.[112]

Einerseits besteht ein Nutzen kollaborativ erstellter Hypertext-Nachschlagewerke, der in der durchaus kurzen bis nicht existenten Redaktionszeit gesehen wird, da die Inhalte sofort nach der Bearbeitung[113] veröffentlicht werden. Andererseits erfordert diese Art der bisweilen ungeprüften Inhaltsdistribution auch ein verändertes Bewusstsein für die dargestellte Information. Aktualität, teilweise minutengenau, hat in diesem Fall auch ihren Preis. Im Einzelnen bedeutet das, dass im Zuge eines auf Wikipedia zu übertragenden lexikografischen Prozesses (vgl. Wiegand u. a. 2010: 8–21) die vorhandene Erarbeitung ständig überprüft und modifiziert wird, wobei die individuelle bzw. gruppenspezifische Wissensprüfung ausgewertet und Veränderungen bezüglich der behandelten Gegenstände berücksichtigt werden (s. a. Meyer 2013: 49–53).[114] Sowohl Lemmaauswahl, Artikeldisposition und Artikelinhalte als auch deren Grundlagen stehen also ständig auf dem Prüfstand. Für die Phasen der Artikeltextproduktion bedeutet das vergleichbar, dass Planung, Formulierung und Überprüfung niemals abgeschlossen sind sowie aufgrund von Diskussionen[115] stagnieren oder überlagert sein können. Bei der Artikelerstellung wird darüber hinaus ein anfänglich subjektives und intuitives Vorgehen, das oft zu kurz greift und erst durch kontinuierliche Überarbeitung einen ausgewogenen Artikel entstehen lässt, durchaus einkalkuliert (vgl. [Wikipedia:Artikel#Umfang]). Die Artikelresultate unterliegen damit der Aushandlung und sind stark vom Charakter des Vorläufigen geprägt.

---

bestimmte Fachbereiche recht unterschiedlich sein (vgl. [Wikipedia:Formatvorlage]); Abruf alle: 15.4.2014.

112 Eine u. a. metalexikografische Perspektive in Bezug auf Wiktionary als Beispiel kollaborativer Lexikografie verfolgt die aufschlussreiche Arbeit von Meyer (2013).

113 Der Aufruf der Funktionen Bearbeiten, Diskussion und Versionsgeschichte erfolgt über die Reiter am oberen Rand der Artikel.

114 Zu Aspekten der lexikografischen Praxis bei Wikipedia vgl. Mederake (2014).

115 Die einem Wikipedia-Artikel über einen Reiter angegliederte Diskussionsseite dient der Verbesserung des Inhalts des dazugehörigen Artikels; es können etwa Aussagen in einem Artikel begründet bezweifelt, auf Unklarheiten im Artikeltext hingewiesen oder Vorschläge zu seiner Verbesserung oder der Lemmatisierung gemacht werden (vgl. [Wikipedia:Diskussionsseiten]).

Zusammenfassend ist festzustellen, dass Wikis von der Funktionsweise eines potenziell kollaborativen Werkzeugs ausgehend durch einfache Auszeichnungssprache und Bearbeitungsverfolgung in Form der Versionsgeschichte ein recht dynamisches (und nachvollziehbares) Inventar von Informationstexten und weiteren medialen Komponenten in einem Artikel erlauben, was im Hinblick auf die Beachtung des Wiki-Prinzips eine wichtige Rolle spielt.[116] In den abgebildeten Domänengebieten können ferner recht unterschiedliche Schwerpunkte gesetzt werden, da die Beitragenden jeweils in ihrem Kenntnisbereich[117] arbeiten. Das hypertextuell bestimmte Textinventar eines Wikis erfüllt zudem durch die über Hyperlinks geschaffenen Schnittstellen den Gesichtspunkt der Interaktivität (vgl. Kapitel 2.1.2) und eröffnet dadurch Vernetzungsmöglichkeiten in ein erweitertes Artikel- bzw. Themenspektrum. Parallel, etwa über die Diskussionsseiten, ist außerdem ein begleitendes Textinventar[118] zu beobachten, das das dynamisch-kollaborative Artikel- und Textwesen in einem Wiki vervollständigt (s. a. Stvilia u. a. 2005a: 17). Das bedeutet: Einträge können beliebig oft überarbeitet werden, wodurch sich Form und Umfang des Dargestellten ständig an einen neuen Informationsstand anpassen. Zugleich wird jeder Überarbeitungsstand archiviert, was den Artikelprozess durchsichtig und rekonstruierbar macht.

2.2.5 Beispiele technischer und personeller Organisationsstruktur

Zwei herauszuhebende Organisationselemente der Wikipedia finden sich von daher einerseits auf technischer Seite, andererseits auf personeller Seite. Mit Beispielen technischer, veranschaulicht an der Struktur nach Namensräumen durch das MediaWiki, und personeller Organisationsstruktur (am Beispiel der Rollenzuweisungen der Akteure bzw. Benutzer) wird in diesem Teilkapitel

116 Dagegen ist Dynamik in Bezug auf den Hypertext eine wichtige, jedoch eher optionale Eigenschaft (vgl. Storrer 2008: 321), da dieser auch von statischen bzw. archivierten Inhalten gespeist wird. Ein Vorteil der Versionshistorie ist in diesem Fall jedoch unbedingt darin zu sehen, dass praktisch jede Änderung und jeder Kommentar zurückverfolgt werden kann.

117 Dadurch, dass rein theoretisch jedem Benutzer auch die Erstellung von Inhalten ermöglicht wird, kann ferner die Themenvielfalt entsprechend groß sein (vgl. http://commons.wikimedia.org/wiki/File:WikipedianerWissen.png). Die Art und Weise der Beteiligung ist bei Wikipedia nicht festgelegt: Es besteht sowohl Bedarf, neue Artikel anzulegen bzw. bestehende (auch in Form von Bildern und Grafiken) zu erweitern als auch an Redaktionsvorgängen teilzunehmen (vgl. [Wikipedia:Beteiligen]; Abruf: 28.04.2014).

118 In etwa vergleichbar mit der Erarbeitungsreihe von Wichter (2011: 272).

versucht, die Prämissen für Leistung und Benutzbarkeit der Wikipedia zu verdeutlichen.

Die auszeichnungssprachlich definierten Präfixe ‚Namensräume' bilden etwa ein zentrales Element der inhaltlichen Organisationsstruktur eines Wikis (vgl. Pscheida 2010: 354). Sie unterteilen es in grobe Sektionen, die speziellen Zwecken dienen (s. a. Barrett 2009: 16). Für die Darstellung erfolgt zunächst die Nennung des Sektionsbereichs, gefolgt von einem Doppelpunkt und der Nennung eines speziellen Attributs in der Sektion. Hilfe- oder Kategorienseiten werden etwa folgendermaßen angezeigt: Hilfe:Benutzerkonto. Diese Seite gibt einen Überblick über das Hilfeangebot der Wikipedia, z. B. wenn es darum geht, ein Benutzerkonto anzulegen; Kategorie:Person zeigt alle Artikel, wiederum in Unterkategorien unterteilt, zu lebenden oder historischen Personen. In dieser Weise können Namensräume der inhaltlichen Produktion, Interaktion und Strukturierung dienen sowie der projektinternen Information, Dokumentation, Organisation und Koordination und auch der technischen Weiterentwicklung (vgl. Pscheida 2010: 355).

Neben einigen Namensräumen, die der internen Nutzung durch Autoren und Administratoren vorbehalten sind, ist der wohl relevanteste Namensraum für den Nutzer der Artikel und damit das, was als Enzyklopädiebereich wahrgenommen wird. Doch der Weg zu anderen Namensräumen und damit anderen Organisationseinheiten in der Wikipedia ist nicht weit. So existiert zu jedem Artikel zusätzlich eine Diskussionsseite (s. o.), die der Verbesserung des Inhalts dient (Fiebig 2005: 60); dieser Diskussionsbereich gehört wiederum einem eigenen Namensraum an.

Als Leitsystem für die Artikelstruktur dient ferner übergreifend der Kategoriennamensraum. Dieser weist wiederum eine innere Ordnungssystematik nach Unterkategorien auf. Die einzelnen Namensräume oder Wikibereiche können über eine eigene Linkstruktur erschlossen werden; auffällig ist folglich die Nennung der Kategorien am unteren Ende eines Artikels (vgl. die Artikelübersicht in Abb. 3, Punkt (8)). Für die meisten Nutzer werden diese Unterschiede und Eigenheiten der einzelnen Namensräume allerdings gar nicht besonders ins Gewicht fallen, weshalb sie an dieser Stelle nur kurz erwähnt werden. Dennoch ist festzuhalten, dass jeder Namensraum oder Wikibereich über eine eigene Link- und Logikstruktur organisiert ist, wie sie etwa bei Kategorienseiten an der Auffächerung in Unterkategorien zu sehen ist. Es ist darauf hinzuweisen, dass dadurch ein recht komplexes Organisationssystem mit vielen Schnittstellen entsteht, für das es je nach Bereich eigene Regeln gibt. Im engeren Fokus der Betrachtung bleibt allerdings, wie o. g., der Artikelbereich, auf den der Nutzer über das Hauptmenü, die Navigationsleiste links auf der Seite und die Suchfunktion zugreift.

Ein weiteres zentrales Element der administrativen Wikipedia-Organisation ist die Person des Nutzers. Da er es letztendlich ist, der als Bindeglied zwischen technischer, rechtlicher und inhaltlicher Organisationsstruktur auftritt (vgl. Pscheida 2010: 357), erfordert er auch eine bestimmte verwaltungstechnische Wahrnehmung. Es ist nicht allein die Wiki-Software, die sich gut für eine Online-Enzyklopädie eignet; vielmehr wird die Funktion und hierüber zwangsläufig der Benutzer zu ihrem Hauptleistungsträger.

Abb. 4: Art der Nutzung von Web 2.0-Anwendungen 2012 (Busemann/ Gscheidle 2012: 387).

Nutzer, die das Angebot schon mal besucht haben, in %

	Informationen abgerufen	etwas eingestellt/ verfasst	beides
Wikipedia	96	1	3
Weblogs	53	15	32
Videoportale	93	0	7
Twitter	60	40	-

Basis: Deutschsprachige Onlinenutzer ab 14 Jahren (n=1 366); Teilgruppen: Onlinenutzer, die Wikipedia (n=990), Weblogs (n=92), Videoportale (n=805), Twitter (n=53) schon einmal besucht haben.

Quelle: ARD/ZDF-Onlinestudie 2012.

Wie die Ergebnisse der ARD/ZDF-Onlinestudie von 2012 zeigen (s. Abb. 4), ist jedoch die Diskrepanz zwischen rezeptivem Interesse und der Bereitschaft, selbst aktiv Inhalte beizutragen, erheblich. Trotz der kleinen Befragungsgruppe von nur knapp 1400 Teilnehmern dürften die Ergebnisse einigermaßen das reale Verhältnis von aktiver und passiver Nutzung widerspiegeln. Die Beiträge oder Edits der Wikipedianer oder auch anonymer Nutzer differieren zudem qualitativ und quantitativ recht stark, sodass insgesamt für die Wikipediabeiträge eine sehr unterschiedliche Arbeitsintensität und eine hohe Fluktuation anzunehmen ist.

Abb. 5: Personelle Organisation und Benutzergruppen der Wikipedia.

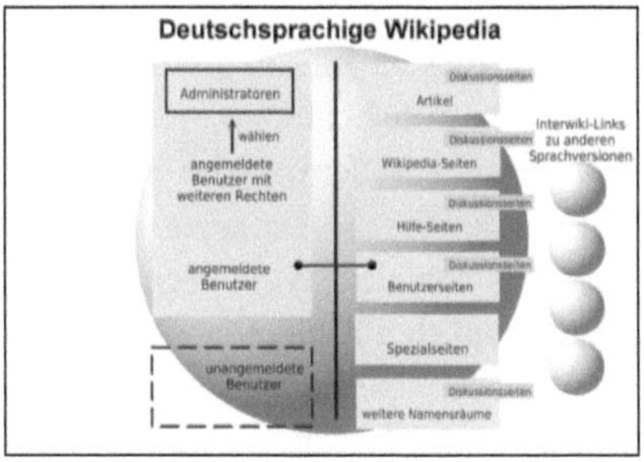

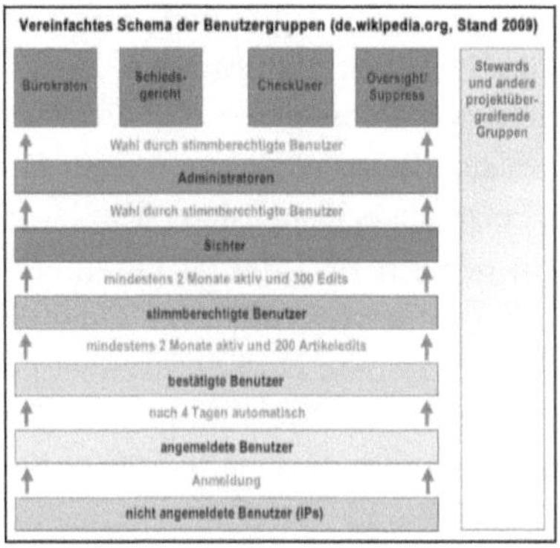

Innerhalb der verhältnismäßig kleinen Gruppe der aktiven Nutzer formiert sich des Weiteren ein Hierarchiegefälle pyramidenartig von unten nach oben (vgl. Abb. 5).[119] Die zahlenmäßig größte Gruppe, sozusagen der Fuß der Pyramide, bilden die nicht-angemeldeten Benutzer.[120] Sie können die Wikipedia editieren, d. h. nicht nur Seiten lesen, sondern auch bewerten[121], neu erstellen und bestehende Seiten bearbeiten. Ihre Beiträge werden allerdings seit 2008 vor der offiziellen Freigabe geprüft und erhalten einen sogenannten Sichtvermerk.[122] Darauf folgen die angemeldeten Benutzer, die bei Wikipedia-Aktivitäten mit ihrem gewählten Namen auftreten. Sie haben neben den Optionen der unangemeldeten Benutzer die Möglichkeiten, Artikel zu beobachten und ein personalisiertes Nutzerprofil zu erstellen. Mit der (in der Regel zeitlich nah erfolgenden) Bestätigung des Status eines angemeldeten Nutzers ist es möglich, als vollwertiges Mitglied am Schreibprozess der Wikipedia teilzunehmen. Mit dem Erlangen der Stimmberechtigung können angemeldete Nutzer an Abstimmungsverfahren (Wahlen, Löschkandidaten) teilnehmen. Die nächsthöhere Stufe der Sichter berechtigt dazu, aktuelle Artikelversionen und ihre Vandalismusfreiheit zu markieren oder Änderungen zurückzusetzen. Die kleinste Gruppe, die Administratoren, werden von anderen stimmberechtigen Nutzern gewählt, sie haben umfassende Eingriffsrechte und

---

119 Vgl. http://de.wikipedia.org/wiki/Datei:MB_WP_Organisation.png und http://commons.wikimedia.org/wiki/File:Vereinfachtes_Benutzergruppenschema_dewiki.png; Abruf beide: 26.05.2014.

120 Die folgende Zusammenfassung erfolgt auf Grundlage der Hilfeseite [Hilfe:Benutzer].

121 Wobei ihre Stimme zwar registriert, aber nicht gewertet wird, um Mehrfachabstimmungen zu vermeiden. (vgl. [Hilfe:Benutzer#Nicht_angemeldeter_Benutzer]).

122 Vgl. [Hilfe:Benutzer#Nicht_angemeldeter_Benutzer].

gelten als Instanzen der Wikipedia. Zusätzlich, meist parallel zu den Administratoren, sind weitere gewählte, teilweise globale (d. h. für alle Wikimedia-Projekte zuständige) Benutzergruppen aktiv. Zu ihnen gehören Bürokraten, Stewards, CheckUser, Oversighter und Entwickler. Neben diesem hierarchischen Gebilde lassen sich Benutzergruppen nach Funktionstypen unterscheiden, wie z. B. Autoren, Putztruppe, Visualisierer, Vandalenjäger, Vermittler, Helfer und das Backoffice.[123]

Zu nennen sind des Weiteren einige wikipediatypische Prozesse, die auf die Wissensstrukturierung und Qualitätssicherung abzielen (vgl. Pscheida 2010: 374f.). Auch diese sind hier schwerpunktmäßig auf den Artikelbereich bezogen. Neben vielen anderen möglichen Prozessen der Wikipedia werden im Folgenden ausschnitthaft die Qualitätssicherung und Auszeichnungsmöglichkeiten für lesenswerte und exzellente Artikel beleuchtet.

2.2.6 Qualitätsorientierte Verfahren

Zentrales Handlungsfeld in der Wikipedia ist die Artikelarbeit, d. h. die Generierung und Strukturierung der enzyklopädischen Inhalte. Diese umfasst alle Prozesse, die zur inhaltlichen und technischen Entstehung und Weiterentwicklung der Artikel führen, also auch ihre Formatierung, Strukturierung und Systematisierung. Im Einzelnen ist damit das Anlegen neuer Artikel, die Ergänzung und Erweiterung bestehender Artikel, das Verschieben und Umbenennen von Seiten sowie das Einfügen von Literaturverweisen, interner und externer Links als auch die Betreuung der Themenportale gemeint. Die Artikelarbeit muss allerdings auch darüber hinaus inhaltliche Qualitätsveränderungen überprüfen, gegen Vandalismus[124] vorgehen, Review-Verfahren und Schreibwettbewerbe begleiten.

Über diese eher als formale Akte zu verstehenden Handlungen reicht das Verfahren der Qualitätssicherung (s. a. [Wikipedia:Qualitätssicherung]) deutlich hinaus. Entsprechen Artikel oder Artikelabschnitte nicht den formalen Anforderungen der Wikipedia, müssen diese „den Gepflogenheiten der Wikipedia“ (ebd.) angepasst werden. Je nach Artikelzustand bedarf es demnach einer neutralen Formulierung[125], einer stilistischen Verbesserung, interner Verlinkungen,

---

123 Vgl. [Wikipedia:Wikipedianer]. Eine Netzwerkanalyse der Organisationsform unternimmt Stegbauer (2009).

124 Wikipedia definiert Vandalismus als vorsätzliche und bewusste Beschädigung von Inhalten der Wikipedia (vgl. [Wikipedia:Vandalismus]).

125 Beziehungsweise die Wahrung des neutralen Standpunktes oder auch „Neutral Point Of View“, der als Voraussetzung eines guten Wikipedia-Artikels gilt (vgl. [Wikipedia:Neutraler_Standpunkt]).

Quellenangaben, einer Anpassung der Formatierungen, Kategorisierungen oder bei Bedarf die Erstellung eines sogenannten Stubs, der die Basiskriterien eines Artikels enthält. Die Qualitätssicherung der Wikipedia beinhaltet damit alle grundlegenden Arbeiten an einen Wikipediaeintrag, die einem qualitativen Minimalanspruch an formal gute Artikel genügen.

Darüber hinaus gibt es für besonders gut befundene Artikel auch die Möglichkeit der Prämierung. So können Artikel infolge eines Abstimmungsverfahrens die Prädikate ‚lesenswert' oder ‚exzellent' erhalten. Lesenswert sind Artikel dann, wenn sie „fachlich korrekt, belegt, ausführlich und informativ" ([Wikipedia:Lesenswerte_Artikel]) sind, eine ansprechende Form besitzen und mit Einleitung sowie der Nennung wichtiger Informationen den Artikel gut in seinem Themenbereich verorten. Diese „Beispiele für gute Artikel" (ebd.) erhalten dann am Artikelende ein entsprechendes Symbol und tragen den Hinweis, wann sie in die Reihe der lesenswerten Artikel aufgenommen wurden. Exzellente Artikel übersteigen den Qualitätsanspruch, der für lesenswerte Artikel gilt, indem sie sowohl vom Inhalt als auch von der Sprache, Form, Verlinkung und Bebilderung her überzeugen (s. Tabelle 8). Auch sie müssen sich einer Wahl stellen, für die aber strengere Kriterien als für die lesenswerten Artikel gelten, und werden, wie in Abb. 6 zu sehen, entsprechend gekennzeichnet (vgl. [Wikipedia:Exzellente_Artikel]).

Abb. 6: Kennzeichnung lesenswerter und exzellenter Artikel.

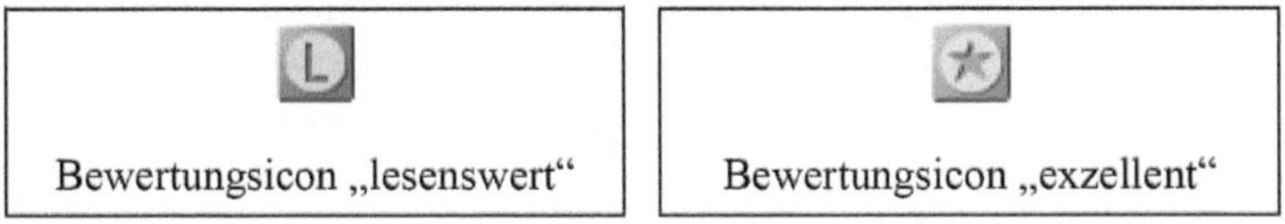

Qualitätsorientierte Verfahren wie diese dienen dazu, über Prämierungswege, die etwa auch über Autoreninitiativen wie Schreibwettbewerbe angeregt werden können, einen Standard für Wikipedia-Inhalte zu formulieren, der nicht über redaktionelle Vorgänge, wie etwa bei gedruckten Enzyklopädien, erreicht werden kann. Der ‚beispielhafte Charakter', der diesen Artikeln zugeschrieben wird (vgl. [Wikipedia:Lesenswerte_Artikel]), ist jedoch mit einem kritischen Augenmaß zu bewerten: Einmal zu einem bestimmten Status erhobene Artikel behalten diesen, auch wenn die Einträge nach der Wahl, durch das Wiki-Prinzip bedingt, weiteren Änderungen unterliegen. Seitenschutz besteht nur für Einträge, die einer bestimmten Benutzergruppe vorbehalten sind (z. B. die Hauptseite), bei denen es vermehrt zu Vandalismus kommt oder zu denen ein Edit-War[126] besteht (vgl. [Wikipedia:Geschützte_Seiten]).

2.2.7 Forschungsfragen an die Wikipedia

"Given enough eyeballs all bugs are shallow."
(Raymond 1998)

Das vorherige Kapitel konnte nur ausschnitthaft die vielen Dimensionen der wikipedia-internen Strukturen beleuchten. Es ist deshalb nicht verwunderlich, dass das Projekt ob seiner Vielfältigkeit das Forschungsinteresse unterschiedlichster Fachbereiche auf sich zieht. Dieses Interesse wird auch von Wikipedia selbst, der Wikipedistik (vgl. [Wikipedia:Wikipedistik]) gefördert, die gleichzeitig als Anlauf- und Koordinatorenstelle forschungsgeleiteter Interessen an der Wikipedia verstanden werden möchte.

Dieser ist etwa zu entnehmen, dass der Forschungsstand zur Wikipedia weit gefächert ist. Er reicht von soziologischen (z. B. Themen zu Kooperation und Konfliktlösung) über kulturwissenschaftliche zu informationswissenschaftlichen Untersuchungen. Eine von Pscheida (vgl. 2010: 334–347) identifizierte Gruppe beschäftigt sich mit dem häufig und publikumswirksam gewählten Thema der Informationsqualität und den diese beeinflussenden Faktoren. Diese Gruppe weist einige für den weiteren Verlauf dieser Studie interessante Punkte auf: Beispielsweise kam die bisher wohl bekannteste deutsche Vergleichsstudie, die Artikel von Wikipedia und Brockhaus untersucht hat, zu dem Ergebnis, dass in der freien Enzyklopädie nicht mehr Fehler ermittelt werden konnten als in der kommerziellen, „jedoch etliche Artikel, die trotz ihrer Länge nicht vollständig waren" (Wiegand 2007: 144).[127] Untersuchungen zur Informationsqualität und wie diese auszumachen ist (etwa Lih 2004; Stvilia u. a. 2005a/b; Hammwöhner 2007) sehen sich zudem mit der Diskrepanz konfrontiert, dass der Qualität wohl ein hoher Status beigemessen wird, es aber kein „statistisch feststehendes Qualitätskonzept" (Pscheida 2010: 337) zu geben scheint. Neben dem großen öffentlichen Interesse an Aspekten der Vollständigkeit und der Qualität der Einträge zeigen diese Untersuchungen die Schwierigkeiten, die entstehen, wenn sehr

126 Ein Edit-War bezeichnet das abwechselnde Revertieren oder Überschreiben (!) zweier oder mehrerer Benutzer. Dieser *Bearbeitungskrieg* ist von Vandalismus abzugrenzen, da kein vorsätzlicher oder beabsichtigter Schaden angerichtet wird (vgl. [Wikipedia:Edit-War]).

127 Ähnlich die Untersuchung von Giles (2005), die die Frage nach der Evaluierung von Wikipedia erstmals aufwarf.

subjektiv erscheinende Kriterien wie Vollständigkeit und Qualität objektiv gemessen und bewertet werden sollen.

Dazu ist zu vermerken, dass praktisch jeder Ansatz einer auf Wikipedia ausgerichteten Qualitätsanalyse „bei null“ beginnt (vgl. Grotjahn 2007: 102) und vielen Untersuchungen eine (gezwungenermaßen?) exemplarische Ausrichtung zugrunde liegt. Zu überlegen ist auch, ob die Frage nach der Qualität Wikipedias nicht deshalb unbeantwortet bleiben muss, weil die Kategorie ‚Qualität‘ nicht einheitlich definiert werden kann. Wenn diese im Gegenteil zu einem beliebig formbaren Konstrukt wird (vgl. ebd.: 103 und 105), müsste das bedeuten, dass die Perspektive verlagert werden sollte, um den Fokus weg von inhaltlichen Qualitätsaspekten zu nehmen und nach den Erwartungen der Rezipienten zu fragen: „Die entscheidende Frage müsste dann lauten: Was erwarten die Rezipienten von Wikipedia?“ (ebd.: 105).

Da jedoch rein theoretisch jedem Rezipienten die Möglichkeit gegeben ist, als Produzent in das Projekt einzusteigen, müsste auch hier weiter differenziert werden. Wichtig wird zudem, dass die Ansprüche der Rezipienten mit den Erwartungen der Wikipedia an ihre Nutzer verglichen werden müssten. Dies würde eine groß angelegte Benutzerstudie erfordern, die zum einen die Vieldimensionalität der Wikipedia und zum anderen die extrem große und sicherlich auch nach individuellen Bedürfnissen und Verhalten stark divergierende Benutzergruppe berücksichtigen muss.

Wenn es also keine universell anwendbaren Standards der Qualitäts- und Vollständigkeitsmessung gibt, so liegt letztendlich die Entscheidung darüber, was gute Artikel ausmacht und wie diese zu schreiben sind, wieder bei den Produzenten bzw. Autoren der Wikipedia selbst. Es ist deshalb genau danach zu fragen, was in diesem Entstehungsprozess mit dem Artikeltext passiert. Wie verändert er sich? Wie wirken intersubjektiv nicht immer nachvollziehbare Einheiten der Vollständigkeit und Qualität? Unter Einbezug der Diskussionsseiten und Versionsgeschichten gilt deshalb: „Wann befindet die Wikipedia selbst etwas für gut?“ (Grotjahn 2007: 104).

Es scheint lohnenswert, wie auch die Metaanalyse von Grotjahn (2007) feststellt, statt Qualitätskriterien Indikatoren für Qualität zu formulieren. Infrage kommen könnten dafür interne Relevanz, Transparenz, Objektivität, Ausgewogenheit und Vielfalt (nach Brändle 2005: 70), die aber, wie Brändle selbst bemerkt, für eine sinnvolle Evaluierung von Nutzern und bzw. oder Wikipedia-Experten erst (noch) benannt werden müssten. Allerdings weisen statistische

Auswertungen[128] wie z. B. von Stvilia u. a. (2005a/b) bereits auf ähnliche Indikatoren hin. Sie nennen: Autorität, Vollständigkeit, Komplexität, Informativität, Konsistenz, Verbreitung (bzw. Relevanz) und Volatilität. Wobei in einer ergänzenden qualitativen Inhaltsanalyse (Stvilia u. a. 2005b) verdeutlicht wird, dass in Bezug auf diese Indikatoren durchaus Kompromissbereitschaft gegeben ist und diese somit verhandelbar sind.

In ihren Untersuchungen zur Dynamik in der Informationsqualität von Wikipedia-Artikeln stützen sich Stvilia u. a. (2005b; 2008) und Stvilia/Gasser (2008) ferner auf eine Definition, die diese Qualität nach ihrer ‚fitness for use' (vgl. Juran 1992; Wang/Strong 1996) in einem bestimmten Aufgabenbereich oder einer bestimmten Fragestellung bewertet. Bezüglich der Informationsqualität Wikipedias konnten sie für prämierte Artikel feststellen, dass deren Entwicklung der zugrunde liegenden Entität folgt. Neben diesen Entitäten, ihren Bewertungen durch die Wikipedia-Autoren (die wiederum abhängig ist von dem Grad des jeweiligen Domänenwissens) und ihrer Nutzung existiert eine signifikante Verbindung zu dem besonderen Produktionsverhältnis in einem kollaborativen Hypertext (vgl. Kapitel 1.1 und Kapitel 3.1.2). Quantitativ ausgedrückt bedeutet das: Die Anzahl der Editiervorgänge zu einem Artikel ist davon abhängig, wie viel Aufmerksamkeit einem Artikel gewidmet wird. Während bereits die Studie von Brändle (2005, ähnlich auch Lih 2004) auf einen Zusammenhang von Relevanz und Aufmerksamkeit hingewiesen hat, ist es nach den Untersuchungen von Ferron/Massa (2011a/b), Keegan u. a. (2011) und Kallass (2015) möglich, diese Art der intensiven Bearbeitungsvorgänge im Artikel- und Diskussionsbereich als ereignisbezogen zu bewerten. Kaltenbrunner/Laniado (2012) können darüber hinaus einen direkten Bezug von der Aktivität in den Diskussionsseiten zum Editierverhalten ausmachen. Die Untersuchung von Müller-Spitzer u. a. (2015) zum Nachschlageverhalten im Schwesternprojekt Wiktionary kann ferner einen ähnlichen Ereignisbezug feststellen. Themen und Beiträge sind beliebt, die Diskussionspotenzial aufweisen oder gesellschaftliche, gesellschaftspolitische oder kulturelle Gegebenheiten verdeutlichen. Wenig erstaunlich ist es also, wenn Wikipedia bewusst "community resources to a particular article in anticipation of an event that could change the quality and/or criticality of the article" (Stvilia/Gasser 2008) richtet.[129]

---

128 Ausgewertet wurden Faktoren der Artikeleinträge, Versionsgeschichten und Diskussionsseiten (vgl. Stvilia u. a. 2005a).

129 Unter dem Gesichtspunkt der kollektiven Intelligenz sollten in diesem Zusammenhang die kollektiven Plagiatsdokumentationen GuttenPlag und VroniPlag aus dem Jahr 2011 genannt werden. Sie erhielten teilweise eine sehr hohe mediale

Diesbezüglich sei zusätzlich noch auf die ARD/ZDF-Onlinestudie 2008 (Fischer/Gscheidle 2008) hingewiesen, die ergab, dass sich nur 3% der Wikipedia-Nutzer durch eigene Beiträge in die Wikipedia einbringen; 97% rezipieren lediglich. Ein ähnliches Bild ergab sich auch für weitere angestellte Studien (vgl. Busemann/Gscheidle 2011, 2012). Dennoch wächst Wikipedia kontinuierlich, indem neue Artikel hinzugefügt und vorhandene bearbeitet werden. Vielleicht ist also nicht eine große Anzahl von Nutzern notwendig, die sich aktiv an der Bearbeitung beteiligt, sondern eine, die durch ihr Nutzungsverhalten (und darüber auch die Statistik der Seitenaufrufe sowie) die aktive Bearbeitung anderer passiv unterstützt. Zusätzlich trägt die stetige Suchmaschinenoptimierung (wie bei Google u. Ä.) zu einer besseren Sichtbarkeit und damit auch zur Wahrnehmbarkeit der Web-Inhalte bei. In dieser Umgebung, die es erlaubt, dass Nutzer gleichzeitig Produzenten ihrer Inhalte sind, scheint die Akzeptanz von nutzergenerierten im Gegensatz zu professionell erstellten Inhalten zumindest gleichermaßen hoch zu sein. Zudem ist durchaus anzunehmen, dass, sofern kein Konsens über die Inhalte besteht, ein bestimmtes Themengebiet auch nicht aufgerufen wird. In jedem Fall ist allerdings der sogenannte Matthäus-Effekt mitzudenken, ein selbstverstärkender Prozess, der für den Bekanntheitsgrad von Web-Inhalten eine erhebliche Rolle spielt: Wer hat, dem wird gegeben. Diesem Gedanken sollte in einem anderen Rahmen nachgegangen werden.

Es zeigt sich einmal mehr, dass es lohnenswert scheint, das besondere Interesse dieser Untersuchung auf den sehr speziellen textdynamischen Prozess auszurichten, der sich in den zahlreichen Versionierungen der Wikipedia-Artikel widerspiegelt. Auch dürften die Verlinkungen, die von Bush (1945) so benannten Verknüpfungen (s. o.), eine wichtige Rolle in der Untersuchungsperspektive übernehmen. Wie bereits am Beispiel des Namensraums ansatzweise gezeigt, sind sie ein wichtiges Element der inneren Logikstruktur der Artikel und führen zur Auffächerung der Inhalte. Eine nachvollziehbare Linkstruktur ist deshalb auch ein Erfolgsfaktor für Hypertextanwendungen (vgl. Rössler/Beck 2001: 143; Wyss 2003) und als Indikatorwert (vgl. Kapitel 1.3.2) mit zu berücksichtigen.

Aufmerksamkeit, die vor allem durch zwei Aspekte begründet ist: Zum einen war der Anreiz der aktiven Teilnahme groß, da die Anreicherung von Informationen in diesen Projekten starke öffentliche Wirkung besaß (und immer noch besitzt), ja sogar politische Entscheidungen beeinflussen konnte. Zum anderen ist zu vermuten, dass die Beteiligungsaktivität und -intensität oder auch die Aufmerksamkeit bei kurzen, eruptiven und öffentlichkeitswirksamen Themen im Allgemeinen vergleichsweise höher ist als bei Themen, die einem zähen und langfristigen Verhandlungsprozess unterliegen (s. a. O'Reilly 2005).

Darüber hinaus muss in der vorliegenden Untersuchung zudem das übergreifende Bild der Informations- und Organisationsarchitektur gezeichnet werden, die ganz maßgeblich den möglichen Wissensaufbau der zahlreichen Benutzer beeinflusst. Auch die wikipediaeigene Diskussionskultur, die über den Diskussionsreiter der Wikipedia-Artikel zugänglich ist, leistet – vergleichbar mit einem Redaktionssystem – ihren eigenen zusätzlichen Beitrag zum dynamischen Textinventar.

2.2.8 Wikis: Zwischen Form und Funktion

Die Wiki-Software, die Nachschlage- und Beitragshandlungen unterstützt, wird hier verstanden als Funktion (in Anlehnung an Tarp 2013), die sich gut für die Form Wissenssammlung eignet. Die Herausbildung einer kulturellen Annäherung von Wiki-Struktur und enzyklopädischer Struktur zeigt sich nicht zuletzt an der Verbreitung des Substantivs ‚Wiki'[130], wodurch mittlerweile eher das Interesse an der Funktion als am Produkt selbst (der ‚Pedia') ausgedrückt wird. Hauptleistungsträger, das wurde in mehreren Zusammenhängen deutlich, ist jedoch der Nutzer. Dieses Zusammenspiel von Form, Funktion und Nutzer führt zu einem Erzeugnis, das an eine Kultur der Teilhabe denken lässt. Auf dieses stützt sich das Gelingen der Online-Enzyklopädie Wikipedia im Wesentlichen, und das trotz der großen Diskrepanz zwischen passivem und aktivem Nutzerverhalten. Im Fall des Enzyklopädiegedankens scheint der kollaborative Ausdruck die offizielle Institutionalisierung überholt zu haben.

Die hiervon ausgehende Fluidität spiegelt sich in Artikelinhalten und -strukturen wider. Auch diese bewegen sich zwischen Form und Funktion, um einer umfangreichen Wissenssammlung gerecht werden zu können. Viele Vorgaben der Wikipedia zeigen darüber hinaus das Bemühen, nicht nur viele, sondern auch gute Artikeleinträge zu verbuchen: „Wir sollten mehr auf die Qualität als auf das Wachstum der Artikelzahl achten" (Jimmy Wales, zit. nach Rühle (2006)). Doch wie an verschiedenen Metaperspektiven gezeigt werden konnte, ist dieser Qualitätsanspruch selber nur ein Konstrukt seiner selbst, und es scheint kaum möglich, auf das „komplexe *Qualitätsphänomen Wikipedia*" (Grotjahn 2007: 106; Herv. i. O.) angemessen einzugehen. Es müssen deshalb

130 Vgl. der Eintrag ‚Wiki' in der 7. Auflage des Duden Universalwörterbuchs mit der Erklärung „1. Sammlung von Informationen und Beiträgen im Internet zu einem bestimmten Thema, die von den Nutzern selbst bearbeitet werden können. 2. System zur einfachen Bearbeitung eines Wikis (1)" (Duden [7]2011: 2011; Herv. i. O.).

andere Mittel und Wege gefunden werden, um eine Beurteilung von Wikipedia-Artikeln vornehmen zu können.

2.3 Zwischenergebnis

Bereits in der Utopie Bushs wird das starke Interesse an einer maschinellen Verarbeitungsmodalität mit einer rein technischen Seite, die Dynamik verspricht und gleichzeitig für die Zusammenarbeit von Mensch bzw. menschlichem Denken und Maschine erscheint, deutlich. Es kommt daher nicht von ungefähr, dass das Hypertextkonzept zu einem Hoffnungsträger für das individuelle Arbeiten mit Information und damit auch zu einer neuen Kommunikationsmodalität avancierte. Nicht nur lassen sich im Hypertext Pfade betreten, die im Leseverlauf individuell angepasst, verändert und erweitert werden können, sondern das Strukturprinzip des Hypertextes legt das Netzwerk seiner Referenten offen. So ermöglicht ein durch Hypertext realisierter „elektronische[r] Text eine Koexistenz verschiedenster Strukturen" (Bolz [2]1995: 222). Dabei ist der Hypertext als funktionale Ganzheit zu verstehen, dem die Charakteristika Multilinearität, Multimedialität, Interaktivität und Dynamik zugeschrieben werden können. Diese ermöglicht u. a. ein dynamisches Textinventar, das durch kollaborative Wissensverfahren in Form von Überschreibungsprozessen geprägt ist.

Von einer technischen Reproduzierbarkeit des assoziativen Denkens, wie von Bolz (ebd.: 215) proklamiert und von Winkler (1997a: 47) kritisiert, ist jedoch abzusehen und sie ist vielleicht auch gar nicht wünschenswert. Der mögliche gedankliche Kurzschluss, der von ‚Denken', ‚Computer' und ‚Hypertextdatenraum' als Äquivalenzen ausgeht, ist unbedingt zurückzuweisen (vgl. ebd.). Dennoch bleibt zu fragen, was in einem hypertextuellen Datenraum, wenn nicht durch Assoziation, so doch durch intertextuelle Bezüge in bestimmter Weise organisiert wird. Zu einer mehrschichtigen *inneren* Verflechtung tritt m. E. zudem eine *äußere*: „Da die Welt an Komplexität zunimmt, muß die Medienwelt reagieren und dafür sorgen, daß das Denken über entsprechend komplexe Instrumente verfügt" (Winkler 1997a: 43). Was für ein Prozess wird also mit Hypertext und Wikisoftware institutionalisiert, wenn man davon ausgehen kann, dass die Software eine nicht unerhebliche Vorstrukturierung leistet, die nicht nur von einer besonderen Art der Partizipationskultur mitgetragen, sondern auch geschaffen wird? Bestimmte Wege des Wissens oder der Wissensakkumulierung, in diesem Fall über Informationsbausteine und Knoten, werden möglich gemacht; andere, die hierarchischen Konzepten unterliegen, werden geschlossen. Das System trägt damit nicht nur zu seiner eigenen Kultur bei, es formt auch seinen Inhalt. Daraus folgt ohne Zweifel ein neuer Wissenstypus: Das Wissen, das durch dieses System möglich wird, erscheint auf den ersten Blick sehr beständig, es wird jedoch von vielen Prozessen (im Hintergrund stattfindend z. B. durch Diskussion oder technisch einfach zu realisierende Änderungen bzw. Editiervorgänge) begleitet, die wiederum stark zur Labilität beitragen. Die Wissensproduktion und -organisation unterliegt also einer besonderen Form. Sie ist aufgrund der Bedingungen von Kollaboration und Teilhabe und der meist auch nur über diese zu lösenden Konflikte stets und kontinuierlich in Bewegung. Die folgenden Kapitel sollen zeigen, wie in dem Zusammenwirken von maschinengestützter Verarbeitungsmodalität, Textkomponenten und Partizipationskultur Wissen neu kodiert wird.

2.4 Konzept und Verortungen von Wissen im kollaborativen Hypertext

„Die gesellschaftliche Wirklichkeit der Alltagswelt wird also als ein kohärentes und dynamisches Gebilde von Typisierungen wahrgenommen [...].“
(Berger/Luckmann [23]2010: 36)

Bereits im letzten Kapitel wurde auf die große Diskrepanz zwischen aktivem und passivem Nutzerverhalten hingewiesen. Diese Diskrepanz ist auch der Grund dafür, dass im Fall von Wikipedia nicht eindeutig von kollektiver Intelligenz bzw. Schwarmintelligenz zu sprechen ist.[131] Sie dient eher als Filter: Die kollektive Aufmerksamkeit markiert den Wert der Beiträge (vgl. O'Reilly 2005). Ein Großteil der Wikipediabenutzer treten daher auch als sogenannte ‚lurker‘ (vgl. Döring 2010: 177) auf. Gemeint sind damit passive Beteiligte einer (Internet-) Gemeinschaft, die das Geschehen eher beobachten als sich aktiv einzubringen. Eine insgesamt hohe Nutzeraktivität, die sich überwiegend aus passivem Nutzerverhalten speist, spricht ferner dafür, dass Themen wahrgenommen werden und Aufmerksamkeit erregen (s. a. O'Reilly 2005). So kann das Leseverhalten mittels Abrufstatistiken sichtbar gemacht werden und dadurch in vielen Web 2.0-Projekten die Motivation und das Beitragsverhalten der aktiven Mitglieder fördern (vgl. Döring 2010: 177): Die passive Nutzerbeteiligung steigert also die Relevanz des gesamten Projektes. Sie ist eine Bestätigung dafür, dass die vorgegebene Struktur, die abgebildeten selektiven Informationen hinreichend koordiniert sind und damit allgemein notwendige Randbedingungen für das

131 Die diskutierte Intelligenz von Schwärmen beruht auf den fundamentalen Konzepten Stigmergie und Emergenz. Ihr Zusammenspiel führt Vertretern dieser Theorie zufolge dazu, dass die Fähigkeiten und Eigenschaften eines Gesamtsystems die eines Individuums übersteigen (vgl. Kramer 2009: 41f.).

Zustandekommen von Informationsaufnahme und -abgabe vorliegen. Es gibt innerhalb der Masse von passiven Nutzern nur einige wenige, die sich aktiv beteiligen, wie auch mehrere Ergebnisse der ARD/ZDF-Onlinestudie (vgl. Fischer/Gscheidle 2008; Busemann/Gscheidle 2011, 2012) zeigen. Dabei handelt es sich nicht unbedingt um Experten, die Wiki-Artikel schreiben und darüber ein ‚kommunikativ konstruiertes soziales Wissen des Common Sense' schaffen (vgl. Feilke 1994: 101f.). Der sogenannte ‚Common Sense' wird herbeigeführt durch den ständigen Rückbezug auf kollektives Wissen (vgl. Schmidt [2]1996: 43), indem einige Themen gesetzt und ausgebaut, andere hingegen nach einiger Zeit vielleicht nicht mehr bearbeitet werden; auf diese Weise entsteht ein Beitrag zu einem kollektivem Wissensbestand, der durch freie Datendistribution anschlussfähig bleibt und thematische Räume offen hält.

So gilt auch für Wikipedia:

> Um aber dem Anspruch gerecht zu werden, nicht nur ungefilterte Informationen zu vermitteln, sondern tatsächlich Wissen, muss auch die Wikipedia eine Auswahl treffen. ([Wikipedia:Artikel])[132]

Dieser von Wikipedia durch einen internen Link hervorgehobene Wissen-Begriff, der auf den Wikipedia-Artikel ‚Wissen' verweist[133] ist m. E. irreführend. Gefordert wird nämlich weder ein enzyklopädisches Wissen noch die Kenntnis einer Definition, sondern das Verständnis eines Konzepts bzw. (mit Rückbezug auf Berger/Luckmann [23]2010: 36) einer sich durchsetzenden Gewohnheit, das oder die in einem bestimmten hypertextuellen Umfeld Bestand hat und für das/die folgende Anforderungen bestehen: die ständige kommunikative Bestätigung des Verhandelten, wobei die verhandelten Inhalte unter anderem ständig aktualisiert und rekonstruiert werden und ihre Akzeptanz praktisch immer wieder überprüft wird. Dieses ‚Wissen' oder viel mehr die Akkumulation oder Verhandlung von Wissen findet in einem sich selbst (re)produzierenden Mediensystem statt, das sich eben so lange produzieren kann, wie es genährt wird. Somit benötigen die Produzenten von Wikipedia-Artikeln keinen theoretischen Wissensbegriff, sondern, so ist zu vermuten, sie bedienen sich einem praxisorientierten Konzept der Wissensermittlung und -vermittlung. Die Auseinandersetzung mit dem Wissensbegriff erfolgt deshalb nicht grundsätzlich, sie soll lediglich einige Aspekte aufzeigen, von denen in dieser Studie angenommen wird, dass sie bei einem kollaborativen Hypertext zum Tragen kommen können. Es wird sich also

132 Linkauszeichnungen werden in diesem und allen folgenden Zitaten durch Unterstreichen hervorgehoben.

133 http://de.wikipedia.org/wiki/Wissen; Abruf: 12.5.2014.

einem möglichen Wissenskonzept genähert und zwar vonseiten einer theoretischen, linguistischen und modellhaften Perspektive.

2.4.1 Wissenskonzeption zwischen Kognition und soziokulturellem Kontext

Es gilt zunächst, die bereits gemachten Beobachtungen in einen wissenssoziologischen Rahmen einzuordnen und ein Konzept von Wissen zu formulieren, das als Größe in einem textdynamischen Prozess in Hypertextumgebung Bestand haben kann. Dazu exemplarisch beitragen soll einerseits die etablierte Forschungsperspektive zur Subjektiven Theorie (Groeben u. a. 1988) aus der Psychologie und andererseits, unter Berücksichtigung des Einflusses der Medialität auf sprachliche Kommunikationsstrukturen, der Ansatz der rekursiven Transkriptivität Jägers (2002; 2004a/b) und der Validierung sprachlichen Wissens nach Feilke (1994, 1996). Anwendung soll schließlich ein Wissenskonzept finden, das sich in Anlehnung an Fraas (2002, 2004) zwischen Kognition und soziokulturellem Kontext situiert.

Groeben u. a. (1988) entwerfen in ihrem Forschungsprogramm ‚Subjektive Theorie' ein Konstrukt von (impliziten) Argumentationsstrukturen eines (kognitiven) Konzepts, d. h. die Funktion eines dynamisch-komplexen Kognitionsaggregats, durch das Schlussfolgerungen und Schlussverfahren möglich werden, die über rein statische Über- und Unterordnungen von Begriffen hinausgehen, sonst aber in ihrer Charakterisierung nicht weiter festgelegt werden (vgl. Groeben u. a. 1988: 18). Diese in den kognitionspsychologischen Bereich einzuordnende subjektive Theorie enthält nach Groeben u. a. (1988: 19) neben der bereits genannten Argumentationsstruktur Kognitionen der Selbst- und Weltsicht sowie erklärende, prognostizierende und technologische Funktionen. Subjektive Theorien können sich demnach auf viele Gegenstände erstrecken. In einem ganz allgemeinen Sinne geht es prinzipiell um die rationale Überprüfung der Akzeptierbarkeit von einem ‚X' oder einer beliebigen Größe als objektive Erkenntnis. Hinzu tritt, was Groeben u. a. (ebd.: 22) Dialog-Konsens nennen: ein Vorgang, der die Angemessenheit der Rekonstruktion, also die ‚Theorie' „im Dialog mit dem Erkenntnis-‚Objekt' feststellen können sollte" (ebd.). Diese Verengung auf den Dialog hebt die kommunikative Validierung subjektiver Theorien besonders hervor, wodurch letztere wiederum ihre Gültigkeit erlangen. Groeben u. a. weisen darauf hin, dass Subjektive Theorien unter einem relativ starken Zeit-, Handlungs- und Orientierungsdruck entstehen und deshalb (m. E. zumindest bezüglich der Phase der dialog-hermeneutischen Erhebung) wenig kohärent oder systematisiert erscheinen, da innerhalb des Dialog-Konsenses ständig danach gefragt wird, ob die Subjektive Theorie, d. h. die Schlussfolgerung über das Selbst und die Welt, über die kommunikative Validierung rekonstruktionsadäquat ist, dieser also standhält.

Das Konzept der kommunikativen Validierung scheint sehr tragfähig zu sein, um es in einen textdynamischen Prozess zu integrieren. Mehr noch: Ein in Hypertextumgebung verhandeltes Wissen kann nur einer kommunikativen Validierung unterliegen. Es kann angenommen werden, dass sich eine Art Regelsystem etabliert, in dem sich bestimmte Hypothesen über einen möglichen Wiki-Artikelinhalt im Dialog-Konsens zwischen Subjekt und Erkenntnisobjekt auf den Artikeltext abbilden.

Den Ablauf der wirksamen Korrespondenz zwischen Subjekt und Erkenntnisobjekt fokussiert ferner das Konzept der Transkriptivität. In diesem Austausch liegt nach Jäger (2004a) eine bedeutungskonstruierende Wirkung vor: „Die Referenz auf eine symboltranszendente Welt" wird aufgehoben und „die Bedeutung durch die intermedialen Kopplungen verschiedener Symbolsysteme generiert" (ebd.). ‚Bedeutung' meint in diesem Fall das Ergebnis verschiedener Transkriptionsverfahren (Paraphrase, Explikation, Erläuterung, Kommentierung, Übersetzung), die intramedial, also im selben Zeichen- bzw. Symbolsystem, oder intermedial aus oder in anderen Symbol- oder Darstellungssystemen Bedeutungen erschließen oder hervorbringen und damit ‚lesbar' machen können (vgl. Holly 2005: 345f.). Intermediale Bezugsrahmen könnten m. E. auch durch Nachschlagesysteme als kommunikative ‚Entdifferenzierungsverfahren' (vgl. Jäger 2004b: 342) geschaffen werden. Sie bilden dieses Verfahren aus, da sie auf eine Reduzierung der Unwahrscheinlichkeit des Gelingens von Verständigung ausgerichtet sind (vgl. ebd.). Sie erlauben es ferner in komplexen Adressenordnungen die Adressierungswahrscheinlichkeit von Semantiken (im Jägerschen Sinn) zu erhöhen, da sie versuchen unlesbares durch Transkription lesbar zu machen (vgl. ebd.: 343). Die vielen Möglichkeiten der Adressierung (z. B. durch verschiedene Suchoptionen und ein ausgeprägtes Vernetzungs- oder Verweisungssystem) werden unter Umständen auch genutzt ‚nicht Auffindbares' wieder oder überhaupt wahrnehmbar zu machen.

Jäger versteht unter „Transkription" ein Lesbarmachen des kulturellen Gedächtnisses, einer Semantik von vielen verschiedenen Medien und Symbolsystemen, d. h. neben Sprache auch Formate wie Musik oder digitale Bilder.[134] Es

134 Bucher kritisiert den Begriff der Transkription als metaphorisch und unscharf (vgl. Bucher 2011: 135f.), bei Holly (z. B. 2012) findet das ‚Prinzip der Transkriptivität' dagegen Anwendung.

entsteht also eine multimodale Korrespondenz und damit auch eine inhaltliche Konvergenz (vgl. Jäger 2002: 35). Nicht nur Prozeduren der Intertextualität (hier im Sinne Kristevas), sondern auch inter- und intramediale Verfahrenslogiken, die „die grundlegenden Prozeduren der kulturellen Semantik in Gang" (Jäger 2004a) halten, lassen sich beispielsweise in hypertextuellen Elementen wiederfinden. Das Transkriptionsverfahren als dynamischer Prozess entsteht aus einem Wechselspiel zwischen Prätexten, Skripten und Transkripten, die Jäger ‚zirkuläre Überschreibungsprozesse' nennt.

Die intra- und intermediale Transkription sind also Voraussetzung für Überschreibungspraktiken (vgl. Jäger 2002), da die Bedeutungszuschreibung einzelner Zeichenressourcen immer nur in Abhängigkeit weiterer kombinierter Zeichenressourcen stattfindet. Die so zustande kommenden Zuordnungen und ihre Konvergenz ermöglichen multimodale Interpretationsmuster, wie sie auch in Kapitel 2.5.3 beschrieben werden.

Eine weitere Formulierung, die Jäger zugeschrieben werden kann, ist die vom Diskursraum des kommunikativen Gedächtnisses als Bühne, „auf der das historische Wissen, das in das archivalische Ablagesystem des *kulturellen* Gedächtnisses geraten ist, erneut in Umlauf gebracht [wird]" (Jäger 2004a; Herv. i. O.). Dieser Umlauf kann durch eine ständig verfügbare Semantisierungsreserve, wie z. B. die Sprache, gewährleistet werden. In ihr liegt eine reflexive Doppelheit, da sie sich rekursiv auf sich zurückbezieht. Intramedial wird folglich die eigene Zeichenprozessierung fortlaufend zum Gegenstand weiterer thematisierender, kommentierender und explizierender Verwendungen. Intermedial erschließen sich Symbolsysteme verschiedener medialer Provenienz gegenseitig. Transkription ist damit ein Verfahren, auf dem jede Sinnproduktion basiert. In der ständigen Autokorrektur und einer dadurch erfolgenden Bedeutungsverschiebung wird ‚in Präsenz' das Gesagte fortwährend reformuliert (vgl. Kailuweit 2010: 8).

Der ständigen Aufbereitung von Sinn liegt der Grundgedanke des Strebens nach Tauglichkeit zugrunde, welches in Feilkes „Common sense-Kompetenz" (1994) exemplifiziert wird. Es geht nicht um Wahrheit, um richtig oder falsch, sondern um den Prozess kultureller Selbstorganisation.[135] Als praktische Intelligenz im erfolgreichen Handeln ist der Common Sense „ein auf die ökologischen Bedingungen des menschlichen Handelns bezogenes und durch diese Bedingungen pragmatisch konstituiertes und stabilisiertes intuitives Wissen" (Feilke 1994: 66). Wissen wird damit sowohl in seiner Gebundenheit an das Individuum

135 Auch Hypertextleser haben gelernt, mit den dynamischen Inhalten verschiedener Webseiten umzugehen.

als auch in seiner soziokulturellen Gesamtheit verstanden. Die individuelle Sinn- und Wissensproduktion ist nur möglich durch die soziokulturelle Prägung kognitiver Operationen und dem ständigen Rückbezug auf kollektives Wissen. Diese Validierung, hier verstanden als Fortsetzung der bei Groeben angesprochenen kommunikativen Validierung, findet nach Feilke (1994, 1996) über die „Kontextualisierungs-Kompetenz" (Feilke 1994: 366) und die Überprüfung der Tauglichkeit in Prozessen kultureller Selbstorganisation statt, nicht über das Kriterium der Wahrheit.

Um abschließend den Blick für gesamtgesellschaftliche Wissenskonstitutions- und -austauschprozesse insgesamt zu schärfen, schlägt Fraas (2002, 2004) vor, die Einseitigkeit des Wissensbegriffs, wie er beispielsweise in der Psychologie vorgesehen ist, zu überwinden und eine „doppelte Perspektivierung" vorzunehmen, indem Wissen sowohl als ein kognitiv-psychologisches als auch als ein gesellschaftlich, kulturell und historisch geprägtes Phänomen zu betrachten. Diese integrative Sichtweise kognitivistischer Vorstellungen einerseits und konstruktivistischer bzw. wissenssoziologischer Vorstellungen[136] andererseits, soll auch an dieser Stelle versucht werden. Hinzu tritt der in diesem Kapitel diskutierte dynamische Aspekt einer stetigen Evaluierung von Wissen, die an das Individuum sowie an die es umgebende soziokulturelle Gesamtheit gebunden ist.

Die Voraussetzungen für die Kommunikation und das Verstehen von Wikis und Hypertexten als aktualisierte Nachschlagesysteme bzw. Wissenssammlungen werden in diesem Sinne unter der Prämisse des (kollektiven) Wissens dargestellt. Sprache prägt und konstituiert Wissen, das in kognitiven Operationen soziokulturell geformt ist durch ständige Überprüfung und Evaluierung. Ein epistemisches Wissensverständnis setzt damit auch an der Ergebnisleistung an, dass es hier zu einem erfolgreichen Erkenntnisprozess gekommen ist, der sich als relevant erwiesen hat, zahlreichen Überprüfungen standgehalten und soziale Prozesse der Anerkennung durchlaufen hat und damit auch eine Station anzeigt, die Kohärenz und Konsistenz impliziert (vgl. Ammon 2011). Das hier vertretene Wissenskonzept muss also kognitive, konstruktive und wissenssoziologische Vorstellungen versuchen zu integrieren.

Es kommt nun darauf an, die angesprochenen Voraussetzungen stärker zu bündeln, wenn angenommen werden soll, dass „Individuen kommunizieren,

---

136 Fraas/Meier (2004) mahnen in ihrem Aufsatz zur „Diskursiven Konstruktion kollektiven Wissens" die Vernachlässigung bzw. die kognitionswissenschaftlich begründete Subjekt-Zentriertheit des Wissensbegriffs in den Sprachwissenschaften an. Sie schlagen eine doppelte Perspektivierung vor mit der Begründung, dass Wissen auch ein gesellschaftlich, kulturell und historisch geprägtes Phänomen sei.

indem sie Medienangebote produzieren/präsentieren, also Meinungen in Äußerungen übersetzen und zum Verstehen anbieten [...]" (Schmidt 1998: 60f.). Vorgestellt werden soll ein mögliches Prinzip der Ordnung von Information zu Wissen im Hypertext, zwischen individuell-psychologischer Prägung einerseits und gesellschaftlich geprägter Verhandlung und Rekursivität andererseits steht. In dieser Untersuchung kommt damit auch ein in der Linguistik diskutierter Wissensaspekt zur Anwendung, der über semantisches Wissen im engeren Sinne und enzyklopädisches Bedeutungswissen im weiteren Sinne hinausgeht, wie das folgende Kapitel zeigen wird.

2.4.2 Wissens- und Nachschlagesysteme

Wissen kann in einer allgemeingültigen Form verstanden werden als Kenntnisse, Fähigkeiten und Fertigkeiten, die im Langzeitgedächtnis von Rezipienten gespeichert sind und sowohl auf körperlich-sinnlichen als auch auf kognitiv-sprachlichen Erfahrungen beruhen (im Anschluss an Schoenke 1998: 118). In der Textlinguistik (maßgeblich Viehweger (1989)) wird häufig davon ausgegangen, dass diese Kenntnissysteme zwar nach Sprach-, Welt- oder Sach- und Handlungswissen geordnet sind, diese Bereiche sich aber stark überschneiden und nicht generell voneinander abgegrenzt werden können. Trotzdem wurde insbesondere für (vermeintlich) genuin sprachliches und enzyklopädisches Wissen (oder Sachwissen) lange Zeit in verschiedenen Bereichen der Sprachwissenschaft eine Unterscheidung angestrebt. Gerade online zugängliche Wissenssammlungen bzw. Nachschlagesysteme dürften daneben zeigen, wie schwer sprachliches von enzyklopädischem Wissen zu trennen ist.[137] Zu überlegen ist auch, ob nicht sogar die fehlende Begrenzung des Druckplatzes eine derartige Trennung überflüssig macht und hier ein neues Potenzial erkannt wird. Auf

---

137 Am Beispiel von Bedeutungsbeschreibungen in Wörterbüchern wird bereits die Schwierigkeit der Trennung von Sachwissen offensichtlich (s. das Beispiel ‚Hund' bei Schippan ^{2}2002: 149). Zur Diskussion steht hierbei einerseits, ob es möglich ist, klare oder eindeutige Kriterien für die Abgrenzung dieser Wissenstypen oder auch -systeme (also Sach-, Welt-, enzyklopädisches Wissen) zu formulieren, andererseits ist zu überlegen, ob man diese Unterscheidung überhaupt braucht, denn „[d]as gegenstandskonstitutive Bedeutungswissen, das sich im usuellen Gebrauch des Ausdrucks zeigt, ist derjenige Teil des Bedeutungswissens, der als ein ausgezeichneter Teil des enzyklopädischen Wissens aufgefaßt werden kann" (Wiegand 1988: 773); ferner ist fraglich, ob man eine Sache überhaupt so beschreiben muss, dass sie von allen anderen zweifelsfrei unterschieden werden kann.

einige Aspekte der Wissenssysteme auch mit Bezug auf Nachschlagesysteme ist daher einzugehen.[138]

Die Frage, die sich auch in der lexikalischen Semantik zeigt, ist prinzipiell die folgende: Welches Wissen muss einem Lexem zugeordnet sein, über das ein Sprecher/Hörer und eventuell auch eine elektronische Erfassung verfügen muss, um in der betreffenden Sprach- bzw. Kulturgemeinschaft mithilfe dieses Lexems erfolgreich zu kommunizieren und zu interagieren, d. h. korrekt auf ein potenzielles Referenzobjekt Bezug zu nehmen (durch die Anwendung der Systeme Sprach- und Weltwissen) und sinnvolle Prädikationen vornehmen zu können (auch gedacht im Rückbezug auf das Handlungswissen; vgl. Konerding 1993: 17)? Welche (im Langzeitgedächtnis) gespeicherten und strukturierten Kenntnisse über Bedeutung (und Verwendungsmöglichkeiten) sprachlicher Zeichen müssen dafür abrufbar sein? Da sich Lexikonwissen immer auf der Grundlage von Erfahrungen in Sach- und Handlungszusammenhängen entwickelt, können diese Wissenssysteme nicht isoliert betrachtet werden; die Erschließung von Wortbedeutung ist immer auch an enzyklopädische Kenntnisse geknüpft. Für die Beziehungen zwischen Wörterbuch und Enzyklopädie bedeutet das:

138 Der hier verwendete Terminus ‚Sprachwissen' (oder sprachliches Wissen) soll im Sinne von Sprachkompetenz verstanden werden. Er erfasst also neben einem explizit bekannten Wissen auch die Fähigkeit, implizit vorhandenes Wissen spontan anzuwenden. Sprachwissen bezeichnet damit die Gesamtheit der im Langzeitgedächtnis gespeicherten Kenntnisse über (korrekte bzw. akzeptable) sprachliche Strukturen auf den verschiedenen Ebenen (von der Phonem- bis zur Textebene) sowie das mentale Lexikon. Nach Lewandowski ([5]1990: 953) bezieht sich der Begriff Sprachwissen auf Wortschatz, Grammatik, Dialog- und Textkonstitution. Hierzu dürfte auch das Textmusterwissen gerechnet werden, da hierzu die Kenntnisse über sprachliche Strukturen gehören. Über sprachliches Wissen zu verfügen bedeutet also in der Regel, zur Sprachproduktion und -rezeption imstande zu sein. Heinemann/Viehweger (1991) gehen deshalb auch über die Grundeigenschaft des Menschen, mittels Sprachwissen semantisch und phonologisch, morphologisch oder syntaktisch akzeptable Strukturen bilden und verstehen zu können, hinaus und untergliedern das sprachliche Wissen in zwei „Wissenstypen": einem Typ für die Zuordnung von Laut und Bedeutung und einem Typ für „sprachliche Komplexbildung" im Sinne von Kombination, Strukturbildung, z. B. auch für die Verknüpfung von Propositionen zu Propositionskomplexen (vgl. Heinemann/Viehweger 1991: 93–94). Darüber hinaus werden dem Sprachwissen außer Kenntnissen über Kombinations- und Verknüpfungsmöglichkeiten sprachlicher Elemente auch solche über Kombinationsmöglichkeiten sprachlicher mit sprachbegleitenden (z. B. prosodischen) Mitteln zugerechnet (vgl. Heinemann/Viehweger 1991: 94).

> Beide fallen zwar nicht zusammen; eine strikte Trennung von Sprach- und Weltwissen ist aber, weil von der Spracherlernung und der Sprachverwendung her nicht legitimierbar, unrealistisch [...]. (Wiegand/Wolski ^{2}1980: 209)

Auch für die textbildende Funktion müssen mindestens zwei Wissensbereiche durch sprachliche Textelemente aktiviert werden: sprachlich-lexikalisches Wissen und (außersprachlich-)enzyklopädisches Wissen (vgl. Stark 2001: 648). Beide Bereiche müssen interagieren, denn erfolgreiche Textproduktion und Textrezeption, geht über rein sprachliches Wissen hinaus, es setzt sogar erhebliche Kenntnisse über die in den jeweiligen Texten benannten Bezugsobjekte voraus (vgl. Konerding 1993: 15):

> Ein Text ergibt nicht von selbst Sinn, sondern eher durch die Interaktion von TEXT-WISSEN mit GESPEICHERTEM WELTWISSEN der jeweiligen Sprachverwender [...]. (de Beaugrande/Dressler 1981: 8; Herv. i. O.)

Neben der Wissenssysteme und ihrer Funktion für die Textproduktion spielt die Vagheit der Unterscheidung von Sprach- und Sachwissen für Nachschlagewerke eine Rolle. Die jeweiligen Orientierungsrichtungen sind nur in der Tendenz gut erfassbar. Die Unterscheidung von Sprach- und Weltwissen in der Lexikografie etwa entspringt „einem praktischen Kalkül" (Ziem 2008: 123), da es immer um eine praktische Umsetzung geht und es deswegen notwendig ist, sich für ein praktikables Konzept (mehr oder weniger) jenseits der Theorie zu entscheiden. Während Wörterbücher sich tendenziell dem Sprachwissen widmen, d. h. sprachliche Informationen anbieten, steht bei Enzyklopädien eher das Sachwissen im Vordergrund, es werden also wenige sprachliche Informationen dargestellt, dafür aber in der Regel einiges an sachlichen. Ein weiterer Punkt betrifft die Stichwortauswahl, so werden in Enzyklopädien z. B. vermehrt Fachausdrücke und Eigennamen angesprochen, die in der Regel nicht zum Gegenstandsbereich eines Sprachwörterbuchs gehören (vgl. Wiegand 1998: 14–63).[139]

Dennoch gilt für eine Vielzahl von Wörterbüchern eine Hybridform, da eine Abgrenzung zwischen Sprach- und Sachwissen praktisch kaum möglich ist. Dies ist etwa für historische Wörterbücher, wie Adelungs grammatisch-kritisches Wörterbuch, das Deutsche Wörterbuch von Jacob Grimm und Wilhelm Grimm oder Trübners deutsches Wörterbuch, bzw. Autorenwörterbücher, wie das Goethe-Wörterbuch, generell der Fall. Genauso wenig homogen sind Wörterbücher, die Textproduktion und -rezeption unterstützen wollen, wie z. B. Lernerwörterbücher, da sie zu einem Stichwort neben Schreibung und Verwendungsvorschlägen

139 Es sei denn, es handelt sich um Fach- oder Namenwörterbücher.

auch fachsprachliches Wissen und kulturelle Besonderheiten anführen.[140] Unterschiedliche Benutzerbedürfnisse möchten auch elektronische Nachschlagesysteme befriedigen; einige (online verfügbare) Beispiele sind etwa die folgenden: www.duden.de, de.langenscheidt.com, bildwoerterbuch.pons.eu, www.eurac.edu/eldit (Elektronisches Lernerwörterbuch Deutsch-Italienisch), www.wiktionary.de, www.enzyklo.de.[141]

Unabhängig davon werden Sachverhaltseigenschaften in Enzyklopädien immer über sprachliche Darstellungen vermittelt. Das bedeutet: Auch für ein Nachschlagewerk bzw. -system, das vom Typ her einen eher enzyklopädischen Schwerpunkt setzt, ist, ähnlich wie bei der Textproduktion und -rezeption, der Zusammenhang von sprachlichem Wissen und Weltwissen relevant. Auf der anderen Seite benötigen (lexikografische) Wortschatz-Beschreibungen einen Wissensbegriff, der nicht nur semantisches Wissen im engeren Sinne, sondern auch enzyklopädisches Bedeutungswissen im weiteren Sinne mit einschließt (vgl. Fraas 2002); insbesondere das enzyklopädische Bedeutungswissen fasst Kategorien-Wissen und Wissen über Beschaffenheit, Größe, Farbe, Material etc. zusammen (vgl. ebd.).

Die vage Unterscheidung von Wissenstypen in Nachschlagewerken zeigt, dass Wissensinhalte auf unterschiedliche Art aufgearbeitet und präsentiert werden können. Auch in der sprachtheoretischen Programmatik ist die Unterscheidung in sprachlich-semantischen und enzyklopädischen Strukturen nicht unbedingt plausibel. In der Forschung zum Textverstehen wird deshalb vom theoretischen Rahmen des kognitiven Schemas (vgl. Schnotz 1994: 61f.) ausgegangen.[142] Untersuchungen in der Kognitiven Psychologie zufolge wird das Weltwissen in Konzepten gespeichert, die durch Relationen zu Schemata verbunden sind. Die Frage oder das Problem der Grenzziehung zwischen einzelnen Wissenssystemen bleibt damit unberührt bzw. geht die Schema-Vorstellung über diese versuchte Trennung hinaus. Um auf das Beispiel der Textproduktion und -rezeption zurückzukommen: Erst die Verarbeitung aktivierten Weltwissens in der Produktion ermöglicht die Entfaltung von Textthemen und in der Rezeption

140 Bildwörterbücher weichen hingegen ganz auf eine andere Kodierungsmodalität aus.

141 Teilweise handelt es sich hier um kommerzielle Angebote, die wiederum externe Quellen wie OpenThesaurus. de für Synonyme (Deutsch), WordNet (für englische Syonyme) u. Ä. berücksichtigen.

142 Schnotz (1994: 61) versteht kognitive Schemata als „interne Datenstrukturen, in denen Erfahrungen verallgemeinert sind und die typischen Sachverhalte bzw. zu erwartende Zusammenhänge aus einem bestimmten Realitätsbereich“ repräsentiert sind.

über die Aktivierung eines solchen Schemas oder Inferenzbildungen die Herstellung plausibler inhaltlicher Zusammenhänge und die Erschließung des Textsinns (vgl. auch Heinemann/Viehweger 1991: 73).

Anstelle von kognitiven Schemata wird in Anlehnung an Minsky (1975) auch von Frames gesprochen. Ein frameorientierte Ansatz scheint vielversprechend zu sein, die Abgrenzungsproblematik von Welt- und Sachwissen zu überwinden. Minsky (1975) beispielweise knüpft, wenn auch weitestgehend unspezifisch, die durch Frames repräsentierten Wissensinhalte an lexikalische Elemente. Er unterscheidet dabei nicht zwischen lexikalischem und enzyklopädischem Wissen (vgl. Konerding 1993: 16f.), sondern weist ganz allgemein darauf hin, dass die das Weltwissen repräsentierenden Datenstrukturen als sprachliche Texte zu verstehen sind.[143]

So ist es dann auch der Frame-Gedanke[144], der das strukturalistisch-generativistische Dogma von der unüberbrückbaren Differenz zwischen sprachlich-semantischem Wissen und Weltwissen überwinden konnte (z. B. Fillmore 1977). Über die Verknüpfung von lexikologischer und textlinguistischer Perspektive hinaus (vgl. Klein 2008: 164) hat die Frame-Repräsentation einen weiteren Vorzug: Weil die Bedeutungselemente als typische Realisierungen (Filler) bestimmte für das frame-tragende Lexem charakteristische Inhaltskategorien (Slots) repräsentiert, kommt ein weiterer struktureller Aspekt der systematischen Erfassung zum Tragen. Eine frameorientierte Perspektive, die wissenssystemunabhängig Standardwerte[145] beachtet, sollte m. E. insbesondere bei internetbasierten, online zugänglichen Nachschlagewerken mit berücksichtigt werden. Unabhängig davon existieren Nachschlagewerktypen, die sich explizit dem Frame-Ansatz widmen, wie z. B. framenet.icsi.berkeley.edu und www.kicktionary.de.

Online zugängliche Formen von Nachschlagesystemen oder Wissenssammlungen haben sich eine komplexe Wissensverwaltung auf die Fahnen geschrieben. Sie dienen mehr und mehr der Wissensaufbereitung, verstehen sich als

143 In der kognitiven Linguistik herrscht ferner vorwiegend eine enzyklopädische Semantikauffassung; lexikalische Konzepte werden als integraler Bestandteil menschlicher Kognition aufgefasst (z. B. Lakoff 1987, Fillmore 1975; auch Geeraerts 1988). Über eine spezifische linguistische Semantikebene gibt es dagegen keine Annahme oder der Zusammenhang von sprachlich vermitteltem, speziell lexikalisch-semantischem Wissen und Weltwissen ist so eng einzustufen, dass eine Abgrenzung nicht möglich und vor allem nicht zweckdienlich erscheint.

144 Ausführlich dazu das Kapitel 4.

145 Gemeint sind typische Werte default-Werte oder standardmäßige Füllungen (nach Minsky 1975: 211f.).

Speichersystem, das nicht zwischen explizit enzyklopädischen oder explizit sprachlichen Wissensaspekten zu trennen braucht, sondern die tendenzielle Ausrichtung durchaus in einer Art Rahmenstruktur verfügbar halten kann, so geben z. B. die Online-Wörterbücher dict.leo.org oder www.linguee.de die Anzahl der Übersetzungsäquivalente als eine Reihe von so zu verstehenden Standardwerten an. Deshalb muss in diesen und ähnlichen Fällen zumindest ein semantisches Konzept zugrunde gelegt werden, das davon ausgeht, dass der Gebrauch von Lexemen oder festen Lexem-Kombinationen, sofern sie zur Bezeichnung von Dingen oder Sachverhalten dienen (d. h. Autosemantika[146]), ding- bzw. sachverhaltsbezogenes Wissen evozieren; so ist auch für Lexembereiche fachsprachlicher Herkunft lexikalisches Wissen untrennbar mit enzyklopädischem Wissen verbunden. Zur Wortbedeutung gehört also immer ein (lexembezogenes) Standardwissen, dessen Prädikationsschema lautet: Bei L (Lexikoneinheit / Lexem) denkt man d (default-Wissen) selbstverständlich mit, „d gehört zu L" (vgl. Klein 1999: 162). Diese semantischen Bestände können über lexembezogene Frames mit erfasst werden.

Über Frames können jedoch nicht nur semantische Wissensbestände, sondern auch tendenziell enzyklopädische systematisch erfasst werden. Nicht nur die Grenzziehung zwischen genuinem Sprach- und genuinem Sachwissen ist in Auflösung begriffen, auch werden die unterschiedlichen Wissenssysteme in der Betonung des sogenannten Standardwissens (auch prototypisches Wissen) aufgefangen. In Projekten des Web 2.0 sowie in der Internetkommunikation allgemein dürfte zudem erkennbar werden, was aufgrund mehr oder weniger gemeinsamer Lebensgewohnheiten zu einem mehrheitlich akzeptierten, aber nicht in jedem Fall stabilen (d. h. gesicherten) gemeinsamen Wissen gehört: Geschaffen wird ein umfassend enzyklopädischer, potenzieller Speicher des gesamten Weltwissens. M. E. generiert die Masse Standardwerte, die so lange als wahr angenommen werden, bis eine widersprechende Aussage als wahr akzeptiert wird. Dies kann auch für die Schnittstellen, Hyperlinks oder Portale gelten, die Wege zu anderen Wissensbereichen eröffnen.[147]

Als neues System zur Verwaltung enzyklopädischen und sprachlichen Wissens etabliert sich deshalb insbesondere Hypertext als eine multifunktionale Bibliothek des dritten Jahrtausends (vgl. Kuhlen 1991: 217). Dieser Bibliotheksgedanke besteht weitestgehend, wenn auch indirekt, auf der Grundlage von

146 Also Wörter, die „eine kontextunabhängige, selbstständige lexikalische Bedeutung" (Bußmann ^{4}2008: 76) haben.

147 Zur Möglichkeit der für diese Fälle geeigneten Operationalisierung eines framebasierten Ansatzes äußere ich mich in Kapitel 4.

„Strukturfolien" (vgl. Liebert 1992; 2002: 38): D. h. Wissensstrukturen unterliegen Organisationsprinzipien, z. B. werden zu bestimmten Einheiten Rahmen bzw. Frames eröffnet, die mit Standardwerten oder prototypischem Wissen besetzt sind. Hinzu kommt, dass das gedruckte Wort online er- und gesetzt wird, damit es als Datenmaterial jedem zugänglich gemacht werden kann. Zusätzlich hebt die simultane und kollektive Bearbeitung eines Dokuments den tendenziellen Gegensatz zwischen Autor und Leser, zwischen Produktion und Rezeption auf. Das gewiss auch gegenwärtig noch „utopisch anmutende Endziel ist [...] die Verwaltung des gesamten Weltwissens über ein riesiges, computerunterstütztes Begriffsnetz, das den Zugriff auf die entsprechenden informationellen Einheiten gestattet" (vgl. Kuhlen 1991: 217).

Durch das Wiki-Prinzip ergeben sich daneben vollkommen neue strukturelle Möglichkeiten der Realisierung des enzyklopädischen Gedankens. Dieser wird durch die Möglichkeit des Hypertextes dahingehend angeregt, das Potenzial gedruckter Nachschlagewerke noch zu verbessern. Ebenso dürfte man auch Wikipedia zusprechen (mehr als) eine Enzyklopädie zu sein, da Digitalität und Internetkultur dazu benutzt werden, eine neue Art der Erzeugung und Publikation enzyklopädischen Wissens zu verkörpern und Prinzipien und Konventionen des Umgangs mit gesellschaftlich relevantem Wissen allgemein neu zu implementieren. So erfolgt denn auch

> [d]ie modernste Form der Wissensdarstellung [...] als **Enzyklopädische Datenbank** oder als Online-Enzyklopädie, wobei das Konzept des Lexikons durch das der Datenbank (die ein Lexikon nur noch simuliert) vollständig ersetzt wird. (Wikipedia-Artikel ‚Enzyklopädie'; Herv. i. O.)[148]

Dem exemplarischen Versuch der Fortführung und Einlösung enzyklopädischer Ideale unter den Bedingungen der neuen wissensgesellschaftlichen Realität sowie im Rückgriff auf deren veränderte mediale Dispositionen wird damit Raum geschaffen (vgl. Pscheida 2010: 88). In dieser Realität wird Wissen zum Prozess, worauf das folgende Kapitel näher eingeht.

2.4.3 Ordnung der Kommunikation von Information zum Wissen

‚Wissen' ist ein unverzichtbarer Begriff in einer konzeptionellen Vielfalt. Innerhalb verschiedener Disziplinen wird er meist unter Betonung eines bestimmten (einzelnen) Aspekts in den ganz konkreten Argumentationsrahmen einer

148 http://de.wikipedia.org/w/index.php?title=Enzyklop%C3%A4die&oldid=60008362; Abruf: 13.05.2009.

Theorie oder Methode gestellt. Es wird dabei häufig zunächst versucht, ‚Wissen' von Nachbarbegriffen wie ‚Daten', ‚Information' und ‚Verständnis' zu unterscheiden. In vielen Wissensmanagementmodellen, wie der Wissensspirale nach Nonaka/Takeuchi (1995) oder den Bausteinen des Wissensmanagements nach Probst/Raub/Romhardt (^{2}1998) zeigen sich kreisförmige oder abhängige Organisationsformen verschiedener Entitäten von und mit ‚Wissen'. Auch hierarchische Vorstellungen des Wissensaufbaus versuchen zwar, grundlegende Begriffe wie ‚Information' und ‚Wissen' in Abhängigkeit zueinander zu definieren, beanspruchen jedoch nicht zwingend eine allgemeine Gültigkeit der Definition.

Die strukturtheoretische Annahme, dass der Mensch ‚Wissen' in Strukturen speichert – weswegen häufig von vernetztem Denken gesprochen wird –, wird auch von Ackoff (1989) verfolgt (vgl. Abb. 7). Ihm zufolge wird das menschliche Gehirn in fünf Kategorien unterteilt: Daten (Symbole), Informationen (verarbeitete und für nützlich befundene Daten, die Antworten auf die Fragen ‚Wer?', ‚Was?', ‚Wo?' und ‚Wann?' geben), Wissen (die Anwendung von Informationen und Daten für die Beantwortung von ‚Wie'-Fragen), Verstehen und Weisheit (Beurteilung des ‚Wie').

Abb. 7: Hierarchiemodell nach Ackoff (1989).

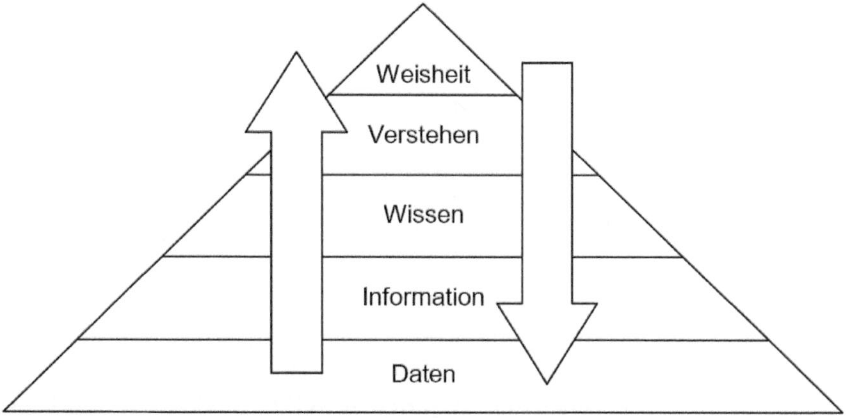

Die unterste Stufe dieser hierarchischen Vorstellung bilden die Daten, mit denen zunächst Rohdaten gemeint sind. Sie existieren für sich genommen und haben über diese Existenz hinaus erst einmal keine weitere Signifikanz; sie sind ohne Kontext. Auf der nächsthöheren Stufe stehen die Informationen. Sie sind Daten, die durch gezielte relationale Verknüpfung eine Bedeutung zugewiesen bekommen haben. Diese Bedeutung kann, muss aber nicht nützlich oder weiterführend sein. Eine Information ist zunächst einmal nur das Ergebnis einer Abstraktion oder Aggregation von Daten. Wissen ist demzufolge die Anwendung von Information auf Daten und unterliegt einem deterministischen Prozess. Durch die Speicherung von Information wird Wissen zwar angehäuft, daraus lässt sich aber noch kein neues Wissen erzeugen. Dies geschieht erst durch den in Kognition und Analyse stattfindenden interpolativen und probalistischen Prozess des Verstehens. Der Prozess umfasst die Wissensgenerierung und Synthese *neuen* Wissens zu vorhergehend akquiriertem. Verstehen basiert auf gegenwärtiger Information und Wissen wiederum auf Verstehen. Weisheit unterliegt sodann einem stark systemischen Gedanken; diese Stufe verkörpert in diesem Sinne das Verständnis fundamentaler Prinzipien innerhalb des Wissens, das die Basis seiner selbst darstellt und Auskunft über das ‚Warum?' gibt (vgl. Ackoff 1989).

Diese Betrachtungsweise zeigt exemplarisch statt einer klaren Trennung eine Abhängigkeit der Begriffe zueinander auf und spricht für eine systemische Erfassung des Wissensbegriffs. In diesem Sinne geht es also nicht so sehr um die Frage, was der sichere Inhalt von Wissen ist, sondern wie es sich entwickelt und welcher Organisation es folgt (vgl. auch de Beaugrande 1997: 86f.). Auf diesen essenziellen Wert der Organisation beruft sich auch Budin (1996). Für die nähere Bestimmung der Begriffe Wissen, Information und Kommunikation kommt bei ihm der Organisationsbegriff zur Anwendung, der zugleich der systematischen Verbindung innerhalb eines Systems dient (vgl. ebd.: 31). Die ständige Wechselwirkung mit anderen Einheiten in diesem System besitzt eine zentrale Bedeutung, die schon bei der Modellierung von Kommunikationszusammenhängen, wie im ersten Kapitel (vgl. Kapitel 1.3.1) angesprochen, auffällig ist.

Zielsetzung Budins ist es, einen Rahmen für die Beschreibung und Handhabung von Komplexität und Dynamik wissenschaftlicher Informations- und Kommunikationsprozesse zu schaffen. Diese Wissensproduktion kann seiner Ansicht nach mithilfe des Grundbegriffs Organisation adäquat beschrieben werden, da sich damit sowohl statische als auch dynamische Aspekte der genannten Phänomene erfassen lassen. Wissen, Information, Kommunikation und Organisation formieren sich bei Budin dann zu dem WIKO-Modell (Abb. 8), das als kognitive und epistemische Wissensorganisation Voraussetzung für die diskursive Kommunikationsorganisation ist und in diesem Prozess stetig systematisiert und erweitert wird. Im Fall Budins betrifft dies in erster Linie die Fachtextproduktion. Grundlage hierfür bietet das Wissenschaftssystem, in dem ein ständiger Informationstransfer stattfindet, der durch Fachvermittlung oder allgemeine Informationsvermittlung geschieht. Im Anschluss an diese Idee sollten aber auch andere ‚Textproduktionen' mit WIKO oder einem diesem ähnlichen Modell erfasst werden können.

Abb. 8: Grundmodell des WIKO-Ansatzes nach Budin (1996: 32).

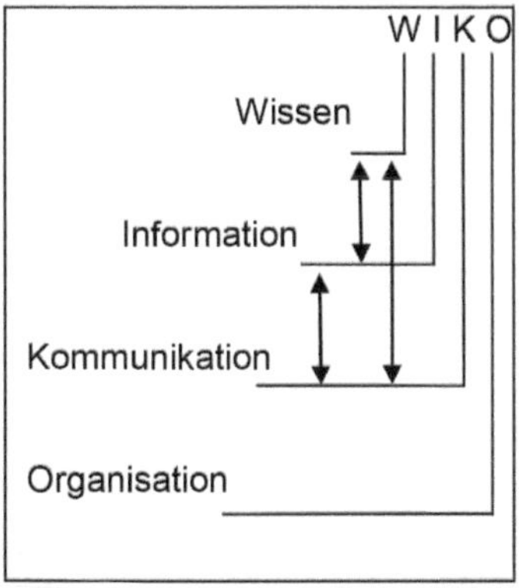

WIKO wird von Budin verstanden als ein polyzentristisches Modell, in dem das für ihn wichtige Terminologiesystem, das die emergenten Systemeigenschaften bündelt und als Querschnittsystem alle anderen Teilsysteme (Wissen, Information und Kommunikation) durchdringt, enthalten ist. Die Teilsysteme bedingen und konstituieren sich gegenseitig und sind auf ihre Systemumwelt beschränkt (vgl. Budin 1996: 186). M. E. sollte hier eine Einschränkung in der systemorientierten Betrachtungsweise vorgenommen werden: Wissenstransfer geschieht nicht nur innerhalb eines Systems Wissen, Information oder Kommunikation, sondern wird zusätzlich durch externe Faktoren (zeitliche Entwicklung, situativer Kontext) beeinflusst. Diese können sich wiederum auf die Systemwelt auswirken.

Unter Terminologie versteht Budin die Struktur von Begriffen und deren Repräsentation. Diese gilt als Organisationsprinzip für Wissen, Information und Kommunikation und gibt das Ordnungsmuster und die Prozessökonomie vor. Vorgeschlagen wird von Budin die „terminologische Wissensmodellierung als wissenschaftstheoretische Methode" (Budin 1996: 4). Ein möglicher Gegenstandsbereich stellt dabei das allgemeine Fachwissen dar bzw. die Modellierung wissenschaftlichen Wissens aus Sicht des Organisationsprinzips Terminologie. Auch oder gerade für die Fachterminologie als spezieller Wissensart dient die terminologiewissenschaftliche Methode der Erforschung und Beschreibung. Systemeigenschaften wie Dynamik, Fluktuation, Diversität, Komplexität, Indeterminiertheit und weitere Eigenschaften selbstorganisierender Systeme[149] müssen Budin zufolge in die Modellierungsmethode integriert werden (vgl. Budin 1996: 199).

Die terminologische Modellierung versteht sich als Voraussetzung und Grundlage aller anderen Modellierungsverfahren, wenn alle Beziehungen zwischen Begriffen und Begriffsnetzen, die Zuordnung zwischen Begriffen und Bezeichnungen (d. i. Äquivalenz in verschiedenen Sprachen), die terminologische Komplexität eines bestimmten Fachgebiets sowie deren Dynamik in normender und harmonisierender Weise erfasst worden sind (vgl. Budin 1996: 202). In gewisser Hinsicht kommt hier wiederum der Hypertext-Aspekt zum Ausdruck, der, als Konzept verstanden, diese Zuordnungen modellieren aber auch als Strukturprinzip die ausgedrückten Beziehungen computertechnisch erfassen kann.

Für mögliche Informationskategorien seines Modells macht Budin (1996: 203) folgende Vorschläge: Allgemeine Information, Strukturinformation, grafische Darstellung und die Gesamtbewertung als integrative Beschreibung des Gesamtzusammenhangs. Die Schlussfolgerungen gelten für die konkrete Anwendung der modellierenden Wissensbestände im wissenschaftlichen (oder einem anderen, näher zu bestimmenden) Kontext. Ergebnis ist dann eine zielorientierte, spezifische Aufbereitung von Strukturen wissenschaftlichen Wissens, Dynamik, Wiederverwendung und Repräsentation. Die Komplexität des von Budin vorgeschlagenen Modells ergibt sich horizontal über einzelne Teilaspekte und vertikal in der Unterteilung in Systemebenen. Der epistemische Effekt ergebe sich laut Budin ferner beim Schreiben (!), durch die Explizierung begrifflicher Zusammenhänge, durch Visualisierung, durch Navigieren im Informationssystem (Serendipity-Effekte einbezogen) sowie durch die Rekonstruktion von Begriffs- und Theoriedynamik (vgl. Budin 1996: 207). Einschränkend muss jedoch betont werden, dass die exakte Rekonstruktion und auch der gesicherte Nachweis schwierig sind. Dennoch wird die Wissensmodellierung in Form einer Datenbank zu einem wichtigen Beitrag für eine Wissenstechnologie. Für diese Wissensdatenbanken, die sich im Aufbau befinden, können terminologische Untersuchungsmethoden Grundlage und Ausgangsbasis sein.

Das von Budin vorgelegte und aus dem Bereich der Translationswissenschaften entstandene Konzept zum Verhältnis von Information, Wissen und Kommunikation weist auf einige wegweisende Aspekte hin. In Bezug auf die Eigenschaften von Wissen wird zunächst der m. E. überaus wichtige dynamische Aspekt

149 Probst (1989) nennt Selbstreferenz, Redundanz und Autonomie.

herausgehoben.[150] Auch die Betonung des Prozesses, aus dem sich der Erkenntnisgewinn, der epistemische Effekt ergibt, scheint mir außerordentlich wichtig zu sein. Der Prozess erstreckt sich demzufolge auf mehrere Ebenen bzw. umfasst mehrere Aspekte, die sich im Hypertext wiederfinden lassen: Schreibprozess, Verweise, Visualisierungen, Navigation und Rekonstruktion sind essenzielle Aspekte. Sie gehen Hand in Hand mit der (planvollen) Variation von Information bei der Organisation von Gegenständen und Sachverhalten und sind Voraussetzung für Kommunikation mit Hypertext, leisten also zur Wissensmodellierung mithilfe eines Hypertextsystems einen erheblichen Beitrag.

2.4.4 Kontroll- und Kohärenzverfahren

"As we invent new principles of organization that make sense in a world of knowledge freed from physical constraints, information doesn't just want to be free. It wants to be miscellaneous." (Weinberger 2007: 7)

Es ist nun zu fragen, welche Faktoren bei dem ständigen Prozess der Wissensermittlung und -vermittlung greifen und dazu führen, dass es nicht zu einer Informationsüberlastung und dadurch auch zu einem ‚Informationstod' kommt (vgl. Bergenholtz/Bothma 2011). Bereits de Beaugrande/Dressler (1981: 14) betonen „Effizienz" neben „Angemessenheit" und „Effektivität" als regulatives Prinzip für die Textkommunikation: „Prozeßhaft gesehen, trägt die Effizienz zur *Verarbeitungsleichtigkeit* („processing ease") bei, d. h., zur Durchführung von Operationen mit geringer Belastung der Potentiale („resources") von Aufmerksamkeit und Zugriff" (ebd.: 35; Herv. i. O.). Prinzipien wie dieses führen zur Anwendbarkeit des kommunizierten Wissens.

Der Theorie Foucaults zufolge entfaltet sich Wissen zudem nie unter neutralen Bedingungen, sondern stets in enger Verbindung mit Macht:

---

150 De Beaugrande teilt den dynamischen Aspekt des Wissensdesigns oder der Wissensorganisation sehr viel differenzierter in vier Design-Parameter: Dynamische Faktoren wie Fluktuation, Neuheiten, Komplexität und Unbestimmtheit und ihre statischen Gegenspieler gehen einher mit der Entwicklung von Inhalten und Wissen (vgl. de Beaugrande 1997: 88).

> Eher ist wohl anzunehmen, daß die Macht Wissen hervorbringt [...]; daß Macht und Wissen einander unmittelbar einschließen; daß es keine Machtbeziehung gibt, ohne daß sich ein entsprechendes Wissensfeld konstituiert, und kein Wissen, das nicht gleichzeitig Machtbeziehungen voraussetzt und konstituiert. (Foucault 1976: 39)

Die Reglementierungen der Foucaultschen Diskurse, die vornehmlich in Prozeduren der Kontrolle stattfinden, unterscheiden sich nach Ausschließung, Klassifikations-, Anordnungs- und Verteilungsprinzipien sowie der Verknappung des Zugangs (vgl. Foucault [10]2007: 10). Diese werden weiter unterteilt: So manifestiere sich die Ausschließung in Verboten, in der Grenzziehung zwischen Vernunft und Wahnsinn und in dem Gegensatzpaar ‚wahr und falsch' (ebd.: 11–17); wobei Verbot und Ausgrenzung sich zum „Wille zur Wahrheit" hinbewegen, womit sie diesen wiederum zu einer „gewaltigen Ausschließungsmaschinerie" werden lassen (ebd.: 17).

Foucault trennt also regulierende, Macht sichernde Verfahrensweisen in externe Ausschließungssysteme und interne Kontrollprozeduren. Externe Systeme sind als von der Gesellschaft nicht zugelassene Kommunikationsformen zu bezeichnen, die z. B. (wie o. g.) durch Tabuisierung, Trennung und den Willen zur Wahrheit ausgeschlossen werden. Die interne und damit zweite Instanz der Kontrolle umfasst den Kommentar als stetige Konstituierung des Neuen, den Autor als regulierende Institution und die Disziplin als Spielregeln der Teilnahme (Foucault [10]2007: 19–25). Die dritte Instanz, ausgedrückt durch die Verknappung des Zugangs, ist eine „Verknappung diesmal der sprechenden Subjekte" (ebd.: 26), die sich darin ausdrückt, dass Individuen Regeln auferlegt werden und ihre Zugangsmöglichkeiten stark reglementiert sein können. Insgesamt gesehen bilden diese Kontrollprozeduren externe und interne Mechanismen, die durchaus als Ordnungssystem eines Wissensobjektes verstanden werden können. In der durch die Machtmechanismen gesteuerten Anwendbarkeit des Objekts ergibt und legitimiert sich als Folge die Möglichkeit des Wissenserwerbs.

Nach Foucault werden Machtmechanismen notwendig, damit ein Objekt anwendbar wird. Es ist aber nun zu fragen, wie diese Kontrollverfahren auch bei Nachschlageformaten in einer Web 2.0-Umgebung zur Anwendung kommen. Für Medienformate, die in dieses Spektrum fallen, gibt es etwa, wie Reichert betont, kein Wissen, „das nicht gleichzeitig auf bereits gegebenen Machtbeziehungen aufbaut" (Reichert 2008: 23). Zwischen Medium und Subjekt herrsche eine Interdependenz, die als „Schauplatz von Herrschafts- und Machtspielen" (ebd.)

sichtbar und thematisierbar sei.[151] Medien sind also verflochten mit Macht und doch gleichzeitig ihr Gegenpol. Von einer institutionellen Seite her betrachtet stehen sich die zentralistischen Tendenzen des Gatekeepers und die dezentralistisch-emanzipativen Tendenzen der Massenteilhabe gegenüber.

So greift auch Wikipedia bzw. die Wikimedia-Foundation nicht aktiv in interne Prozesse ein, sondern zählt nach eigenen Aussagen auf die Selbstregulation durch die Gemeinschaft. Doch ist diese Selbstregulation nicht ebenso ein hypothetisches Ideal, das angestrebt wird, wie jenes der Gleichheit aller Nutzer (s. o.)? Dass Wissensobjekte elitär und nicht demokratisch entstehen, gilt auch – wenn nicht sogar vor allem – für das von Wikipedia vertretene konsensgeleitete Einigkeitsprinzip. Die Hervorhebung des Tatbestands, dass Wikipedia „weder eine Diktatur noch irgendein anderes politisches System" ([Wikipedia: Zehn_Dinge_über_Wikipedia]) ist, mag für aktive und erkennbare Eingriffe stimmen. Das selbsternannte System der Selbstregulation ist daher jedoch nicht weniger Prozeduren des Ausschlusses und der Kontrolle unterworfen als jedes andere.

Darüber hinaus scheint es wohl einen Anhaltspunkt in Bezug auf die Beurteilung der Artikel und ein durch diese kommuniziertes Wissen nach Anwendbarkeit und Nützlichkeit zu geben, der in den Wikipedia-Richtlinien (vgl. [Wikipedia:Artikel] und [Wikipedia:Relevanzkriterien]) deutlich wird:

> Nicht jeder Gegenstand eignet sich als Thema für einen Enzyklopädieartikel. Die Ausschlusskriterien ergeben sich daraus, was Wikipedia nicht ist. Daneben gibt es inhaltliche Anforderungen und Tipps zu Artikeln über spezielle Themenbereiche; außerdem gibt es mit den Relevanzkriterien den Versuch, Aufnahmekriterien für bestimmte Themen zu formulieren. Alle diese Seiten dienen bei einem Löschantrag als Anhaltspunkte und Argumentationshilfe. ([Wikipedia:Artikel#Thema]; Abruf: 30.04.2014)

Dieser Umgang mit Wissen und den jeweiligen Wissensprodukten und -prozessen, ist, wie Pscheida (2010: 99) betont, Ausdruck einer Wissenskultur, deren zentrales Produkt die Enzyklopädie ist. Bereits in Kapitel 1.3 wurde auf die Indikatorleistung von Wissenssammlungen hingewiesen. Zu dieser Leistung zählen auch zeitgeschichtliche Umstände, mediale Einflüsse und gesellschaftliche Bedürfnislagen, die für eine Wissenskultur entscheidend sind und sich u. a. in der enzyklopädischen Sammlung und Auswahl repräsentieren können (vgl. Pscheida 2010: 21). Die Angabe von Relevanzkriterien wäre demzufolge nichts anderes als das Resultat einer stattfindenden Komplexitätsreduktion des tatsächlich vorhandenen

151 Eine hier nicht zu verfolgende wissensorientierte Perspektive geht davon aus, dass realweltliche, nicht aber sprachliche Zusammenhänge im Text thematisiert werden und durch Text-Mining aufgedeckt werden können (vgl. Mehler 2004).

Informationsbestands. Notwendig wird diese Reduktion und m. E. auch das Aufstellen von prototypischen Vertretern, in diesem Fall von mir so zu bezeichnende *Wissensstellvertreter*, die das enzyklopädische System vor ‚Überlastungen' schützen und es arbeitsfähig halten können.

Die durch Machtmechanismen gesteuerte Anwendbarkeit der Systeminhalte führt zu einer Verhandlung von Wissensbeständen, die eng verbunden ist mit der Frage nach einem kommunikativen Ziel (vgl. Kapitel 3.2.2) und einem zugrunde liegenden Kohärenzbewusstsein. Es ist demnach nach der Etablierung eines allgemeingültigen Kausalmodells zu suchen, das über einen bestimmten (in diesem Fall digitalisierten) Wirklichkeitsausschnitt (vgl. Straßner 2002: 11) einer Wissenskultur, einer teils von kompetitiven, teils von kooperativen Zügen geprägten gesellschaftlichen Kommunikationsstruktur bestimmt ist. Diese Forderung ist m. E. in vielerlei Hinsicht anschlussfähig an den Gedanken eines ‚sense of coherence', wie er in der Salutogenese nach Antonovsky (1979, 1997) Anwendung findet. In den angesprochenen Austauschprozessen findet eine kommunikative Validierung statt, die sich beständig mit Fragen der (1) Verstehbarkeit, (2) Handhabbarkeit und (3) Bedeutsamkeit auseinandersetzt. Wenn durch Kommunikation, ständigen Austausch und Überschreibung Informationen oder Wissensinhalte zu einem überindividuellen und kontinuierlich erneuerbaren Wissen werden, liegt der Fokus somit auch auf dem öffentlichen Sprachgebrauch, den getätigten Äußerungen und den Wegen der Speicherung von Wissensinhalten, in denen diese Austauschprozesse wirken.

Der vorgeschlagene Lösungsansatz, der auf dem Salutogenese-Konzept aufbaut, ist jedoch zunächst einem ganz anderen wissenschaftlichen Feld zuzuordnen. Im Bereich der medizinischen Soziologie beschäftigt sich die Salutogenese damit, was das Individuum gesund erhält und welche Ressourcen ihm dafür zur Verfügung stehen. Im Gegensatz dazu steht die Pathogenese, die sich der Frage widmet, was zu Krankheit führt und wie Krankheiten geheilt werden können. Ausgehend vom Begründer der Salutogenese, Aaron Antonovsky, wird in salutogenesischer Sichtweise der Gesundheits- bzw. Krankheitszustand eines Menschen durch eine individuelle Einflussgröße bestimmt, die er

> als eine globale Orientierung definiert, die das Maß ausdrückt, in dem man ein durchdringendes, andauerndes aber dynamisches Gefühl des Vertrauens hat, daß die eigene interne und externe Umwelt vorhersagbar ist und daß es eine hohe Wahrscheinlichkeit gibt, daß sich die Dinge so entwickeln werden, wie vernünftigerweise erwartet werden kann. (Antonovsky 1997: 16; Original in: Antonovsky 1979: 10)

Die hier beschriebene ‚globale Orientierung' ist Antonovskys Konzept des Kohärenzgefühls (= sense of coherence[152]). Von der Ausprägung des SOC hänge es ab, wie gut ein Mensch in der Lage sei, vorhandene Ressourcen zum Erhalt der Gesundheit oder des Wohlbefindens zu nutzen. Das Kohärenzgefühl oder SOC, als Zusammenhangs- oder Stimmigkeitskonzept verstanden, umfasst drei zentrale Komponenten (vgl. Antonovsky 1997: 34f.):

(1) Verstehbarkeit (= comprehensibility): die Fähigkeit, die Umwelt bzw. interne und externe Stimuli als konsistent und als geordnete Information wahrzunehmen.
(2) Handhabbarkeit (= manageability): „die Überzeugung oder das instrumentelle Vertrauen darauf, daß man geeignete Ressourcen zur Verfügung hat, um den Anforderungen [die von den o. g. Stimuli ausgehen, N. M.] zu begegnen" (Antonovsky 1997: 35).
(3) Bedeutsamkeit (= meaningfulness): die Motivation oder positive Erwartungshaltung, die mit der Bewältigung einer Aufgabe oder einer Investition verbunden ist, da ihr Bedeutung beigemessen wird.

Das Modell der Salutogenese soll im Folgenden als eine Heuristik für den eigenen Gegenstandsbereich verstanden werden. Ähnliche Parallelen sind bereits von Antonovsky zum menschlichen Organismus oder Lebenserfahrung beschrieben worden, da beide sich prototypisch in einem dynamischen Zustand eines heterostatischen Ungleichgewichts befinden (vgl. Antonovsky 1997: 124) und fortlaufend mit Erfahrungen und Einwirkungen konfrontiert und durch sie beeinflusst werden. Statt der Frage ‚Warum bewegen sich Menschen auf der positiven Seite des Gesundheits-Krankheits-Kontinuum, unabhängig von ihrer aktuellen Situation?' wird deshalb mit erweiternder Perspektive auf einen mittlerweile alltäglichen Gegenstandsbereich gefragt: ‚Warum verlieren wir uns nicht in der Vielzahl der Möglichkeiten, die uns der Hypertext bietet? Was führt zu einem starken SOC? Und wie wird mit stetig stattfindender Entwicklung der ständigen Komplexität und Dynamik (innerhalb einer mehrschichtigen Kohärenzcharakteristik) eine Balance erreicht?' Neben dem angesprochenen Balanceakt geht es also auch um einen Ausgleich von Über- und Unterinformation, bezogen auf einen bestimmten Erkenntnis- oder Anwendungszweck. Die Schaffung von Kohärenzen und die Beseitigung von Inkohärenzen münden schließlich in der kommunikativen Validierung in Bezug auf die Aspekte Verstehbarkeit, Handhabbarkeit und Nützlichkeit. Doch lässt sich dieses Konzept auf die kollaborative Hypertextumgebung übertragen?

---

152 Im Folgenden neben ‚Kohärenzgefühl' auch ‚SOC'.

Dass Dynamik ein wichtiges Element des Hypertextgedankens ist, wurde bereits erläutert. Nun tritt der heterostatische Aspekt, d. h. dass es verschiedene Potenziale gibt, die in Abhängigkeit zueinander zu bewerten sind, hier noch verstärkend hinzu und betont die Reglementierungsprozesse. Für das Verständnis der Herausbildung dieser Prozesse, die geleitet sind von einem Kohärenz- und Reglementierungsgefüge, werden daher sowohl eine nähere Betrachtung des Kommunikationsraumes sowie daran anschließend eine empirische Untersuchung notwendig sein.[153] Auszugehen ist davon, dass für die Lösung eines Problems bzw. für die Beseitigung von Inkohärenz ein instrumenteller Aspekt genannt wird, auf den die (technische) Regulation erfolgt.

Hypertexte tragen, so viel ist festzuhalten, mit ihrer inhärenten Beweglichkeit zu einem Wissenskonzept bei, das sowohl von einer inneren als auch einer äußeren Komplexität geprägt ist. Welche kommunikativen Annahmen können für so ein Konzept nun zugrunde gelegt werden und welche linguistische Erfassung bietet sich an? Busch (2004b) etwa versucht die linguistische Seite digitaler Medienformate durch eine empiriebezogene Heuristik der von ihm festgestellten kommunikativen Konstituenten hypertextbasierter Kommunikation zu erfassen. Diese bezieht die Dimensionen Medialität, Kohärenz und sortentypisches Wissensdesign mit ein, die für die eigenen Überlegungen in Betracht gezogen werden sollte.

Zunächst ist die spezifische Medialität von Hypertexten eine wichtige Hypertext-Konstituente. Allein in Bezug auf dieses Profil sei zu beachten, dass drei Ebenen der Medialität vorliegen können: Hypertext als ‚Signifikationsmedium', ‚Organisationsmedium' und ‚Distributionsmedium' (vgl. ebd.: 150–152). Diese mehrschichtige Medialität führe Busch zufolge auch zu einer mehrschichtigen Charakteristik von Kohärenz (Busch 2004b: 152). Das bedeutet: Ein kommunikationsorientierter Kohärenzbegriff umfasst den Hypertext als Kohärenzpotenzial, die Bestimmung der Kohärenztypik durch die Kommunikationstypik und die Kohärenz von Text im Hypertext (vgl. ebd.). Kohärenz wird damit nicht nur in einem technischen Zusammenhang wahrgenommen, vielmehr stützt sich der inhaltliche Zusammenhang der Wissensstruktur auf einen kommunikationsorientierten Kohärenzbegriff, dessen Konstitutionsprinzipien sich aus einer produzentenseitigen Kohärenzplanung und einer rezipientenseitigen Kohärenzgenerierung[154] ergeben (vgl. Storrer 2000: 236). Kohärenz von Textelementen im

153 Vgl. Kapitel 3 und 5.

154 Auf das in diesem Gefüge erforderliche Zusammenspiel von Hypertextpotenzial und Hypertextaktualität wird ausführlich in Kapitel 3 eingegangen.

Hypertext ist ferner bestimmt durch den Aufbau der Webseite, die Einbettung in Markup-Sprache, die Vernetzung durch Hyperlinks und Modularisierung durch Frames (vgl. Busch 2004b: 153).[155] Für die dritte Dimension hypertextbasierter Kommunikation, dem sortentypischen Wissensdesign, ist in Bezug auf den Gegenstandsbereich festzuhalten, dass wir es bei Wikis mit einer Hypertextarchitektur zu tun haben: einer „architektonischen Organisationsform von Wissen" (Antos 1997: 57). Da Wikis das Resultat einer pragmatisch differenzierten Informationsgestaltung sind und eine prototypische und gebrauchsbezogene Anpassung von Wissensbasis und Navigationselement darstellen, können sie m. E. auch als Hypertextsorte aufgefasst werden.[156] Auch Hypertextsorten unterliegen also einer Kohärenzcharakteristik.

Kohärenz, in einem allgemeinen Sinne zu verstehen als die Schaffung von Zusammenhängen und Stimmigkeiten, meint hier ganz grundsätzlich die globale Ausrichtung nach Verstehbarkeit, Handhabbarkeit und Sinnhaftigkeit. Dies gilt auch für die kommunikationstheoretische Erfassung eines Hypertexts, allerdings auf mehreren Ebenen: Welche Struktur wird im hypertextuellen Datenraum gewählt, wenn diese sich gleich wieder ändern kann? Wie wird eine Stimmigkeit innerhalb des Datenraums erreicht aber auch im Austausch mit externen Faktoren? Welche Pfade werden ermöglicht (vorausgesetzt, dass eine allumfassende Assoziationsleistung nicht abgebildet werden kann), welche nicht? Wie werden Ressourcen bzw. Instrumente genutzt, um Kohärenzen zu schaffen oder um Inkohärenzen zu vermeiden? In Anlehnung an Rothkegel (1998: 81) ist davon auszugehen, dass hypertextspezifische Kohärenz nicht mehr allein auf der Ebene einer sprachlichen Manifestation zu situieren ist, sondern durch selektives und individuelles Leser- und Anwenderverhalten des Rezipienten konstituiert wird. Dabei geht es auch um

155 Die Auffassung, dass Hypertext aus Texten bestehe, die „als kohärent und funktional einheitliche Ganzheiten verstanden und rezipiert werden können" (Sager 2000: 587), greift damit zu kurz; die Kohärenz der Hypertexte unterscheidet sich vom gedruckten Text erheblich.

156 Die dazugehörige sortentypische Dimension umfasst in Anlehnung an Busch (2004b) (a) ein inhaltliches Informationsangebot nach Wiki-Themenspezifik, (b) ein Informationsangebot über das Wiki an sich (z. B. [Wikipedia:Grundprinzipien] oder [Wiktionary:Über_das_Wiktionary]), (c) ein Kommunikationsangebot; die Diskussionsreiter ermöglichen etwa eine Art Metakommunikation über den Artikel (s. a. Storrer 2013). Der kommunikative Zweck und die Adressatenausrichtung entscheiden schließlich über die konkrete Informationsgestaltung. Ausführliche Diskussion von Hypertextsorten vor allem bei Rehm (2003); Jakobs (2003: 236) schränkt Hypertext für die Hypertextsortendiskussion auf eine „funktional-thematisch bestimmte kommunikative Ganzheit" [!] ein.

den Umgang mit Information, denn Wissen wird, wie hier in verschiedenen Zusammenhängen erörtert wurde, erst in Bewegung oder Aktion (vgl. Kuhlen 1991: 333; 1995: 34) greifbar.

Für das hier vertretene Wissenskonzept ergibt sich damit, dass es

(a) praxisorientiert durch Überprüfung und Evaluierung geprägt wird,
(b) ein akzeptanzorientierter Prozess ist und
(c) an den Umgang mit Informationen geknüpft ist.

Im Folgenden wird also sowohl nach den Geschehenstypen und Vernetzungen zu fragen sein, die in einem kollaborativen Projekt realisiert werden als auch nach der Erfassung sprachlicher Zusammenhänge über ihre Darstellung im Text. Über diesen Vermittlungsweg kommt es nach dem dieser Untersuchung zugrunde liegenden Wissenskonzept zufolge zu einer Repräsentationsform von Wissen. Wie wird nun dieses Konzept, das durch ständige Überprüfung und Evaluierung geprägt ist, via kommunikativer Austauschprozesse generiert und etabliert? Die Beantwortung dieser Frage in den nächsten Kapiteln soll mit dem Versuch erfolgen, das kollaborative Hypertextkonzept aus sprachwissenschaftlicher Sicht zu erfassen. Hierbei sollen hypertextbasierte Text- und Wissensverfahren und der durch diese Verfahren ermöglichte Informationstransfer zwischen Labilität, Aktivität und Dynamik besonders beobachtet werden.

2.5 Linguistische Herausforderungen hypertextbestimmter Text- und Wissensverfahren

Semiotische und kommunikative Praktiken und Kenntnisse verändern sich durch eine hypertextuelle Umgebung so stark, dass sie zu einem neuen kommunikativen Paradigma führen. Die neue Art der Konstruktion dieses Paradigmas stellt eine linguistische Herangehensweise vor besondere Herausforderungen. Zu berücksichtigen ist etwa ein komplexes Kommunikat (vgl. Adamzik 2004: 66), das sich aus Ko- und Kontext sowie aus Textvernetzung und der Komplementarität von Text und Bild konstituiert. Diese Vorgänge finden im kollaborativen Hypertext nicht mehr monomedial, sondern multimedial statt (vgl. Fraas/Meier/Pentzold 2012: 69), indem in einem kontinuierlich abwechselnden Produktions- und Leseprozess Wissensinhalte dem Informationsbedürfnis angepasst werden. Da in einem offenen, kollaborativen Hypertext die Partizipation prinzipiell jedem erlaubt ist, kann für diese Materialisierungs- und Konstituierungsform von einem Medium der überindividuellen Kognition gesprochen werden. Die sprachlichen Ausformungen der Wissensinhalte in ihrer ganzen Variabilität werden dabei, wie im vorherigen Kapitel aufgezeigt, durch ständigen Austausch auf unterschiedlichen

Ebenen und kontinuierlich stattfindenden Überschreibungen von einem individuell-psychologischen/-kognitiven zu einem überindividuell gesellschaftlichen Phänomen. In diesem Zuge kommt es allerdings im kollaborativen Hypertext unweigerlich zu einer Vermischung der inhaltlich-textlichen Ebene, die genuin textlinguistisch untersucht werden kann, und der operational-interaktiven Ebene der Usability (vgl. Bucher 2007: 61). Was aus Untersuchungsperspektive also selbstverständlich getrennt betrachtet werden sollte, ist für die tatsächlichen Benutzer genauso selbstverständlich ein großes Ganzes, dessen einzelne Bestandteile nicht wahrgenommen werden oder vielmehr als *systemische Zusammengehörigkeit* gelten.

Hier wird einer grundsätzlich linguistischen Perspektive auf eine hypertextuelle Umgebung einiges abverlangt. Sie kann (und sollte) sich aber, so meine Einschätzung, unter Voraussetzung einer gewissen interdisziplinären Öffnung dynamisch-digitalen Elementen (z. B. kollaborativen Schreibprojekten im Internet) ebenso nähern wie statisch-aufgezeichneten (wie etwa gedruckte Zeitungsartikel). Eine linguistische Erfassung muss zudem sowohl von einem breiten medialen Nutzungsangebot als auch von einem höheren Gestaltungseinfluss, der über das hypertextuelle Medium möglich wird, ausgehen (vgl. Busch 2004b: 150). In den folgenden Kapiteln sollen verschiedene Aspekte der Hypertextumgebung und die aufzufindenden linguistischen Besonderheiten vorgestellt werden. Zu ihnen gehören Austausch- und Überschreibungsprozesse (Interaktivitätsaspekte), Oberfläche und Textvernetzung (Verknüpfungsaspekte) sowie Medienkonvergenz und Multimedialität (Medialitätsaspekte). Eine Auseinandersetzung mit diesen Komponenten scheint notwendig, wenn der Frage nachgegangen werden soll, wie Überschreibungsprozesse ermöglicht werden und wie Text- und Wissensverfahren in einer komplexen Hypertextarchitektur und damit in einem ständig variierbaren und erweiterungsfähigen Form-, Umfangs- und Vernetzungsangebot zum Einsatz kommen.

2.5.1 Austausch- und Überschreibungsprozesse

Für die Repräsentation von Wissensinhalten im Hypertext kommen kommunikative Austauschprozesse auf der Sprach-, Sach- und Handlungsebene zum Tragen, die zudem den Aspekt des öffentlichen Sprachgebrauchs berücksichtigen müssen. Gerade für das Internet, das ganz unterschiedliche Formen von Kommunikation von und für die Öffentlichkeit erlaubt, sind kommunikative

Austauschprozesse grundlegend.[157] Zudem wurde bereits in Kapitel 2.2 die besondere Eigenschaft der Wikipedia ausgeführt, die Entwicklungsprozesse für die Öffentlichkeit transparent zu machen, wo sie von jedem beobachtbar und im Bedarfsfall beeinflussbar sind (vgl. Geser 2008). Wikipedias Strukturen sind damit so gestaltet, dass es grundsätzlich jedem Leser des Wikis ermöglicht wird, sich an der stattfindenden Kommunikation zu beteiligen, was wiederum zur Folge hat, dass die Prozesse der Entwicklung öffentlich gemacht werden (vgl. Kuhlen 2004). In der Öffentlichkeit, oder genauer gesagt über öffentliches Mitgestalten werden also Wissensbestände ausgehandelt und insofern eine wichtige Voraussetzung für eine (Diskurs-)kommunikation[158] geschaffen, „die nicht auf spezielle Kommunikationsgruppen oder spezifische Wissensmilieus beschränkt ist" (Busch 2004a: 17).

In der hypertextuellen Umgebung kommt also – insbesondere mit Fokus auf einen öffentlichen Sprachgebrauch – das schnelle Ineinandergreifen verschiedener kommunikativer Austauschprozesse zum Tragen. Dies soll wie folgt zu verstehen sein: Die Dynamik und Variabilität des verwendeten sprachlichen Materials (sprachlicher Zeichen) werden für diesen Prozess umgewandelt, Elemente der Wort-, Satz- oder Textebene zwischen den Kommunikationspartnern werden vermittelt und als jeweilige In-Beziehung-Setzung nicht nur von Sprach-, sondern auch von Sach- und Handlungswissen (vgl. Kapitel 2.4.2) geleitet. Austausch meint daher ein wechselseitiges interaktives Geben und Nehmen von Teilnehmern im kollaborativen Hypertext, das sich stetig fortsetzt und an den in Kapitel 2.4.1 diskutierten Jägerschen Begriff der Transkription anknüpft. In einem weiteren Schritt wird damit auch auf ein entsprechendes Ersetzen hingewiesen, das sich in der Form des Palimpsests durch Überschreibungsprozesse verdeutlichen und einen Filteraspekt beinhalten kann: Eine Komplexitätsreduktion des tatsächlich vorhandenen Wissensbestands findet statt.

---

157 Zu den alltäglich genutzten Anwendungsformaten des Internet gehören E-Mail und das WWW, über das wiederum zahlreiche Webanwendungen möglich sind.

158 Wenn an dieser Stelle von Diskurs gesprochen wird, so soll dieser ohne eine tiefergehende theoretische Erörterung in seiner wohl forschungspraktischsten Form unter Rückbezug auf Busse/Teubert (1994: 15) als „virtuelle Textkorpora, deren Zusammensetzung durch im weitesten Sinne inhaltliche (bzw. semantische) Kriterien bestimmt wird" gelten; über diskursanalytische Zugriffe können ‚usuelle Phänomene des Sprachgebrauchs' (Steyer 2004: 93; in einem Nachschlageformat auch zu sehen bei Kämper 2006, 2012) sichtbar gemacht werden.

Das Ineinandergreifen verschiedener Kenntnissysteme in der sprachlichen Kommunikation wurde bereits im letzten Kapitel erörtert. Es wurde auch auf den hier vertretenen Wissensbegriff hingewiesen, der auf Kommunikationsprozesse abzielt und zu dem Sprach-, Sach- und Handlungswissen beitragen. Diese Systeme sind in diesem Austauschprozess also eng miteinander verbunden und bedingen einander. Basis dieser Prozesse sind ferner die grundlegenden Prinzipien der ständigen Veränderbarkeit, Dynamik, Fluidität und auch Interaktivität. Wissen in der Umgebung Hypertext wird kontinuierlich erneuert und umfasst verschiedene Komplexe.

Der Ausschnitt zum Artikel ‚Zitronenpresse' (s. u.) verdeutlicht, dass der kommunikative Austauschprozess Strukturen aufweist, die eine Rekonstruktion des „interaktiven Verfahrens" (nach Brinker/Sager ^{5}2010: 19) und der ihm zugrunde liegenden kommunikativen Prinzipien erlaubt. Erkennbar ist eine Struktur im Prozessverlauf, die so auch in Bezug auf Gespräche[159] zu beobachten ist. Es bietet sich deshalb an, Überlegungen aus der Gesprächslinguistik in geeigneter Weise zu berücksichtigen (s. a. Storrer 2008: 330). Dazu können etwa Gesprächsroutinen zählen, die zu einer Gesprächskonstitution führen und gleichzeitig einem dynamischen Charakter unterliegen. Parallel angeordnet sind also (a) manifeste Struktureinheiten einerseits (deren Ergebnis z. B. ein Wiki-Artikel sein kann) und (b) interaktive Verfahren andererseits (wie z. B. die Entstehung eines Artikels, betrachtet über die Diskussionsseite), die die Wechselseitigkeit und das Aufeinander-Bezogen-Sein des (sprachlichen) Handelns betonen (vgl. Brinker/Sager ^{5}2010: 20). Die vorgenommene Trennung zwischen manifesten Einheiten und interaktiven Verfahren ist damit eine rein analytische, die letztendlich ihre Komplementarität innerhalb eines Gesprächs, hier übertragen auf die Artikelstruktur bei Wikipedia, illustriert.

159 ‚Gespräch' wird hier verstanden als „eine begrenzte Folge von sprachlichen Äußerungen, die dialogisch ausgerichtet ist und eine thematische Orientierung aufweist" (Brinker/Sager ^{5}2010: 19).

Tab. 2: Beispiel von Austausch und Überschreibung in einem Wikipedia-Artikel[160]

Wikipedia-Artikel ‚Zitronenpresse' 5.3.2007 22:55	**Diskussion:Zitronenpresse 6./7. März 2007**	**Wikipedia-Artikel ‚Zitronenpresse' 18.3.2007 16:24**
Eine **Zitronenpresse** ist ein Küchengerät mit dem man Saft aus Zitrusfrüchten wie Zitronen oder Limonen herauspresst. Mit universeller einsetzbaren **Zitruspressen** lassen sich auch größere Früchte wie Orangen und Grapefruits, bzw. Pampelmusen auspressen.	Aus meiner Sicht spräche einiges für eine Verschiebung nach Zitruspresse. Schon beim ersten Überfliegen des Textes wird deutlich, dass sich die Funktionsprinzipien sehr stark ähneln und auch in der jetzigen Einleitung tauchen andere Zitrusfrüchte ja schon auf. […]13:32, 6. Mär. 2007 (CET).	Eine **Zitronenpresse** ist ein Küchengerät, mit dem man Saft aus Zitrusfrüchten wie Zitronen oder Limonen herauspresst. **Zitruspressen** sind universeller einsetzbare Geräte mit meist auswechselbaren Kegeln, mit denen sich auch größere Früchte wie Orangen und Grapefruits, bzw. Pampelmusen auspressen lassen. Auch diese Geräte basieren aber auf dem wesentlich älteren Prinzip der Zitronenpresse.
	[…] würde ich über zitruspressen schreiben, müssten auch die großen saftmaschinen für orangensaft etc mit einbezogen werden, die man manchmal z.b. in restaurants sieht. das möchte ich aber nicht, weil das zitronenthema schon genug stoff bietet und orangensaft erst viel später in den rezepten aufkommt, und dort bis heute weitaus weniger wichtig ist. […] 14:35, 6. Mär. 2007 (CET).	
	Einen Artikel über Zitruspressen würde ich vorziehen. Historisch bedingt geht es dabei natürlich vor allem um Zitronenpressen. Die Restaurantmaschinen variieren das Prinzip auch bloß, können daher knapp dargestellt werden. […] 18:04, 7. Mär. 2007 (CET).	

Der permanente Prozess der interaktiven und sukzessiven Verfertigung, der sich sowohl aus manifesten Struktureinheiten als auch interaktiven Verfahren speist, ähnelt in vielen Fällen der kollaborativen Hypertexterstellung, die schließlich zu

160 Herv. i. O.; die Unterstreichungen in dieser, wie in allen weiteren tabellarischen Darstellungen, folgen der Hyperlinkauszeichnung des angegebenen Artikels. Die angegebenen Fußnoten wurden nicht übernommen.

Überschreibungsprozessen führt.[161] D. h. neben einer manifesten Struktureinheit *Artikeltext zum Thema, ‚Zitronenpresse'* können Verfahren über den Diskussionsraum angestoßen werden, die die interaktive Realität eines Wikis bedingen. Hier findet also eine wechselseitige Bezugnahme von Situation und Äußerung statt, ähnlich wie man es im Gespräch findet.

Innerhalb der interaktiven Verstehensdokumentation gelten zwei Interaktionsprinzipien: Für die Konversationsanalyse[162] werden retrospektiv und prospektiv an jeder Interaktionssequenz Verstehen und Nicht-Verstehen angezeigt (vgl. Spranz-Fogasy 1997: 143f.; Deppermann 2010: 371).[163] Deppermann zufolge hat ferner „der Grundtatbestand der zeitlichen Abfolge [...] wesentliche Konsequenzen sowohl für die Interaktionskonstitution als auch für die Verstehensdokumentation" (Deppermann 2010: 367). Innerhalb fokussierter Interaktion sind Handlungen also immer *retrospektiv sensitiv* auf die jeweils vorausgehende Handlung (vgl. ebd.). Damit ist nicht unbedingt (nur) eine Kontextsensitivität gemeint, sondern mehr eine Verständnisdokumentation „im Sinne einer [die] Folgehandlung legitimierende[n], verständlich oder relevant machende[n] Voraussetzung" (Deppermann 2010: 368; ähnlich Schneider 2004). Mit der retrospektiven Sensitivität werden als Interpretationsweg sozusagen Bezugspunkte für den nächsten Turn gesetzt. Die Diskussion in Tabelle 2 zeigt, wie dies für eine folgende Sprachhandlung geschieht. Sie ist ferner Voraussetzung dafür, dass die vorhandene Artikeltextfassung überschrieben wird. So wird der Artikelansatz ‚Zitronenpresse' historisch begründet und in einer späteren Artikelversion durch den Zusatz „Auch diese Geräte [Zitruspressen, N.M.] basieren aber auf dem wesentlich älteren Prinzip der Zitronenpresse" verdeutlicht. Auslöser dafür ist die Interaktion auf der den Artikel begleitenden Diskussionsseite. Dieses Verhalten kann in Interaktionszusammenhängen auf ganz unterschiedlichen Ebenen festgestellt

161 Dies verdeutlicht, dass Interaktivität interaktionistisches (soziales) Handeln ist, welches auch Imagearbeit (Imagepflege und Imagebalance), d. h. den Aufbau und die Pflege ‚sozialer Werte' einbeziehen muss.

162 Mit Konversationsanalyse ist die empirische Forschungsrichtung gemeint, die sich mit der Analyse von Gesprächen beschäftigt (vgl. Bußmann ^{4}2008: 373).

163 Für die Klassifizierung einer Verstehensdokumentation kommen nach Deppermann (2010: 365f.) ergänzend drei substanzielle Modi in Betracht: (1) speziell auf Verstehensdokumentationen spezialisierte und retrospektiv orientierte Aktivitäten; (2) nicht explizit in die Verstehensdokumentation eingebaute Aktivitäten und (3) durch sequenziellen Ablauf der Interaktion als Verstehensdokumentation gedeutete Aktivitäten.

werden, wobei als Beispiel dafür zunächst die lexikalische Ebene fokussiert werden soll.[164]

Schippan ([2]2002: 68) etwa referiert das Netzwerkmodell, in dem Wortbedeutungen als Einheiten des Wissens durch Beziehungen zu anderen Bedeutungen festgelegt und erklärt werden können. Im sprachlichen Handeln werden diese Beziehungen dann wirksam, sie sind aber gleichwohl dynamisch und veränderlich und schließen prozedurales Wissen mit ein, das wiederum auf deklaratives Wissen zurückgreift. Hierzu muss allerdings auch das Wissen darüber gezählt werden, in welchen Ko- und Kontexten eine Worteinheit stehen kann. Dieses wird wiederum begleitet von Sachwissen und Wissen von Bezeichnetem. Entsprechend werden Nuancen des Sachwissens über das Lemma ‚Zitronenpresse' in der dokumentierten Artikelentwicklung der Versionshistorie deutlich. Die wichtige Rolle, die Definitionen als metasprachliche Befundumschreibung in Nachschlagewerken nach dem Muster genus proximum (= nächsthöhere Gattung): differentia specifica (= spezifische Differenz) übernehmen, wird in Wikipedia-Artikeln durch den definitorischen Charakter des ersten Satzes aufgegriffen (vgl. dazu Kallass 2008; 2015: 164f.). Hier wird eine annähernde Umschreibung formuliert, die als verkürzte Regel- oder Sachverhaltsbeschreibung zu lesen ist und aus der Nutzer eine Bedeutung erschließen. Als wesentliches Merkmal wird etwa im angeführten Beispiel (s. Tabelle 3) zunächst angegeben, dass es sich bei der ‚Zitronenpresse' um einen ‚Gegenstand aus Glas' handelt. Erst im Laufe der Artikelbearbeitung, d. h. im Überschreibungsprozess, wird eine Verengung auf den Kontext ‚Küche' deutlich. Aus welchem Material (‚Glas' oder 'Kunststoff') eine Zitronenpresse bestehen kann, scheint dagegen nur noch von geringer Relevanz zu sein.

Tab. 3: Entwicklung eines Wikipedia-Artikels

Artikelversion	**Artikeltext**
19. März 2005 um 13:45 Uhr	Eine **Zitronenpresse** ist ein gläserner Gegenstand um Zitrusfrüchte wie Zitronen, Limonen oder Orangen auszupressen.
18. Juni 2005 um 23:22 Uhr	Eine **Zitrus**- oder **Zitronenpresse** ist ein Küchengerät aus Glas oder Kunststoff um Zitrusfrüchte wie Zitronen, Limonen oder Orangen auszupressen.
5. März 2007 um 22:55 Uhr	Eine **Zitronenpresse** ist ein Küchengerät mit dem man Saft aus Zitrusfrüchten wie Zitronen oder Limonen herauspresst.

164 Das Prinzip der retrospektiven Sensitivität ist m. E. auch zu übertragen auf einen reflexiven Schreibprozess; vgl. etwa Gansel/Jürgens ([2]2009: 147).

Schippan (^{2}2002) stellt zudem fest, dass für die Variabilität einer Wortbedeutung solche Kenntnisse kommunikativ bedeutsam sind, „in denen sich kommunikative Rahmenbedingungen, die Stellung des Wortes im Sprachsystem, funktionale Spezifika, gesellschaftliche Einstellungen zur Sache, Urteile und Vorurteile widerspiegeln und verfestigen“ (Schippan ^{2}2002: 153). Kommunikativ bedeutsam würden damit auch solche Kenntnisse, die sich – sprachlich gestützt – mit dem Bedeutungswissen verbinden, also ein Austauschverhältnis erkennen lassen, ohne im engeren Sinne zur denotativen Bedeutung zu gehören (vgl. ebd.).[165]

Das gegenstandskonstitutive Bedeutungswissen zeigt sich Wiegand (1988: 773) zufolge im usuellen Gebrauch des Ausdrucks, es zeichne sich durch ein mehrheitlich akzeptiertes und daher relativ stabiles gemeinsam (gesichertes) Wissen aus.[166] Das bedeutet: Auch wenn Gegenstände sprachlich unterschiedlich benannt werden, gibt es Bezugsregeln für Ausdrücke, die beherrscht werden; nur plausibel ist es, dass dieses Gegenstandswissen nicht strikt von enzyklopädischem Sach- oder Weltwissen getrennt werden kann. Sprachliche Ausdrücke und damit auch Worteinheiten sind darüber hinaus in jeder kommunikativen Umgebung nicht nur Ausdruck und Aufnahme von Wissen, sondern „Medium der kognitiven Tätigkeit selbst“ (Schippan ^{2}2002: 73). Die Aneignung und Abbildung lexikalischer oder sprachlicher Zeichen erfolgt also immer in Zusammenhängen, z. B. in Text-Kommunikaten oder (forschungspraktisch beobachtbar) auch in Form realisierter Textfassungen oder Artikelversionen (vgl. Kapitel 1.2.3). Im Verhandelten drückt sich schließlich die Dynamik des lexikalischen Wissens und die Variabilität lexikalischer Zeichen aus. Form und Bedeutung sind ferner aufgrund ihrer notwendigen Verhandelbarkeit niemals fest, sondern flexibel und dynamisch. Dass eine Worteinheit in unterschiedlichen Kommunikationssituationen in ebenso unterschiedlichen Textzusammenhängen steht, bedeutet auch, dass bestimmte Aspekte der Wortbedeutung betont, andere wiederum unterdrückt werden oder (im Sinne des Sprach- und Bedeutungswandels) wegfallen können, sie also überschrieben werden.

Was sich bereits in Kallass' Untersuchung zu Schreibprozessen in der Wikipedia (Kallass 2015) anhand der von ihr identifizierten Handlungsmuster von

165 Schippan (^{2}2002: 153) nennt als Beispiel das soziokulturelle Hintergrundwissen, z. B. die kulturell geprägte Farbsymbolik, die unser semantisches Wissen „überlagert oder unterlegt“. M. E. steht vor dieser ‚Überlagerung‘ zunächst ein Austausch von kommunikativen Zusammenhängen, die zu einem Bedeutungswissen diasystematischer Prägung führen.

166 Dieses gemeinsame Wissen besteht meist aus Kategorienwissen, mit dem ein stereotypes Wissen assoziiert wird (vgl. Wiegand 1988: 773).

Wikipedia-Autoren, wie z. B. „Aussagen präzisieren" oder „Text konkretisieren", erahnen lässt, erfährt in der Fokussierung auf den Überschreibungsprozess eine Anwendung auf explizite Textinhalte. Es wird deutlich, dass für die Auswahl des sprachlichen Materials in Wortzusammenhängen für die Textkonstitution Kenntnisse des Sprachsystems und -wissens, des enzyklopädischen Wissens und des Handlungswissens und ihre gegenseitigen Bedingungen notwendig sind. Aufgrund der ständigen Überprüfung und Evaluierung ist somit zu erwarten, dass die verschiedenen Kenntnissysteme, die die sprachliche Auswahl bestimmen, in der Gänze ihrer Möglichkeiten zum Ausdruck kommen können. Die Auswahl des jeweiligen Materials erfolgt immer entsprechend der Einschätzung der Situation und des Sachverhalts des Kommunikationsgegenstands. Austausch, Dynamik und unterschiedliche Gewichtung außersprachlicher Wissensbestände werden in Kommunikationshandlungen konkretisiert, realisiert und auch überschrieben. Für den kollaborativen Hypertext wurde dies am o. g. Beispiel (Tabelle 2) verdeutlicht: Der Wikipedia-Artikel ‚Zitronenpresse' zeigt in der begleitenden Diskussionsseite, dass die Themenzuordnung, so wie sie sich aus Stichwort-Ansatz und Artikeltext ergibt, nicht eindeutig ist. Es folgt eine Interaktion parallel zur Artikelentwicklung, in der Gegenstandswissen ausgetauscht wird. Aufgrund der Diskussion kann ein Artikel also modifiziert werden. Das Ergebnis der Interaktion bildet sich dann in Form des Überschreibungsprozesses durch eine konkretisierende Formulierung wieder auf den Artikeltext ab.

Neben der thematischen Gewichtung ist allerdings auch an die Auswahl unterschiedlicher Wissensniveaus zu denken. Wird beispielsweise eine Wissenspopularisierung[167] angenommen, dürfen Austauschprozesse von Experten und Laien nicht außer Acht gelassen werden, da Popularisierungsverläufe stets mehr bedeuten als einen „schlichten Vereinfachungsvorgang" (Kretschmann 2003: 15). Verstärkt ist hier auf Transformations- und Neukonstituierungsvorgänge zu achten.[168] Wort-, Text- und Diskurseinheiten sind also nicht unabhängig

167 Nach Kretschmann (2003: 14) zeigen fünf Parameter eine Wissenspopularisierung an: (1) die Form des Wissenstransfers ist intentional, (2) sie bedient sich breitenwirksamer Medien mit multiplizierendem Effekt, (3) die Zahl der Produzenten ist stets kleiner als die der Rezipienten, (4) die Menge der Rezipienten besitzt eine minimale Größe und (5) es ist von einem Wissensgefälle zwischen Produzenten und Rezipienten auszugehen.

168 Auch Medien sind transformierende Größen der Sprache. Sprachhandeln, insbesondere schriftliches Sprachhandeln verändert die Sprache auch in ihrer Struktur (vgl. Feilke/Linke 2009: 9). Nur sind es nicht mehr bloß Satzzeichen und Buchstaben, die in diese Struktur eingreifen, sondern (hypertextuelle) Schaltflächen.

voneinander zu betrachten, sondern sie existieren kategorienübergreifend. Da Worteinheiten nie isoliert stehen, fließen inhaltsseitig viele und vielfältige Erkenntnisse (und Wissensaspekte) ein, die verschiedenen Ebenen entspringen: der Einzel- oder Mehrwortebene, der Satzebene, der Textebene und auch der Diskursebene.

Eine Ahnung von dem angesprochenen Phänomen vermittelt entsprechend der Blick in eine Enzyklopädie oder ein Wörterbuch. Für Nachschlagesysteme ist grundsätzlich unstrittig, dass sie zum einen Sprachgebrauchsphänomene zeigen (vgl. z. B. Sauer 1988, Schöneck 2001, Storjohann 2007) und zum anderen aufgrund Artikelauswahl und Inhalte Wissenskomplexe zu bestimmten Phänomenen beinhalten und darüber Indikatorwerte angeben können, wie bereits in Kapitel 1.3 gezeigt wurde. Insbesondere Diskurswörterbücher versuchen, auf den Sprachgebrauch in thematisch gestützten Textkorpora angemessen einzugehen, wobei sich jedoch zwangsläufig eine Diskrepanz zwischen einer traditionell knappen mikrostrukturellen Artikelgliederung und diskursiver Themenentfaltung ergeben kann.[169]

Weder sind also gedruckte Nachschlagewerke noch digitale Nachschlagesysteme, wie Wikis, frei von Diskurseinflüssen. Dadurch, dass die Inhalte einem dynamischen Prozess unterliegen, also interaktiv verhandelt werden, können sie sich im Minutentakt verändern. Parallel dazu existieren o. g. ergänzende, tendenziell manifestere Struktureinheiten, wie etwa der Artikel- oder Diskussionsnamensraum (vgl. Kapitel 2.2.5). Nun ist Wikipedia kein Sammelinstrument für Diskurse mit heterogenem Text- und Medienmaterial; dennoch dürfte es durch und über diese Online-Enzyklopädie durchaus gelingen, zentrale Aussagen, Beteiligte und Texte in Referenzierungen in der Artikelform zu erfassen. Diskurse wie auch Sprachgebrauchsphänomene können (wenn auch nur in Teilen) sich in der Wikipedia abbilden und in dieser Abbildung archiviert werden, was eine korpusgestützte Auswertung zeigen kann.[170]

---

169 Z. B. funktioniert das System Wörterbuch mit Mikrostruktur und starker Textverdichtung nicht (mehr) in jedem Fall, wie die Beispiele von Kämper (2006, 2012) zeigen. Insbesondere diese beiden Punkte müssen bei Diskurswörterbüchern in der Regel konsequent durchbrochen werden, um der Art und Weise des dargestellten Inhalts gerecht zu werden.

170 Abhängig vom Diskursbegriff ist, ob die Wikipedia in ihrer Konzeption als Online-Enzyklopädie den Ansprüchen von Aufdeckung topikalischer, begrifflicher und semantischer Ordnungen eines – wie auch immer gearteten – ‚Diskurses' (dessen Kohärenz durch diese Ordnungen erzeugt wird) auf der Wortebene sowohl in semasiologischer als auch in onomasiologischer Hinsicht gerecht werden kann oder

Nachschlagesystembedingte Sedimente und Indikatormarker könnten daher in der kommunikativen Situierung (vgl. Konerding 2007: 124) zeigen, welche Themen in Diskursen wieder aufgenommen, in Bezug gesetzt, kommentiert und (kontrovers) respondiert werden. Dies geschieht in den einem Themenbereich zugehörigen Texten und Artikeln intertextuell sowie im architektonischen Zusammenwirken der Teiltexte und Artikel (vgl. auch Fandrych/Thurmair 2011: 91–93). Ebenso wie sich in einem Diskurs ein Hauptthema durch gleiche oder sehr ähnliche Makropositionen herauskristallisiert, könnten thematische Nebenstränge als sog. „Ausdifferenzierungen“ (vgl. Fraas 1996b: 10, anders Konerding 2007: 125ff.) in einem kollaborativen Hypertext erkennbar werden. Dies gilt auch für topikalische Bezüge sowie die Nennung diverser Diskursbeteiligter und diskurssignifikanter Texte, die in einem Wiki über Verknüpfungsstrukturen, Fußnoten und Kategorien sichtbar gemacht werden können.

Für den (text-)linguistischen Umgang mit hypertextuell bedingten Austausch- und Überschreibungsprozessen ist also grundlegend zu beachten:

- dass die Kommunikationssituation eines kollaborativen Hypertextes, wie z. B. Wikipedia, aufgrund der Rezipientenaktivität von einer ständigen Dynamik geprägt ist,
- dass für Sprachhandlungen eine retrospektive Sensitivität anzunehmen ist, die zu Artikelüberschreibungen führt,
- dass das schnelle Ineinandergreifen verschiedener kommunikativer Austauschprozesse Veränderungen auf allen linguistischen Ebenen zeigen kann.

Da der Textzusammenhang ständig variiert, sind Varianten in Aspekten der Themen- und Wortvernetzung unter Berücksichtigung einer verhandelten Retrospektion nicht nur zu erwarten, sondern auch sinnvoll. Zumal der Vernetzungsanspruch die Funktion erfüllt, ständig auf neue Bereiche Bezug nehmen zu müssen. Schwerpunktmäßig fällt dabei die Linksetzung ins Gewicht, auf die im nächsten Teilkapitel näher eingegangen wird.

2.5.2 Oberfläche und Textvernetzung

Die sprachliche Oberfläche bietet viele Gestaltungsoptionen, die zu einer neuen Aufmerksamkeit hinsichtlich der Medialität von Sprache (vgl. Feilke/Linke 2009: 9) sowie möglicher Indizes (vgl. Peirce 1983 [1904]: 65) und Symptome (vgl. Bühler 1982 [1934]: 28) führen. Das sprachliche Zeichen ist Symbol und

nicht; prinzipiell dürften jedoch diskursbestimmende Elemente und deren Konzeptionalisierung ersichtlich sein.

Index zugleich, das vorausgehend oder nachfolgend auf seinen Kontext verweist, d. h. „alle Elemente einer Kommunikationssituation, die systematisch die Produktion und das Verständnis einer Äußerung bestimmen" (Bußmann [4]2008: 368). So komme es dazu, dass an die und mithilfe der Oberfläche Verwendungskontexte angebunden werden können (vgl. ebd.). Oberfläche und Performanz beschreiben Feilke/Linke (2009: 4f.) als enge Verwandte, die eine transdisziplinäre theoretische Diskussion erfordern, ebenso wie die Beobachtung der koordinierten und koordinierenden Interaktivität performativer Akte (vgl. Austin 1962: 31). Wird Schrift ergänzend als Palimpsest der sprachlichen Oberfläche betrachtet, stellt sich die Frage, inwiefern die Gestaltungsoptionen dort kontextgebunden sein können und welche Folgerungen sich insbesondere für den Hypertext daraus ergeben.

Hilfreich scheint es zu sein, an einen dynamischen Kontextbegriff anzuknüpfen, der für die Bestimmung der Struktur kommunikativer Interaktionen im Allgemeinen wirksam werden kann. Gumperz (1992) etwa bewies in seinen Arbeiten, dass Sprache Einfluss auf den Kontext hat und diesen damit aktiv hervorbringt. Als Kontextualisierung begreift er den Gebrauch verbaler und nonverbaler Zeichen durch Sprecher und Hörer als etwas, „mit de[m] sie das, was zu einer bestimmten Zeit an einem bestimmten Ort gesagt wird, auf Wissen beziehen, das früher angesammelt wurde" (Knoblauch 1991: 453 mit Verweis auf Gumperz 1992: 230). Auch hier spielt also wieder das Verständnis eines interaktiven, gesellschaftlich bedingten Austauschverhaltens eine Rolle, die zur Modellierung von Hintergrundwissen und aktueller Kommunikation führt. Diese kann wiederum konkret auf Oberflächenphänomene zurückgeführt werden, sodass es mit Textoberflächen und -inhalten zu einer Kodierung von Wissensbezügen kommt.

Über sprachliche Zeichen erfolgt die Informationsgabe in einem Text, die zu dessen Darstellungsdynamik führt, welche wiederum analog zu einer Verstehensdynamik verläuft (vgl. Hermanns 2009: 507). Die sprachlichen Formen, zu verstehen als Oberflächenphänomene, erzeugen Erwartungen (vgl. ebd.: 496): So ist z. B. die Angabe eines Themas nicht nur die erste Information, die ein Text vermittelt. Mit der Themennennung werden auch Erwartungen geweckt, die den nachfolgenden Text als ganzen, d. h. sowohl den Inhalt als auch die Textsorte (vgl. ebd.: 508) betreffen. Nichts anderes ist bei Artikelüberschriften von Wikipedia-Artikeln der Fall. In dem Erkennen der Information werden diese Erwartungen ausgebildet (in Form von Fragen, Hypothesen, Prognosen) und damit ein Vorgang ausgelöst, der sich verselbstständigt und die Herangehensweise an den Text und die Textwahrnehmung selbst steuert. Wenn es in der Folge darum geht, die „Leerstellen eines informationellen Raumes“ (Wulff 1993: 341) auszufüllen, heißt das, dass die neugewonnene Information ständig mit den bestehenden und die an sie geknüpften Erwartungen abgeglichen und kontextualisiert wird, woraufhin neue Erwartungen entstehen: Eine so verstandene Verstehensdynamik verhält sich rekurrierend. Ferner hebt die den Verstehensprozess betonende Betrachtungsweise der Texte wiederum deren Handlungscharakter hervor: Herrmanns (2009: 506) geht davon aus, dass das Textverstehen erst mit dem Ende der Lektüre abgeschlossen ist und es erst nach der Verstehensdynamik eine Statik erreicht. Im Fall des dynamischen Textinventars, das bei Wikipedia über Artikelversionen archiviert wird, setzt diese Verstehensdynamik immer wieder neu ein; die vorgefundene Textrealität variiert ständig, wie im letzten Kapitel ausgeführt wurde.

Die Dynamik von Verstehen und Kontextualisierung wird vom Hypertext durch Verknüpfungsaspekte unterstützt, sowohl aus Leser- als auch aus Autorenperspektive. Ausgangsbasis dafür ist die für den Hypertext charakteristische Link-Knoten-Struktur. Dabei ist, auch wenn die Knoten nur als relativ eigenständige Teiltexte einer größeren Einheit von ‚Hypertext‘ gelten, das intertextuelle Potenzial unbegrenzt. Diese in der Literatur häufig erwähnte Überlegenheit des Hypertextes (z. B. Gray/Barber/Shasha 1991) wird möglich durch die explizite Sichtbarmachung der Bezüge zu anderen Textteilen bzw. Knoten, wobei Links als explizite Erschließungs- und Vertextungsmittel – häufig auch als Mittel der Kohäsion bezeichnet – auftreten. Es ist allerdings darauf hinzuweisen, dass der Aspekt der Verknüpfung weitaus vielschichtiger zu verstehen ist, als dass lediglich Links an die Stelle übergreifender grammatischer Kohärenz treten[171]. Darüber hinaus sollte beachtet werden, dass der Hypertextproduzent mit der expliziten Linksetzung nicht nur die Navigation ermöglicht, sondern andere oder alternative Navigationsmöglichkeiten ausschließt (vgl. Huber 2003: 2) und damit mögliche Kontexte nicht explizit macht.

Die durch Unterstreichungen gekennzeichneten Linksetzungen in Tabelle 3 (s. o.) etwa veranschaulichen, welche Linkstrukturen wann in den Artikeltext übernommen und damit explizit gemacht worden sind. Die gedanklichen Brücken zu einem anderen Hypertext(-teil) sind also zunächst als ein Angebot des Produzenten an den Rezipienten zu verstehen, den Lesepfad an dortiger Stelle fortzuführen. Dieses durch Linksetzung ermöglichte ‚intertextuelle In-Beziehung-Setzen‘ ist direkt und explizit und – auch wenn es Vorbilder in anderen Textsystemen wie z. B. in klassischen, gedruckten Nachschlagewerken

171 Gemeint ist Kohärenz im engeren Sinne bzw. Kohäsion, vgl. Kapitel 1.2.2.

gibt – in der Funktion datentechnischer Umsetzung hypertext-spezifisch; u. a. wird damit das Textualitätskriterium der Informativität betont.

Informativität wird bei einem Hypertext dadurch erhöht (vgl. Huber 2003: 69), dass einer vorhandenen Menge von Knoten aufgrund der technischen Umgebung schnell und häufig neue Inhalte hinzugefügt werden können. Von besonderem Interesse sind dabei die Ausgangsknotenpunkte, die als typisierte Links definiert sind. Hier gilt es zu fragen, wie sie den bereits vorhandenen Hypertext mit zusätzlicher Information anreichern und um welche Art von Information es sich dabei handelt.[172] Gegenstand der Beobachtung ist also die Oberflächenstruktur eines Hypertextes und seiner Phänomene, d. h. das Erscheinungsbild, das sich dem Leser eines Hypertextes tatsächlich bietet. Besonders augenfällig wird dies in den angebotenen Verknüpfungen und dem sich aus diesen ergebenden Kontextualisierungs- oder Dekontextualisierungspotenzial. Die in diesem Zusammenhang ursprünglich nach Kuhlen (1991: 114) angestrebte Unterscheidung zwischen referenziell/assoziativen (= Links, die keiner logischen Struktur folgen) und organisatorischen/typisierten Links (= Links, die ein Hierarchie- oder Äquivalenzverhältnis ausdrücken) erweist sich in der praktischen Umsetzung als untauglich. Dennoch soll an dieser Stelle aufgrund des besseren Verständnisses bezüglich der inhaltlichen Unterscheidungsmöglichkeiten von Hyperlinks kurz darauf eingegangen werden.

Da Kuhlen (1991: 114) zufolge der Grund für das Setzen eines Verweises bei referenziellen Verknüpfungen nicht explizit genannt wird und diese Relationen deshalb keinem Hierarchie- oder Äquivalenzverhältnis zugeordnet werden können (vgl. ebd.: 104), sollen die typisierten oder organisatorischen Verknüpfungen diese Ordnungsaufgabe erfüllen. Bei genauerer Betrachtung können jedoch typisierte Verknüpfungen (bei denen nach Kuhlen zudem zwischen semantischen und pragmatischen Verknüpfungen unterschieden werden sollte) genauso uneindeutig sein. Das bedeutet: Weder wird die Motivation beziehungsweise der zugrunde liegende Ordnungsgedanke bei den als typisiert klassifizierten Links in jedem Fall explizit gemacht, noch werden referenzielle oder assoziative Links stets willkürlich gesetzt. Bei letzteren ist der Anlass zur Verknüpfung vielmehr, wie Kuhlen an entsprechender Stelle betont, „in der Regel ein in der Einheit aus irgendwelchen Gründen attraktiv erscheinendes Element, z. B. ein Teil einer Graphik, eine Bezeichnung, eine Aussage, ein Literaturhinweis“ (Kuhlen 1991: 114).

172 So ist der Mehrwert durch verlinkte Informationen relativ zu sehen; der Effekt des ‚lost in hyperspace‘ weist auf ein mögliches Desorientierungsproblem hin (vgl. Kuhlen 1991: 126f.).

Diese Links können deshalb streng genommen sehr wohl eine ‚semantische oder argumentative Funktion' erfüllen (vgl. ebd.: 105) und tragen damit – als Referenz – in gleicher Weise zu einem Kohärenzbezug bei wie semantisch explizit gemachte Beziehungen. Die von Kuhlen aus rein formalen Gründen gewählte Unterscheidung hält damit praktischen Überlegungen nicht stand. Typisierte Verknüpfungen können jedoch in Anlehnung an Kuhlen durchaus als Links verstanden werden, die auf eine bestimmte Art und Weise markiert sind und etwas über Funktion, Inhalt, Struktur o. Ä. des Ziel-Knotens in Relation zum Ausgangsknoten aussagen: Die Linkauszeichnung ‚Zitrone' im Wikipedia-Artikel ‚Zitronenpresse' führt z. B. zu einem thematisch verwandten Artikel im selben Hypertextsystem. Es findet also eine Oberflächenauszeichnung mit explizitem Kontext- bzw. Informationshinweis in Form einer Anreicherung statt. Die Unterscheidung von (rein) referenziellen und (rein) typisierten Verknüpfungen wird damit aufgelöst.

Doch auch diese Betrachtungsweise kommt nicht ohne unerwünschte Begleiterscheinungen aus: Mit den so verstandenen typisierten Links wird es zwar möglich, schnell und viele bzw. ganz spezifische Informationen zu einem Thema abzurufen. Allerdings muss sich wieder den Problemen der Linkerkennung und der Navigation gestellt werden, denen Kuhlen in seinem detaillierten Kapitel zu ‚informationellen Funktionen' versucht hat entgegenzuwirken (vgl. Kuhlen 1991: 98–123). Bucher (1999) schlüsselt die möglichen Problemtypen in Identifikation, Referenz, Fortsetzung und Typisierung auf:

Tab. 4: Verknüpfungsrealisationen nach Bucher (1999: 23)

	Linkdarstellung	**Absprungstelle**	**Zielpunkt**	**Verknüpfungsrealisation**
	L verknüpft	**A** mit	**B** im Hinblick auf	**C**
Verknüpfungsaspekt	Ausdruck Phrase Button Icon Abbildung Sitemap-Knoten Thumbnail etc.	Site Page Text Textabschnitt Abbildung Abbildungsteil Sitemap-Knoten Glossareintrag Suchergebnis Hyperlinkliste etc.	Site/Homepage Page Text Textabschnitt Abbildung Abbildungsteil Hyperlinkliste Sitemap Mailadresse etc.	Thema Inhalt Funktion Sequenzmuster Perspektive Kommunikationsstrategie Visualisierung etc.

	Linkdarstellung	Absprungstelle	Zielpunkt	Verknüpfungsrealisation
	L verknüpft	**A** mit	**B** im Hinblick auf	**C**
Frage	Welche Elemente der Site zählen als Link?	Welcher Aspekt des Ausgangsdokuments wird verknüpft?	Welcher Aspekt des Zieldokuments wird verknüpft?	Welche Art von Verknüpfung liegt vor?
Typ	**Identifikation**	**Referenz**	**Fortsetzung**	**Typisierung**

Zu den Fragen, wohin ein Link führt, welche Aspekte des Link-Ursprungs mit welchen Aspekten des Link-Ziels verknüpft sind (vgl. Bucher 1999; Storrer 2001) treten solche, die im Rahmen einer rein oberflächenstrukturellen Betrachtung kaum beantwortet werden können, für diese jedoch äußerst wichtig sind: Was hat den Autor bewogen, den Link anzubieten? Und: Welche Links sind für den eigenen Bedarf relevant (s. a. Storrer 2001)? Generell muss damit bei solchen Verweisen auch gefragt werden: Für wen gelten sie und warum? Welchen Nutzen hat es, an einer bestimmten Stelle einen Verweis zu setzen? Wird der Nutzer verstehen, wo und mit welcher Relevanz man den Link gesetzt hat? Und: *Was* wird überhaupt vernetzt? Hintergrund dieser Fragestellungen ist immer: Was wird gesucht? Aber auch: Was kann gefunden werden?

Hierzu noch einmal ein kurzer Ausgriff auf die im o. g. Beispielartikel ‚Zitronenpresse' angebotenen Linksetzungen (vgl. Tabelle 3). Bei näherer Betrachtung wird deutlich, dass über diese versucht wird, ein Begriffsfeld für Zitrusfrüchte zu erschließen. Die Ausweisung der Oberflächenstruktur zeigt damit Aspekte einer Verstehensdynamik zu einem übergeordneten Thema an, welches durch das Artikellemma vorgegeben wird. Wiederholt wird die Oberfläche verändert, damit diese potenzielle Erwartungen erfüllen kann. Dies führt allerdings auch dazu, dass sich das Textverstehen ändert. So steuert die Auszeichnung der Oberfläche auch die Wahrnehmung eines Textes, wie verschiedene Studien (Rössler/Beck 2001; Wyss 2003) bereits gezeigt haben. Neben einer partiellen Rezeption (vgl. Storrer 2000) wird zudem eine gewisse paradigmatische Öffnung erlaubt. Der Umstand, dass direkte Navigationsmöglichkeiten, d. h. über typisierte Links, nur zu bestimmten Zielknoten (etwa ‚Zitrone' oder ‚Limone') ermöglicht werden, bedeutet gleichzeitig jedoch auch, dass weitere, nicht ausgezeichnete Nennungen (wie z. B. ‚Orange') nur noch peripher, d. h. als dem Themenkomplex nicht zugehörig, wahrgenommen werden.

In der Untersuchung von Huber zu einem textlinguistischen Analysemodell für Hypertexte (= TAH; Huber 2003) wird ferner danach gefragt, welche Verknüpfungsmöglichkeiten rhetorischer, semantischer oder logischer Natur prinzipiell existieren und wie diese zu klassifizieren sind. Das Analysemodell erlaubt es, im ‚top-down'-Verfahren eine pragmatisch-funktionale Sichtweise von Kontext, Funktion und Struktur von Hypertexten, Knoten und Hyperlinks zu untersuchen. Ein Ergebnis der Studie ist, exakt zwischen wissensrepräsentativer Tiefenstruktur (vgl. auch Wrobel 2000) und semantischen bzw. rhetorischen Verknüpfungen auf der Oberfläche also an dem Ort, den der Benutzer sehen kann unterscheiden zu können.

Hubers Analysemodell zeigt dass eine Unterscheidung zwischen referenziellen und organisatorischen Links, wie oben angemerkt, nicht zwingend notwendig ist. Für die Zusammenhänge etwa, die über Links in vielen Hypertexten hergestellt werden, nennt Huber zwei Hauptgruppen, von denen eine funktional-thematisch und die andere navigationsspezifisch ist. Diese Gruppen sind auch in Wikis stark vertreten. So wird die funktional-thematische Entfaltung eines Themas über Wikilinks in Wikipedia-Artikeln durch Tooltip, einem Mouse-Over-Text, der exakt das Linkziel angibt, signalisiert; dabei wird ein paratextueller bzw. metasprachlicher Aspekt des Links herausgehoben. Durch dieses semiotische Hilfsmittel wird nicht nur der Hyperlink kenntlich gemacht, sondern es kann auch eine Relation zu einem Beschreibungsaspekt, in diesem Fall die Zieladresse, assoziiert werden.

Auf die Analysekategorien des Huberschen TAH, das eine Unterteilung in kommunikativ-funktionale, thematisch-strukturelle, grammatisch-strukturelle, paratextuelle und browser-spezifische Aspekte typisierter Links vorschlägt sowie gedanklich eine Kategorie des medialen Aspekts berücksichtigt, soll in diesem Zusammenhang nicht näher eingegangen werden. Mit dem Analysemodell insgesamt könne außerdem, so gibt Huber (2003: 230) einschränkend zu bedenken, zunächst keine Aussage über die Kommunikationsqualität gemacht werden. Allerdings, und dem folgt auch die in dieser Studie vertretene Einschätzung, wirke sich im hypertextuellen Verhältnis die „An- bzw. Abwesenheit globaler und lokaler Kohärenz direkt auf die Qualität der Kommunikation aus" (ebd.). Offen bleibt an dieser Stelle, ob diese Qualität in der Tat messbar ist und im Anbetracht eines sich potenziell ständig in der Entwicklung befindenden Wiki-Artikels analysiert werden kann.

Tab. 5: TAH – Ebene Link (Huber 2003: 104)

Ebene	Beschreibungsaspekt	Analysekategorie (+ evtl. Unterkategorien)	
	Aspekte des Bezugsbereichs	– Aspekte des Ausgangs-Knotens, die mit Hilfe des Links selektiert werden – Aspekte des Ziel-Knotens, die mit Hilfe des Links verknüpft werden – Deixis	
	Kommunikativ-funktionale Aspekte	Link-Funktion	– Relation, die der Link zwischen Funktion der Ausgangsressource und der Funktion der Zielressource etabliert – Illokutionäre Beziehung, die über die Knotengrenze hinweg etabliert wird
	Thematisch-strukturelle Aspekte	Themenentfaltung	– Thematische Einbettung des Link-Textes in die Ausgangsressource – Entfaltung des Themas, die mittels des Links über die Ressourcengrenze hinausgeht – Propositionale Beziehung, die über die Knotengrenze hinweg etabliert wird
Link	Grammatisch-strukturelle Aspekte	Kohäsion	– Kohäsive Einbettung des Link-Textes (bzw. Link-Ankers) in die Ausgangs-Ressource – Grammatische Strukturen, die durch den Link über die Ressourcengrenze hinaus wirken – Mögliche kohäsive Lücken beim Übergang zwischen den Ressourcen (füllbar durch intendierte und elaborative Inferenzen?)
	Paratextuelle und metasprachliche Aspekte	Signalisierung der Existenz des Links, Link-Funktion bzw. Link-Rhetorik	– Semiotische Hilfsmittel jeder Art, mit denen der Link in irgendeiner Art kenntlich gemacht oder näher spezifiziert wird – Relation zu Beschreibungsaspekten, auf die sich die Spezifizierung bezieht
	Browserspezifische Aspekte	Traversal-Verhalten	– Verhaltensweise der Browser-Software – Bezugnahme auf kommunikativ-funktionale Aspekte – Bezugnahme auf paratextuelle und metasprachliche Aspekte

Zusammenfassend ist festzuhalten: Bereits bei gedruckten Nachschlagewerken werden durch Neuauflagen Informationen revidiert und hinzugefügt, um die Aktualität zu erhalten. Das kann sich auch auf die Verweisstruktur eines sich in erneuter Auflage befindlichen Nachschlagewerks auswirken. Bei Wikipedia ergeben sich Kontextualisierungen sowie mögliche Bezugsaspekte jedoch um einiges unmittelbarer über die kontinuierliche Veränderung der Oberflächenstruktur, etwa über Hyperlinks. Dies geschieht bisweilen spontan und ohne eingehende Recherche. Da sich jedoch nicht nur die Artikelinhalte ständig weiterentwickeln, sondern auch die Artikel- und Hypertextstrukturen Umwälzungsprozessen unterworfen sein können, dürften sich Verknüpfungsanweisungen wie ‚Verlinke sinnvoll' (vgl. [Wikipedia:Verlinken#Sinnvoll_verlinken]) im Hinblick auf die Erfüllung kommunikativ-funktionaler Aspekte (= Etabliert ein Link eine illokutionäre Beziehung für relevante Einheiten?) und thematisch-struktureller (= Findet eine sachgerechte Themenentfaltung über Erläuterungen oder weiterführende Informationen statt?) differenziert untersuchen lassen.

Im Rahmen der Ausgestaltung von Oberfläche und Textvernetzung sind somit folgende Punkte zu berücksichtigen:

- Die Kodierung eines Wissensbezugs findet nicht nur über Textinhalte, sondern auch über Textoberflächen statt. Hyperlinks treten hierbei als explizite Erschließungs- und Vertextungsmittel auf.
- Oberflächenauszeichnungen wie Hyperlinks besitzen ein Kontextualisierungs- sowie Dekontextualisierungspotenzial. Problematische Aspekte der Typen Identifikation, Referenz, Fortsetzung und Typisierung können ausgemacht werden.
- Veränderungen der Oberflächenauszeichnung lassen sich auf eine Verstehensdynamik zurückführen. Sie sind von lokalen oder globalen Veränderungen der Textbasis zu unterscheiden, können aber auf diese Einfluss nehmen oder von dieser beeinflusst sein.

Linguistisch bedeutsam ist darüber hinaus die grundsätzliche Annahme einer paradigmatischen Vernetzung, die die Komplementaritäten (Themaerweiterungen oder Themaverengung) oder Inkomplementaritäten (d. h. Fälle, in denen das Ergänzungsprinzip nicht zur Anwendung kommt) aufzeigen kann. Dabei können wiederum folgende Probleme auftreten, die an die Darstellung Buchers (1999; vgl. Tabelle 4) anknüpfen: Existiert überhaupt eine Zieladresse, gibt es redundante Angaben, existiert die Vernetzung ggfs. auch in der Gegenrichtung, also bidirektional? Die Aufgabe einer Untersuchung muss es demnach sein, Inhalte auszulesen und den Vernetzungsgehalt, Vernetzungsinformationen, Zieladressen, Quellen etc. auch unter Berücksichtigung der oben erwähnten

Analysemodelle zu überprüfen. Des Weiteren müssen über die Darstellungen bei Bucher (1999) und Huber (2003) hinausgehend Instrumente erarbeitet werden, die mögliche explizite Kontextualisierungsansprüche, die über die Oberfläche realisierbar scheinen, im Rahmen ihres *dynamischen Verhaltens* erfassen können.

2.5.3 Medienkonvergenz und Multimedialität

Eine weitere Herausforderung für eine linguistische Erfassung hypertextbestimmter Text- und Wissensverfahren ergibt sich aus ihren Medialitätsaspekten, auf die an dieser Stelle kurz einzugehen sein wird. So zeigen sich Auswirkungen der Medienkonvergenz in digitalen Wissenssammlungen sowie in kollaborativ erstellten Hypertexten. Anders als noch in den ersten CD-ROM-Ausgaben großer Wörterbuch- und Lexikonverlage Ende der 1990er-Jahre[173] formieren sich mittlerweile unterschiedliche Medienbereiche zu recht komplexen multikodierten Informationsangeboten. In Bezug auf die genutzten Inhalte ist jedoch nicht nur eine Konvergenz zu beobachten; insgesamt wachsen das mediale Angebot und die damit zusammenhängenden gemeinschaftlich oder im Austausch stattfindenden Nutzungshandlungen.[174]

Medienkonvergenz beschreibt die umfassende Annäherung vormals getrennter Medienbereiche oder -träger (vgl. Schuegraf 2008: 26, Kolo 2010: 286ff.). Auf einer Ebene der Mediennutzung durch „Entkopplung von technischen Geräten und kommunikativen Anwendungen" (Hasebrink 2004: 67) findet eine Konvergenz mit Bezug auf konkrete medienkonvergente Gebrauchsweisen und (disziplinenübergreifende) Interaktionen statt. Medienkonvergenz tritt

173 Haß-Zumkehrs Einschätzung zu den ersten Multi- bzw. Hypermediaformaten großer Enzyklopädien wie der Encyclopedia Britannica, dem multimedialen Brockhaus oder der Microsoft Encarta ist durchaus kritisch; u. a. bemängelt sie die fehlende Integration audio-/visueller Elemente in die sprachlichen Teiltexte (vgl. Haß-Zumkehr 2001: 375f.).

174 In der folgenden Untersuchung, die sich Überschreibungsprozessen in einem kollaborativen Hypertext widmen wird (vgl. Kapitel 5), können multimediale Aspekte nur in Auszügen betrachtet werden, da die Kapazitäten des angewandten Untersuchungsdesigns nicht ausreichen, um z. B. Video- oder Audioformate umfassend zu berücksichtigen. Dennoch handelt es sich bei diesem Aspekt um ein aufgrund seiner Komplexität nicht zu unterschätzendes Merkmal des Hypertextes. M. E. ist es notwendig und möglich, in einem anderen Rahmen sowie mit einem erweiterten Instrumentarium Überschreibungsprozesse mit multimedialer Ausrichtung zu untersuchen.

dabei in mehreren Ausprägungen auf (ebd.): Möglich sind eine technologische Konvergenz aufgrund des Zusammenwachsens verschiedener Einzelmedien, oder die Verschmelzung verschiedener Übertragungswege zu einem multimediafähigen Endgerät sowie eine wirtschaftliche Konvergenz, die durch die Fusion oder strategische Ausrichtung von Medienunternehmen und Konzernen geschieht. In einer weiteren Form der inhaltlich-funktionalen Konvergenz, bei der sowohl eine Überschneidung von statischen und dynamischen Inhalten als auch von Massen- und Individualkommunikation stattfindet, kommt es zur Schaffung eines hybriden Angebots. In den Mittelpunkt der Betrachtung rücken damit Medienprodukte bzw. mediale Produktverbindungen, für die eine Konvergenz auf verschiedenen medialen Plattformen angenommen werden kann.[175] Sandbothe (2009) unterstreicht die Wichtigkeit der Auseinandersetzung mit der Medienkonvergenz, da diese sowohl die treibende Kraft als auch ein Ausdruck des sich vollziehenden Wandels und des Verhaltens zu Medien sei; Kenntnisse darüber seien wichtig, „um in den Medienwelten von übermorgen zu bestehen".[176]

Ein besonderes Augenmerk gilt deshalb der inhaltlich motivierten multimodalen Konvergenz, die im ‚Integrationsmedium Internet' (vgl. Krotz 1998: 116–118) besonders zur Wirkung kommt, da hier Kommunikationsformen unterschiedlicher Ausprägungen (massenmedial, interpersonal und die, die durch ‚intelligente' Software ermöglicht wird (ebd.)) bestehen und miteinander verbunden werden. Wie bereits bei Nelson zu sehen (vgl. Kapitel 2.1.1), wurden mit Beginn der Hypertextidee multimediale Ausprägungen selbstverständlich mitgedacht; Nelsons Begriff von Hypertext beinhaltete zudem schon unsere gegenwärtige Auffassung von Hypermedia. In Bezug auf die Umsetzung über das Internet haben sich die Informationsangebote allerdings erst allmählich von Textsammlungen zu komplexen Angeboten aus Text, Bild, Video, statischen und dynamischen Grafiken gewandelt (vgl. Bucher 2006: 215f.). Die Entwicklungstendenzen bewegten sich darüber hinaus aber stetig weiter in Richtung Multimodalisierung und Delinearisierung.[177] Derzeit dient das Internet als allumfassender

175 Rajewsky (2002: 15–17) beschreibt drei ‚Phänomenbereiche des Intermedialen': Medienkombination, Medienwechsel und intermediale Bezüge; diese Bereiche sind von Medienkonvergenz beeinflusst.

176 www.sandbothe.net/844.html; Abruf: 30.04.2014.

177 Multimodalität bezeichnet kommunikative Handlungen, die mehrere verschiedene Zeichensysteme beinhalten (vgl. Stöckl 2011: 45). Um ein syntaktisches, semantisches und funktionales Ganzes zu erhalten, müssen die verschiedenen Systeme integriert bzw. zusammengeführt werden. Es findet also eine wechselseitige Verknüpfung auf verschiedenen Ebenen in einem Gesamttext statt. Baldry/Thibault (2006) gehen

Kommunikationsraum, der als Multi- oder Supermedium eine Vielzahl an Kommunikationsformen[178] vereinen kann (vgl. Krotz 1998: 116–118). Ferner unterliegt die Medienentwicklung im Bereich der Online-Kommunikation einer erheblichen Dynamik (vgl. Schweiger/Beck 2010, Sandbothe 1997), die zu einer ständigen Erweiterung und Ausdifferenzierung führt, während gleichzeitig eine Verschmelzung, d. h. eine Integration von Medienfunktionen zu beobachten ist.[179]

Eine weitere Herausforderung für die Hypertextlinguistik ist gleichwohl, dass auf einer medialen Plattform wie dem Internet bzw. in hypermedialen Kommunikationsräumen im Allgemeinen Zuordnungen oder Verschränkungen verschiedener Zeichenbereiche stattfinden. Wechselseitige Transkriptionen (vgl. Jäger 2004c: 74) machen in Bezug auf eine Zeichenart etwas deutlich oder

---

davon aus, dass Bedeutung in diesen multimodalen Texten kompositional (vgl. Fei 2004: 239) und nicht additiv entsteht. Sie vertreten des Weiteren die Meinung, dass der Prozess der Bedeutungszuweisung von einem ‚Ressourcen-Integrationsprinzip' ("resource integration principle") gesteuert wird: "[M]ultimodal texts integrate selections from different semiotic resources to their principles of organisation" (Baldry/Thibault 2006: 19). Diese Vorstellung entspricht der eines komplexen Kommunikats, dessen Gesamtsinn mehr ist als die Summe der Bedeutung der einzelnen Zeichensysteme (vgl. Diekmannshenke/Klemm/Stöckl (2011) und Adamzik (2004: 66) in Bezug auf ‚Film').

178 Kommunikationsform soll im Anschluss an Holly (1997: 69) verstanden werden als virtuelle Konstellation des Speicher- und Übertragungspotenziales semiotischer und struktureller Faktoren der Kommunikation. Kriterien hierfür sind: verwendete Zeichentypen, Kommunikationsrichtung, Speicher-, Übertragungs- und Verbreitungskapazität (z. B. des technischen Mediums), Zeitlichkeit und Anzahl der Kommunikationspartner. An dieser Stelle geht es insbesondere um Funktionalitäten der kommunikationswissenschaftlichen Modi (zu diesen gehören auch Dienste wie Twitter), die charakteristisch für die Online-Kommunikation sind.

179 Dieser Wandel sollte nicht als Zeichen dafür gedeutet werden, dass etwa Bilder – wie häufig pessimistisch prognostiziert – dem verschriftlichten Wort den Rang ablaufen (ähnlich Winkler 1997a: 356). Er spricht vielmehr dafür, dass in der Verschmelzung oder Verknüpfung von traditionell eher getrennt betrachteten Kommunikations- und Mediensphären nun vermehrt die Nützlichkeit und Notwendigkeit gesehen wird, bestimmten Kommunikationsangeboten nicht nur zu mehr Aufmerksamkeit, sondern auch zu mehr Qualität zu verhelfen: Beispielsweise werden Bilder oft als „schnelle Schüsse ins Gehirn" (Kroeber-Riel 1993: 53) bezeichnet, da sie einer verkürzten und schnelleren Wahrnehmung unterliegen als Schrift. Überdies ist bekannt, dass der multimediale Computer Kommunikation meistens über mehrere Zeichensysteme operiert (vgl. Adamzik 2004: 42f.). In der Linguistik wächst dazu das Bewusstsein für die multimodalen Kommunikate.

lesbar, was diese selbst nicht zu leisten vermag, wobei auch eine Substitution von Text möglich ist. Durch die intermediale Konvergenz ergibt sich daraus ergänzend ein Ausgangspunkt für multimodal angeregte Interpretationsmuster.

Die Perspektiverweiterung auf einen (multimodalen) Gesamttext (ähnlich auch Doelker 1997; 2007a; 2007b), der sich aus unterschiedlichen Zeichensystemen zusammensetzt und auf diese Weise einen ‚Mehrwert' entstehen lässt, erfordert eine neue Auseinandersetzung mit Kohärenz, Kompositionalität, Verstehen und kommunikativer Kompetenz. Kommunikative Zusammenhänge sind für das multimodale Verstehen nicht mehr nur inter- und intratextuell, sondern intermodal, da hier Elemente aus verschiedenen Kommunikationsformen systemisch zu einem Gesamtsinn oder Gesamtverstehen beitragen. Dadurch kommt es zu einer Kookkurrenz verschiedener semiotischer und intermodaler Ressourcen, die ihre Leistungen unterschiedlich integrieren.

Multimodale Annäherungs- und Ergänzungsprozesse in hypermedialen Kommunikationsräumen können damit zum Einsatzort für die Bildlinguistik werden (vgl. Fraas/Meier/Pentzold 2010). Die Bildlinguistik betrachtet die Bezüge zwischen Sprache und Bild in Gesamttexten und versucht, für die Erforschung des in vorwiegend massenmediale Texte integrierten Bildes etablierte linguistische Modelle und Methoden nutzbar zu machen (vgl. Klemm/Stöckl 2011). Während ‚Text' im multimedialen Computer prinzipiell ein Konglomerat verschiedener Zeichensysteme sein kann (vgl. Adamzik 2004: 42), besteht für die Bildlinguistik ferner die besondere Herausforderung in der Vielschichtigkeit der Sprache-Bild-Beziehungen. Die ‚bildlich'-visuelle Kommunikation ist damit eine Interdisziplin (Stöckl 2004). Bilder sind darüber hinaus sehr variable Zeichenphänomene: Sie können materiell, sprachlich und mental sein. Ein linguistisch-kommunikativer Bildbegriff muss deshalb, wie o. g., Bildsorten und materielle Bilder im Text umfassen.[180]

---

180 Materielle Bilder haben eine darstellende Funktion gegenüber dem Text. Sie veranschaulichen dessen Inhalte oder wiederholen als Abbildung bestimmte Inhalte, die im Text vorkommen (darunter fallen auch sogenannte Infografiken). Sie sind deshalb keineswegs dem Text gegenüber redundant, sondern überprüfen und ergänzen vielmehr das Textverständnis. Sie liefern ferner eine gliedernde, kohärenzstiftende und reduktive Makrostruktur der Textinhalte und besitzen damit eine nicht unerhebliche Ordnungsfunktion (vgl. Doelker 1997: 112). Die Produktion eines solchen Gesamttextes folgt bekannten Regeln, z. B. hinsichtlich der thematischen Entfaltung, die entsprechend der Ergebnisse der Textlinguistik (vgl. Brinker [7]2010: 56–77) geschieht. Die Grundformen der Themenentfaltung (deskriptiv, narrativ, explikativ und argumentativ) werden durch Visualisierungen mitgetragen (vgl. Große 2011: 193).

Allgemein mag wohl unterstellt werden, dass der Gesamttext mit seinen Ausprägungen des Zeichenphänomens ‚Bild' in dieser Weise an bestehende Wissensstrukturen anknüpft und den Verstehensprozess optimiert. Als komplementäre Kodierungsform ergänzen sich also die Zeichenmodalitäten ‚Text' und ‚Bild' (s. a. Stöckl 2011: 48f.), wie o. g., in ihrer strukturellen, semantischen und pragmatischen Unterschiedlichkeit wechselseitig und schaffen neue Bedeutungsinhalte und Interpretationsmuster. Beide Formen erweitern durch ihre spezifischen Eigenschaften die Eigenschaften der jeweils anderen und können – Gumperz (1992) zufolge – als Interpretationskontext für die jeweils andere Form dienen. Ein sprachlicher Kommentar kann etwa ein Bild mehr oder weniger stark beeinflussen; andererseits visualisieren Bilder etwas Sichtbares und erscheinen in dieser Hinsicht meist dominant oder haben zumindest einen hohen Reizwert (vgl. Straßner 2002: 13f.), da sie für den Rezipienten einen Sachverhalt klar und logisch darstellen können, was umgekehrt nur durch einen langen Text o. Ä. gelingen würde. Bei einem sequenziellen Angebot kann zudem die jeweils zuerst erscheinende Form eine Einstellung oder Meinung im Rezipienten auslösen, die sich auf die Verarbeitung des jeweils folgenden Angebots auswirkt.

Für das Verstehen von Text-Bild-Bezügen in elektronischen Medien (Große 2011: 216–224) oder multimodalen Texten ist es notwendig, dass Bilder (und ggf. auch andere Zeichensysteme) als vollwertiger Teil des Gesamttextes verstanden werden.[181] Nach Stöckl (2011: 55f.) können folgende Verbindungsebenen benannt werden:

1. Themenstruktur (Inhalt): Bilder erfüllen ein Teilthema des sprachlichen Textes und bauen darüber einen inhaltlichen Bezug auf.
2. Sprachhandlungsstruktur (Funktion): Auch wenn Bilder nur schwer konkrete und eindeutige Sprachhandlungen umsetzen können, zeigen sie die vom Textproduzenten intendierte Sicht von Welt, eine Art Kommentar (möglich auch in Form einer Warnung o. Ä.).
3. Konnektivität (Form): Sprache und Bild hängen formal und inhaltlich zusammen, es gibt damit eine intermodale Kohäsion und Kohärenz.

Dies erfordert, dass die im jeweiligen Zeichensystem vorhandenen Konzepte aufeinander bezogen werden können, z. B. über semantische Bedeutungsbeziehungen (Synonyme etc.) oder logisch-rhetorische Muster (Ursache-Wirkung, Methode-Ergebnis, etc.). Die Typologie der Sprache-Bild-Beziehungen kann

---

181 Holly spricht auch von einem semiotisch integrierten Gesamtverstehen (Holly 2007: 390).

nach räumlicher Syntax (Positionierung), Informationsgehalt (Elaboration oder Extension) und logisch-rhetorischen Operationen (koordiniert, hierarchisiert oder spielerisch) erfolgen.[182]

Die Integration von Bildern (und weiteren (audio-)visuellen Mitteln) in Hypertexten ergibt sich ferner durch die bereits benannten strukturellen und intertextuellen Aspekte. Es spielen auf pragmatischer Ebene sowohl hypertext-externe Faktoren (Sprache-Bild als Gesamtkomposition, Bezugnahme auf einen medialen Rahmen, Kommunikationsform, Handlungsbereich, Relation von Produzent und Rezipient) als auch hypertextinterne Faktoren (kommunikative Funktion, Gliederungseinheiten sowie grammatische und thematische Strukturen) eine Rolle. Die Berücksichtigung der Bildlinguistik ist deshalb wichtig, jedoch keinesfalls ausreichend für eine abschließende Betrachtung der durch die Medienkonvergenz hervorgerufenen Veränderungen im intermodalen System. Auch müssen dynamische Aspekte in Form der Überschreibungsprozesse und der konzeptionellen Unabgeschlossenheit berücksichtigt werden, was im Rahmen einer erweiterten Kontextualisierungstheorie erörtert werden sollte. Multimodalität dürfte ferner zu einer Kompetenz wachsen, die eine ‚Transkription' (vgl. Stöckl 2011: 47) auf veränderte Kontext- und Situationsbedingungen anwenden kann. Ferner gelte, so gibt Haß-Zumkehr (2001: 375) zu bedenken, für alle nicht-sprachlichen Informationsarten eine größere Kulturspezifik.

Ergänzend dazu lassen verschiedene Studien (Drescher 1997; v. a. Rösch 2015) darauf schließen, dass Wikipedia-Artikel mit einer komplementären Text-Bild-Struktur genauer wahrgenommen werden als solche, bei denen diese Struktur nicht vorhanden ist. Auch wenn von einer Signalwirkung des Bildes auszugehen ist, unterliegen bildliche und verbale Informationen einer unterschiedlichen Gewichtung, die allerdings je nach Bedürfnis oder Benutzungsziel, in diesem Fall eines Wikipedia-Nutzers, schwanken kann.[183] Für den Kommunikationsbereich

---

182 Es muss jedoch bedacht werden, dass auch weitere Zeichensysteme wie Farbe, Design, Ikonizität etc. in multimodalen kommunikativen Zusammenhängen eine Rolle spielen (vgl. Bucher 2011: 123). Eine Theorie der multimodalen Kommunikation oder des multimodalen Verstehens, die alle Kommunikationsformen umfasst, gibt es bislang noch nicht. Es erscheint deshalb ratsam, zunächst für den jeweiligen Einzelfall zu klären, wie die spezifische Leistung einzelner Formen und ihrer modusspezifischen Deutungsmuster (vgl. Holly 2005: 342–344) aussehen kann.

183 Für online verfügbare Wörterbücher konnten kleinere Untersuchungen bereits zeigen, dass die visuelle Zeichenmodalität ergänzend zum sprachlichen Teiltext wirkt, diesen jedoch nicht ersetzt (vgl. Kemmer 2014a: 275). Von Kemmer (2014b) liegt ferner eine umfassende Studie zu Text-Bild-Relationen im Onlinewörterbuch vor.

der elektronischen Medien (im Hinblick auf einen kollaborativ erstellten Hypertext bzw. ein Wiki) wäre es demnach zwar sinnvoll, Bildtypen und Sprache-Bild-Bezüge zu untersuchen und Annahmen darüber zu treffen, welchen Beitrag sie für das kommunikative Handeln in einem multisemiotischen Gesamttext leisten. Zusätzlich muss jedoch auch die Beurteilung der ‚Aussagekraft', wie im angegebenen Beispiel (vgl. Tabelle 6), diskutiert werden, ebenso wie die Auswirkungen auf die Gesamtkomposition des Sprache-Bild-Bezugs, wenn ein materielles Bild durch eine Infografik bzw. Statistik ersetzt wird. Die Annahme von eventuellen Grundfunktionalitäten wie Ornativität, Bezugnahme oder Erklärung muss zudem bei Bezügen zu anderen Zeichensystemen, z. B. zum audiovisuellen Text, mitgedacht werden (s. a. Holly 2004, 2005, 2007). Außerdem sollten unabhängig von den zu untersuchenden Medientypen zusätzlich grundlegend das multimodale Verstehen sowie die mögliche Strategienbildung in die jeweils zu wählende Perspektive einbezogen werden.

Tab. 6: Beispiel der Änderung des Sprache-Bild-Bezugs in einem Wikipedia-Artikel

<table>
<tr><th colspan="2">Wikipedia-Artikel ‚Eurokrise' 9.7.2012 16:10</th></tr>
<tr><td>Mit Staatsschuldenkrise im Euroraum (auch Schuldenkrise oder Euro-Krise genannt) werden <u>Verschuldungskrisen</u> einiger Mitgliedstaaten der <u>Eurozone</u> bezeichnet, die den Zahlungsverpflichtungen aus ihrer <u>Verschuldung</u> ohne Unterstützung Dritter nicht mehr nachkommen können.

Als Beginn dieser Krise wird der Zeitraum von Oktober 2009 bis April 2010 gesehen, in dem <u>Griechenland</u> nach einer neuen Regierungsbildung das tatsächliche Ausmaß seiner bisher verschleierten Haushaltsdefizite und seines Schuldenstandes offenlegte und dann EU sowie IWF um Hilfe bat, um eine <u>Staatsinsolvenz</u> abzuwenden (<u>Griechische Finanzkrise</u>). […].</td><td>

Griechische Euro- und Cent-Münzen</td></tr>
<tr><th colspan="2">Versionsgeschichte:Eurokrise</th></tr>
<tr><td colspan="2">17:53, 9. Jul. 2012 XX.XX.XXX.XXX (Diskussion) (135.917 Bytes) (-65). (Bild entfernt, hat überhaupt keine Aussagekraft, daher entfernt.)</td></tr>
</table>

Wikipedia-Artikel ‚Eurokrise' 9.7.2012 17:53

Mit **Staatsschuldenkrise im Euroraum** (auch **Schuldenkrise** oder **Euro-Krise** genannt) werden Verschuldungskrisen einiger Mitgliedstaaten der Eurozone bezeichnet, die den Zahlungsverpflichtungen aus ihrer Verschuldung ohne Unterstützung Dritter nicht mehr nachkommen können.
Als Beginn dieser Krise wird der Zeitraum von Oktober 2009 bis April 2010 gesehen, in dem Griechenland nach einer neuen Regierungsbildung das tatsächliche Ausmaß seiner bisher verschleierten Haushaltsdefizite und seines Schuldenstandes offenlegte und dann EU sowie IWF um Hilfe bat, um eine Staatsinsolvenz abzuwenden (Griechische Finanzkrise). [...]

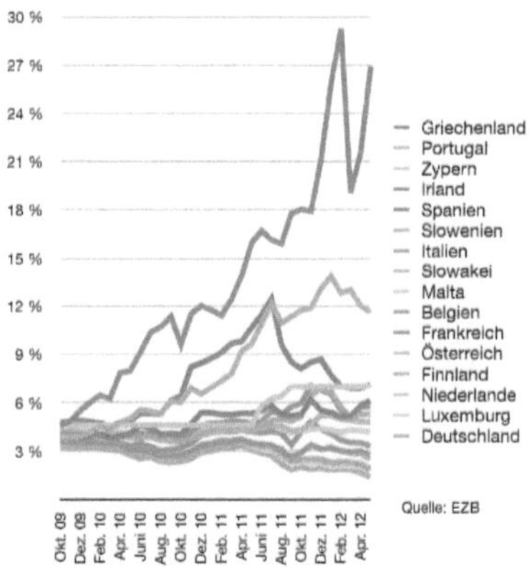

Entwicklung der Renditen für zehnjährige Staatsanleihen einiger europäischer Staaten

Da, wie gezeigt werden konnte, die Bedeutung eines multimodalen Angebots eine Komposition des semantischen Potenzials seiner Teile ist, sollte es in linguistischen Auseinandersetzungen mit kollaborativ erstellten Hypertexten auch darum gehen, die Struktur dieser Komposition zu verstehen. Für die linguistische Betrachtung der Medialitätsaspekte sind also folgende Punkte relevant:

- Die Erfassung des multimedialen Zusammenhangs und die Identifizierung seiner bestimmenden und zusammengehörigen Elemente in Bezug auf Hierarchie und sonstige Organisationsverhältnisse.
- Die Mitbeachtung zusätzlicher Erschließungsebenen (wie Layout, Navigation (Bateman 2008: 19) und Textdesign (Bucher 2007: 58–67)), die in Abgrenzung zum sprachlichen Teiltext ein äußerst komplexes multimodales Verstehen voraussetzen.
- Die Berücksichtigung der und die durch die kollaborative Erstellung begründete zeitliche(n) Vorläufigkeit eines visuell-verbalen Gesamttextes.

2.6 Fazit: Linguistische Perspektiven im hypertextuellen Interaktionsraum

In der medientechnischen Umgebung Hypertext und in nutzergeprägten Wikis ist ein Wissenskonzept anzutreffen, das von Überindividualität und Prozessleistung bestimmt ist. Die Universalität des Hypertext-Prinzips (vgl. Kuhlen 1997: 355) drückt sich darin aus, dass eine Hypertextifizierung von Wissen, Information und Kommunikation stattfindet (vgl. ebd.: 366). Bereits im ersten Kapitel wurde erläutert, dass in diesem Zusammenhang ein Medienverständnis angewendet werden muss, das nicht mehr von starren Kanälen ausgeht, die Informationen transportieren, sondern stattdessen von Technologien, die Informationen auf mehreren Ebenen transformieren. Medien prägen auf diese Weise die Modalitäten unseres Wahrnehmens, Kommunizierens und Denkens: Wirksam wird eine *sinnmiterzeugende* und nicht bloß sinntransportierende Kraft (vgl. Krämer 1998: 83).

Um die linguistische Seite dieses Formats erschließen zu können, fand eine Auseinandersetzung mit den Bereichen der Überschreibungsprozesse (Interaktivitätsaspekte), der Oberflächenstruktur (Verknüpfungsaspekte) und der Multimedialität (Medialitätsaspekte) statt. Diese war ebenso geleitet von den diskutierten wissenskonzeptionellen Vorgaben (Praxisorientiertheit, Akzeptanzorientiertheit und Informationsorientiertheit) wie von den kommunikativen Vorstellungen einer funktionalen Ganzheit ‚Hypertext'. Diese Erörterung wird als maßgeblich erachtet, nicht nur wenn gezielt Ansatzpunkte für eine linguistische Erfassung von hypertextbasierten Text- und Wissensverfahren gefunden werden sollen, sondern generell, wenn es um eine prozessgeleitete, hypertextbestimmte Umgebung geht, in der linguistische Gesichtspunkte zur Anwendung kommen. An verschiedenen Stellen dieses Kapitels wurde allerdings auch deutlich, dass bei hypertextuellen Umgebungen auf das Zusammenwirken von inhaltlicher und operationaler Ebene bzw. sowohl auf die Informations- als auch auf die Organisationsarchitektur zu achten ist. Dieses Zusammenwirken im kollaborativen Hypertext gilt es, im Folgenden in seinem Organisations- und Prozessablauf genauer zu betrachten.

3. Text- und Wissensverfahren im kollaborativen Hypertext – ein Modell

„Weniger die Information selbst als vielmehr der Umgang mit ihr ist von primärem Interesse."
(Rothkegel 1998: 81)

3.1 Zwei Funktionsebenen

Über einen kollaborativen Hypertext wird in der Regel nicht das Ziel verfolgt, ein fertiges Produkt zu erstellen, das nach dem Produktionsprozess öffentlich gemacht wird. Relevant wird vielmehr der dynamische Prozess des Produzierens und Rezipierens, der im und über den Hypertext in der Öffentlichkeit stattfindet. Dieser Prozess erfordert eine umfassende Nutzung der elektronischen und hypertextuellen Funktionalitäten.[184] Auszugehen ist von zwei Funktionsebenen: Eine, die sich in der inhaltlichen Abdeckung über Knoten einer Hypertextbasis sowie in der dazugehörigen operationalen Verweisstruktur kommunikativ erfassen lässt, und eine, auf der sich externe Faktoren verorten lassen.

Hypertext ermöglicht eine Funktion für Textrealisierungen, die neben der Bindung an eine bestimmte Software eine tendenzielle Unabgeschlossenheit, Mehrfachsequenzierung sowie Mehrfachkodierung und auch eine an den Computerbildschirm gebundene Rezeption erlaubt, wie bereits oben in Anlehnung an Storrer (2008) ausgeführt, wobei verschiedene kommunikative und linguistisch erfassbare Handlungsbereiche ausgenutzt werden. Die Gesamtinformation bzw. die über die Datenstruktur repräsentierte Information einer hypertextuellen Umgebung[185] erfolgt über die Verbindung der einzelnen Knoten. Dabei werden sowohl operationale, z. B. das Anbieten bestimmter Navigationselemente, als auch inhaltliche Funktionen erfüllt, wie etwa die Verknüpfung verschiedener medialer Objekte (z. B. Bild und Text) unter thematischen Gesichtspunkten. Die

184 So betonen etwa auch Müller-Spitzer (2007) und Klosa (2013) die Prozessleistung für den Gegenstandsbereich der Ausbauwörterbücher, da dieser ihnen, im Gegensatz zu Abschlusswörterbüchern, inhärent ist. Eine Benennung der Funktionalitäten und ihrer Nutzen für die Lexikografie erfolgt darüber hinaus z. B. bei Lemberg/Schröder/Storrer (2001), Storrer (2001b) und de Schryver (2003).

185 Die Gesamtinformation einer Hypertextbasis ist wohl kaum fassbar; ähnliches gilt für die *Gesamtkohärenz* (vgl. Kuhlen 1991: 36).

Verbindung von Technik, Informationsdienst, Methoden und Werkzeugen der Wissensrepräsentation bilden damit eine Informationsarchitektur (vgl. Stock/Stock 2008: 45).

Der Objektbereich dieser Informationsarchitektur wird im Folgenden anhand eines Wikis, verstanden als Informationsdienst, der durch einen kollaborativen Hypertext möglich wird, formuliert. In diesem Objektbereich lässt sich zu jedem Zeitpunkt ein (vorläufiges) Ergebnis eines Erkenntnisprozesses ablesen. Dieses Ergebnis kann sich dadurch ergeben, dass sich etwa ein thematischer Gesichtspunkt (z. B. in Form eines Wiki-Artikels) als relevant erwiesen, Überprüfungen standgehalten und soziale Prozesse der Anerkennung durchlaufen hat sowie Konsistenz und Kohärenz impliziert (vgl. Ammon 2011). Es ist anzunehmen, dass bei der Erstellung von Artikeln ein Stimmigkeits- oder Kohärenzkonzept zur Anwendung kommt, für das die abgebildeten Inhalte verstehbar, handhabbar und bedeutsam sein müssen. Damit wird eine Erörterung der Frage sinnvoll, welche Veränderungen sich in diesem Objektbereich ergeben, sowohl in Bezug auf inhaltliche als auch operationale Aspekte.

Es ist ferner sowohl davon auszugehen, dass versucht wird, Stimmigkeit innerhalb des Objektbereichs zu erreichen, als auch, dass externe Faktoren diese Stimmigkeit mitbestimmen. Es muss also zusätzlich ein Austausch mit einer Metaebene bestehen, auf der Produzent und Rezipient sowie die Entwicklung eines Ereignisses oder Themas angesiedelt sind. Die Beobachtung des Verhaltensmodus von Produktion und Rezeption in einem kollaborativen Hypertext eröffnet darüber hinaus die Frage, welche Aspekte einer hypertextspezifischen Kohärenz (vgl. Kuhlen 1991: 36) erfasst werden können. Damit greift letztendlich der Gedanke eines komplexen Interaktionsraumes, der Text- und Wissensverfahren erlaubt und mitbestimmt.

3.1.1 Elemente der Objektebene

Die Architektur eines Wikis kann als „architektonischen Organisationsform von Wissen“ (Antos 1997: 57) verstanden werden. Die hierüber stattfindenden Text- und Wissensverfahren werden hypertextuell und kollaborativ gestaltet und ermöglichen eine besondere Art der hypertextuellen Wissensrepräsentation. Diese Architektur ist deswegen besonders, da der Repräsentation die Bewegung sowohl auf einer inhaltlichen als auch auf einer operationalen Ebene inhärent ist. Es ist entsprechend zum einen von einer Artikeltext- oder Informationsbasis und zum anderen von einer ergänzenden Informationsorganisation oder auch Datendistributionsstruktur auszugehen.

Die ‚Artikeltext'-Basis, praktisch das Grundelement der Objektebene, ist auch zu verstehen als Basis der vorhandenen Information, die in Form digitaler Text- bzw. Artikelfassungen vorliegt. Dabei wird ein kommunikatives Textverständnis vorausgesetzt sowie von einer Realisierung der auf einem medialen Träger geäußerten und inhaltlich zusammenhängenden Abfolgen ausgegangen, die sich aus einer abstrakten Grundgesamtheit speist. Diese Basis ist der Dreh- und Angelpunkt des oben diskutierten Wissenskonzepts, das voraussetzt, dass innerhalb eines Prozesses Daten und Informationen organisiert und kommuniziert werden können.

Eine diesen Prozess ergänzende und notwendige operationale Struktur ist der Basis zu- bzw. übergeordnet. Sie kann auch verstanden werden als Hyperebene. Hier treten insbesondere Links als signifikante Elemente der Organisationsstruktur auf. Diese Struktur ermöglicht also sowohl die Rezeption der Basis als auch die Auszeichnung der Oberfläche. Prinzipiell gehören noch weitere Organisationsmittel zu dieser Struktur. So stellen Suchfunktionen und Indexierungen die Zugänglichkeit der Basis sicher, sie sollen aber in dieser Betrachtung außen vor bleiben.

Die Objektebene ergibt sich schließlich durch das Zusammenwirken der zwei Objektteile Informationsbasis und der ihr übergeordneten Organisationsstruktur. Es kann davon ausgegangen werden, dass diese Elemente der Objektebene zu einer Informationsarchitektur beitragen, die es gestattet, einen Kenntnisbereich in seinen Bedeutungszusammenhängen darzustellen. Hypertextuelle Wissensrepräsentation kommt also dadurch zustande, dass die „Repräsentation des Wissens W durch X in einem System S" (Kobsa 1982: 51) geschieht; wobei S für das Hypertextsystem und X für die Dokumentationsmöglichkeit des Objektbereichs steht. Hier sind die Vertreter oder Surrogate des Wissens in Form von Dokumentationseinheiten anzutreffen; Repräsentation ist also durchaus als Vertretung zu verstehen. Diese Struktur hat damit Informationsverdichtungsprozesse zur Folge, auf die an gegebener Stelle zurückzukommen sein wird.[186]

186 Interessant wäre auch zu fragen, welche Veränderungen das semantische Web oder Web 3.0 in diesem Zusammenhang mit sich bringen und welche konkreten Erweiterungen dann auf der Objektebene zu verzeichnen wären.

3.1.2 Elemente der Metaebene

„Dass der Frage, von wem Texte stammen und für wen sie produziert worden sind bzw. wer sie rezipiert – zumal bei einer pragmatisch-kommunikativ orientierten Betrachtung – eine entscheidende Bedeutung zukommt, ist zweifellos eine Binsenweisheit." (Adamzik 2004: 83)

Auf der Metaebene ist insbesondere auf das Rezeptionsverhältnis einzugehen, das in bestimmten ‚Open-Content'-Projekten (Kohl/Liebert 2004) wie einer Plattform nach dem Wiki-Prinzip mit größtmöglicher Offenheit und Erlaubnis zur Überschreibung zeitgleich die Produktion des Hypertextes bestimmt. Möglich ist dies durch die doppelgesichtige Akteursposition des ‚Produsers' (s. u.). Da Hypertext eine multilineare Form der Wissensrepräsentation zu einem bestimmten Thema erlaubt, kann je nach Bedarf und mittels geeigneter Implementierung eine bestimmte Sequenz des gespeicherten Informationsmaterials abgerufen werden. Aus einer bestimmten Menge von Informationseinheiten wird diese Teilmenge mittels Verweisen verbunden und durch diese rezipiert. Die Linearisierung der Information erfolgt also erst (!) im Moment des Lesens. Dadurch, dass der Rezipient den für ihn gültigen ‚Text' zum Teil selbst entwickelt und durch das Verfolgen der verschiedenen Links einen individuellen Weg durch den Hypertext wählt, wird in der Literatur auch von ‚wreader' (eine Kontamination von ‚writer' und ‚reader') gesprochen (vgl. Landow 1995: 1).

Wortwahl, Aufteilung der Gesamtinformation in kleinere Einheiten, Setzen der Verweise u. dgl. ist zwar grundsätzlich die Aufgabe eines identifizierbaren Hypertextautoren, allerdings erfordert das nahe Zusammenrücken auch in anderer Hinsicht ein fast untrennbares Verhältnis von Rezipient und Produzent oder auch lesenden und schreibenden Akteuren. Von der Kommunikationsrichtung her handelt es sich zwar immer noch um ein Abfolgepaar der einzelnen Prozesse: Der Artikeltextproduktionsprozess findet unabhängig vom Artikeltextrezeptionsprozess statt, es erfolgt keine wechselseitige Einmischung; das „kommunikative Sich-Verhalten" (Wichter 2011: 80) erfolgt immer zu einem vorher erfolgten Rezeptionsvorgang. Dennoch wird die Rolle des Rezipienten in der Form gestärkt, dass er in der Folgehandlung sogleich wieder als Produzent in Erscheinung treten kann.[187] Durch diese Prodnutzung oder Produsage (vgl. Bruns 2008: 2) verändern sich die an der typografischen Informationstechnologie geschulten Kulturtechniken des Lesens und Schreibens (s. a. Kapitel 1.1).

---

187 Auch die Ausführungen zur Interaktivität in Kapitel 2.1.2 sind in diesem Zusammenhang zu sehen.

Der Hypertext, der einem als immaterieller Bildschirmtext begegnet, besitzt daher besondere Eigenschaften. Er ist das zu einem bestimmten Zeitpunkt existierende Produkt einer mehrdimensionalen, kreativen Interaktion zwischen Rezipienten, Produzenten und Hypertextelementen. Über den am Bildschirm erfassbaren Hypertext hinausgehend können Produzenten die Möglichkeiten der Hypertextarchitektur beständig nutzen, um neue Erkenntnisse abzubilden. Es scheint daher trotz der engen Verschränkung sinnvoll, Rezipienten und Produzenten getrennt zu betrachten, gerade wenn man davon ausgeht, dass sich die von den Rezipienten wahrgenommenen Relevanzstrukturen in einer neuen Produktionsaktivität über den Hypertext abbilden können.[188]

Die Kollaboration ist in Ergänzung dazu und im Unterschied zur Kooperation nicht auf das Erreichen eines gemeinsamen Ziels, sondern stärker auf den *Prozess* des Zusammenarbeitens gerichtet (vgl. Döbler 2010: 390). Sinn der Kollaboration ist weniger die Arbeitsteilung, d. h. Aufgaben aufzuteilen und von jeweiligen Aufgabenträgern bearbeiten zu lassen, als vielmehr zu einer integrierten Bewältigung der Aufgaben zu kommen, die sozial generiert und von Austausch und Überschreibung geprägt ist. Die Zusammenarbeit besteht von Anfang an, wobei Gruppenmitglieder jedoch *Funktionen* (s. Kapitel 2.2.5) unter sich aufteilen (vgl. Stoller-Schai 2003: 32f.; Meyer 2013: 49–53). Bedeutet Kollaboration eine prozessorientierte Zusammenarbeit (vgl. Döbler 2007: 10f.), dann bezeichnet E-Collaboration (ebd.) ergänzend dazu die internetbasierte, vernetzte Zusammenarbeit mehrerer Personen. Die Vorteile dieser Organisationsform liegen klar auf der Hand: Entscheidungen, die kollaborativ erarbeitet wurden, sind breiter abgestützt und dadurch besser und nachhaltiger akzeptiert (vgl. Döbler 2010: 391), denn idealerweise basieren sie auf dem Konsens aller Beteiligten. Hinzu kommt, dass die gemeinsam erarbeiteten Ergebnisse kompatibel zu unterschiedlichen Organisationsstrukturen und Rahmenbedingungen sein müssen, was sie effizient macht. Ein Vorteil der prozessorientierten Zusammenarbeit liegt auch im WWW selbst, da die Prozesse orts- und zeitunabhängig erfolgen können.[189] Die intensive Form der Zusammenarbeit wird durch einen einfachen Aufbau, eine hohe Skalierbarkeit und den Einsatz offener Standards im ‚social web'

188 So können etwa die Auswahl weiterer Knotenpunkte und ihre Abbildung im Artikeltext einem Relevanzprinzip unterliegen, und auch die Veränderung der Artikeltextgestaltung und die Themenauswahl können dazugehören.

189 Netzwerke können hier flexibel entstehen, wobei Wissensarbeit oder vielmehr Wissenserarbeitung über Teamwork in einem online vermittelten Diskurs erfolgt (vgl. Döbler 2007: 11f.).

zudem gefördert.[190] Bereits in Kapitel 2.2 wurde auf die Eigenschaften von Wikis eingegangen und darauf hingewiesen, dass sie differierende Meinungen, Erfahrungen und Kenntnisse zu einem Thema zu erfassen und durch Austausch- und Überschreibungsprozesse weiterzuentwickeln suchen. Dennoch ist Kollaboration nicht allein auf die Metaebene zu beschränken, sondern im Gesamtzusammenhang des komplexen Interaktionsraums zu betrachten.

Somit steht auch die hypertextspezifische Kohärenz zwischen Hypertexteigenschaft und Rezeptionsaktivität, ist also an die spezifische Medialität von Hypertexten gebunden, die wiederum ihre wichtigste Konstituente ist (vgl. Busch 2004b). Diese Medialität ist, wie herausgearbeitet wurde, mehrschichtig und führt in der Folge zu einer ebenfalls mehrschichtigen Kohärenzcharakteristik. Kohärenz meint also weder nur den technischen noch den rein inhaltlichen Zusammenhang einer Informationsarchitektur. Ein kommunikationsorientierter Kohärenzbegriff, so wie er in dieser Studie verwendet wird, stützt sich auf beide Aspekte und muss das Hypertextpotenzial umfassend mit einkalkulieren. Darüber hinaus muss in der Hinsicht von einer übergreifenden Hypertextkohärenz ausgegangen werden, dass Konstitutionsprinzipien sich aus einer produzentenseitigen Kohärenzplanung und einer rezipientenseitigen Kohärenzbildung ergeben (vgl. Storrer 2004). Auf dieses Zusammenspiel wird ausführlicher in den folgenden Teilkapiteln eingegangen.

Des Weiteren übernehmen Links im Hypertext nicht nur eine Doppelfunktion im Sinne von Sprachelement und Navigationswerkzeug (vgl. Dürscheid 2000: 66), sondern aus der Perspektive von Produzenten und Rezipienten betrachtet eine recht komplexe Organisationsfunktion für ein kohärentes Netz. Sie machen das Wiederfinden oder Retrieval von Informationen möglich und gewährleisten den Zusammenhalt produzierter und rezipierter Artikeltexte. Sie sind ferner sowohl Aufmerksamkeitslenker (vgl. Rössler/Beck 2001: 143), indem sie diese Textoberfläche zusätzlich auszeichnen, als auch Organisationselemente, indem sie Schnittstellen für weitere Artikel und damit Wissensbereiche schaffen. Sie stehen dadurch in einem Spannungsverhältnis zwischen Aufgaben, die ihnen durch das System zugewiesen werden und der Funktion, die sie für einen Produser übernehmen können.

Ein weiterer Aspekt der Metaebene ist die Progression. Da der kollaborative Hypertext der Inbegriff eines dynamischen Systems ist, das sich laufend verändern kann, indem es mit Impulsen von außen bedient wird, ist eine Progression zu verstehen als zeitliche sowie thematische Entwicklung, Differenzierung und

190 Prädestiniert hierfür sind Weblogs, Wikis und peer-to-peer-Plattformen.

Expansion. Letztendlich ist die Entwicklung von Themen und deren Ausgestaltung durch Produzenten vor einem zeitlichen Hintergrund Voraussetzung für die Dynamik, für die prinzipielle Offenheit der Architektur sowie für die damit verbundenen ((hyper-) textuellen) Ausgestaltungsprozesse. Das bedeutet zudem, dass Faktoren der Metaebene, sei es die Entwicklung eines Themas in den Medien oder Initiativen des Produsers, die Artikelentwicklung triggern. Somit wird auch ‚Qualität' oder ‚fitness for use' (vgl. Kapitel 2.2.7) zu einem Verhandlungsprozess, der sich stark kontextsensitiv[191] präsentieren kann: Das Kohärenzgefüge ist damit im gewissen Sinne sowohl von der Artikelthematik als auch von der Beitragsleistung des Produsers bestimmt. Kurz gesagt: Kohärenz entsteht aufgrund der Interaktion endogener und exogener Faktoren.

3.1.3 Zusammenwirken der Ebenen

Grundlegend für die zu entwickelnde Modellvorstellung von Text- und Wissensverfahren in einem kollaborativen Hypertext ist das Verständnis, dass Objekt- und Metaebene in einem ständigen Austausch- und gegenseitigem Bedingungsverhältnis zueinander stehen können. Das bedeutet auch, dass die Objektebene ständig an die Einflüsse der Metaebene angepasst wird und somit eine Korrelation besteht. Die Metaebene wiederum verhält sich wie eine Klammer zur Objektebene, da über sie Aspekte des Nutzungsverhaltens, der Organisation und Kohärenzinteressen an die Objektebene herantragen werden. Die Entwicklungsrichtung bleibt jedoch offen und nicht vorhersehbar (vgl. Abb. 9).

Für Text- und Wissensverfahren soll damit anzunehmen sein, dass die planmäßige Abfolge eines Prozesses prinzipiell, wenn auch vorbehaltlich bestimmter Muster und Routinen, ausgeschlossen wird und dass es sich bei Produzenten wie Rezipienten um Rollen handelt, die je nach Situation eingenommen werden; auch wenn man in der Masse, d. h. auf der Ebene der Gesellschaft (vgl. Wichter 2011: 303) von einem eher asymmetrischen Verhältnis dieser Rollen ausgehen müsste, da Produzenten und Rezipienten ihre Rollen auf dieser Ebene nicht unbedingt wechseln. Dennoch entsteht ein reziprokes oder auch wechselseitiges Gefüge; eine Art Rückkopplungseffekt oder Feedback ist nicht auszuschließen,

---

191 Das Thema Kontextsensitivität zeigt sich gewissermaßen auch in den Wikipedia-Anweisungen. So sollen zu aktuellen Ereignissen nur dann Artikel geschrieben werden, wenn sich von diesen „Konsequenzen ableiten lassen, die von allgemeiner und zeitlich nicht geringer Bedeutung sind" ([Wikipedia:Aktuelle_Ereignisse]), sie also eine gesellschaftliche oder politische Relevanz besitzen.

was im Allgemeinen zu einer Optimierung der gewählten Verfahren selbst führen sollte.[192]

Darauf aufbauend können zirkulär verlaufende Bewegungsmuster in den Interaktionen endogener und exogener Faktoren ausgemacht werden (vgl. Abb. 9). Diese Interaktionen korrespondieren mit der Aufmerksamkeitslenkung, was bislang nicht nur für Wikipedia (z. B. Kaltenbrunner/Laniado 2012; Mayer 2013: 123–143), sondern auch für andere soziale Medien wie Youtube (Crane/Sornette 2008) oder Twitter (Lehmann u. a. 2012) beobachtet werden konnte.

Abb. 9: Funktionsebenen für Text- und Wissensverfahren im kollaborativen Hypertext.

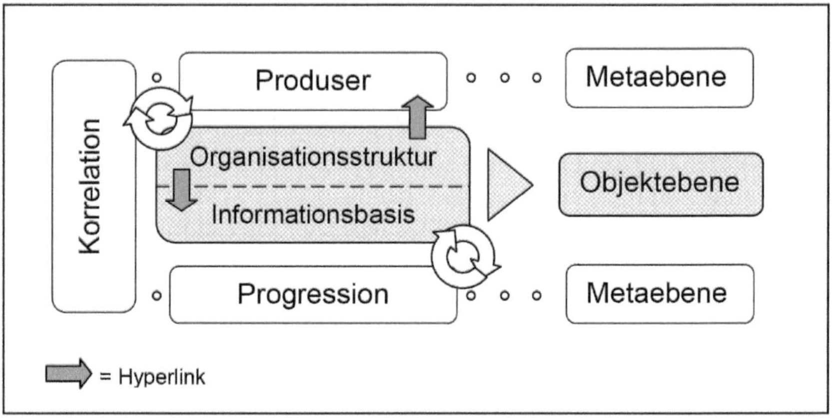

3.2 Grundannahmen von Text- und Wissensverfahren

Die in einem kollaborativen Hypertext festzustellenden Text- und Wissensverfahren lassen sich auf die beschriebenen Wechselwirkungen und anzunehmende Feedback-Prozesse zwischen Objekt- und Metaebene zurückführen. Es entsteht ein dynamischer Wirkungsprozess, der auf einen auf Austausch und Überschreibung ausgerichteten Kommunikationsprozess rekurriert, was erste Beschreibungen wie die von Lasswell (1948) oder Shannon/Weaver (1949) noch vermissen lassen. Doch gerade in einem Wiki werden diese Verfahren durch tendenziell eher innere Funktionalitäten mit Bezug auf die Objektebene sowie ergänzend

192 Nicht erörtert wird an dieser Stelle, was zur Vitalität des Systems insgesamt beiträgt; eventuelle Ermüdungserscheinungen in der Beitragsleistung können nicht ausgeschlossen werden (vgl. Brändle 2005).

durch tendenziell eher äußere Funktionalitäten mit Wechselwirkungen von Objekt- und Metaebene besonders deutlich. Es wird darüber versucht, einzelnen Elementen, die Text- und Wissensverfahren mitbestimmen, in dieser komplexen Architektur einen Platz zuzuweisen.

3.2.1 Verfahren im Rahmen innerer Funktionalitäten

Zu den Verfahren im Rahmen einer inneren Funktionalität gehört der Einsatz bestimmter Mittel, die einen für relevant betrachteten Informationsbestand abbilden und formen. Dadurch dass etwa nur ausgewählte Realisierungen einer abstrakten Grundgesamtheit möglicher Informationen abgebildet werden, können diese zu bestimmten Mustern promovieren und sich möglicherweise durch bestimmte Verknüpfungsoptionen verfestigen. Perspektivierte und bevorzugte Muster können so reguliert und geprägt werden. Das bedeutet jedoch auch, dass durch die Abbildung bestimmter Realisierungen oder Stellvertreter andere potenzielle Repräsentanten zwangsläufig ausgeschlossen werden. Ändert sich der Informationsbestand oder soll dieser für einen bestimmten Kontext zusammengestellt werden, kann die Entscheidung für die jeweils eingesetzten Mittel anders ausfallen.

Es wird dementsprechend für die hier zu diskutierenden Text- und Wissensverfahren davon ausgegangen, dass

- Vernetzungsstrukturen im Hypertext über den **Zugriff** auf Informationsbestände durch zur Verfügung gestellte und genutzte (sprachliche) Mittel erfolgt, dass diese aber auch durch den Zugriff veränderbar sind,
- die Bestände in modularisierter Form vorliegen, verbunden mit dem **Potenzial**, die Informationsbausteine oder auch Knoten zu modifizieren und relativ dynamisch einer bestimmten Suchanfrage anzupassen,
- sich ein Transformations**resultat** aus der Basis eines Informationsbestandes und deren Rezeption ergibt, in die weitere Indikatoren mit einfließen können und dadurch insgesamt ein Kohärenzbeitrag geleistet wird,
- sich für die Rezeption **Regularitäten** herausbilden können, die sich als Frame[193], hier zunächst verstanden als Mittel der Ordnung und Struktur, etablieren und an denen sich neue rahmengeleitete Konstruktionen orientieren können.

193 Eine ausführliche Erörterung des Frame-Konzepts erfolgt in Kapitel 4.

3.2.1.1 Zugriff

Der Zugriff auf Informationsbestände erfolgt durch die zur Verfügung gestellten und genutzten sprachlichen Mittel, welche veränderbar sind. Im Fall dieser Untersuchung geschieht dies durch die Nutzung digitaler Textfassungen. Es ist also davon auszugehen, dass diese Textfassungen durch ihre Struktur (vgl. etwa de Beaugrande/Dressler 1981: 41–45) und die Anordnung einzelner sprachlicher Elemente wesentliches darüber aussagen können, was der Produzent bei der Textkomposition wusste und was der Rezipient durch sie erfahren sollte. Das Artikelwesen eines Wikis, wozu auch (audio-)visuell erfassbare Einheiten zählen, ist jedoch in seiner Organisation ein sehr komplexer Gegenstandsbereich. Betrachtet man ‚Text' in Anlehnung an Barthes beispielsweise als Gewebe[194], steht hinter dem Bild der sich ständig kreuzenden Fäden die Vorstellung des stetigen Entstehens und Bearbeitens: So wie das Ende durch diesen Prozess ein prinzipiell offenes ist und der Zugang von verschiedenen Stellen her möglich gemacht werden muss, nehmen auch die Fäden sehr unterschiedliche Wege zu den an verschiedenen Stellen positionierten Inhalten. Diese Vorstellung lässt sich leicht auf die Artikelrealität eines Wikis übertragen. Denn hier erfordert die Repräsentation von Artikeln bzw. Artikelelementen (oder die Betrachtung der Gewebsbestandteile), dass diese, obwohl diskontinuierlich zugriffsverschieden positioniert, verfügbar bleiben. Dementsprechend bieten sich individuell verschiedene Zugriffsarten auf diese Architektur an, die eine ähnlich extensive bzw. selektive Herangehensweise erfordern wie das Benutzen eines Lexikons oder einer Enzyklopädie.[195] Aus der geordneten Menge dieser Einheiten und den unterschiedlichen Möglichkeiten der Vernetzung ergibt sich daraufhin ein recht verschlungener (oder auch dynamischer) Weg von Vermittlung und Erwerb eines insgesamt abgebildeten Informationsbestandes. Da der Informationserwerb von der Aktivität des Rezipienten abhängig ist bzw. davon, wie er die aufgezeigten Inhalte für sich organisiert, handelt es sich auch um einen sehr subjektiven

194 „Text heißt Gewebe; aber während man dieses Gewebe bisher immer als Produkt, einen fertigen Schleier aufgefaßt hat, hinter dem sich, mehr oder weniger verborgen, der Sinn (die Wahrheit) aufhält, betonen wir jetzt bei dem Gewebe die generative Vorstellung, daß der Text durch ein ständiges Flechten entsteht und sich selbst bearbeitet" (Barthes 1996: 94).

195 Das Problem, Wissensbestände zu organisieren und den Zugriff schnell und unter vielfältigen Gesichtspunkten zu ermöglichen, hat es schon immer gegeben (vgl. Kuhlen 1991: 58), z. B. bereits mit dem Entstehen typografischer Informationssysteme (vgl. Giesecke 1998: 667), die eine Umordnung und Ergänzung vorhandener Wissensbestände notwendig machten.

Prozess, denn je nach Benutzerfrage wird vom Rezipienten ein individuelles Informationsbedürfnis formuliert. Die Möglichkeit des Zugriffs ist deshalb nicht nur notwendigerweise aufgrund des multilinearen Hypertextcharakters an sich verschieden, sondern gleichzeitig sind diese vielen Zugriffsmöglichkeiten sinnvoll: Da Zugriff und die Verfolgung bestimmter Konnexitätsindikatoren, wie Hyperlinks, stark vom Informationsbedürfnis des Rezipienten abhängen, können die vielfältigen Ausprägungen eines abbildbaren Informationsbestandes präsent gehalten und möglichst viele Anknüpfungspunkte für entsprechende Kontextualisierungen angeboten werden.

3.2.1.2 Potenzial

Die informationellen Einheiten oder auch Knoten[196], die den Informationsbestand in einem Wiki formieren, liegen in modularisierter Form vor, verbunden mit dem Potenzial, diesen je nach Bedarf zu erweitern, zu ersetzen und für den eigenen Lesepfad bzw. die jeweilige Suchanfrage individuell zusammenzustellen. Interessant ist dabei im Besonderen die Möglichkeit des über Hyperlinks modifizierbaren Informationsbestands. (Multimediale) Informationen können über die Oberflächenstruktur verknüpft werden und neue Inhalte formen, wodurch sozusagen das Informationspotenzial in Hypertexten ausgewiesen wird.

Die Modifizierbarkeit des Informationspotenzials, sowohl in Erweiterung, Ersetzung und Zusammenstellung ist insbesondere dort von erheblicher Relevanz, wo Arbeitsprozesse noch nicht abgeschlossen sind und durch Informations- und Kommunikationsdienste (wie eben jene des Internets) unterstützt werden.[197] Der vorläufige Status, z. B. bei „Open-Content-Projekten“ (Kohl/Liebert 2004), bei Mitschreibeprojekten im Allgemeinen oder bei Wikis, ist meist bekannt; der Nutzer ist aufgefordert (ob Fremd- oder Eigeninitiative ist hier nebensächlich), sich an der Gestaltung zu beteiligen. In Anlehnung an Storrer/Freese (1996: 118f.) scheinen in diesem Zusammenhang insbesondere folgende Beiträge möglich:

196 Die Knoten können, wie bereits erwähnt, nicht nur textliche Informationen enthalten, sondern auch ein audio-visuelles Angebot. Das Multimediaangebot birgt natürlich nicht nur für den Hypertext, sondern für die digitale Informations- und Kommunikationstechnologie insgesamt erhebliche Potenziale.

197 Vgl. Storrer/Freese (1996) zum Thema ‚Aktualitäts-Vorsprung von Online-Wörterbüchern‘.

(a) Fehlerbehebung,
(b) Schließen von Artikel- oder Lemmalücken,
(c) Beiträge von Experten zu ausgewählten Gegenständen und
(d) beliebige Beiträge.[198]

Der oben beschriebene Modul- und Modifikationscharakter wird durch diese Arten der Beteiligung bereits gut ausgenutzt. Für die Beschreibung der Arbeitsprozesse in einem kollaborativen Hypertext, der von den erwähnten Modulen und modifizierbaren Informationspotenzialen stark Gebrauch macht, sollte jedoch zudem eine kommunikative Netzwerkperspektive (vgl. Bucher 2007: 29) berücksichtigt werden, da sie die Gleichzeitigkeit von Labilität in der Kommunikationsdynamik und Stabilität in der Struktur der unterschiedlichen Kommunikations- und Interaktionsräume berücksichtigt. So kann etwa bei einem Wiki der Artikelnamensraum als eigener Kommunikationsraum begriffen werden, wohingegen andere Namensräume, wie der Diskussionsbereich, eine Metakommunikation zum Artikelnamensraum erlauben. Insgesamt sollte hier deutlich werden, dass sowohl tendenziell stabilere Strukturen als auch das modifizierbare Informationspotenzial von dynamischen Prozessen geleitet sind, die die Text- und Wissensverfahren ausweisen.

3.2.1.3 Resultat

Mit der dynamischen Sicht auf die Text- und Wissensverfahren wird einmal mehr deutlich, dass sowohl ein Projekt- als auch ein Rezeptionsresultat nicht final gegeben, sondern immer als Station in einem komplex ablaufenden Prozess zu verstehen ist. Dieser Prozess kann beschrieben werden als Kombination und Integration von einer Vielzahl von Elementen, die auf einer Artikeltextbasis eines Wikis vorhanden sind. Wobei in Bezug auf das Projekt- und Produktionsresultat von konvergierenden Bemühungen auszugehen ist, die stets auf ein anerkanntes oder anzunehmendes konsensfähiges Zentrum ausgerichtet sind (vgl. Geser 2008: 122); somit sind auch Rezeptionsresultate von der jeweiligen Disposition der Informationsbasis abhängig. Kann ein Benutzer-in-actu hier Informationen erfolgreich verknüpfen und kommt es daraufhin im Rahmen des Hypertextes über die Linkstruktur zur Wahrnehmung eines kohärenten Hypertextensembles, ist dies ein Resultat eines aktiven Prozesses, der durch verschiedene Indikatoren

198 Die Art und Weise der Beteiligung ist bei Wikipedia nicht festgelegt: Es besteht sowohl Bedarf, neue Artikel anzulegen bzw. bestehende (auch in Form von Bildern und Grafiken) zu erweitern als auch an Redaktionsvorgängen teilzunehmen u. dgl. (vgl. [Wikipedia:Beteiligen]; Abruf: 28.04.2014).

der Objektebene, z. B. zielführende Navigationsoptionen und Artikelzustand, bestimmt wird. Als Ergebnis eines Transformationsprozesses sind darüber hinausgehend weitere Suchanfragen und -optionen zu werten, die sich aus dem Bezug von Informationsbasis und Rezipientenaktivität entwickeln.[199]

Damit ist auch ein kognitiver Konstruktionsprozess angezeigt, der einzelne (textuelle) Elemente zu einem sinnhaften Ganzen zusammenfügt.[200] Dieser Konstruktionsprozess ist, wie in Kapitel 2.4.1 erläutert, jedoch zugleich soziopragmatisch motiviert, woran das dort ausgeführte Wissenskonzept anschließt.[201] Text- und Wissensverfahren bringen also einerseits sowohl das Resultat gezielter Verteilung und gezielter Nachfrage aus existierenden Informationsbeständen hervor, andererseits ergeben sich aus ihnen Konstruktionsprozesse, die zwischen Kognition und soziokultureller Prägung liegen. Die richtungsweisende Aussage Kuhlens, Information sei „Wissen in Aktion" (Kuhlen 1991: 333; 1995: 34), wird damit etwas anders akzentuiert:

> **Wissen** ist ein mögliches, individuell geformtes und bewegliches *Transformationsresultat* aufgrund der (erfolgreichen) Verknüpfung einzelner Informationen zu einem kohärenten Hypertextensemble.

3.2.1.4 Regularitäten der Rezeption

Wie bisher gezeigt werden konnte, leitet sich die hypertextspezifische Dynamik aus der Verknüpfung zwischen der ihr eigenen Interaktivität – als wesentlichem strukturbildendem Charakteristikum – und einzelnen Modulen ab. Technische Interaktivität bildet sich im Hypertext oder im Internet als Träger von Hypertextdokumenten aus (a) der Rezeption, die an die Nutzung hypertextueller bzw. hypermedialer Bezüge gebunden ist und eine Interaktivität zwischen Nutzer-Handlung und Systemausgaben darstellt sowie aus (b) der individuellen Auswahl- und Verarbeitungsprozesse eines computerbasierten Programmangebots (vgl. Habscheid 2005: 59f.). Beachtet werden sollte auch die handlungstheoretische Auffassung der Rezeption nach Bucher (2001), wonach die Nutzung von

199 Wie z. B. die Formulierung einer Suchanfrage in einer Suchmaske, das Schaffen einer Auswahl über Listen und Indexierungen, wobei hier natürlich auch Hyperlinks eine tragende Rolle spielen.

200 Ähnlich Schnotz (1994: 20).

201 Dieses zielt, ähnlich wie die Bemühungen der historischen Diskurssemantik, auf ein Verständnis und eine Formierung von Wissen entlang seiner Repräsentation, seinen Konstitutionsbedingungen und Regularitäten ab (vgl. Busse 2000).

Online-Angeboten eine regelhafte, kompetenzbedingte und angebotsabhängige Sequenz von Aneignungshandlungen darstellt.

Im Übergang von der Basis zur Rezeption werden also einzelne Module innerhalb von Text- und Wissensverfahren transformiert. Die durch die Hypertextumgebung bestimmten Textrealisierungen werden, um mit Wichter zu sprechen, als Kommunikate Teil einer Kommunikation. Jeder Rezeptionsvorgang führt zu einem Kommunikat, zu einem Ergebnis, aber nicht jeder Rezeptionsvorgang zu ein und demselben: „Es entsteht gewissermaßen ein Spannungsverhältnis zwischen den vom Text her induzierten Informationserwartungen bzw. dem Informationsbedarf des Lesers und dem weiteren Informationsangebot des Texts" (Schnotz 1994: 220), was den jeweiligen Rezeptionsvorgang beeinflussen kann.

Es wird jedoch angenommen, dass die Rezeptionstypik und damit auch die Konstruktion neuer Informationsbestände bestimmten Regularitäten unterliegen. Es wäre z. B. vorstellbar, dass sich innerhalb eines Informationssystems thematische Makrostrukturen herausbilden, die sowohl zu einer inhaltlichen Kontinuität als auch zu einer strukturellen Stabilität führen. Da Hypertext von verschiedenen Seiten her betrachtet ein „Text-in-Bewegung" (Storrer 2000: 233) ist, ein Prozess, den zum einen ein Produzent ausführt sowie zum anderen einer, der aktiv durch die Rezeption bestimmt ist, bildet sich eine Wechselbeziehung heraus. Diese Beziehung ist dadurch charakterisiert, dass sie zwischen den Informationen, die der Produzent über die Hypertextbasis liefert und dem beim Rezipienten gebildeten Resultat oszilliert. Wichtig für Regularitäten sind deshalb wieder die Kohärenzbildungen.

Deutlich wird also einmal mehr: Kohärenz ist nicht mehr allein auf der Ebene der sprachlichen Textmanifestation als Objekt anzutreffen, sondern zugleich eine Kategorie der Rezeption, des wahrnehmenden Subjekts (s. a. Rothkegel 1998: 81). Die Erarbeitung und Verarbeitung von Textrealisierungen mittels Hypertext wird damit zu einem Kommunikationsprozess, wobei Kohärenz das Verhandlungsergebnis kommunikativer und mentaler Vorgänge auf der Basis von im weitesten Sinne sprachlichen Indikatoren, aber auch situativen Wissens- und Gedächtnisstrukturen ist. Kohärenzbildungen spielen für die Regularitäten der Rezeption eine wichtige Rolle. Sie werden im Hypertext zum einen rein formal durch Konnexitätsindikatoren bzw. durch verschiedene Formen der Verknüpfung erzeugt, entstehen aber zum anderen als Reaktion auf eine Suchanfrage aus der Gesamtmenge.[202] Die verschiedenen Verknüpfungen im Hypertext sollten

202 Vgl. Kuhlen (1991: 35): Die Suchanfrage aus der Gesamtmenge ist aber nur beschränkt kohärent, da die Retrievalgenauigkeit, also die Selektion der Hypertexteinheiten, die tatsächlich thematisch zusammengehören, in der Regel nicht sehr hoch ist.

deshalb Freiräume offen lassen, sowohl bei der Produktion als auch bei der Rezeption. Wie zu Anfang ausgeführt, ist eine nicht exklusive Festlegung auf die Art und Weise des darzustellenden Inhalts wesentliche Voraussetzung dafür, dass eine Hypertextbasis von Rezipienten mit unterschiedlichem Vorwissen gelesen werden kann. Die ganz individuellen Handlungen erzeugen auf kollektiver Ebene jedoch unintendierte Strukturen: Da Produktion und Rezeption im Hypertext sehr eng beieinanderliegen, werden diese Aktivitäten insgesamt zu einem kollaborativen, öffentlichen und prinzipiell unabgeschlossenen Verfahren, das selbstverständlich die Rezeption beeinflusst und gleichzeitig von ihr beeinflusst wird. Es ist deshalb anzunehmen, dass die Regularitäten der Rezeption dann einsetzen, wenn sich bestimmte Orientierungsmuster bzw. Framestrukturen sowohl auf operational-technischer Ebene als auch auf inhaltlicher Ebene verfestigen. Vorstellbar sind als kohärenzstiftendes Mittel insbesondere bestimmte Verlinkungsmuster, die die Aktivitäten der Rezeption und Produktion strukturieren und als Filter agieren, die als Verfahren im Rahmen äußerer Funktionalitäten betrachtet werden sollen.

3.2.2 Verfahren im Rahmen äußerer Funktionalitäten

„Links präsentieren Antworten auf nicht gestellte Fragen. Und indem Antworten angeboten werden, werden diese Stellen als fraglich eingefärbt. Der Hypertext richtet sich also nicht nur die Textvorlage zurecht, sondern modelliert zugleich auch den Leser." (Wingert 1993: 35)

Die Organisation der Informationsbasis stellt ihre Zugänglichkeit und Verfügbarkeit sicher. Es ist deshalb oberhalb der Objektebene, auf der es zunächst um das bloße Vorhandensein bestimmter Inhalte geht, eine weitere organisatorische Teilebene anzusiedeln. Durch das elektronische Medium können etwa Verweise oder Referenzangaben des gedruckten Textes durch Hyperlinks ersetzt werden. Bei sogenannten funktionsgleichen Textsorten wie Nachschlagewerken oder -systemen in Buch- bzw. Hypertextform ist es nicht nur komfortabler und flexibler, sich die zusätzliche Information lediglich über das Anklicken eines Hyperlinks, den Sprung zu einer anderen Stelle im Dokument oder zu einem anderen Dokument anzeigen zu lassen, es etabliert sich durch die recht einfache Setzung und die gezielte Ausführung einer Selektion eine Filterfunktion, indem bestimmte Bereiche (auch optisch) in den Vordergrund gebracht werden, während zugleich andere in den Hintergrund rücken. Zwischen Objekt- und Metaebene kann daher dem Hyperlink ein eigenes, wenn nicht sogar zentrales, Bedeutungs- und Verwaltungspotenzial zugeschrieben werden.

In Bezug auf die Darstellung von Hyperlinks im Hypertext wird deshalb eine kognitive Plausibilität angenommen.[203] Diese kann darauf hinweisen, dass die hypertextuelle Verknüpfungen erfolgreich funktionieren und sich in der Konsequenz als Vernetzungsmöglichkeit multilineare Einheiten in die Struktur des Informationsbestands einbinden lassen. Dabei gerät der Link, dem folglich eine überaus starke Gewichtung zuzuschreiben ist, in das bereits benannte nicht unerhebliche Spannungsverhältnis zwischen Hypertextfunktion und Hypertextsystem. Auch ist zu beachten, dass durch das übermäßige Setzen von Verweisen schnell ein Überangebot möglicher Fragen entstehen kann, das vom eigentlichen Informationsangebot ablenkt. Hyperlinks ermöglichen das Angebot eines komplexen Sinnhorizonts, das zu diskutieren ist.

Im Rahmen äußerer Funktionalitäten erscheinen Hyperlinks deshalb

- als Elemente der **Organisation** zwischen Basis und Rezeption
- als strukturelle Elemente, wenn es um das Erreichen eines **kommunikativen Ziels** geht
- als sprachliche **Indikatoren**, die zweckmäßig im Hypertext verteilt sein müssen
- als **soziale oder kommunikative Kanäle** des Informationsbestands
- als **Sequenzorganisatoren** in Dekodierungsprozessen
- als inhaltliche und operationale Elemente der **Kohärenzplanung**.

3.2.2.1 Organisation zwischen Basis und Rezeption

Hyperlinks können im Folgenden verstanden werden als Organisatoren, die ein Konstruktionssystem zwischen Informationsbasis und Rezeptionsaktivität darstellen. Dabei erfüllen sie idealerweise semantische und argumentativ-stimmige Kategorien. Sie setzten darüber hinaus einen nicht unerheblichen dynamischen Akzent, da man über sie schnell auf Dokumente zugreifen kann und sie sich zudem flexibel anpassen und verändern lassen. Im Gegensatz zu einem gedruckten Text, bei dem der Autor an die lineare Präsentationsform gebunden ist und versuchen muss, die Vielfalt seiner Gedanken zu linearisieren, eröffnen sich im Hypertext mit dem Instrument Hyperlink grundsätzlich neue Modalitäten für kommunikative Ordnungen.

---

203 Inwiefern sich ein ausgeprägtes Kohärenzgefühl auf eine ‚kognitive Plausibilität' auswirkt und ob dadurch kognitiver Mehrwert entstehen kann diskutiert Kuhlen (1991: 55f.). Hierzu auch Zumbach/Rapp (2001) und Hammwöhner (1993); zur kognitiven Plausibilität in der Schematheorie s. Schwarz (1992: 156f.).

Eine Hypertextbasis stellt sich damit als multilinear organisiert dar; die Organisation ist in Analogie zu einem Netzwerk zu sehen. Es gilt also das Prinzip der Mehrfachverzweigung, was zugleich bedeutet, dass die oben bereits beschriebenen Zugriffsmöglichkeiten relativ offen gehalten werden und es folglich auch keinen optimalen Pfad durch einen Hypertext gibt. Allerdings erlaubt Hypertext gerade in dieser Art und Weise eine komplexe Organisation des darzustellenden Inhalts (vgl. Gloor 1990: 6), worin auch das modifizierbare Informationspotenzial gesehen wurde (s. o.). Immer neue Zusammenstellungen ermöglichen damit die Beziehungssetzung zu immer neuen Kontexten.

In Anlehnung an mentale Konstruktionsprozesse ließe sich nach den Grundprinzipien einer Topic-Hierarchie (vgl. Schnotz 1994: 234–237) die Konstruktionsaufgabe von Hyperlinks als Strukturorganisatoren wie folgt beschreiben: Auf die Organisation in hierarchische Strukturen folgt die Herausarbeitung des (Informations-)Skeletts. Dieses Skelett ist durch die semantischen Relationen zwischen den verschiedenen Wissenseinheiten bzw. Teilstrukturen charakterisiert. In der Topic-Hierarchie existiert eine unterschiedliche Relevanz bzw. Gewichtung der einzelnen Relationen, die zyklisch erfolgt „indem jeweils ein Strukturierungsentwurf zur Grundlage eines neuen, modifizierten Entwurfs gemacht wird" (Schnotz 1994: 235). Es entsteht eine übergeordnete Struktur der betreffenden Informationen, die sich durch einen hierarchischen Kohärenzgraph darstellen lassen könnte. Für die Aufgabe der Hyperlinks bedeutet das, dass nicht nur eine Relation zwischen Informationsbasis und Gegenstand durch einen formalen Konstruktionsprozess vermittelt wird, was etwa in Schnotz' Untersuchung wichtig ist, sondern m. E. auch die Relation oder Organisation zwischen Informationsbasis und Rezeption. Die Artikeltextbasis dient als Grundlage für einen Konstruktionsprozess zum Aufbau einer entsprechenden Kenntnisstruktur und auch als Grundlage zum Aufbau einer Kohärenzstruktur im Prozess des hypertextuellen Verstehens für den Rezipienten insgesamt.[204]

Dabei wird davon ausgegangen, dass hinter der Organisationsstruktur eine Sichtweise auf das abzubildende Gebiet steht.[205] Für einen Informationsdienst wie den der Wikis, der sich optimal in die Umgebung des WWW einfügt, ist z. B.

---

204 Durch die fortlaufende Bearbeitung der Hyperlinks sollte jedoch nicht unbedingt anzunehmen sein, dass sich eine Hierarchie-Struktur herausbildet. Dennoch kommt es zu wohl zu einem Verständnis von Hypertextrhetorik (Küpper 2008) oder, wie im vorliegenden Fall der Wiki-Architektur, zu einer Art Hypertextsinnpragmatik.

205 Ähnlich auch Geyer-Hayden (2009: 129).

ein wichtiger Bereich das Rechercheangebot.[206] Soll der Nutzer die Informationen, die über diesen Dienst vermittelt werden, finden, müssen diese mit einer Struktur versehen werden, die einer überindividuellen Sichtweise auf das Gebiet entspricht. Das Organisations- und Konstruktionsangebot durch Hyperlinks muss für den Nutzer verstehbar und handhabbar sein; nur so werden Links auch als Organisatoren und Konstrukteure zwischen Basis und Rezeption anwendbar.

3.2.2.2 Kommunikatives Ziel

Es wird deshalb davon ausgegangen, dass die jeweilige Nutzung der hypertextuellen Verknüpfung dem Erreichen eines kommunikativen Ziels dient, dass jedoch de facto nicht determiniert ist, da zu jedem Zeitpunkt ein erneuter Verstehensprozess einsetzen und das Ziel verändert werden kann. Neben der Nutzung der angebotenen Navigation- und Suchoptionen können Rezipienten etwa auch eigene Hyperlinks setzen oder Informationen hinzufügen. Anzunehmen ist, dass diese Rezipientenaktivität im Sinne einer Kohärenzwahrnehmung steht. Das ‚Kohärenzgefühl' oder nach Antonovsky ‚sense of coherence' (= SOC) wurde bereits im Kapitel 2.4.4 besprochen. Gemeint ist ein bestimmtes Wahrnehmungs- und Beurteilungsmuster im Rahmen der Salutogenese, das sich nach Antonovsky (1997: 34f.) als hauptsächlich subjektive Empfindung einer zu beurteilenden Orientierung aus den drei Komponenten (1) Verstehbarkeit, (2) Handhabbarkeit und (als wichtigste Komponente) (3) Sinnhaftigkeit von bestimmten Gegebenheiten zusammensetzt. Antonovsky versteht seinen untersuchten Gegenstand, die Gesundheit, als einen Vorgang, der prozesshaft stark in (soziale und kulturelle Kontexte) eingebunden ist.

Entsprechend wird das Informationsbedürfnis in einer hypertextuellen Umgebung verstanden als ein nicht-determinierter Zustand, ein ständiger Vorgang und eine ständige Entwicklung auf einen attraktiven Idealzustand oder ein ausreichendes Sättigungslevel hin. So ist die Sinnhaftigkeit der hypertextuellen Umwelt ausschlaggebend dafür, ob der Rezipient sich weiter darin bewegt, bestimmte Verlinkungen nutzt oder weitere (im Rahmen der Kollaboration) angibt. ‚Sense of coherence' kann als Oberbegriff benutzt werden, um Kohäsion, Kohärenz und soziopragmatische Aspekte im Hypertext sichtbar zu machen, von denen angenommen wird, dass sie sich an den o. g. drei Komponenten Verstehbarkeit, Handhabbarkeit und Bedeutsamkeit orientieren.

Diese Aspekte unterliegen jedoch, wie schon an einigen Stellen deutlich wurde, einer Prozesshaftigkeit, die den Hypertext auf mehreren Ebenen durchzieht.

206 Dazu gehört z. B. auch das Auffinden eines Wikis über Google-Suchanfragen.

So ergeben sich Text- und Wissensverfahren nicht nur aufgrund gezielter Verteilung oder gezielte Nachfrage aus den existierenden Beständen, sondern sie sind das Ergebnis von Kommunikationsprozessen. Diese Verfahren betreffen also nicht nur die Weitergabe von Kenntnissen über einzelne Fakten, sondern auch die Vermittlung von Einsichten in komplexe Zusammenhänge (vgl. Schnotz 1994: 19), d. h. von Kenntnissen über die Verfahrensweisen zum Erreichen bestimmter Ziele sowie von Fähigkeiten zu deren Anwendung. Als strukturelle Organisationselemente hierfür sind Hyperlinks bestimmbar. Allerdings müssen die angebotenen Verknüpfungen als solche erkennbar oder auch verstehbar und gleichzeitig handhabbar sein; die Benutzer müssen möglichst genaue Hinweise erhalten, wohin ein Link führt und wie das Ziel funktional-thematisch mit dem aktuell rezipierten Kontext zusammenhängt. Ein effektives Mittel hierzu sind Link-Etiketten, die eingeblendet werden, wenn sich der Mauszeiger über einen Linkanzeiger bewegt.[207] Gibt es nicht genügend Informationen zum Link, treten nach Bucher (1999: 22f.) wie o. g. folgende Kommunikationsprobleme auf: Das Identifikationsproblem ‚Was ist überhaupt als Link gemeint?' steht im Zusammenhang mit dem Zielproblem ‚Wohin führt der Link?' und stellt gleichzeitig die Sinnhaftigkeit und damit die kommunikative Ordnung als Ganzes infrage, nicht zuletzt, wenn auf die Frage ‚Welche Bildungen von Hypothesen über die Art des Zieldokuments sind möglich?' (Gattungsproblem) nicht mehr geantwortet werden kann. Kann die hypertextuelle Umgebung inhaltlich und strukturell das Kohärenzgefühl nicht bedienen, wird auch das Potenzial oder die Qualität des Informationsdienstes womöglich als geringer eingestuft und entweder nicht genutzt oder aber, im günstigsten Fall und sofern möglich, dem Informationsbedürfnis angepasst.

Das Informationsbedürfnis kann damit mehr oder weniger intentional, also zielgerichtet sein, und dient der Verwirklichung bestimmter Absichten und Zwecke[208], sowohl vonseiten des Rezipienten als auch aus Sicht des Produzenten. Die jeweiligen Ziele unterscheiden sich z. T. jedoch erheblich: Ein wesentliches

---

207 Im Gegensatz zu einer metakommunikativen Link-Explikation vom Typ „klicken Sie hier, wenn Sie XY sehen möchten" haben solche Etiketten (in Form eines Tooltips) den Vorteil, die Metainformation zum Typ des Links vom fortlaufenden Text getrennt zu präsentieren, und zwar nur bei Bedarf. Sie lenken deshalb nicht vom Textfluss ab, sondern dienen als inhaltliche Brücke in den Fällen, in denen aktuelles Interesse an weiteren Informationen zum Link besteht.

208 Auch ‚browsen' ist in der Regel intendiert. Die damit zusammenhängenden Effekte von Serendipity und assoziativer Verkettung kann in gut organisierten Hypertexten als positive Begleiterscheinung gewertet werden. In negativen Fällen (‚lost in

Problem dürfte sein, dass Informationen häufig anders genutzt werden als (vom Hypertextautoren) intendiert. Das kommunikative Ziel sowohl vonseiten der Produzenten als auch Rezipienten ist daher eben nicht die gegenseitige Verständigung, sondern für ein erfolgreiches Retrieval die Abbildung von relevant betrachteter Information an geeigneter Stelle auf der Objektebene.

3.2.2.3 Indikator und Rezeption

Hyperlinks indizieren das (Informations-) Potenzial, d. h. sie geben Auskunft über dieses und ermöglichen bzw. aktivieren die Rezeption. Damit jedoch das mit der Rezeption im Zusammenhang stehende Kohärenzgefühl in der Rezeptionsaktivität wirkt, müssen die Indikatoren, oder kohäsive Mittel, ausreichend und stimmig im Text- bzw. Hypertextdokument verteilt sein. Damit werden auf relativ praktische Art und Weise intertextuelle Aspekte[209] umgesetzt: Die unterschiedlichen Informationselemente beziehen sich immer aufeinander, so wie Texte sich explizit auf andere Quellen beziehen können. Hypertextuelle Relationen sind damit ein wichtiger Teilbereich einer Intertextualität im weiteren Sinne, die auch die Multimedialität einbeziehen kann. Die Hypertextproduzenten und -rezipienten setzen ihre im Bewusstsein gespeicherte kommunikative Erfahrung und die entsprechende Kenntnis über andere Texte intuitiv oder bewusst ein, um ein kommunikatives Ziel zu formulieren oder auch eine kommunikative Aufgabe adäquat zu lösen (vgl. Krause 2000: 62).

Die Verfolgung des individuell formulierten Pfads kann dabei zu unterschiedlichen Erfahrungen führen: Der Rezipient bewegt sich zwischen Serendipity, wenn durch assoziatives Browsen die ursprüngliche Fragestellung in den Hintergrund gerät und es zu einem produktiven Zufallsfund kommt, und der negativen Kehrseite, dem ‚lost in hyperspace'. Beides stellt zwar ganz allgemeine Rezeptionserfahrungen dar, die allerdings im hypertextuellen Umfeld in einer

hyperspace') ist das Resultat des anfänglich geäußerten kommunikativen Bedürfnisses Desorientierung und Desinteresse (vgl. Kuhlen 1991: 126–132).

209 Auf die verschiedenen Ausprägungen des Komplexes der speziellen bzw. aktuellen Intertextualität im Sinne von Krause (2000: 62–66) kann hier durchaus Bezug genommen werden. Ferner können bei kollaborativen Hypertexten viele Merkmale einer typischen Enzyklopädie wiedergefunden werden, die grundsätzlich auf einem intertextuellen Aspekt (vgl. Fandrych/Thurmair 2011: 89–113) fußen, und zwar dahingehend, dass sie bereits in anderen Quellen vorliegende Informationen zusammenfassend und systematisierend aufbereiten und dies etwa, wie im Fall von Wikipedia, durch Fußnoten belegen.

komplexeren Variante deutlich hervortreten.[210] Notwendig für die sinnhafte Nutzung des dynamischen Prozesses ist damit eben das Verständnis von Hyperlinks als Indikatoren zwischen *Informationspotenzial* und *Rezeptionsaktivierung*. Verstärkt wird diese Indikatorleistung noch dadurch, dass der Benutzer aktiv an der Gestaltung beteiligt werden kann. Er kann nach seinen Kohärenz- und Relevanzprinzipien über Links Bezüge hinzufügen oder verändern.[211] Für die hypertextspezifische Kohärenz ist zudem wichtig, dass Indikatoren in einem vielfach verzweigten Prozess zwischen Produzent, Rezipient und Hypertextbasis, nämlich in der Rezeption über Links veranlagt sein können. Durch die Verknüpfungstechnik im Hypertext werden die Konnexitätsindikatoren dann explizit gemacht. Ist der Nutzer dabei gleichzeitig Produzent, nimmt er zusätzlich eine zentrale Rolle bei der Kohärenzplanung ein.

Der Hypertext als „Text-in-Bewegung" ist, wie gezeigt wurde, damit einerseits Produkt des Prozesses, den ein Produzent ausführt, andererseits eines, das in der Wechselbeziehung mit seinen Informationen, nämlich denen, die die Objektebene (auch an unterschiedlichen Orten im Dokument) liefert und die zweckmäßig ausgewiesen sind und denen, die bereits beim Rezipienten vorhanden sind, veranlagt ist. Das durch Hyperlinks indizierte Transformationsresultat insgesamt ist damit auf Text- und Wissensverfahren zurückzuführen.

3.2.2.4 Sozialer und kommunikativer Kanal

Innerhalb von Text- und Wissensverfahren sind die angezeigten Verknüpfungen als Vertextungsstrategien innerhalb eines kollaborativen Hypertextes zu berücksichtigen, die auch eine soziale Perspektive erlauben. Während oben nach den Regularitäten der Rezeption gefragt wurde, geht es hier nun um die Verfahren der Linksetzung hinsichtlich soziokommunikativer Praktiken und darum, wie sie sich in Form eines Kanals im Hypertext auswirken können. Dafür lohnt wieder ein Rückblick zu wissenssoziologischen Vorstellungen. Wie an anderer Stelle erläutert, geht es etwa bei dem kommunikativ konstruierten sozialen Wissen des Common-Sense (vgl. Feilke 1994: 101f.) nicht um Wahrheit, sondern um Tauglichkeit in Prozessen kultureller Selbstorganisation. Als soziales Wissen ist dieses kommunikativ konstituiert und kollektiv geteilt. Feilke geht davon aus,

---

210 Ungewünschte oder unintendierte Rezeptionserfahrungen werden durch die Verlaufsoption im Browser oder durch eine Übersichtsstruktur im Hypertext aufgefangen. Diese Strukturen, die anzeigen, an welcher Stelle in welchem System man sich gerade befindet, sollten in einem anderen Rahmen diskutiert werden.

211 Nach Nielsen (1996: 174) zu verstehen als subjektive Links.

dass für die Konstitution kollektiven Wissens klassische Medien eine zentrale Rolle spielen, da sie Kognition und Kommunikation koppeln: In ihrem Zusammenwirken entstehe Realität (s. a. Schmidt 1998: 65f.). Es ist anzunehmen, dass hierbei zum Einsatz kommende Vertextungsstrategien oder Textverfahren allgemein einerseits stabil und fest, andererseits jedoch auch dynamisch und flexibel sein können. Gerade hier setzt die durch eine Auszeichnungssprache gestützte Verlinkung an. Sie stellt zwar ein rein technisches Mittel von Hypertexten dar, das im Rahmen seiner Verwendung stabile sowie flexible Aspekte aufweist, sie ist jedoch darüber hinaus vom Produzenten explizit vorgenommen und deshalb als kommunikatives Element zu werten, das sowohl technischer als auch inhaltlicher oder diskursiver Art sein kann: Einer bestimmten kommunikativen Absicht folgend wird ein Knoten auf einen anderen bezogen und durch diesen Bezug ein Zusammenhang kontextualisiert. Links dienen also als Navigations- und Kommunikationsinstrument.

Mithilfe der Hyperlinks, hier verstanden als Elemente der Vertextungsstrategie (s. o.), wird Sinn bzw. Verständnis intersubjektiv gemäß einer bestimmten Ordnung konstituiert und vermittelt. Es kann zudem innerhalb von Text- und Wissensverfahren in einem sozialkommunikativen Rahmen mithilfe linguistischer Instrumentarien genauer beschrieben werden (vgl. Kapitel 2.5.2). Es bleibt dabei anzumerken, dass das WWW nicht allgemeingültige Relevanzstrukturen vorgibt wie die klassischen Massenmedien, sondern dass diese vom Nutzer selbst an das Medium herangetragen werden (vgl. Plake 2001: 89). Der Nutzer entscheidet, was richtig und wichtig ist und überträgt diese Entscheidung auf das Online-Angebot, aus dem er wiederum eine Auswahl trifft. Nach der Überblicksdarstellung von Park (2003) und Park/Thelwall (2003) können Hyperlinks in diesem Zusammenhang als ‚social channel' verstanden werden: Die Webseite fungiere als Akteur, wobei gleichzeitig der Hyperlink zwischen den Webseiten die relationale Beziehung repräsentiere (vgl. Park 2003: 50). Die Muster der vorzufindenden Vernetzungen "reflect the communicative choices, agendas, or ends of the owners. Thus, the structural pattern of hyperlinks in their website serves a particular social or communicative function" (ebd.: 53). Die Hyperlink-Network-Analysis berücksichtigt entsprechend die Beziehungen dieser Akteure und ihre Funktionen in einem hyperlinkbasierten Netzwerk, die sich so auch als soziale Kanäle ausdrücken (ebd.: 57f.).

Man kann also in Bezug auf ein durch Hyperlinks ermöglichtes Netzwerk von einer sogenannten Doppelstruktur ausgehen, die neben der kommunikativ realisierten Beziehung zwischen den Akteuren (an dieser Stelle: Webseite und Knoten) und den Hypertextproduzenten auch eine soziale Struktur angibt.

Dies geschieht vor dem Hintergrund einer Informationstechnologie, die Vernetzungen leicht realisierbar macht und, wie anzunehmen – insbesondere bei Wiki-Informationsdiensten (durch die Archivierung der Artikelversionen) nachvollziehbar –, sowohl eine Kommunikationsdynamik zulässt als auch eine Verfestigung hypertextueller Verknüpfungsstrukturen. Hypertexte und die über diese erfassbaren Hyperlinks führen damit die Mehrdimensionalität des Netzwerkbegriffs[212] vor Augen sowie seine kommunikative und soziale Aktivität, und zwar zum einen als ‚networks of documents' und zum anderen als ‚networks of people' (vgl. Chin/Chignell 2006: 11).

3.2.2.5 Sequenzorganisation

Bei einem monumentalen linearen Text ist die thematische Struktur üblicherweise, wenn auch nicht gezwungenermaßen, linear. Allerdings ist der Leser nicht an diese Struktur gebunden, er kann blättern, querlesen oder die Lektüre über Verzeichnisse direkt an einer bestimmten Stelle fortsetzen oder beginnen. Querverweise brechen die Linearität einer Textstruktur auf, wobei deutlich wird, dass die Ursprungssequenz immer nur ein Angebot sein kann, dem der Leser nicht verpflichtet ist. Im Hypertext existiert bereits initial keine globale oder lineare Ursprungssequenz. Die Navigation ist in dieser Hinsicht dynamisch, wohingegen Knoten und Links eher statisch erscheinen (vgl. Gerdes 1997: 28). Diese Statik wird jedoch nicht nur durch kollaborative Projekte aufgeweicht. Links und Knoten können eine inhaltliche Struktur besitzen und auch nach Belieben gesetzt und aufgehoben werden, wenn sie die inhaltliche Struktur eines Lesewegs stören oder wenn Kohärenz und damit Sinnhaftigkeit nicht gegeben ist. Innerhalb des vielfach verzweigten Hypertextsystems liegt es deshalb nahe zu fragen, ob sich die Hypertextautoren den über- oder nebengeordneten Strukturen bzw. der aufgefächerten strukturellen Vernetzung und damit der Relationenbildung, über die die Sequenzorganisation geschieht, überhaupt bewusst sind. Für die Kohärenzplanung (s. u.) wird etwa zu überlegen sein, ob die Organisationsprinzipien den thematischen Zusammenhängen und funktionalen Sequenzmustern folgen. Da es mehrere, wenn nicht sogar teilweise unzählige, Benutzerpfade gibt, greift zudem die Bezeichnung der ‚multi-linearen Sequenz' (vgl. Fritz 2013: 202).[213]

---

212 Diesen betont auch Bucher (2007) und weist insbesondere im Fall von Wikipedia auf die grobe Unterteilung von Artikel-Netzwerk und Autoren-Netzwerk hin (vgl. ebd.: 24–26).

213 Vgl. die Ausführungen in Kapitel 1.2.5.

Es ist jedoch genauso möglich, dass Hyperlinks den Ablauf der Dekodierungsprozesse in Haupt- und Nebensequenzen organisieren, was in anderer Form bereits Schnotz (1994) deutlich gemacht hat: Auszugehen ist von einer selektiven Wissensstruktur, die infolge von Hierarchisierungen bestimmte Relationen hervorhebt und andere nicht berücksichtigt (vgl. Schnotz 1994: 236). Bei der Haupt- und Nebensequenzierung handelt es sich dann um eine mehrstufige, rekursiv strukturierte Hierarchie, derer sich der Produzent durchaus bewusst ist. Entsprechend dürfte vonseiten des Rezipienten davon ausgegangen werden, dass dieser innerhalb der multilinearen Form des Hypertextes immer nur eine jeweilige Sequenz des Bestands abruft. Dabei ist auch das jeweilige kommunikative Ziel oder das eigene Relevanzbedürfnis entscheidend hinsichtlich der Frage, ob der Rezipient sich in einer Haupt- oder Nebensequenz befindet.

3.2.2.6 Kohärenzplanung

Wie bereits an mehreren Punkten deutlich geworden tritt Kohärenz als wesentliche Eigenschaft des sinnhaften Zusammenhalts von Hypertexten auf. Rein formal wird sie durch die verschiedenen Formen der Verknüpfung erzeugt, dabei sowohl inhaltlich als auch operational sowie als Reaktion auf eine Suchanfrage aus einer Gesamtmenge. Die verschiedenen Verknüpfungen im Hypertext sollen, wie bereits erwähnt, Freiräume offen lassen, sowohl bei der Produktion als auch bei der Rezeption, denn eine nicht exklusive Festlegung ist wesentliche Voraussetzung dafür, dass eine Hypertextbasis von Rezipienten mit unterschiedlichem Vorwissen und unterschiedlichem Interesse gelesen werden kann. Es macht also wenig Sinn, von einer Gesamtkohärenz einer Hypertextbasis zu sprechen (vgl. Kuhlen 1991: 36). Vielmehr führt die jeweilige Nutzung zu einem insgesamt individuell-kohärenten Rezeptionsergebnis. Auf die von Schnotz gestellte Frage, was an einem Text denn wirklich kohärent sei, liegt die Antwort also sowohl im Text selbst, der Wissensstruktur der Produzenten und der Rezipienten und dem dargestellten Inhalt verborgen (vgl. Schnotz 1994: 17f.). Ebenso muss es im Zuge der Text- und Wissensverfahren neben dem inhaltlichen Zusammenhang innerhalb eines ‚Textes' auch außerhalb einer Textrealisierung um die jeweilige Ergebnisleistung der Rezipientenaktivität gehen.[214]

---

214 Dabei handelt es sich also nicht per se um ein hypertextspezifisches Phänomen: Erscheint etwa eine Textoberfläche, z. B. aufgrund der syntaktischen Form, zusammenhanglos, kann der eigentliche Inhalt durchaus stimmig sein. Um diesen inhaltlichen Zusammenhang zu erkennen, ist wiederum die Mitarbeit des Rezipienten notwendig. So referiert auch Schnotz (1994), dass es neben den Verknüpfungen,

Der hypertextspezifische Kohärenzbegriff muss also die Kategorie von sprachlichen Objekten bzw. von versprachlichten Sachverhalten und zudem Kommunikationssituationen, Verhaltensweisen und kreativen Verstehensprozessen umfassen. Kohärenz ist damit nicht mehr (nur), und darauf gründen sich auch die Text- und Wissensverfahren im kollaborativen Hypertext, durch den textuellen Konstruktionsprozess vermittelt, sondern vielmehr das Resultat eines wechselseitigen Verhältnisses mehrerer Indikatoren, die sowohl an inhaltliche als auch an operationale Prozesse gebunden sind. Dieses grundlegende Phänomen des Hypertextes ist zwischen der konstitutiven Eigenschaft einer digitalen Textfassung und der Aktivität einer (heterogenen) Rezipientengruppe einzustufen und gilt als Beschreibungskategorie für die durch die Rezipienten zugeordnete Textumgebung oder – im Fall des Hypertextes – Knoteneinordnung und ist damit immer als relational im Zusammenhang mit den rezipierenden Subjekten aufzufassen.

Nach Kuhlen (1991: 28–40) ist Kohärenzbildung auch im Zusammenhang mit der *Akzeptanz* von Hypertexten durch den Rezipienten zu sehen. Diese Akzeptanz hänge ganz klar davon ab, „ob Hypertextsysteme Funktionen anbieten können, die es dem Nutzer gestatten, die Einheiten nach semantisch und argumentativ stimmigen Prinzipien auszuwählen" (ebd.: 40). Hypertexte sind allerdings nicht nur in hohem Maße rezipientenabhängige Informationssysteme, so wie es traditionelle Textformen auch sind. Über die alleinige Rezeptionskompetenz des Lesers hinaus kann die Akzeptanz eines Hypertextes dadurch verstärkt werden, dass der Rezipient aktiv an der Gestaltung beteiligt werden kann. Die „zentrale Rolle des Benutzers in seiner aktuellen Situation für die Kohärenzbildung" (ebd.) wird also noch gestärkt, weil er streng genommen in doppelter Hinsicht für die Kohärenzplanung von Bedeutung ist:

> Der Rezipient urteilt nicht nur über die Akzeptanz einer Hypertextstruktur, sondern kann dieses Urteil ausdrücken, indem er die Strukturen als Produzent verändert. Dadurch konsumieren Rezipienten in ihrer Rolle als Produzenten ihre eigenen Inhalte.[215]

---

die auf einer Textoberfläche ihren Niederschlag finden zu einer „Verknüpftheit von mentalen Einheiten im Kopf des Lesers" (ebd.: 17) kommen muss und demnach Kohärenz nur „im Rahmen des kommunikativen Prozesses zwischen Autor und Leser [existiert]" (ebd.: 18).

215 Vgl. dazu die Ausführungen in Kapitel 1.1. Darüber hinaus soll an dieser Stelle noch einmal darauf hingewiesen werden, dass im kollaborativen Hypertextproduktionsprozess auch auf diese Art und Weise einem Redaktionswerkzeug Raum geschaffen wird, das die Inhalte formt und verwaltet.

Für den Aspekt der Kohärenzplanung sollen deshalb einige grundsätzliche Aspekte hervorgehoben werden. Grundlegend gilt für die Planung, dass sie den Kohärenzbildungsprozess fördern und Kohärenzbildungshilfen in Anspruch nehmen muss (vgl. Storrer 2004: 278). Gleichzeitig muss jedoch beachtet werden, dass bei einem Hypertext weder von einer antizipierbaren Leseabfolge noch von einer kontinuierlichen Rezeption oder einer trägermedialen Begrenzung ausgegangen werden kann (vgl. ebd.: 287f.). Damit ergeben sich folgende Bedingungen für die Kohärenzplanung:

(a) Hypertexte werden akzeptiert, wenn sie Funktionen anbieten könnten, die es dem Benutzer gestatten, die Einheiten nach *sinnigen* (d. h. semantisch und argumentativ stimmigen) Prinzipien auszuwählen. Hypertext dient, und hierin wird häufig auch der Mehrwert (vgl. Storrer 2000: 231) gegenüber traditionellen Textformen gesehen, in dieser Art und Weise als Dechiffrier- und Interpretationsmittel, mit dem Referenzen besser verstanden werden können, da die Kontexte explizit einbezogen werden. In einem der Rezeption vorausgehenden Schritt ist Kohärenz also ein entscheidendes Element der Planung.
(b) Hypertext kann so dazu führen, dass die erarbeiteten Informationen über eine bestimmte Dauer auch anderen Benutzern verfügbar gehalten werden. Das bedeutet aber auch, dass als Hilfsmittel geeignete Pfade zur Verfügung gestellt werden, die nicht starr sind, sondern dem Nutzer Alternativen lassen und somit eine hypertext-spezifische Kohärenz erlauben. Die gesamte Hypertextbasis kann ferner nicht in sich kohärent im texttheoretischen Sinne sein. Sie leitet sich unmittelbar aus dem gesamten Hypertextkonzept ab. Hyperlinks treten hierbei als starke Kohärenzelemente auf. Ein wichtiger Aspekt für die Kohärenzplanung könnte demnach wie folgt lauten: Eine erfolgreiche Navigation in Hypertextsystemen hängt von der Qualität der bereitgestellten Verknüpfung ab.
(c) Produzenten und Nutzer müssen dafür mit zwei Dimensionen (vgl. Bucher 2001) umgehen lernen, die hier gleichgesetzt werden sollen mit zwei der drei Komponenten des oben (vgl. Kapitel 2.4.4) beschriebenen Kohärenzgefühls: der textlichen Dimension, die auf ‚Verständlichkeit' oder ‚Verstehbarkeit' abzielt[216], und der operationalen Dimension (ausgedrückt durch Frames, Links, Buttons, Typografie), die die ‚Handhabung' oder Usability betrifft. Kriterien der Verständlichkeit kommen damit im Rahmen der Dimension

216 Verständlichkeit kann in diesem Fall etwa durch Verweise, Substitution und/oder explizite Wiederaufnahme erreicht werden.

einer Informationsvermittlung zum Ausdruck, was für die Hypertextkohärenz bedeutet, dass verschiedene Knoten zueinander in Beziehung gesetzt werden, wobei ein Knoten eine spezifische Rolle für einen anderen Knoten erfüllt. Kriterien der Usability, also der ‚Handhabbarkeit', finden im Rahmen der operationalen Dimension statt. Die dritte Komponente, die Sinnhaftigkeit, soll mit einer Art Kohärenzsicherung gleichgesetzt werden. Sie bildet die dritte Stufe eines Rezeptionsgedankens, der in der Aktivität von Produzent und Nutzer gesehen wird. Von Kohärenzsicherung wird ausgegangen, wenn die Verstehbarkeit und Handhabbarkeit bereits gegeben sind und die Verfolgung des gewählten Pfades als grundsätzlich sinnvoll betrachtet wird. Die gebildeten Relationen für die Kohärenzsicherung sind somit in einem Zusammenspiel von inhaltlicher und operationaler Dimension zu finden.

Stimmige Hypertexte ergeben sich also nicht allein durch das Setzen von Hyperlinks, sondern beruhen auf der Kenntnis medienspezifischer Merkmale und Logiken (vgl. Krameritsch 2007: 137). Das betrifft die einzelnen Knoten, ihre zweckmäßige Relationierung durch Hyperlinks, aber auch die Aktivität des Rezipienten. Aus diesen Komponenten bildet sich die Gesamtarchitektur eines kollaborativen Hypertextes, die wiederum das Auftreten von Text- und Wissensverfahren ermöglicht. Diese Verfahren unterliegen damit einer sehr komplexen Organisation. Diese ist bestimmt durch die Informationsarchitektur, ebenso wie durch den Interaktionsraum insgesamt. So entsteht ein vielfach verzweigter Prozesses aus verschiedenen medialen Komponenten des Hypertextes und soziopragmatisch motivierten Aspekten.

3.3 Fazit: Aushandlungskohärenz innerhalb von Text- und Wissensverfahren

Im vorliegenden Kapitel wurde die Informationsarchitektur eines kollaborativen Hypertextes sowie der damit im Zusammenhang stehende Interaktionsraum modellhaft anhand zweier Funktionsebenen für Text- und Wissensverfahren erläutert. Diesbezüglich wurden Hypertextmerkmale im Rahmen einer inneren und einer äußeren Funktionalität betrachtet. Das Vorkommen dieser Merkmale wurde an verschiedenen Sinnhorizonten festgemacht, die sich einerseits eher an einer Objektebene orientieren, andererseits im direkten Austausch von Objektebene und Metaebene bestehen. Die Ausführungen wiesen darauf hin, dass über innere und äußere Funktionalitäten eines insgesamt sehr komplexen Interaktionsraumes Validierung und Ratifizierung von Text- und Wissensverfahren im kollaborativen Hypertext im Laufe einer wechselseitigen Produktion und

Rezeption geschehen. Der Beitrag des Hyperlinks zu diesem Gefüge von System und Funktion ist zentral, wie an mehreren Punkten gezeigt werden konnte. Über diesen entwickelt sich ein geradezu komplexes Angebot an Sinnhorizonten, die nicht nur eine technische, sondern auch eine sozial-kommunikative Funktion erfüllen.

Grundsätzlich kann bei einem kollaborativen Hypertext zudem nicht davon ausgegangen werden, dass dieser ein ab ovo durch die Intentionalität des Produzenten geformtes originales Erzeugnis ist. Im Modus der zentripetalen Netzkommunikation (vgl. Geser 2008: 122) fügen sich die Beiträge eher wie Bausteine in ein größeres Gesamtwerk ein und dürften sich im Prozess eines kollektiven Konsens-, aber auch *Kohärenzbewusstseins* in Inhalt und Form zu einem anzunehmenden Zentrum entwickeln. Auf dieses Kohärenzbewusstsein richten sich sowohl die Verfahren im Rahmen einer inneren Funktionalität sowie die einer äußeren Funktionalität aus. Für Text- und Wissensverfahren könnten sich darüber Regelmäßigkeiten bezüglich bestimmter inhaltlicher und formaler Elemente ergeben.

Zirkuläre Bewegungsmuster in denen endogene und exogene Faktoren interagieren müssten ferner über eine Art Feedback-Schleife sichtbar werden. Etwa, wenn die Bearbeitungsaktivität aufgrund eines (medialen) Ereignisses steigt. Nebeneffekt sogenannter Aktivitäts- oder Aufmerksamkeitszyklen dürften qualitative Veränderungen sein, die an unterschiedlichen linguistischen Ebenen festgemacht werden können.

Aufgrund der andauernden Prozessgebundenheit ist in Bezug auf die betrachteten Verfahren immer von einer Aushandlungskohärenz auszugehen, die die Hypertextproduktion und -rezeption bestimmt. Es ist zu vermuten, dass diese an den Aspekten Verstehbarkeit, Handhabbarkeit und Sinnhaftigkeit festgemacht werden kann. Für die zu beobachtenden Überschreibungsprozesse anhand digitaler Textfassungen muss allerdings auch die jeweilige Bezugsetzung von globaler Kohärenzbildung einerseits und etwaiger Art des Artikeltextaufbaus (in einem Wiki) andererseits sowie darüber hinaus die Frage ihrer methodischen Erfassung beachtet werden.

4. Methodische Annäherung: Eine framegestützte Erschließung

4.1 Die Rolle der Quaestio

Die Notwendigkeit eines einheitlichen Gliederungssystems zur Darstellung von Textentwicklungen ist nicht nur im Bereich der Editionsphilologie (vgl. Martens 1971: 166f.) ein Bedürfnis. Auch die historisch oder diachron orientierte Framesemantik sucht hier verschiedene Verfahrensweisen für sich zu erschließen. In Anlehnung daran, wird hier versucht mit der folgenden verbindenden Betrachtung von Quaestio und Frameheuristik sich einem methodischen Ansatz zu nähern. Zu erörtern ist dabei, wie man ein dynamisches Textinventar mit seinen vielfältigen Implikationen greifbar machen kann, wobei es zunächst sinnvoll erscheint, das grob beleuchtete Konzept der Quaestio aus Kapitel 1 wieder aufzugreifen, um auf diese Weise Kohärenzprozesse und Arten des Textaufbaus präzise betrachten zu können. So liefert die Formulierung einer impliziten Frage, die im Text beantwortet werden soll, wichtige Vorgaben für die Versprachlichung eines Wissensinventars. Die zugehörigen Entitäten sind etwa in der Quaestio verschiedenen referentiellen Domänen zugeordnet, zugleich gibt die Quaestio Vorgaben für die referentielle Besetzung dieser Domänen an, die für die Kohärenzfrage kollaborativer Hypertexte fruchtbar gemacht werden können. Hierbei geht es jedoch nicht nur um den Wechsel von statischer und dynamischer Kohärenz (vgl. dazu Kapitel 1.2.6) und um die Änderung der Quaestio über die Verfolgung von Hyperlinks zu anderen Knoten. Vielmehr soll beleuchtet werden, wie sich die Quaestio bei Überschreibungsprozessen von digitalen Textfassungen verhalten könnte.

Dem Ansatz der Quaestio – bei von Stutterheim überwiegend, aber nicht ausschließlich im mündlichen Anwendungsbereich verortet – geht es um die Möglichkeit der strukturierten Beobachtung eines Textes als komplexe Lösung einer kommunikativen Aufgabe (von Stutterheim 1994, 1997). Im Fall von schriftlich verfassten Texten soll es nun um Beschränkungen oder ‚Steuerungsfaktoren' (vgl. ebd.) gehen, die durch die Quaestio[217] festgelegt werden. Anregend

217 Die Leitfrage, also die ‚Quaestio' eines Textes, formuliert sich im Zusammenhang mit einem frameorientierten Ansatz zu einer Idee, nach der ein kohärenter Text als komplexe Antwort (nämlich viele Frames und ihre Leerstellen betreffend) auf eine kommunikative Aufgabe zu verstehen ist.

an dem Ansatz der Quaestio ist zudem, dass Akkommodation und Anpassung in Form von veränderten Bedingungsfaktoren für die Aspekte Informationsselektion, Linearisierung und sprachliche Darstellung mitberücksichtigt werden; dem Quaestio-Ansatz ist damit prinzipiell ein dynamisches Potenzial inhärent. Dabei bewegt sich die Quaestio als kommunikative Aufgabe zwischen den beiden Polen einer routinemäßigen Texterstellung einerseits und eines ad hoc stattfindenden Problemlösungs-Prozesses andererseits, was auch über mehrere digitale Textfassungen beobachtbar sein dürfte.

Von Stutterheim (vgl. 1994: 257f.) weist darauf hin, dass eine kommunikative Aufgabe dann angemessen erfüllt werden kann, wenn einerseits eine lokale Verknüpfung von Wissenselementen stattfindet, andererseits globale Organisationsprinzipien zielsicher verlaufen. Diese Aufgabe ist verhältnismäßig komplex, da ein Selektions- und Strukturierungsprozess stattfinden muss. Die Wahl der Perspektive, Kontexteinbindung und Konventionen sind daher auch dann determinierende Faktoren, wenn es darum geht, im Textproduktionsprozess das jeweilige Sachverhaltswissen (selektiv) zu aktivieren und zu strukturieren (vgl. von Stutterheim 1997: 286–288).

Globale Organisationsprinzipien werden durch die Vorgaben der Quaestio in der Weise gesteuert, dass diese den Sachverhalt durch einen spezifischen referentiellen Rahmen festlegen (ebd.: 121). Der aufgerufene Wissensausschnitt besitzt folglich strukturelle Eigenschaften, die für die sprachliche Darstellung von Bedeutung sind und standardisierte Kenntnisse über den Sachverhalt, z. B. in Form eines Wissensrahmens oder Frames, auf den Plan rufen.[218] Die zu erfolgende Selektions- und Informationsverknüpfung erfordert dann für die jeweilige Textfassung eine Auswahl der prinzipiell vorhandenen Informationsbausteine zu einem kohärenten Ganzen, damit eine konstante Perspektive verfolgt werden kann.

Die globale Ebene bestimmt in dieser Weise auch Eigenschaften der Informationsstruktur auf lokaler Ebene, wobei die Aufgaben auf beiden Ebenen Beschränkungen unterliegen. Ein Beispiel globaler Beschränkung können Frames sein, die durch die Äußerungen in ihrer Gesamtheit Ausdruck einer komplexen Informationsstruktur, einer Gesamtvorstellung werden. Daneben existiert die lokale Beschränkung in Form von Kohärenz, Kohäsion und thematischer Progression, wonach sich Aspekte der referentiellen Bewegung ausmachen lassen, die sich in der Informationsentfaltung von einem Satz zum nächsten zeigen (vgl. ebd.: 62–64). Entscheidend ist, dass jede Äußerung ein Segment der Gesamtvorstellung aufruft und in Sprache umsetzt. Dabei geht es nicht nur um den Inhalt des

218 Nähere Ausführungen dazu im nächsten Teilkapitel.

Gesagten, sondern um die Muster der referentiellen Bewegung in Form von Erhalt, Anbindung und der Etablierung neuer Informationen, wodurch es, synchron betrachtet, zu einer strukturierten Entfaltung der Information kommt.

Globale Beschränkungen, die sich aus den jeweiligen Eigenschaften der Gesamtvorstellung und der jeweiligen Textfrage in der Situation der Textfassung ergeben, können also als Vorgaben für die referentielle Bewegung, d. h. als Vorgabe für die Wahl spezifischer sprachlicher Ausdrucksformen formuliert werden. Sie ergeben sich z. B. daraus, dass die Quaestio festlegt, welche Art von Informationen der Antworttext geben muss und welche Elemente im Fokus stehen.[219] Geschehnisse können etwa zeitlich verbunden sein, obwohl eine starre chronologische Abfolge nicht zwingend erforderlich ist und für viele eher diskursive oder narrativ angelegte Texte eh obsolet wäre. Ein Text vermittelt als Antwort beispielsweise eine Ereignisstruktur[220], zu deren Beginn es z. B. gehört, das Gesamtereignis in Zeit und Raum zu situieren.[221] Wichtig ist die Feststellung von Äußerungen, die sich direkt auf die Quaestio beziehen und damit die Hauptstruktur bilden, und solchen, die zusätzlich referentiell an die Hauptstruktur angebunden sind.

Mit der Quaestio wird also eine strukturelle Vorgabe verbunden, die einmal Äußerungen der Hauptstruktur, die der Antwort der Quaestio dienen, und – in der Nebenstruktur – alle übrigen Äußerungen betrifft. In der Hauptstruktur finden wir demnach die Vorgaben für die Planung eines kohärenten Textes, wobei natürlich auch Ausstieg und Modifikation dieser Vorgaben erkennbar werden können (vgl. von Stutterheim 1997: 29f.). Dies betrifft etwa die Arten der Kohärenzbildung, die einerseits statisch sein kann, und zwar in der Form, dass die Komponenten beim Aufbau einer entsprechenden Informationsstruktur konstant bleiben; es werden also Angaben gemacht, die in allen Äußerungen erhalten bleiben. Andererseits ist es auch möglich, dass sich eine dynamische

219 Ein ähnliches Fokus-Verhalten mit frame-semantischen Mitteln wird hier bereits deutlich. Klein (1999: 162–164) weist in Bezug auf die Zwei-Ebenen-Beschreibung von Wissensbeständen mithilfe von Frames auf Folgendes hin: Er betont, dass diese (nur nach außen hin) unscharf abgrenzbare Ausschnitte aus mehrdimensional vernetzten, bereichsspezifischen Begriffsnetzen sind. Die gegenüber der Vielzahl potenzieller Slot-Kategorien geringe Anzahl von Slots in lexemspezifischen Frames wird bestimmt durch die thematischen Foci und die dominanten Vernetzungen mit weiteren Begriffen in den maßgebenden Diskursen (ebd.).

220 Bei von Stutterheim (1997: 102–196) z. B. eine Erzählung.

221 Diese Initialsituierung findet beispielsweise auch in den einleitenden Definitionen eines Wikipedia-Artikels statt.

Kohärenzbildung ergibt, wenn der Zugriff auf das zu verbalisierende Wissen sequentiell organisiert ist.[222] Auf einen bestimmten Zeitpunkt der Textproduktion bezogen bedeutet das, dass aus einer komplexen Wissensstruktur Teile aufgerufen und in eine lineare Folge von Äußerungen umgesetzt werden, die dann sozusagen einem roten Faden folgen.[223] Diachron und damit im Vergleich von mehreren Textfassungen betrachtet, muss davon ausgegangen werden, dass sich mit der Änderung der Quaestio auch die strukturellen Vorgaben verändern, was sich entsprechend nicht nur auf die Hauptstruktur und die Nebenstrukturen auswirken dürfte, sondern auf die Informationsverteilung insgesamt.

So ist es die Topik-Fokus-Struktur, die sich im Quaestio-Ansatz aus dem Frage-Antwort-Prinzip ergibt (vgl. von Stutterheim 1997: 33–40): Die Quaestio legt die Menge der Alternativen (= Topik) und die Spezifikation (= Fokus) fest und damit auch die Kriterien der Informationsverteilung. Mit der Festlegung von Fokus- und Topikkomponenten hebt die Quaestio also gewisse Bestandteile der Gesamtvorstellung als die für den Text relevanten hervor und setzt Bedingungen dafür, wie eine Menge an Informationen aus einer Gesamtvorstellung in eine lineare Abfolge von Äußerungen gebracht wird. Da nicht alle Komponenten der Gesamtvorstellung ausgedrückt werden sollen und können, kommen diejenigen, die bei gegebener Quaestio nicht zur Sache gehören, buchstäblich auch nicht zur Sprache. Das, was durch diesen Selektionsprozess übrigbleibt, unterliegt wiederum dem angesprochenen Linearisierungsprozess.[224] Ein Linearisierungskriterium kann etwa die zeitliche Struktur eines dargestellten Ereignisses sein oder, je nach Konzeptdomäne, etwa eine räumliche Orientierung (vgl. ebd.: 31f.).

Im Fall von Beschreibungen kann statt einer zeitlichen Struktur ferner einer hierarchisch organisierten Wissensbasis gefolgt werden. Unabhängig von der Strukturwahl erfolgt die Zerlegung einer räumlich strukturierten Einheit jedoch in Teileinheiten (vgl. ebd.: 167–169). In einer hierarchischen Ordnung[225] besteht

---

222 Vgl. auch die in Kapitel 1.2.5 aufgenommenen Ausführungen von Fritz (2013).

223 Diachron betrachtet sollte dies dazu führen, dass die entsprechenden Angaben nicht erhalten bleiben, die Informationsstruktur sich also erheblich ändert, womit auch die komplexe Wissensstruktur, die zu einem Sachverhalt existiert, zum Ausdruck kommt.

224 Die Selektion von Information ist bei von Stutterheim durch Konvention sowie durch Faktoren der jeweils individuellen Sprechersituation gesteuert. Im Rahmen des in dieser Studie vertretenen Wissenskonzepts ist Selektion als Produzentenleistung, die von kognitivem und soziokulturellem Kontext geprägt ist, zu beurteilen.

225 Nach van Dijk (1980: 41) eine übergeordnete semantische Textthematik oder auch ‚Makrostruktur'.

dann eine Beziehung zwischen diesen Einheiten und einer übergeordneten auf einem höheren Granularitätsniveau oder Detaillierungsgrad in Form einer „besteht-aus"-Relation. Erforderlich für die Organisation ist (lediglich) eine global zu treffende Entscheidung dahingehend, wie detailliert ein Sachverhalt dargestellt werden soll. Damit ist letztendlich auch die Entscheidung für ein Linearisierungskriterium auf dieser Ebene verbunden, d. h. die Wahl der Verortung etwa in der Raum- oder Objektdomäne; finden lokale Wechsel in der Hierarchieebene statt, müssen diese im Text angemessen zum Ausdruck gebracht werden (vgl. von Stutterheim 1997: 168). Hier bietet es sich etwa an, alternative Linearisierungsmöglichkeiten, wie beispielsweise die Subordination, zu nutzen. Diese dient dazu, die Gliederungsebene zu erhalten und verhindert gleichzeitig, dass Informationseinheiten von dieser gewählten Hierarchie abweichen oder durch parallele Darstellungsformen als gleichwertig erscheinen. Die Kennzeichnung von Vorder- und Hintergrund führt somit zu Modifikationen global gewählter Muster der referentiellen Besetzung und Bewegung im Rahmen der Hauptstruktur als Re-Definition globaler Festlegung. Im Fall von deskriptiven Texten gilt es dabei, die strukturellen Merkmale angemessen zu erfassen. Dies kann nur geschehen, wenn die Struktureigenschaften des in einem Text zum Ausdruck gebrachten Sachverhaltswissens – auch im Prozess ihrer Veränderung über mehrere Textfassungen hinweg – berücksichtigt werden.

Die einzelnen Positionen in der für jede Textfassung zu erfassenden Grundstruktur stellen in einem gewissen Sinne Leerstellen dar, die mit Referenzen besetzt werden und so in ihrem Zusammenspiel einen Sachverhalt beschreiben. Dabei ist ein Vorgehen zu beobachten, das auch in frameorientierten Ansätzen eine Rolle spielt. So wie etwa versucht wird, mit einem Matrixframe (vgl. Konerding 1993) möglichst umfassend standardisierte Wissensdimensionen zu erfassen, die mit einem Konzept usuell verknüpfbar sind, ist festzustellen, dass diese Liste weder jemals vollständig noch in Gänze auf jede Situation anwendbar ist, sie also jeweils aktuell angepasst werden muss. Die Vielzahl der im Matrixframe in Frageform enthaltenen möglichen Aspektsetzungen wird für den konkreten Anwendungsfall reduziert.[226] Dies geschieht in ähnlicher Form wie die Beantwortung der Quaestio, die je nach Sachverhalt bestimmte Situationsmerkmale aufruft und anzeigt, was aktuell relevant ist und welche Modifikationen sich ergeben können.

226 Vgl. das Vorgehen bei Klein (1998: 41) für den Bereich der ethnischen Stereotype. Die durch empirische Untersuchungen bei van Dijk (z. B. 1984) gewonnenen Aspekte zu ethnischer Kategorisierung dienen als Slot-Kategorien, die stereotypischen Eigenschaften als Filler.

Bezüglich der referentiellen Bewegung, also der Besetzung einer Position innerhalb der Grundstruktur, lassen sich verschiedene Typen feststellen. Sie beschreiben die Art und Weise, wie sich eine Information bzw. Referenz von einem Satz zum nächsten verhält (vgl. von Stutterheim 1997: 62–64). Die Relation kann neben den Aspekten der Anbindungsverläufe wie den erläuterten Kategorien Hauptstruktur-Nebenstruktur und Topik-Fokus auch auf den Beziehungstyp hin charakterisiert werden. Hier werden grundsätzlich folgende Formen der referentiellen Bewegung unterschieden: Neueinführung, Wechsel, Erhalt, Verschiebung und assoziative Anbindung (vgl. Abb. 10). An gegebener Stelle wird zu untersuchen sein, in welcher Form es zu diesen synchron-vertikal zu wertenden Bewegungen vergleichbare diachron-horizontale Muster gibt, die sich über mehrere zu vergleichende Textfassungen hinweg ergeben.

Abb. 10: Typen referentieller Bewegung (Klein/von Stutterheim 1992: 90).

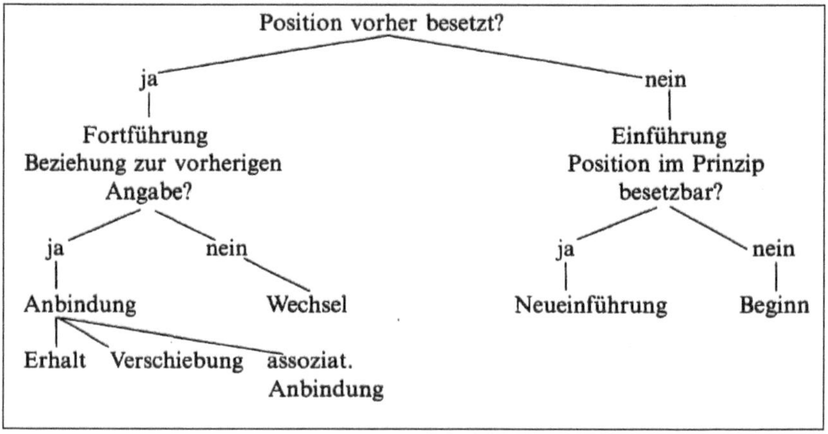

Eine inhomogene, nicht konstante Textstruktur ergibt sich ferner dann, wenn die kommunikative Aufgabe beziehungsweise die Vorgabe der Quaestio nicht richtig erfasst wurde. Gründe dafür können sein, dass der externe Sachverhalt nicht adäquat wahrgenommen wurde, dass Wissen also nicht der Quaestio folgend selektiert und perspektiviert werden kann. Eine weitere Ursache kann sein, dass die globale Perspektive nicht den Vorgaben der Quaestio entspricht.[227]

227 Z. B. wenn auf die Frage ‚Wo steht das Auto?' eine Antwort auf die Frage ‚Wie lange hat der Supermarkt geöffnet?' gegeben wird.

Zu untersuchen ist dann, ob die Textstruktur in einer späteren Textfassung der Quaestio entspricht oder diese neu formuliert wurde.

Die Untersuchungen von Stutterheims (1994, 1997) führen zu dem Ergebnis, dass bezüglich der Textstruktur Sprecher nicht schematisch einem Muster folgen, sondern stets Modifikationen vornehmen, die in den Text integriert werden. Es wird kein einheitliches Linearisierungsprinzip verfolgt, das in der Funktion der Routine Entscheidungsvorgaben auf den verschiedenen Ebenen des Textproduktionsprozesses liefert. Vielmehr werden Aufbau und Ausdruck eines Textes den veränderten Bedingungen oder Faktoren angepasst und es wird eine (begründete) Auswahl aus der vielschichtigen Informationsstruktur getroffen. Vorgaben und Konzepte werden lokal überprüft, wobei eine Ablösung des globalen Musters durch ein anderes zu einer Variation in der hierarchischen Organisation der Informationen im Rahmen der Hauptstruktur führt. Die Modifikationen erhalten ihren Stellenwert allerdings immer im Rahmen von und in Abgrenzung zu dem etablierten Globalplan des jeweiligen Textes (s. o.).

So ist auch für die Anwendung der Quaestio auf eine digitale Textfassung zu fragen:

- Welche veränderten Bedingungen werden bei einem Textaufbau berücksichtigt?
- Was wird aus einer vielschichtigen Informationsstruktur ausgewählt?
- Welche Modifikationen ergeben sich bei der lokalen Überprüfung durch Produzenten bezüglich Vorgaben und Konzepten?

Von Stutterheims Ausführungen legen nahe, dass im Sprachplanungsprozess eine Vielzahl von Faktoren interaktiv aufeinander bezogen wird. Diese sind Ausdruck eines komplexen Prozesses. Auf die Wissensbasis wirken Vorgaben in Form von Filtern, die in diesem Prozess dann wirksam werden, wenn einzelne Konzeptdomänen mit konzeptuellen Einheiten belegt werden (vgl. von Stutterheim 1997: 291). Eine ähnliche kommunikative Funktion findet sich auch im Zugriff auf frame-strukturierte Wissensbestände, etwa als Interaktion sprachlicher und perzeptueller Frames. Prinzipiell sollte es möglich sein, diese Prozesse, insbesondere die referentielle Bewegung, auch in diachroner Richtung zu betrachten. Dem Ansatz der Quaestio wird dazu ein framebasierter Zugriff zur Erfassung der vertexteten Wissensbestände vertiefend zur Seite gestellt. Auch hier geht es vor allem um die Auslotung der Möglichkeit einer diachron-dynamischen Perspektive.

4.2 Repräsentationsformat Frames

Frames wurden in dieser Untersuchung bisher u. a. als konzeptuelle Wissenseinheiten verstanden, die an sprachliche Zeichen geknüpft sind.[228] Eine konzeptuelle Wissenseinheit umfasst eine Reihe von Elementen, die kategoriell beschreibbar sind (vgl. Klein/Meißner 1999: 28). Darüber hinaus werden Aspekte der Veränderung bestimmter Äußerungen, hier insbesondere solche der (diachronen) Modifikation und Dynamik, in unterschiedlichen Zusammenhängen der Framesemantik deutlich. Busse versucht in seinem Kompendium (Busse 2012) eine sehr detaillierte Darstellung zur Frame-Semantik, wobei er die Frame-Dynamik als ein für die integrative Zusammenschau wichtiges Merkmal beschreibt. Prinzipiell zu unterscheiden sind im Folgenden Ansätze, die sich eher mit stereotypischen Situationen, wie z. B. Minsky, auseinandersetzen und solche, die sich (wie Konerding u. a.) mehr lexikalischen Konzepten widmen. Auch wenn im weiteren Verlauf der Studie eher dem letzteren und damit einem ‚paradigmatischen Frameverständnis' der Vorzug gegeben wird, lassen sich Aspekte der Modifikation und Dynamik in beiden Sichtweisen ausmachen. Wie sich die von mir genannten modifizierenden und dynamischen Aspekte framesystematisch fassen und anwenden lassen, wird im Kapitel 5 exemplarisch aufgezeigt.

4.2.1 Aspekte der Modifikation und Dynamik in der Frame-Semantik: Ein Überblick

Mit Charles J. Fillmore beginnen die ersten Schritte zu einer Frame-Semantik, die sich damit beschäftigt, welche Aspekte des verstehensrelevanten Wissens zur ‚lexikalischen Bedeutung' gehören.[229] Fillmore legte sozusagen den Grundstein dafür, dass die Frame-Semantik heute als eine Forschungsrichtung betrachtet wird, die man als „eine linguistische Analyse des zum Verstehen und Gebrauch sprachlicher Mittel notwendigen Wissens in seiner ganzen Breite, Form, Struktur und Funktion bezeichnen könnte" (Busse 2012: 11). Was zu einer Bedeutung dazugehört, geht laut Fillmore über einen eng gefassten, lediglich den Bezug auf den sprachlichen Begriff von Wissen setzend, hinaus und ist in den Bedingungen

228 Vgl. auch Kapitel 3 sowie den Begriff des kognitiven Schemas bei Schnotz (1994: 61).

229 Fillmore stellt bezeichnenderweise nicht die Frage ‚Was ist die Bedeutung dieser Form?', sondern ‚Was muss ich wissen, um diese Form angemessen verwenden zu können und um andere Leute zu verstehen, wenn sie sie verwenden?' (vgl. Fillmore 1971: 274). Dabei geht es neben den sogenannten lexikalischen Einheiten um solche, „die eine grammatische Struktur auf einer höheren Ebene als der Wortbildung besitzen" (Fillmore 1978: 149).

des angemessenen Gebrauchs und Verstehens zu finden (vgl. Fillmore 1971: 274). Auch geht es ihm darum, dass über Frames Perspektiven oder Fokuspunkte organisiert und festgelegt werden; eine Aufgabe, die – als abstrakte Einheit zu verstehende – Kasus-Rahmen (z. B. Fillmore 1977: 58) übernehmen. Der in den Kasus-Rahmen angelegte Schema-Gedanke wird von Busse als wichtige Vorüberlegung für die Frame-Semantik dokumentiert (vgl. Busse 2012: 40 und 59), wobei das Strukturmerkmal der Perspektive einen wichtigen Verbindungspunkt darstellt (vgl. ebd.: 65). Neben der Aufgabe von Frames, als Teil der menschlichen Kognition ein Repräsentationsformat für Erfahrungswissen[230] zu schaffen, wird bei Fillmore zudem die Wichtigkeit des ‚Analysewerkzeugs' Frame-Semantik deutlich (vgl. Fillmore 1985: 232).

Weitere Ansätze in der Linguistik gehen über die Bezugnahme dieser Frame-Idee auf Fragen der lexikalischen Semantik und auf den Zusammenhang von lexikalischer Bedeutung und Grammatik hinaus. Etwas grundsätzliches, auf das sich alle weiteren Auseinandersetzungen mit der Frame-Semantik aber beziehen, ist, dass sprachliche Zeichen und die Struktur komplexerer sprachlicher Ausdrücke (etwa lexikalische Mehrworteinheiten) Frames evozieren und Frame-Elemente verbalisieren. Ein markanter Punkt ist zudem, dass durch die häufig selektive Verbalisierung bestimmter Aspekte von Frames eine Perspektivierung und Fokussierung in Bezug auf ausgewählte und jeweils relevante Aspekte oder Teile des Gesamt-Frames bewirkt werden und diese als gesellschaftlich typisierte Perspektivierungen und Fokussierungen Teil des Wissens werden können (vgl. Busse 2012: 623).

Die slot-filler-Dichotomie als Kernelement eines Frames tritt zudem verstärkt über die vielzitierte Arbeit Marvin Minskys von 1975 in Erscheinung. Durch ihn erfolgt die kognitionswissenschaftliche Begründung des Frame-Gedankens.[231] Er führt zudem einen hier als wichtig zu erachteten Aspekt bezüglich der Framesystematik ein, nämlich den der Dynamik von Frames. Dieser Gesichtspunkt wird von Minsky im Zusammenhang mit der Erweiterung des von Fillmore verwendeten Konzepts der Evokation (Fillmore 1977) auf ganze Framesysteme ausgeweitet. Das bedeutet, wenn ein Frame nicht ‚passt', wird er so lange modifiziert, bis er auf die (neue) Situation angewendet werden kann (vgl. Minsky

230 Dies erscheint bei Fillmore als „Erfahrungsformat" (Fillmore 1976: 26).

231 Die häufige Annahme, Minsky hätte den Frame-Gedanken begründet, ist nach Busse (2012: 20) nicht unbedingt richtig. Minskys Gedankengut sowie Fillmores erste Formulierungen des Prädikation-Rahmen-Modells beziehen sich auf das bereits in den 1930ern veröffentlichte Schema-Konzept von Bartlett (vgl. ebd.).

1975: 218).[232] Der erforderliche Aspekt von Dynamik bedeutet über die Modifikation hinausgehend also auch, dass, wenn die vorhandenen Frames nicht ausreichen, neue konstruiert und dem Framesystem hinzugefügt werden. Ein Frame-Wandel ist daher im Prinzip der Frames und Frame-Aktivierung immer schon angelegt, womit, wie Busse (2012: 259) bemerkt, der Grundbaustein für Sprache und Bedeutung angesprochen wäre. Damit verdient auch die bei Minsky nur implizit angesprochene Rekursivität Beachtung, wonach Frames Füllungen für Leerstellen höherer Frames sein können und an ihre eigenen Slots andere Frames anschließen. Der Aspekt der Dynamik beinhaltet somit auch immer das Merkmal der potenziellen Unabgeschlossenheit von Frames.[233]

Im Anschluss an Minsky ist folgendes Arbeitsmodell von Frames durchaus gängig: Frames werden verstanden als thematische Agglomeration von Wissenselementen oder als Repräsentationsformat, dessen Leerstellen oder Slots mit bestimmten Erfahrungswerten[234] gefüllt werden. Mit anderen Worten: Eine bestimmte Situation aktiviert einen Frame des zugehörigen Konzepts oder Themenbereichs, im Prozess der Kontextualisierung werden dessen Leerstellen dann mit konkreten Informationen oder Füllwerten angereichert. Bereits mit einem aufgerufenen Frame assoziierte Vorstellungen und deren Dokumentation bilden sogenannte Standardwerte.

Wie im nächsten Teilkapitel noch zu zeigen sein wird, wird die Slot-Struktur konkreter Konzept-Frames durch Substitutionsverfahren entwickelt. Die Eigenschaften der abstrakten Matrixframes (nach Konerding 1993) werden dabei auf konkrete Konzept-Frames vererbt. Mit Rückgriff auf Fillmore, der Frames sowohl als ein kognitives Repräsentationsformat für Erfahrungswissen als auch als ein analytisches Werkzeug darstellt (vgl. Fillmore 1985: 232), wird mit der Slot-Struktur ein heuristisches Kodierparadigma zur Verfügung gestellt.

Dabei soll eine zentrale Idee, die in Barsalous Frame-Modell zur Sprache kommt, nicht unbeachtet gelassen werden: Barsalou (1992: 67) geht davon aus, dass Frames „Konstanz und Variabilität über Exemplare und Zeit hinweg" erfassen. Dieser Mechanismus ist – er nennt es hier explizit – rekursiv anwendbar, „indem er [Mechanismus; N. M.] Frames in Frames produziert an jedem Punkt, wo neue Aspekte der Variabilität festgestellt werden" (ebd.). Frames können also beliebig, unabschließbar und in unterschiedlichen Graduierungen in untergeordnete Frames ausdifferenziert werden. Wie sich allerdings Statik und Dynamik

232 Ähnlich funktioniert die von Klein (1998) eingeführte Größe „Filter" (s. u.).

233 Minsky verdeutlicht seine Gedankenansätze von 1974 in der umfassenden Monografie ‚The society of mind' (Minsky ²1986).

234 Petruck (1997) spricht z. B. von ‚categories of experience'.

konkret erfassen lassen können, wird hier nicht geklärt. Bei der Diskussion von Frames und Konzept-Feldern kommt es Barsalou wohl vor allem auf die aus der Eigenart von Frames resultierende Dynamik der Begriffsfelder an: ihr exponentielles Wachstum.[235] Nicht nur einzelne ‚Konzepte' und deren verschiedenste Aspekte, sondern auch große Begriffsfelder könnten also strukturiert beobachtet werden (ebd.: 61). Dazu würden gehören:

(a) die Definition der impliziten Ausdehnung eines Begriffsfeldes,
(b) die explizite Repräsentation spezifischer Konzepte und
(c) die Unterstützung der Aufnahme und die Anpassung von Konzepten (vgl. ebd.: 63).

Frames sind Barsalou zufolge ‚Erzeugungsmechanismen', die hochgradig generativ sein können.[236] Das Interessante des dynamischen Aspekts von Frames umfasst bei Barsalou neben Flexibilität auch Rekursivität; wie sich allerdings konstante und variable Elemente auch tatsächlich gleichermaßen fassen lassen, sollte anhand eines konkreten Beispiels überprüft werden.

In der germanistischen Linguistik war das Interesse an semantischen Frames bis in die 1990er Jahre stark lexikologisch und lexikografisch motiviert, wie die Arbeit Konerdings (1993) zeigt. Er versucht eine empirische Umsetzung der Frame-Theorie, auf die im nächsten Teilkapitel noch näher einzugehen ist. Da „die Sprache eine zentrale Stellung für den Zugang zum Wissen, insbesondere individuengebundenem, stillschweigendem Wissen, einnimmt" (Konerding 1993: 3), müsse sie bei Frame-Konzeptionen eine wichtige Rolle spielen. Frames dienen jedoch bei Konerding lediglich Dokumentationszwecken bzw. der „sprachlichen Beschreibung", insofern bleiben Aspekte der Modifikation und Dynamik, soweit sie nicht in den Bereich der (synchronen) thematischen Progression fallen, unberührt. Im Anschluss an Konerding lassen sich weitere Tendenzen verfolgen, Frames zur korpusbasierten Analyse sprachlich-konzeptueller Strukturen einzusetzen. Hierbei kommt die bereits

---

235 Wenn auch seine Formulierungen nicht ganz eindeutig sind: Die von einem Frame definierten Konzepte beschreibt er einerseits (in der Praxis?) als exhaustiv und anderseits (in der Theorie?) als unbegrenzt (vgl. Barsalou 1992: 62f.).

236 Für verschiedene Teilgruppen einer Gesellschaft würde es aber unterschiedliche Grade der Detailliertheit von Frames geben. Analog zur Experten-Laien-Dichotomie gilt beispielweise eine feine oder grobe Ausdifferenzierung von Frames (vgl. Barsalou 1992: 65).

angesprochene Doppelrolle der Frames als Repräsentationsformat und (korpus-) linguistisches Instrument zur Untersuchung eben dieser Formate zum Tragen.[237]

Der Ansatz von Klein verfolgt in erster Linie einen wissensanalytischen Zugriff, dem die Frame-Semantik als Methode dient. Frame wird demzufolge verstanden als „Repräsentationsformat und diagnostisches Instrument für Begriffswissen" (Klein/Meißner 1999: 27). Da zwischen semantischem Wissen und Sachwissen nicht trennscharf unterschieden werden kann – ein Standpunkt, der in dieser Studie in Kapitel 2.4.2 ausgeführt wurde –, liegt die Fassung von lexembezogenem Bedeutungswissen durch einen (überindividuellen, aber gruppenspezifischen) Wissensrahmen nahe.[238] Der dynamische Aspekt wird von Klein in der Art und Weise bedient, dass er die sogenannte Fillmorsche ‚Perspektive' eines Frames diachron deutet: Das führt dazu, dass Slot-Kategorien innerhalb eines öffentlichen Diskurses von der Peripherie eines Begriffs in sein Zentrum rücken und derartige Perspektivenverschiebungen einen Frame-Wandel indizieren können.[239] Der Wechsel von Frame-Elementen zwischen Zentrum und Peripherie erfordert eine besonders nuancierte Betrachtung der so charakterisierten Wissenselemente. Die Bestimmung des Status bestimmter Framekategorien könnte wiederum der Beobachtung der Perspektivenverschiebung dienlich sein.[240] Es sei deswegen an dieser Stelle zudem auf die Größe „Filter" hingewiesen, die Klein benutzt, um prozesshafte Aspekte des Frame-Modells anzusprechen und die „für die Fokussierung einiger weniger Aspekte sorgt" (Klein 1998: 41). Sie wird

237 So bezieht sich z. B. Fraas (2013) durchaus auf Fillmore und den "frameworks of knowledge or coherent schematizations of experience" (Fillmore 1985: 232). Als textanalytisches Hilfsmittel systematisiert ferner Holly (2001: 141) über Frames bestimmte Analyseschritte, indem er in den Bausteinen der Frames ein tertium comparationis ausmacht, wodurch Lexemvarianten und -nuancierungen deutlich sichtbar würden.

238 Klein/Meißner (1999: 28) verstehen unter ‚Frame' eine konzeptuelle Wissenseinheit im Langzeitgedächtnis, die gleichzeitig an ein sprachliches Zeichen geknüpft ist. Die konzeptuelle Wissenseinheit umfasst, ihnen zufolge, eine Reihe von Elementen, die kategoriell beschreibbar sind.

239 Vgl. das Beispiel in Klein (1999: 170) zur Slot-Kategorie ‚Veränderung' des Frames ‚Lohnnebenkosten'.

240 Unter den Aspekt der Perspektive fällt auch, dass Frames einen unterschiedlichen Grad an Granulierung (z. B. in der Experten-Laien-Dichotomie, Klein 1999: 167) aufweisen können. Konkrete Frames können also häufig Ausdifferenzierungen von spezifischen Teilen übergeordneter oder allgemeinerer Frames fokussieren. Der Einsatz eines guten frame-semantischen Instruments dürfte in der Lage sein, diese Granulierungen angemessen zu fassen.

für Klein relevant, da aus den Kategorien eines Matrixframes (nach Konerding 1993; vgl. das folgende Teilkapitel) immer die ad hoc relevanten Kategorien herausgefiltert werden müssen. Die Attribute eines Matrixframes würden so weit reduziert, bis diejenigen übrig blieben, die für das jeweils fragliche analysierte Konzept einschlägig seien.

Auch dem Ansatz von Fraas (1996a/b; 2001; 2013) ist ein dynamischer Gesichtspunkt zu entnehmen. Er ist (wie die Arbeit Kleins) in vielerlei Hinsicht an Konerding orientiert. Über Fragen werden Frame-Elemente und Aspekte erschlossen und Prädikationen ermittelt, die ein Bezugswort semantisch ausfüllen. Fraas verknüpft zudem Zielsetzungen der Diskursanalyse mit dem Frame-Modell, was allerdings an dieser Stelle nur eine Randbemerkung bleiben soll. Wichtig ist zunächst lediglich, dass bei Fraas die Frame-Analyse gerade deshalb interessant ist, weil sie sie als theoretische Grundlage einerseits und als methodisches Instrument andererseits benutzt, um die Variabilität von Konzepten adäquat fassen zu können: Bedeutungen und ihre obligatorischen und fakultativen Bestandteile würden sich durch Standard- oder Defaultwerte zwar mental begrenzen lassen, aber auch Optionen eröffnen, durch die sie „als instanziierbare Variablen fungieren, wobei der Kontext eine wesentliche Rolle spielt" (Fraas 1996b: 14). Die einheitliche (‚lexikalische') Wortbedeutung sei dabei nichts anderes als ein idealisierendes Konstrukt.

In einem frame-analytischen Ansatz integriert Fraas (1996b) zudem Slots für Sprechereinstellungen[241], um bestimmte Bewertungen und deren (diachrone) Entwicklung fassbar zu machen. Mit dieser ‚soziokulturell-konstruktivistischen Sicht' auf das verstehensrelevante Wissen schlägt Fraas eine interessante Richtung ein. Texte werden zum Medium ‚sozialer Kognition' erhoben, und Frames beweisen sich als heuristische Instrumente zur Erfassung der sozialen Dimension des semantischen (und verstehensrelevanten) Wissens, denn „Rahmen sind immer ontogenetisch verfestigt und soziokulturell imprägniert" (Fraas 2001: 41). Somit ergibt sich der heuristische Wert vor allem daraus, dass praktisch-methodisch „unterschiedliche Lesarten und aktuelle Äußerungsbedeutungen aufeinander" (ebd.) bezogen werden, unterschiedliche Wissensbereiche integriert und Lexembedeutungen vor dem Hintergrund übergreifender Wissenszusammenhänge interpretiert werden können.

241 Wie allerdings Busse (2012: 513) richtig bemerkt, handelt es sich bei den Sprechereinstellungen um einen weiteren metakonzeptionellen/pragmatischen Aspekt, der außerhalb oder parallel zum Konzept-Frame (bei Fraas (1996a/b) ‚Identität' und ‚Deutsche') stehen müsse. Pragmatische Komponenten können nicht in die eigene Untersuchung einbezogen werden.

Die Erweiterung des Analysebereichs auch auf Bild-evoziertes Wissen, wozu außerdem der Begriff des ‚Interpretationsmusters' (vgl. Fraas/Meier/Pentzoldt 2010) tritt, wird von Meier fortgeführt. In seiner Auslegung des Begriffs des „Wissensrahmens" (nach Busse 2008: 74) hebt er die zentrale Rolle der Standardwerte (default-Werte) hervor, die unterschiedlich stabil sein können. Konzepte z. B. aus politischen Diskursen sind Meier (2010: 374) zufolge wohl weniger konsistent. Innerhalb der von ihm vorgeschlagenen Diskursanalyse, dürften Frames die partikulären diskursiven „Positionen, Sinnhorizonte oder Interpretationsrahmen" (ebd.) erfassen. Hinzu kommt, und auch das ist ein Punkt, der in dieser Studie bereits in Kapitel 2 ausgeführt wurde, dass menschliche Kommunikation und Wissenskonstitution durchgängig „multimodal" ist und „mittels zusammenwirkender unterschiedlicher Zeichensysteme realisiert" (ebd.) wird. Die sprachliche Fundierung menschlicher Wissenskonstitution sollte dabei allerdings nicht nur im Hintergrund bewusst bleiben, sondern einen eigenen Aufgabenbereich innerhalb einer linguistischen Fragestellung ausfüllen.

Ziem (2008) konzentriert sich mit seiner Arbeit auf eine konzeptualistische Bedeutungstheorie, für die er eine entsprechende Grundlage schaffen möchte. Er geht deshalb davon aus, dass Wissen, das zur Erfassung der Bedeutung eines sprachlichen Ausdrucks eingebracht wird, Strukturen aufweist, die sich mittels Frames linguistisch beschreiben lassen. Ziems theoretisches Verständnis von Frames erlaubt einen erweiterten (stärker kognitivistisch geprägten) Blick auf Frames. Er sieht etwa die Hyperonymtypenreduktion (vgl. Konerding 1993) als geeignetes Verfahren an, um die Leerstellen eines Frames zu bestimmen, behält aber auch die kognitive Realität der konzeptuellen Wissensstrukturen im Auge. So weist er darauf hin, dass sich die Dynamik eines Frames in den variierenden Besetzungen von Leerstellen zeigt. Innerhalb eines Diskurses können sich über „rekurrente gleichförmige Schema-Instanzbeziehungen" (Ziem 2008: 367) neue Standardwerte bestimmter Frames etablieren.

Die jüngeren Arbeiten aus dem Bereich der Diskurslinguistik bieten interessante Aspekte in Bezug auf die Erfassung kollektiver Wissensbestände an. Neben Ziem (2008) weist vor allem Fraas (1996a/b; 2005; 2013) auf das Kontextualisierungspotenzial von Konzepten mithilfe der Frames hin. Demnach aktiviert eine Situation oder ein sprachlicher Ausdruck den Frame des zugehörigen Konzepts und erzeugt eine Struktur, die im Prozess der Kontextualisierung mit konkreten Informationen angereichert wird. In der Diskursanalyse können Frames so als Modelle für das Kontextualisierungspotenzial diskursiv zentraler Konzepte (Schlüsselkonzepte) eingesetzt werden. Systematisch und theoriegeleitet werden in den genannten Arbeiten die Frames der Schlüsselkonzepte aus sogenannten

Matrixframes (Konerding 1993) hergeleitet (s. u.). In der Analyse der Dynamik von Konzeptbildung (systematische Modifikation und Kombination von Frames, um neue Frames zu bilden) werden insbesondere Wortbildung, Metapher, Metonymie und Bedeutungswandel als Möglichkeiten des Analysevorgehens genannt.

So wie also sprachliche Strukturen Ordnungen oder Regularitäten der kommunikativen Praxis darstellen können, treten Frames als zentrale Organisationseinheiten über die sprachliche Kognition hinaus auf. Sie sind schematisierte Erfahrungen, die den Gebrauch sowie das Verstehen eines sprachlichen Ausdrucks motivieren. Neue Erfahrungen führen jedoch zwangsläufig dazu, dass Frames sich fortlaufend verändern: "schemata or frameworks of concepts or terms [...] link together as a system, which impose structure or coherence on some aspects of human experience" (Fillmore 1975: 123). Frames sind damit praktisch - und dies ist m. E. bereits seit Fillmore der wichtigste dynamische Aspekt – Zeugen einer bearbeiteten Erfahrung; sie verfolgen dabei nicht nur einen Ordnungs- und Strukturgedanken, sondern damit einhergehend den bereits mehrfach genannten Kohärenzaspekt „und strukturieren so das semantische und das enzyklopädische Gedächtnis zugleich" (Busse 2012: 74).

Diese Strukturidee hat auch in den Kommunikationswissenschaften Einzug gehalten, wo Frames als Sinnhorizonte oder Interpretations- bzw. kollektive Orientierungsmuster gelten. Sie perspektivieren Wissensbestände und heben bestimmte Informationen hervor, wobei andere ausgeblendet werden (vgl. Scheufele 1999; Benford/Snow 2000).[242] Der Fokus liegt damit zwar weniger auf dem Strukturaspekt als auf dem Perspektivierungs-Potenzial in der (massen)medial vermittelten Kommunikation, allerdings zeigt sich gerade hier (s. a. Klein 1999) das Prozesshafte des Frame-Gedankens: "[T]o frame is to *select some aspects of a perceived reality and make them more salient in a communicating text, in such a way as to promote a particular problem definition, causal interpretation, moral evaluation, and/or treatment recommendation* for the item described" (Entmann 1993: 52, Herv. i. O.).

Mit Busse lässt sich letztendlich zusammenfassend feststellen, dass der diachrone Frame-Wandel und die darin eingeschlossene Ausdifferenzierung und Neuentstehung von Frames Ausdruck einer Frame-Dynamik ist, die wiederum wesentlich zu den als Frames charakterisierten Wissensstrukturen beiträgt (vgl. Busse 2012: 624f.). Bereits zu den Grundelementen der Frame-Theorie Minskys zählte, wie oben bereits angesprochen, dass Frames an neuartige

242 Vgl. in diesem Zusammenhang auch die Topik-Fokus-Struktur bei von Stutterheim (s. o.).

Erfahrungen oder Aufgaben angepasst werden können und sich darüber die Dynamik der Frames und Framesysteme ergibt. Dies geschehe entweder durch

(a) die Abwandlung vorhandener Frames (z. B. durch Weglassen, Austausch, Hinzufügen einzelner Leerstellen oder Änderung der ‚Subkategorisierungs'-Bedingungen vorhandener Leerstellen) oder durch
(b) die Konstruktion neuer, oder wie man eigentliche genauer sagen müsste: aktualisierter Frames (vgl. Minsky 1975; Busse 2012: 305).

Busse weist folgerichtig darauf hin, dass eine diachrone Konzeption jedoch nicht nur den Wandel gegebener Strukturen, sondern auch deren Stabilität erklären muss (Busse 2012: 626). Grundsätzlich gelte zwar folgendes Szenario:

> Wie die Dynamik der Frames aus ihrer prinzipiellen Kontextabhängigkeit herrührt, so schafft die Kontextabhängigkeit auch die Voraussetzungen für den diachronen Wandel der in Frames kondensierten Wissensstrukturen, und insbesondere auch für dessen Unausweichlichkeit. (ebd.)

Dies bedeutet, dass mit einer jeweiligen aktuellen Aktivierung eines Frames gleichzeitig Anpassung und Wandel gefordert werden *kann* und möglich ist, wobei sich diese Aktivierungsprozesse, über einen längeren Zeitraum beobachtet, in Frame-Veränderungen zeigen können. Diese Anpassungsfähig- oder Bedürftigkeit *muss* allerdings nicht zwingend erfolgen. Weniger zu beachten sei Busse zufolge also nicht der Aspekt der Veränderung, sondern die an dieser Stelle unbeantwortet zu lassende Frage: Warum bleiben Frames stabil?

4.2.2 Matrixframes in der Anwendung

Die Gewinnung der Slot-Kategorien ist mit Beginn erster frame-theoretischer Ansätze stets ein neuralgischer Punkt gewesen. Die Formulierung von (lexikografisch verwendbaren) Frames für Substantive durch Konerding (1993) lieferte also eine erste theoriebasierte Lösung; in seiner Arbeit verfolgt er demgemäß einen beschreibungstheoretischen Ansatz. Frames stellen für Konerding linguistische Beschreibungen bedeutungskonstitutiver Mittel für einzelne Lexeme dar.[243] In seiner „*Neukonzeption der Frametheorie* [...] als Theorie der Wissensdarstellung/vergegenwärtigung" (Konerding 1993: 92; Herv. i. O.) fasst er Frames als sprachliche Texte zur Rekonstruktion des semantischen Wissens auf (ebd.: 141). Um die Inhalte adäquater Beschreibungstexte für Lexeme systematisch zu

243 Eine ausführliche Kritik zu Konerdings Arbeit ist Busse (2012: 464–482) zu entnehmen.

erschließen, wählt Konerding ein linguistisch begründetes und lexikografisch-lexikologisch motiviertes Verfahren, um Leerstellen eines Frames in Gestalt von Fragen systematisch zu erzeugen. Ausgangspunkt hierfür ist, dass Leerstellen von Frames das Prädikationspotenzial (vgl. auch Ziem 2008) eines sprachlichen Ausdrucks angeben, und zwar in Gestalt möglicher Leerstellen, die sich als Fragen reformulieren lassen. Da durch Fragen Zusammenhänge erkannt und hergestellt werden, dienen sie Konerding zufolge als Instrument „bei der Erschließung des lexikgebundenen stereotypischen Wissens" (Konerding 1993: 143).

Die Wichtigkeit der Hyperonyme in Konerdings Arbeit ist darauf zurückzuführen, dass diese „der Ausdruck von kulturell etablierten Taxonomien von Texturen" (Konerding 1993: 118) sind. Um auf diese höchsten Hyperonyme, die etablierte Typen bilden, zu kommen, stellt Konerding ein Reduktionsverfahren vor. Ausgangspunkt dieser Hyperonymtypenreduktion ist, dass Hyponyme und Hyperonyme prinzipiell dieselben Leerstellen aufweisen, wobei lediglich die Informationsdichte variiert. Mit anderen Worten: Hyponyme rufen denselben Frame auf wie ihre Hyperonyme, deren Spezifikation sie darstellen. Folglich geschieht die Besetzung der Leerstellen durch Füll- und Standardwerte entsprechend in unterschiedlichen Spezifikationsgraden. Ergebnis des Reduktionsverfahrens soll es sein, eine begrenzte Menge höchster Hyperonyme ausfindig zu machen, um mögliche Leerstellen von beliebigen sprachlichen Ausdrücken dadurch zu ermitteln, dass diese auf ein solches höchstes Hyperonym zurückzuführen sind.

Matrixframes entstehen in einem nächsten Schritt dadurch, dass jedem Endglied der Hyperonymtypenreduktion, den ‚typenspezifischen Variablen' (Konerding 1993: 200), Fragen zugeordnet werden. Sie werden verstanden als „Funktionen höheren Typs [...] die erst durch Substitution von Substantiven des zulässigen Typs in konkrete Frames überführt werden" (ebd.) können. Dadurch, dass also, wie o. g., ein beliebiges Substantiv (mittels Reduktionsverfahren) auf ein höchstes Hyperonym zurückgeführt wird, werden automatisch die Leerstellen des mit dem Substantiv assoziierten Frames mit ermittelt, da diese ja übereinstimmen. Da die Leerstellen sinnvollen Fragen entsprechen, liegt hierin auch das Prädikationspotenzial, das die Aktivierung verstehensrelevanten Wissens (nach Ziem 2008) steuert.

In der praktischen Umsetzung bedeutet das, dass ein Ausdruck zunächst mittels Hyperonymtypenreduktion auf einen Matrixframe des ausgewiesenen Typs, zurückzuführen ist (vgl. Konerding 1993: 173f.). Der Ausdruck evoziert einen Frame, dessen Leerstellen identisch mit denen des identifizierten Matrixframes sind. Um nun einen Zusammenhang zu einem Textelement (oder einem Referenzobjekt) herzustellen, das zusammen mit dem Ausdruck vorkommt, ist derjenige Standardwert relevant, der die passende Frage beantwortet. Das bedeutet also: Welche Leerstellen einem Frame angehören und welche Fragen gestellt werden müssen, lässt sich Konerding zufolge nur über eine Hyperonymtypenreduktion desjenigen Ausdrucks bestimmen, der den Frame aufruft (vgl. ebd.).

Die Konzentration auf substantivische Hyperonyme ist ein Punkt, der von anderen Autoren als problematisch eingestuft wurde.[244] Dass sie für gewöhnlich als Hauptelement von Nominalphrasen auftreten und überwiegend außersprachliche Entitäten benennen, scheint jedoch das naheliegendste Argument für ihre Fokussierung zu sein. Für das Reduktionsverfahren sei es nach Konerding (1993: 162) zudem hilfreich, dass sich alle Verben substantivieren ließen (wodurch die Wortartklasse zusätzlich noch stärker gewichtet werde) und darüber hinaus Nominalisierungen für weitere Wortarten möglich seien; wobei allerdings prinzipiell Bedeutungsverluste eingeräumt werden müssten (vgl. Konerding 1993: 202f.). Als Endglieder der Reduktionskette tritt schließlich nur eine relativ geringe Menge an Substantiven auf, für die Matrixframes erstellt werden.[245] Ihre Leerstellen (oder auch ‚Wissensaspekte') vererben sie, wie beschrieben, auf hyponyme Ausdrücke.

Damit hat Konerding ein Verfahren geschaffen, das sich korpusanalytisch gut umsetzen lässt. Frames werden zu einem Werkzeug, mit dem etwa gezeigt werden kann, wie sich Konzepte (z. B. Fraas 1996b) verändert haben und welche Aspekte (Slots) diskursiv in konkreten Sätzen, Texten, kommunikativen Situationen fokussiert werden. Fraas (1996b: 16) etwa fasst mit Bezug auf Konerding Frames als konzeptuelle Wisseneinheiten auf, die den rationalen Zugang zu stereotypischem Wissen, das an die Lexik gebunden ist, ermöglichen. Sie untersucht ergänzend Wissensbezüge, die durch Kookkurrenzen der untersuchten

244 Busse (2012: 479) bewertet ein rein nominal orientiertes Vorgehen für die Rekonstruktion semantisch relevanten Wissens als ‚sprachtheoretisch verfehlt', unterstützt aber gleichwohl die nominale Orientierung in Bezug auf „Konzept-Frames" (ebd.: 551). Ziem zeigt anhand einer Beispielanalyse, dass auch sog. Funktionswörter konzeptuellen Gehalt aufweisen, dem allerdings nicht mittels Hyperonymtypenreduktion beizukommen sei (Ziem 2008: 356–365).

245 Die Substantivgruppen umfassen primäre Typen (Gegenstand, Organismus, Person/Aktant, Ereignis, Handlung/Interaktion/Kommunikation, Institution/soziale Gruppe, (Teil der) Umgebung (des Menschen)) und sekundäre Typen (Teil/Stück (von), Gesamtheit/Bestand/Menge/Ganze (von), Zustand/Eigenschaft (von)), wobei letztere, d. h. die sekundären Typen, durch ihre Relationalität (ausgedrückt durch „von") geprägt sind (vgl. Konerding 1993: 178).

Begriffe mit benachbarten Begriffen geschaffen werden. In ihrem Frameinstrumentarium aspektuieren die realisierten Filler „einerseits das Kontextualisierungspotential eines Ausdrucks, andererseits können sie auch auf übergeordnete Wissensrahmen verweisen“ (Fraas 2001: 16). Fraas weist ferner darauf hin, dass die Token-Frequenz, also die Auftretenshäufigkeit der realisierten Füllwerte, das Kontextualisierungspotenzial eines Ausdrucks bestimmt und damit letztendlich angibt, welche Standardwerte sich über einen Zeitraum hinweg herausbilden. Hinzu tritt eine qualitative Analyse der realisierten Füllwerte (Fraas 1996b: 72–74). Hier treten Frames bereits deutlich als Bezugsrahmen mit einer ‚transphrastischen Verweisstruktur‘ (vgl. Ziem 2008: 303) in Erscheinung: Leerstellen von Frames beziehen sich nicht allein auf die Satzebene, sondern Texte oder Diskurse stellen das Zugriffsformat, aus dem sich mögliche Bezugsstellen ableiten lassen, dar. Ziem kommt damit zu dem Schluss, dass Frames die Bedeutung von Wörtern *in Texten* beschreiben (vgl. ebd.).

Auch Holly (2001) und Klein (z. B. 1998, 1999, 2002) teilen die Orientierung an Konerding (1993) und verstehen Frames vor allem als textanalytisches Instrument, das „das semantische Material in eine Struktur bringt“ (Holly 2001: 135). Beide stellen aber die berechtigte Frage, wie es möglich sein kann, ausgehend von den Matrixframes die aktuell relevanten Slots herauszufiltern.[246] Ferner stellen sie zur Diskussion, ob verstehensrelevantes Wissen direkt abgeleitet werden könne. Es müsste also ein Weg gefunden werden, nach dem nicht nur das aus dem Text erschlossene Wissen auf relevante Slots führt (Holly 2001: 136), sondern zugleich Angaben zu lexikalischem und enzyklopädischem Wissen gemacht werden können, die ein Text bereits explizit enthält. Um aus der großen Menge an Konerdingschen Aspekten die anwendbaren herauszufiltern, ist eine Eingrenzung auf „die thematischen Foci und die dominanten Vernetzungen mit weiteren Begriffen“ (Klein 1999: 164) notwendig. So versucht er, aus der Fülle von potenziellen Leerstellen diejenigen herauszufiltern, die in einem konkreten Aktualisierungsfall wirklich einschlägig sind. Klein bekennt, dass solche Filter meist durch außersprachliche Faktoren bestimmt werden, wobei Linguisten nicht viel mehr tun könnten als die Auswirkungen dieser Filter festzustellen (vgl. Klein 1998: 41). Zudem versucht er, die Perspektivierung eines Frames diachron auszulegen (z. B. Klein 1999). Nach Klein sei es etwa möglich, die Verschiebung einer Perspektive vom Zentrum in die Peripherie und umgekehrt als

246 In einem anderen Zusammenhang weist auch Lönneker (2003) darauf hin, dass nicht alle Matrixframes gleichberechtigt sind und keinesfalls autonome Einheiten darstellen, sondern sie auf vielfache Weise, z. B. durch Subslots, die in allen oder mehreren Frames auftauchen, miteinander verbunden sind.

Indiz für einen Frame-Wandel zu werten; er selbst wertet dabei etwa die ständige Explikation eines Füllwertes im öffentlichen Diskurs als signifikanten Marker für die Entwicklung einer Slot-Kategorie von der Peripherie hin zum Zentrum eines Frames (vgl. Klein 1999: 170).

Deutlich wird hier, dass ein diachroner Wandel, der mit dem Frame-Instrumentarium erfasst werden soll, die Gesichtspunkte Umbau, Erweiterung und Kürzung, ähnlich der referentiellen Bewegung im Quaestio-Ansatz, berücksichtigen muss. Der vermehrt diskursbezogene Einsatz von Frames mit Ausgriff auf eine semantische Epistemologie möchte berechtigterweise das gesellschaftlich geltende Wissen fassen. Fraglich bleibt aber doch, ob sich gerade über Matrixframes eine extensionale Perspektive einnehmen lässt: Denn ein Framewandel (der ja in vielen Untersuchungsrichtungen auch einen Bedeutungswandel impliziert) erfolgt durch die Hinzufügung neuer Exemplare zur Extension (einer Wortbedeutung), wenn dieses Exemplar neue Aspekte ins Spiel bringt, sich also intensional ein Wandel vollzieht. Busse unterstreicht in diesem Zusammenhang, dass man mehrheitlich von einer „allmählichen Frame-Emergenz" ausgehen müsse, die aus einer Vielzahl von konkreten Exemplar-Repräsentationen konstatiert werde (vgl. Busse 2012: 626f.).

In diesem Zusammenhang hilft wiederum ein Blick auf die Rekursion, die in Minskys und Barsalous Frame-Theorie (s. o.) zentrales Element gewesen ist, von Konerding allerdings nicht miteinbezogen wurde. Rekursion, also die Wiederholung, aber auch Verfeinerung von Frame-Strukturen in tagtäglichen Gebrauchszusammenhängen, hilft, typische von untypischen Annahmen zu unterscheiden und die Entstehung von prototypischen Strukturen zu beobachten. Nur die Leerstellen, in denen Werte häufig instanziiert werden, erweisen sich über längere Zeit gesehen als primär verstehensrelevant. Die Leerstellen, die ausgeblendet werden oder inaktiv bleiben, tragen zu dieser Relevanz nichts bei, wobei bedacht werden muss, dass auch die Nicht-Anwesenheit einer bestimmten Information oder eines konkreten Füllwertes eine wichtige Botschaft trägt. So gilt die Token-Type-Frequenz bei Ziem (2008: 339–348) als Ausweis rekurrenter Frame-Leerstellenbeziehungen und verdeutlicht die Relevanz der Leerstellen und Standardwerte: Verfestigen kann sich zum einen die Leerstelle eines Frames, wenn eine hohe Frequenz verschiedener Types die Leerstelle konsolidiert. Wie bei Klein (s. o.) erhöhen häufige Aussagen über eine bestimmte Leerstelle deren Präsenz, nicht aber unbedingt den Frame als Ganzen. Zum anderen ist es möglich, dass eine Leerstelle nicht häufiger als andere mit Werten bedient wird, dafür aber derselbe Wert oder dieselbe Instanz signifikant häufiger auftritt. Dieser Wert konsolidiert sich durch eine hohe Token-Frequenz, sodass Standardwerte entstehen, ohne dass sich gezwungenermaßen die Leerstelle verfestigt. Eine hohe Token-Frequenz verfestigt demnach den Füllwert und mittelbar den Frame. Dagegen sorgt eine hohe Type-Frequenz für eine Schwächung der Füllwerte und eine Konsolidierung der Leerstelle innerhalb des Frames. So sorgen also eine hohe Type- zusammen mit einer hohen Token-Frequenz dafür, dass der jeweilige Frame nicht eine unüberwindliche Fülle an Wissen evoziert, sondern eine geringe Menge an default-Wissen (vgl. Ziem 2008: 347).

Es zeigt sich: Die Erklärung des Beschreibungs- oder „verstehensrelevanten Wissens" (Ziem 2008; Busse 2012) jenseits der Trennung von Bedeutungs- und enzyklopädischem Wissen hat die semantische Analyse eines sprachlichen Ausdrucks sowie des Hintergrundwissen mit einzubeziehen, das das Verstehen des Ausdrucks ermöglicht und motiviert.[247] In diesem Zusammenhang hat sich ein frameorientierter Ansatz dahingehend entwickelt, einerseits konventionalisiertes Hintergrundwissen zu repräsentieren und andererseits als empirisches Untersuchungsinstrument zu agieren. Die Frame-Emergenz (vgl. Busse 2012) ergibt sich aus der Dynamik der in jedem einzelnen Fall (Token) notwendigen Frame-Aktivierung. So lässt sich auch der diachrone Wandel epistemischer Strukturen, für die die Frames das Organisationsformat darstellen, untersuchen. Diese Untersuchungsrichtung erfordert allerdings, dass der historische Wandel sowie eine individuell-kognitive und/oder eine situative Varianz konzeptuellen Wissens eine Rolle spielen.

Das Frame-Konzept hat sich in vielen Untersuchungen auch jenseits der Grenzen von Satzsemantik oder Textlinguistik (vgl. Klein 1999) als leistungsfähig erwiesen. Wobei die Anwendung von Matrixframes nach Konerding als Grundausstattung für ein Basis-Framesystem durchaus als Kodierparadigma und, daran anschließend, als wissenschaftliches Repräsentationsformat galt. Die gezielte Fragestellung nach den wesentlichen Wissenselementen und der Kategorisierungsversuch, der mit dem deduktiven Verfahren der Hyperonymtypenreduktion stattfindet, ähnelt zwar in der Tat sehr, wie Busse (2012: 481) bemerkt, den klassischen Taxonomien, jedoch ist diese Nähe, wie oben beschrieben, durchaus von Konerding intendiert. In seinem vorgestellten zyklischen Verfahren über Typenzuordnung, Fragestellung, Spezifikation von Prädikatoren und erneuter Typenzuordnung geht es letztendlich darum, zu einer Darstellung stereotyper Konzept- und Wissensstrukturen zu gelangen (vgl. Konerding 1993: 213). Wie man sich den vorkommenden Redundanzen entledigt, muss innerhalb des jeweiligen Untersuchungsschwerpunktes entschieden werden.

247 Auf die damit zusammenhängende konzeptuelle Struktur und die sprachliche Rolle der Situation als identifizierbarer Komponente weist Konerding (1993: 128f.) hin.

4.3 Neuorientierung: Ein dynamisches Analyseraster für kollaborativ erstellte Hypertexte

Für die Erörterung der Frage, wie Verfahren zum Einsatz kommen können, mit denen sich über Text- oder Artikelfassungen kommunizierte Inhalte beobachten lassen, wurden Überlegungen sowohl im Rahmen des Quaestio-Ansatzes als auch im Rahmen von framesystematischen Verfahren angestellt. Der Ansatz der Quaestio formuliert sich als kommunikative Aufgabe mit einer Lösung zwischen dem Pol der routinemäßigen Texterstellung einerseits und dem des ad hoc stattfindenden Problemlösungsprozesses andererseits. Untersuchungsgegenstände innerhalb dieses Vorgangs sind im Rahmen der Quaestio Auslöser, Redeintention und die Möglichkeit der strukturierten Beobachtung der Textproduktion. Hier sind Steuerungsgrößen auszumachen, die von der Quaestio vorgegeben sind. Diese „liefert dem Sprecher Kriterien für Informationsselektion, Linearisierung, Topik-Fokus-Struktur und die Wahl sprachlicher Formen“ (von Stutterheim 1997: 255). Wie bereits erläutert gehören die Komponenten, die diesen Kriterien entsprechen, der Hauptstruktur eines Textes an, alle weiteren die der Nebenstruktur. Der Faktor Quaestio ist hierarchiebedingt also die größte Einflussgröße auf den Text, da er wesentliche Vorgaben liefert.

Die Wissensstrukturen, die in einem Text zum Ausdruck kommen, können neben dem Merkmal der Hierarchisierung auch Standardisierungsgrade aufweisen, was sich auf explizit zu benennende und implizit vorauszusetzende Informationen auswirkt (vgl. von Stutterheim 1997: 259). Dadurch, dass der durch die Quaestio eingeführte Sachverhalt strukturell organisiert ist und in der Versprachlichung oder Vertextung in einzelne Informationseinheiten zerlegt wird, können hier Kriterien für die Auswahl und Gliederung angesetzt werden. Insgesamt ist von einem Zusammenspiel stetiger Informationsselektion, Linearisierungskriterien und jeweiliger sprachlicher Umsetzung auszugehen, wobei mit dem Quaestio-Ansatz ein dynamisches Verständnis deutlich wird, das den dieser Studie zugrunde liegenden Annahmen entspricht.

Die Quaestio, nach von Stutterheim (1997: 119) eingeleitet durch die Frage „Wie?“, bestimmt, welche Art von Eigenschaften etwa für Beschreibungen anzugeben sind, die sich in der Regel auf statische Sachverhalte und Vorgehensbeschreibungen beziehen.[248] Nicht nur bei diesem Quaestiotyp lässt sich daher die

248 Auf lexikonsemantischer Ebene können vergleichbar auch prozessbezeichnende Lexeme erkannt werden, die Konsequenzen als Elemente enthalten, welche einer in der Öffentlichkeit etablierten Bedeutung inhärent sind, wie z. B. Globalisierung (vgl. Klein 1999: 163).

Beobachtung anstellen, dass mit Frames Wissensstrukturen und deren strukturelle Organisation greifbar gemacht werden können. Diese Beobachtung sollte jedoch über ein psycholinguistisches Konzept, wie im Quaestio-Ansatz geschehen, hinaus gedacht werden. Es geht darum zu erfahren, aus welchen Informationen komplexe Text- und Wissensstrukturen aufgebaut sind und wie sich diese durch Überschreibungsprozesse verändern und Grade der Standardisiertheit entwickeln.

Ein Blick in die frame-theoretischen und frame-semantischen Ansätze offenbart, dass viele von diesen Ansätzen Anknüpfungspunkte aufweisen, die den dynamischen Charakter von Frames betonen. Zunächst erfolgt jedoch die Fokussierung und Perspektivierung durch die systematische Beschreibung auf zwei Ebenen: Da die Bedeutungsbestandteile nicht additiv verbunden sind, gilt ein methodischer Zugriff über Slot-Kategorien auf spezifische Bedeutungselemente. Die Slot-Kategorie fragt explizit nach den Fillern und erlaubt eine Fokussierung auf bestimmte Elemente, die die Filler darstellen. Diese Elemente zu fokussieren ist notwendig, wenn man Vergleiche zu weiteren Füllelementen ziehen möchte. Einen weiteren dynamischen Aspekt betont die Evokation, bei der ein Frame so lange modifiziert wird, bis er auf eine (neue) Situation angewendet werden kann. Neue Frames können in gleicher Weise konstruiert und dem Framesystem zugeordnet werden (vgl. Minsky ^{2}1986: 245). Slots und Filler sind darüber hinaus Anschlussstellen für weitere Frames, denn sie sind Begriffe mit innerer Komplexität (ebd.). Auch gelten Frames nie als abgeschlossen; die von Frames erfassten Begriffsfelder können exponentiell wachsen, wobei ihre strukturierte Beobachtung stets möglich bleiben sollte. Die Definition eines Frames geschieht letztendlich immer im Zusammenhang mit einem Thema, einem Sprecher oder einem Ereignis (vgl. Entman 2004: 23f.).

Mit der Etablierung der Framesystematik entwickelt sich also eine gesicherte Basis für die Kategorisierung und Bewertung von Erkenntnissen oder „Sinnstrukturen" (Fraas 2013) bei bestimmten Sprachteilhabern. Bereits Fillmore (2003 [1977]: 251) versuchte, über Frames verstecktes Wissen, wie lebensweltliche Umstände, Einstellungen und Zeitaspekte und damit "experiences with real-world scenes", herauszufinden. Von einer diachronen Perspektive aus können Perspektivenveränderungen zudem einen Frame-Wandel indizieren. In diesem Zusammenhang erfolgt etwa auch von Fraas (2001: 41) die Forderung, aktuelle Äußerungsbedeutungen und unterschiedliche Lesarten aufeinander zu beziehen. Schwerpunktmäßige Voraussetzung für den diachronen Wandel scheint damit die Kontextabhängigkeit der Frame-Elemente zu sein.

Es wird daher angenommen, dass eine diachrone Dynamik mittels framesystematischen Zugriffs erfasst und durch Vergleiche, so lassen verschiedene Studien vermuten, herausgearbeitet werden kann. Matrixframes bieten dafür ein geeignetes Kodierparadigma, von dem ein taxonomisches Grundraster für Leerstellen und Füllwerte abgeleitet werden soll. Wichtig ist dabei auch das hierarchische Verständnis, über das semantische Informationen von übergeordneten auf untergeordnete Einheiten übertragen werden.

Die statische Erschließungsmöglichkeit allein über Matrixframes reicht allerdings nicht aus, um Überschreibungsprozesse erfassen zu können. Ziem (2008) verdeutlicht, wie sich die Dynamik von Frames in den variierenden Besetzungen von Leerstellen zeigen kann. Die Schaffung neuer Standardwerte für etablierte Frames erfolgt nach Ziem etwa innerhalb eines Diskurses über „rekurrente gleichförmige Schema-Instanzbeziehungen" (Ziem 2008: 367). Die Beobachtung der Type-Token-Frequenz zeigt ferner, dass innerhalb von Frames neue Themenschwerpunkte Verschiebungen bewirken können. Periphere Bedeutungselemente können ins Zentrum eines Frames gerückt werden, wobei sich das Zentrum durch die Häufigkeit der Nennung (eines Füllwerts in einem Slot) auszeichnet. Filler werden prototypisch durch ständige Explikation gebildet und damit zu einer zentralen Bedeutungskategorie. Entscheidend ist dabei auch der Kontext.

Dynamische Framebeobachtungen müssen also sowohl unter Berücksichtigung einer Struktur globaler Art, einer anzunehmenden Kontextabhängigkeit und der Verschiebung von Type- und Token-Frequenz stattfinden. Wie im Quaestio-Ansatz verdeutlicht, wird zu jedem Zeitpunkt der Textplanung die jeweils besondere Konstellation von Einflussgrößen ausgewertet und in der Wahl der sprachlichen Mittel berücksichtigt (von Stutterheim 1997: 285). In ähnlicher Weise soll im Folgenden auch in den zu beobachtenden Überschreibungsprozessen eine retrospektive Sensitivität angenommen werden, die zu den verschiedenen Zeitpunkten im Entstehungsprozess digitaler Textfassungen greifen kann. Frames schaffen daneben eine Strukturhilfe für das korrespondierende ‚Wissen', eine Art semantisch-pragmatische Ordnung im Sinne einer Konzepttheorie.

Der Annahme ist also nachzugehen, dass auch die Wissensrepräsentation im Hypertext über sprachliche Muster erschlossen werden kann. Es wird ferner über die kognitivistische Perspektive hinaus davon ausgegangen, dass sich Äußerungsbedeutungen in Konzepten konstituieren und so nicht nur auf sprachliche, sondern in begrenztem Maße auch auf technische Strukturen bezogen werden können; etwa im Rahmen bestimmter Auszeichnungsprozesse für Hyperlinks. Über die eingeführten Wissensrahmen bzw. Frames soll deshalb versucht werden, in der angestrebten Untersuchung unterschiedliche Lesarten und aktualisierte Äußerungen aufeinander zu beziehen, unterschiedliche Erfahrungsbereiche zu integrieren und eventuell sogar Lexembedeutungen vor dem Hintergrund übergreifender Zusammenhänge zu interpretieren.

In der zu leistenden Untersuchung soll insbesondere der angesprochene Perspektivierungsaspekt bzw. das -potenzial von Frames beobachtet werden, das darin liegt, bestimmte Informationen hervorzuheben. Der Fokus kann dabei insbesondere auf Hyperlinks gelegt werden, da sie im hypertextuellen Umfeld als saliente Informationen in den Mittelpunkt der Betrachtung rücken. Im kollaborativen Hypertext stellen sie Sinnhorizonte dar, die von (kollektiven) Akteuren geschaffen werden: Sie präsentieren über die Hervorhebung der Verweissetzung ausgewählte Informationsbereiche, legen in Teilen Problemdefinitionen nahe u. Ä. So werden in bestimmter Weise Inhalte für ein Thema geschaffen. Ziel ist es nun, Frames sowohl als Strukturmechanismus zu verstehen, für den Frame-Slots als Kodierparadigma für die Datenauswertung dienen, als auch als Sinnhorizonte oder Orientierungsmuster innerhalb kollaborativer Hypertextverfahren.

Der Strukturmechanismus von Frames und auch ihr analytischer Werkzeugcharakter werden also weiter verfolgt. Eine dafür zu verwendende, zunächst abstrakte Grundstruktur schaffen Matrixframes, die als Systematisierungsgrundlage dienen und über die Quaestio aktiviert werden. Dabei gilt es sowohl auszuloten, wie in einer dynamisch-diachronen Zielsetzung die Slot-Struktur eines Matrixframes für einen auf den Untersuchungsgegenstand anwendbaren Frame konkretisiert werden kann, als auch ein Verfahren zu verdeutlichen, wie dieser Frame für alle Varianten innerhalb von Überschreibungsprozessen anwendbar sein kann (vgl. Abb. 11). Im Ergebnis soll eine Framestruktur beschrieben werden, die sowohl als Analyseinstrument als auch als Kodierparadigma für eine Beispielanalyse dienlich sein kann.

Abb. 11: Zusammenwirken von Quaestio und Matrixframe.

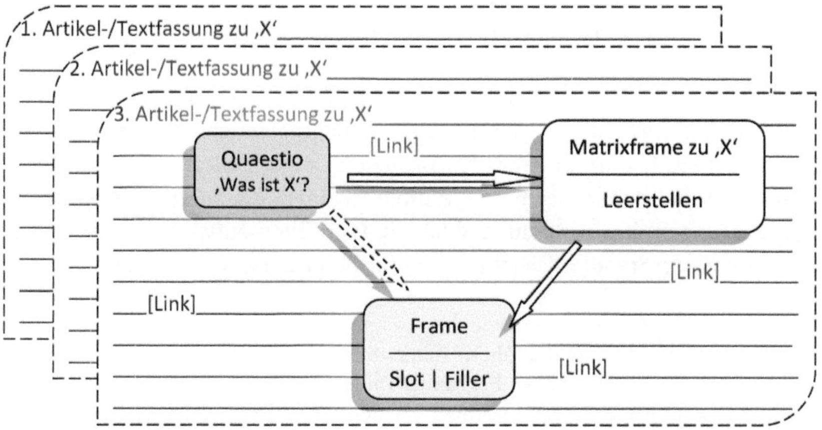

Diese wird notwendig sein, da der kollaborative Hypertext per se keine statische, sondern ein hoch dynamisch agierendes Wesen annehmen kann. Neu hinzukommende Inhalte und sich verändernde Kontexte stellen immer wieder die bestehende Struktur infrage. Diese Prozesshaftigkeit lässt annehmen, dass auch die globale Struktur laufend geändert wird. Den Untersuchungen zur Quaestio zufolge, geschieht jedoch die Anpassung immer mit Rücksichtnahme auf das bereits bestehende Material; Austausch- und Überschreibungsprozesse verhalten sich retrospektiv sensitiv auf das jeweils vorausgehende Inventar (vgl. Kapitel 2.5.1). Auch muss eine gegenseitige Beeinflussung von neu hinzukommenden Informationen mit vorgegebenen Datenstrukturen angenommen werden. Im Detail ist deshalb auch zu klären, welche Inkohärenzen entstehen und wie sie aufgelöst werden.

4.4 Anwendungsbereich Wikipedia: Beispiele für Thementypen

Der Textproduktion von Wikipedia-Artikeln liegen unterschiedliche Eigenschaften von Text- und Wissensverfahren zugrunde. Die Artikeleinträge der Wikipedia haben es sich zur Aufgabe gemacht ein ‚Wissen' allgemeinverständlich und von einem neutralen Standpunkt aus darzustellen und durch Referenzen zu belegen (vgl. [Wikipedia:Wie_schreibe_ich_gute_Artikel]). Die jeweilige Artikelstruktur ist dann – wie in Kapitel 2.2.4 erläutert – geprägt von einer hierarchischen Untergliederung, ggf. in einen allgemeinen Teil und in speziellere Teilthemen, auf die man über ein Inhaltsverzeichnis zugreifen kann. Im Artikeltext erfolgt das Verlinken mit anderen Einträgen der Wikipedia (interne Links) und, meist am Artikelende unter der Kategorie ‚Weblinks', mit weiterführenden Webseiten (externe Links).[249] Diese Struktur der Oberfläche eröffnet Sinnhorizonte und ermöglicht zugleich strategisch günstige Zugriffs- und Verarbeitungspunkte.

Bereits für den Quaestio-Ansatz wies von Stutterheim auf die Unterscheidung von statischen und dynamischen Darstellungsmodalitäten hin (vgl. von Stutterheim 1997: 136). In gewisser Hinsicht ist diese Differenzierung auch für Wikipedia-Inhalte auszumachen, allerdings in einem diachronen Verhältnis der Artikelfassungen und wohl auch abhängig vom Thementyp. So ist auch anzunehmen, dass ein Standardisiertheitsgrad für Beschreibungen von Gegenständen

249 Eine ergänzende Funktion übernehmen die Diskussionsseiten, die die Inhalte der Artikelseiten kommentieren, begründen und bewerten. Es lassen sich hierüber auch Verbesserungsvorschläge einbringen, Arbeitsschritte organisieren, Fragen stellen sowie Kontroversen zu Inhalt und Form aushandeln.

oder von aktuellen Ereignissen oder Situationen unterschiedlich erreicht werden kann. Gerade die Beschreibung sich schnell verändernder Inhalte oder auch Kontexte bedarf der häufigen Überarbeitung, sodass die diachrone Betrachtung der Artikel eher ein dynamisches Verhalten vermuten lässt, was die Überprüfung der Vorgaben für die Struktur durch die Quaestio angeht.

Im Folgenden rücken insbesondere zwei Artikeltypen in den Mittelpunkt der Betrachtung, die zwei Pole einer Skala darstellen sollen, was die Wahl des Thementyps angeht. Hier geht es auch darum zu zeigen, welche Bandbreite an Artikel(-themen-)typen die Wikipedia ermöglicht, welcher Status ihnen innerhalb eines kollaborativen Hypertextes zugewiesen werden kann und wo jeweils die folgende Untersuchung ansetzt.

4.4.1 Objekt- und sachbezogene Artikel

Lötscher (1987) versucht in seiner Arbeit zu ‚Text und Thema', einen allgemeinen Themabegriff zu entwickeln und die Rolle von Themen in Texten zu erörtern. Grundsätzlich identifiziert Lötscher Textthemen als ‚mangelhafte Objekte', wobei mithilfe des Textes bzw. der Texthandlung dieser Mangel zu beseitigen sei (vgl. Lötscher 1987: 84; 125). Um also ein Thema erfassen zu können, muss ihm zufolge der Zusammenhang mit der Textfunktion deutlich werden.[250] Folglich wird mit dem Quaestio-Ansatz das Thema zum Gegenstand eines Textes, indem es als Frage verstanden wird. Die Frage gibt einen Ausgangspunkt für eine Äußerung an, welche der weiteren Behandlung (in der Textgestaltung) bedarf. Zugleich wird ein Ziel definiert, das es mit der Textgestaltung zu erreichen gilt: „In diesem doppelten Sinn können wir ein Thema im funktionalen Sinne als Textvorgabe verstehen" (Lötscher 2008: 105). Damit wird auch ein weiterer Kohärenzaspekt betont: Kohärenz wird dadurch geschaffen, das eine Antwort auf eine bestimmte Frage gegeben wird. Der inhaltlich komplexe Text wird darüber hinaus in Form kleinerer Textabschnitte oder Teilfragen über die Struktur des Inhaltsverzeichnisses eines Wiki-Artikels erfassbar. Diese Subthemen sind unter dem Gesamtthema des Artikeltextes untergeordnet[251], das durch das Artikelstichwort vorgegeben ist.

---

250 „Um ein Thema und seine Rolle im Text richtig einschätzen zu können, müssen wir also immer auch gleichzeitig die Funktion eines Textes erkennen" (Lötscher 1987: 260).

251 Vergleichbar sind die Ausführungen zur deskriptiven Themenentfaltung bei Brinker (2010: 56–60). Zu nennen ist in diesem Zusammenhang auch die Zusammenfassung von Satzsequenzen zu Makrostrukturen bei van Dijk (1980: 45). Auf van

Die von Wikipedia vorgegebene enzyklopädische Ausrichtung macht es insofern einfach, die Funktion der auf dieser Plattform geschriebenen Textfassungen, bezogen auf den Artikelbereich, anzugeben, da es um die Beschreibung von Sachverhalten geht, wobei das jeweilige Sachthema durch das Artikellemma festgesetzt wird. Das Lemma und insofern das ‚mangelhafte Objekt' kann in Form einer Quaestio ‚Was ist X?' reformuliert werden, worauf der Text dann eine entsprechende Antwort gibt. Es wird hier davon ausgegangen, dass diese Sachverhalte einerseits eher objektbezogen sein können, in Form von Lebewesen, Gegenständen bzw. Dingen und andererseits eher ereignis- oder situationsbezogen.[252] Daneben sei auf Beschreibungen von Eigenschaften (z. B. Farbbezeichnungen, (politische) Ausrichtungen) oder Aussagen (wie mathematische Formeln oder rechtliche Kodifikationen) u. Ä. hingewiesen, die in dieser Untersuchung keine Berücksichtigung finden.

4.4.2 Aktuelle Ereignisse

Wikipedia ist nach eigener Aussage kein Nachrichtenportal (vgl. [Wikipedia: Neuigkeiten]) und verfolgt deshalb keine aktuelle Berichterstattung in Form von Nachrichten[253]. Dennoch erlaubt gerade eine Enzyklopädie, die nach Wiki-Prinzipien erstellt wurde, unmittelbar auf aktuelle Ereignisse einzugehen. Aufgrund dieses Spannungsverhältnisses, sich einerseits nicht der tagesaktuellen Berichterstattung zu widmen, andererseits relevante Zeitzeugnisse[254] aufzunehmen, gibt Wikipedia folgende Anweisungen: So eignen sich nur solche aktuellen

---

Dijks Verfahren zur Herleitung von Makrostrukturen aus einzelnen Sätzen über Makroregeln (vgl. van Dijk 1980: 45–67) wird, da ein funktionaler Themabegriff Berücksichtigung findet, nicht weiter eingegangen.

252 Eine ähnliche Unterscheidung erfolgt auch bei Adamzik (2004: 123). Sie weist ferner auf kognitive ‚Objekte' hin, die als Themen über Kategorien, Propositionen, Thesen u. Ä. in die Überlegungen mit einbezogen werden können. Ergänzend gibt es Bemühungen zu Themenentfaltungstypen nach semantischen oder konzeptuellen Klassifikationen, die sich m. E. auch auf Thementypen übertragen lassen. Sie finden sich bei de Beaugrande/Dressler (1981: 100f.) in Form der Primärkonzepte und in Form der semantischen Rollen bei von Polenz (1985).

253 Diese finden ihren Platz in den Wikinews (http://de.wikinews.org).

254 Ein großes Problem scheinen in diesem Zusammenhang Wahlen oder große Sportereignisse wie die Olympischen Spiele zu sein, da es hierbei darum geht, das Ereignis begleitend zu beschreiben. Die Schwierigkeit ist, dabei einen Überblick über Geschehnisse und Entwicklungen zu geben, ohne sich gleichzeitig in unwichtigen oder unzusammenhängenden Tagesnachrichten zu verlieren (vgl. [Wikipedia_Diskussion: Neuigkeiten]).

Ereignisse für die Wikipedia, für die sich bereits voraussagen lässt, dass sie von (dauerhafter) enzyklopädischer Relevanz sein werden. Zudem werden (zuverlässige) Informationsquellen verlangt, die bei aktuellen und sich schnell verändernden Ereignissen mitunter schwer zu finden sind (vgl. [Wikipedia:Neuigkeiten]). Wikipedia beschreibt auf den dazugehörigen Informationsseiten das notwendige Recherchemuster, das Quellenvergleiche, die kritische Beurteilung des Materials und dessen Zugänglichkeit auch nach Ende des Ereignisses vorsieht. Wikipedia weist zudem auf die Auswirkungen hin, die ungenaue Zitiervorgänge auslösen können.[255] Die Darstellung des Satiremagazins Titanic[256] (s. Abb. 12), welches die Wechselwirkung zwischen Presse und Wikipedia mit „zitiert aus" und „schreibt ab" kommentiert, beschreibt diese Auswirkungen recht genau:

Abb. 12: Wechselwirkung zwischen Wikipedia und Medien aus Sicht der Titanic.

255 So wurde von einem anonymen Benutzer in dem Artikel über ‚Karl-Theodor zu Guttenberg' Anfang des Jahres 2009 ein weiterer Vorname eingefügt, der nach der Ernennung Guttenbergs zum Bundeswirtschaftsminister im Februar 2009 von den Medien übernommen wurde. Nachdem der als Fehler entlarvte Namenszusatz (‚Wilhelm') bereits wieder aus dem Artikel gelöscht worden war, wurde dieser mit der entsprechenden Referenz auf seriöse Medienquellen wieder in den Artikel eingefügt (vgl. [Wikipedia:Neuigkeiten#Mögliche_Auswirkungen]). Eine ähnliche Karriere machte auch die vermeintliche Bezeichnung „Stalins Badezimmer", s. https://de.wikipedia.org/wiki/Karl-Marx-Allee#Kurioses; Abruf: 27.5.2014. – Einträge dieser Art könnten fast schon als Nihilartikel oder sogenannte U-Boote charakterisiert werden.

256 http://www.titanic-magazin.de/uploads/pics/1211a-infogesellschaft.gif; Abruf: 27.5.2014.

Wikipedia-Artikel, die sich mit aktuellen Ereignissen beschäftigen, werden mit einem Infobaustein, genauer mit einem Template versehen (s. Abb. 13). Dieses enthält das Symbol der laufenden Uhr mit Ausrufezeichen und eine genauere Kennzeichnung des Ereignisses (sofern möglich). Verbunden damit ist der Hinweis, dass die genannten Inhalte möglicherweise nicht dem letzten bzw. aktuellsten Stand entsprechen, da es sich um ein laufendes Ereignis handelt.[257]

Abb. 13: Vorlage für laufende Ereignisse.

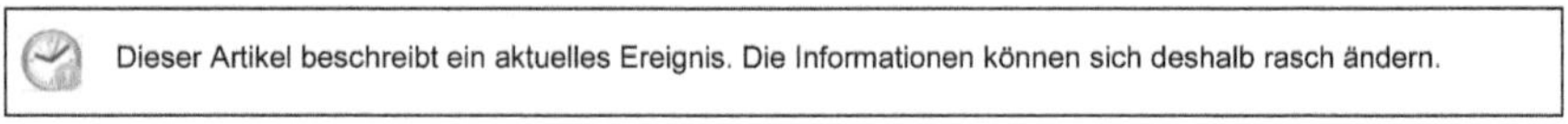

4.5 Operationalisierung

Welche Wissensinhalte werden über Wikipedia-Artikel vermittelt? Wie können Frames zum Einsatz kommen, um Text- und Wissensverfahren zu beobachten? Und: Welche Artikelinhalte verändern und entwickeln sich im Zeitverlauf? Um diese Fragen beantworten zu können, bedarf es sowohl einer Operationalisierung des Artikelmaterials als auch der Anwendung einer geeigneten Methode. Aus der in Kapitel 4.2 geführten Diskussion ergab sich, dass es mit einem framesystematischen Zugriff möglich sein kann, empirisch identifizierbare Objekte im Bewusstsein von Individuen oder als Merkmale von Texten als Ordnungsideen auszumachen. Dabei liegt der Mehrwert in dem angestrebten Analyseverfahren schwerpunktmäßig im Vergleich verschiedener Artikelfassungen.

Es ist demnach zunächst nach den Frames zu fragen, mit deren Hilfe der jeweilige Sachverhalt greifbar gemacht werden kann. Darauf folgt die Frage nach den Variationsmöglichkeiten des framesystematischen Ansatzes, um so Überschreibungen und Entwicklungen eines Artikels im Zeitverlauf ausmachen zu können. Es zeigte sich bereits, dass die häufige Bezugnahme auf die Frametheorie in unterschiedlichen sprachwissenschaftlichen Disziplinen (wie Lexikologie, historische Semantik, Textlinguistik und Diskurslinguistik) kein Zufall sein kann, sondern vielmehr, wie Klein (2008) betont, die Verlässlichkeit des Repräsentationsformats unterstreicht. Dieses Format soll auch in der angestrebten Untersuchung dienlich sein.

In enzyklopädischen Artikeln werden, so wird angenommen, sowohl all jene Erkenntnisse genannt, die Standardwerte repräsentieren, also mit dem Artikelstichwort selbstverständlich mitgedacht werden, als auch konkrete Füllwerte,

257 [Vorlage:Laufendes_Ereignis]; Abruf: 27.5.2014.

die auf besondere Gegebenheiten, Situationen u. Ä. hinweisen. Mithilfe eines framesystematischen Ansatzes sollen nun Modifikationsmuster erkannt und beobachtet werden, da Wikipedia-Artikel von ihrem Prinzip her Hypertexte sind, die auf soziopragmatische Aspekte reagieren können. So müssen etwa Ausreißer, die gegen den ‚neutralen Standpunkt' verstoßen, laut Wikipedia-Reglement reformuliert werden, was sich wiederum im Vergleich von verschiedenen Artikelfassungen durch gewählte Text- und Wissensverfahren erkennen lassen sollte (vgl. [Wikipedia:Neutraler_Standpunkt]).[258] Es ist also auch zu überlegen, wann diese Regulationsmechanismen einsetzen und welche Rolle dabei ein Kohärenzkonzept spielt, das auf Anwendbarkeit und Nützlichkeit ausgerichtet ist. Es gilt also in mehrerer Hinsicht, inhaltliche und strukturelle bzw. paratextuelle Aspekte zu beachten, die zu einer Kohärenz beitragen können.

Für die durchzuführende Untersuchung wird nach linguistisch motiviertem systematischem Ansatz zunächst eine qualitative Analyse durchgeführt. Unter Berücksichtigung der Grounded Theory (vgl. Glaser/Strauß 1967, Strauß/Corbin 1996) kann dieses Verfahren als systematische Auswertung von Daten, etwa durch Codierung und Kategorisierung bezeichnet werden, das dazu dient, entdeckte Phänomene zu analysieren und zu einer Theoriebildung zu kommen. Dabei wird von einer Grundstruktur ausgegangen, die über den framesystematischen Ansatz vorgegeben ist. Hierauf erfolgt ein gezieltes Befragen und Vergleichen, welches die Analyse bereichern soll. Dies geschieht zum einen dadurch, dass die zunächst angenommene Framestruktur (über die Zuhilfenahme der Matrixframes nach Konerding) weiter ausdifferenziert wird, zum anderen dadurch, dass nach inhaltlich motivierten Gruppierungen und zentralen Kategorien gesucht wird. Frames werden dadurch zu analytischen Werkzeugen, die einerseits ein kognitives Repräsentationsformat, andererseits ein diskursives Interpretationsformat darstellen. Mit Rückgriff auf Strauss/Corbin (2005: 75f.) kommt dem Kodieren, hier unter Zuhilfenahme der von Konerding vorgeschlagenen Matrixframes, eine besondere Bedeutung zu. Zunächst erfüllt es einen streng theoretischen Zweck; die daraus gebildeten Konzepte sollen einen Erklärungswert für das untersuchte Phänomen haben. Aus (abduktiven) Vergleichen zwischen Phänomen und Kontexten sollen dann die theoretischen Konzepte erwachsen. Ziel ist eine systematische Analyse, um zugrunde liegende Phänomene für Text- und Wissensverfahren sichtbar zu machen. Als Analyseinstrument

258 Es gibt daneben wikipediaeigene Bewertungsmethoden, für die bestimmte Vorlagen-Bausteine als Qualitätsmarkierungen genutzt werden, z. B. für Löschanträge (vgl. [Wikipedia:Löschantrag]).

kommt dabei das Programm MAXQDA zur Anwendung, welches unter Berücksichtigung der Grounded Theory entwickelt wurde. Um die diachron-referentiellen Bezüge sichtbar zu machen, die sich über mehrere Artikelfassungen hinweg ergeben, wird für die Darstellung der Ergebnisse eine Tabellenform gewählt.

Eine framesystematische Herangehensweise verspricht im Zuge dieses Verfahrens ein gewisses Potenzial. Ein Frame hebt bestimmte Ereignisse und ihre hintergründigen Bedingungen hervor, formt und unterstützt eine bestimmte Sichtweise. Über Frames lässt sich eine vordergründig unregelmäßige Anordnung von Textelementen, aber ggfs. auch Bilder organisieren; Frames verknüpfen die Inhalte aufgrund einer zugrunde liegenden Idee und machen diese erkennbar. Genauer gesagt erzeugen sie eine komplexe Struktur aus variablen Slots, die mit Erfahrungswerten verbunden sind und in Vertextungs- und Verstehensprozessen mit konkreten Werten (Fillern) besetzt werden.

Letztendlich ruft die Quaestio die Anwendung von Matrixframes auf den Plan, um zu erörtern, wie eine anzunehmende Frage durch die Gesamtheit der zu untersuchenden Äußerungen im Text beantwortet wird. Die Formulierung eines Kodierungssystems kann zudem aus den Vorstellungen der Matrixframes hergeleitet werden. Die Kodierung bezieht sich dafür innerhalb des jeweils ausgewählten Themenbereichs auf verschiedene Artikelversionen, die einen zeitlichen Ausschnitt repräsentieren. Die inhaltliche Strukturanalyse der Artikel ist sodann mehrstufig und in Quaestio, Frames und sogenannte Subframes[259] unterteilt. Sie ist ferner überwiegend qualitativ orientiert, wobei quantitative Ergebnisse ergänzend eingebracht werden. Die Erhebung ist dadurch nicht rein deduktiv, also nur von den Vorstellungen der Matrixframesystematik abgeleitet, sondern von der Betrachtung der einzelnen Artikelversionen her induktiv bezüglich Entwicklungen und Veränderungen im Kodierungssystem.

Folgende Operationalisierungsschritte werden also durch den Untersuchungsaufbau vorgegeben: Für das vorgefundene Stichwort[260] wird der Themenbereich zunächst durch die Quaestio eröffnet (‚Was ist ein X?' und ‚Wie geschieht ein X?')[261]. Der durch den Artikel ausgebreitete Themenbereich wird dann durch die

259 Mit ‚Subframe' wird im Folgenden ein subordinierter, also untergeordneter Frame bezeichnet; in den Auswertungskapiteln erfolgt auch die Abkürzung ‚SF'.

260 Einige Wikipedianer sprechen in diesem Zusammenhang auch von ‚Lemma'; fernab der linguistischen Dimension dieses Begriffs ist damit die enzyklopädische Grundform eines Stichwortes gemeint. So verweist z. B. ‚Limone' auf die Grundform ‚Gewöhnliche Limette', ‚Laubblatt' auf die Grundform ‚Blatt (Pflanze)' usw. (vgl. [Wikipedia:Namenskonventionen#Artikeltitel_und_Klammerzusatz]).

261 ‚X' meint hier folglich die Realisierung des angesetzten Stichworts bzw. Lemmas.

zur Verfügung stehenden Informationen in Einzelkomponenten zerlegt. Dazu gehören nach der gewählten Herangehensweise Überschriften, Hyperlinks und ihre textuelle Einbettung. Die gewählte Framesystematik kommt dann als Orientierungs- und Interpretationshilfe zum Einsatz und bündelt die Einzelkomponenten. Es folgt die Präsentation der Einordnung in den Gesamttext-Zusammenhang einer Artikelfassung und die Ergebnisvorstellung.

Die Operationalisierung verfolgt auf diese Weise die Messbarmachung der distribuierten Wissensinhalte anhand bestimmter textueller Phänomene. Hierfür bedarf es eines Framesystems, des Zerlegens der Artikel in Analyseeinheiten und die Zuordnung dieser zu den Kategorien durch einen Kodierungsvorgang. Formulierungen einer Quaestio können sowohl auf der Knoten- als auch auf der Hypertext-Ebene gefunden werden (vgl. Huber 2003: 98). Mit der Eröffnung des Frames wird eine Frage formuliert, die durch das Zusammenspiel von Leerstellen (slots) und Füllwerten (fillers) beantwortet wird. Es geht also um die Herausfilterung der maßgebenden Elemente einer referentiellen Domäne, die in der Überschrift oder auch Zwischenüberschrift thematisiert wird.

Für das hier anzugebene Framesystem gilt jedoch die besondere Anforderung, dass dieses auf alle Artikelversionen anwendbar sein muss, um einen systematischen Vergleich nicht synchron-vertikal von Satz zu Satz, sondern diachron-horizontal von Fassung zu Fassung zu ermöglichen. Es soll und muss also unerheblich sein, ob ein Artikel (noch) im Zustand eines ‚stubs‘[262] ist, also nur wenige Sätze umfasst, oder mehrere Abschnitte enthält, damit dasselbe Framesystem zur Anwendung kommen kann. Dies erfordert, dass in einem ersten Analyseschritt alle möglichen Frame-Konstellationen erfasst werden müssen, um dann ein, für alle Artikelfassungen umfassend gültiges Framesystem zu entwickeln. Die Formulierung von Frames steht damit zwischen der Materialexegese des eigenen Korpus und der eigenen Expertise und damit für einen Ansatz, der bewusst zwischen corpus-based und corpus-driven steht. Das korpusbasierte Vorgehen ergibt sich zum einen daraus, dass von den gesammelten Daten (= Artikelfassungen) ausgehend abstrahiert wird. Zum anderen soll das Vorgehen jedoch auch den Raum für Erkenntnisse offen lassen, die in den bisherigen Kapiteln eingehend diskutiert wurden und damit außerhalb des Korpus liegen, womit die Tendenz zum korpusgestützen Paradigma erfüllt wird. In die Framesystematik gehen schließlich sowohl die Prämissen der Matrixframes als

262 ‚Stub‘ steht als wikipediainterne Vokabel für einen sehr kurzen Artikel, der unter Umständen noch ausgebaut werden könnte oder sollte (vgl. [Wikipedia:Artikel]).

auch Spezifikationen der ausgewählten Artikelfassungen (s. o.) ein; ein strukturgebendes Analyseraster wird geschaffen.

Im Einzelnen bedeutet das, dass im Rahmen des deduktiven Vorgehens die Matrixframes nach Konerding für sogenannte Datenblätter umfunktioniert werden. So kann etwa die Datenblatt-Charakterisierung folgende Prädikationstypen eines ‚Ereignisses' enthalten:

Abb. 14: Prädikationstypen zu ‚Ereignis' nach Ziem (2005).

Prädikationstypen zur Charakterisierung
1. der **Entstehungsumstände** des Ereignisses, der **Bedingungen, unter denen es stattfindet**
2. des **übergeordneten Zusammenhangs**, in dem das Ereignis eine Rolle spielt
3. der **Funktionen/Rollen**, die das Ereignis in diesem übergeordneten Zusammenhang erfüllt/einnimmt
4. der **wesentlichen Phasen, Teilergebnisse/Eigenschaften,** die das Ereignis aufweist
5. der **wesentlichen Mitspieler**, die in dem Ereignis eine Rolle spielen
6. der **wesentlichen Eigenschaften**, durch die die **Mitspieler** in diesem Ereignis gekennzeichnet sind
7. der **Bedingungen**, unter denen sich das Ereignis **charakteristisch verändert**
8. der **typischen Dauer** des Ereignisses
9. der **Bedingungen,** unter denen das Ereignis typischerweise **beginnt**
10. der **Bedingungen,** die das Ereignis **unterstützen**
11. der **Bedingungen**, unter denen sich das Ereignis **wiederholt**
12. der **Bedingungen,** unter denen das Ereignis **abbricht oder endet**
13. der verschiedenen **Zustände oder weiteren Ereignisse**, in die das Ereignis **resultieren** kann
14. der **verschiedenen Folgen**, die das Auftreten des Ereignisses **für den Menschen** haben kann
15. der **Bedeutung,** die das Auftreten des Ereignisses **für den Menschen** hat
16. von **ähnlichen Ereignissen**, den **Unterschieden** zu diesen Ereignissen und von **allgemeinen Kategorien**, in die das Ereignis fällt
17. von **Theorien**, in denen das **Ereignis** eine Rolle spielt
18. von **Informationen**, die über das Auftreten dieses Ereignisses vermittelt sind (etwa Ankündigung von Folgeereignissen etc.)
19. von **weiteren Namen** für das Ereignis.

Diese Prädikationstypen können zum folgenden Datenblattformat für ein Codesystem zum Erfassungsframe ‚Ereignis' führen:

Tab. 7: Mögliches Datenblatt für den Erfassungsframe ‚Ereignis'

Erfassungsframe ‚Ereignis'	
Codesystem Slots	01 Entitäten/Mitspieler 011 Eigenschaften
	02 Ausprägung 021 weitere Resultate 022 typisches Maß
	03 funktionaler Zusammenhang
	04 Bedingungen für Veränderungen 041 Beginn, Entstehung 042 Begrenzung 043 Wiederholung 044 Unterstützung 045 Ende
	05 Relevanz für den Menschen
	06 Ähnliches, Unterschiede, allgemeine Kategorien
	07 weitere Namen
	08 erweiterter Zusammenhang

Hier fällt bereits auf, dass das für die Untersuchung gewählte Datenblatt um einige Inhalte aus Ziems Ansatz (vgl. Abb. 14) gekürzt wurde. Dies hängt damit zusammen, dass für die ausgewählten Untersuchungsgegenstände z. B. der Punkt ‚Theorien' – nach Durchsicht der zur Analyse kommenden Artikelfassungen – nur eine untergeordnete oder gar keine Rolle spielte. Auch der bei Ziem sehr differenziert benannte Aspekt der ‚Entstehungsumstände' und ‚Bedingungen, unter denen ein Ereignis typischerweise beginnt' wurden in dem Übersichtsdatenblatt zusammengefasst. Es muss an dieser Stelle darauf hingewiesen werden, dass das hier gewählte und vorgestellte Verfahren nur eines von vielen möglichen ist. Die angegebene Möglichkeit der Datenblattkonfiguration mit dem damit zusammenhängenden Kodierungssystem ergibt sich aus der Einzelfallanwendung auf die hier genannten Artikel und erhebt keinesfalls den Anspruch auf Allgemeingültigkeit.

Eine weitere Unterteilung in Subframes soll sich – wie auch in den Einzelanalysen zu sehen – als geeignet erweisen, um sowohl generelle Strukturen als auch diverse hierarchisch untergeordnete Einzelelemente zu erfassen und verschiedene Aspekte noch einmal gesondert zu beleuchten. Auch können so die hierarchische Artikelstruktur und ihr funktional-thematischer Hintergrund beschrieben und analysiert werden. Die Klassifizierung der Subframes erfolgt auf der Basis der Überschriften in der Artikelstruktur. Die Füllwerte der sich an die Subframes angliedernden Slotstruktur konzentrieren sich auf die Hyperlinks und der jeweils unmittelbaren Satzumgebung. Nicht zwingend wird der gesamte Absatz in die Betrachtung einbezogen. Auch hier kommt wieder die Quaestio ins Spiel und damit die Frage, die durch ein Äußerungsereignis (in diesem Fall die Absatzsequenz[263]) beantwortet wird. Wird davon ausgegangen, dass die Quaestio die Organisation der Informationseinheiten bewirkt, die auf die Quaestio antworten, wird in der Absatzsequenz sozusagen ein Teilthema festgelegt und damit eine bestimmte Perspektive unterstrichen. Über die Artikelfassungen können dann die diachron-horizontal auszumachenden Bezüge bzw. Entwicklungen in den Subframes etwa nach Überschreibungstypen (Einführung, Fortführung, Tilgung) untersucht werden.

Es geht hier darum zu zeigen, wie sich Informationseinheiten von einer Artikelfassung zur nächsten entfalten. Bleibt die Art der Informationsverteilung gleich und trägt dieses Verhalten zu einem Standardisiertheitsgrad des Artikels bei oder verändert sie sich und führt so zu einer dynamischen Artikelgestalt? Wird angenommen, dass die Quaestio den Gegenstand einer Artikelfassung bildet, ist auch der Frage nachzugehen, wie sich der Gegenstand in den Versionen verändert. Die Beobachtung der Artikelfassungen nimmt eine grundlegende Aussage an, lässt aber auch eine Menge an Einzelaussagen zu. Auch hier kommt wieder die Framesystematik zum Einsatz.

Die Entscheidung, den Fokus recht eng auf Hyperlinks zu setzen, erfolgt dabei nicht nur aus praktischen Gründen. Die ausgezeichneten Hyperlinks setzen im Artikel markante Referenzpunkte als Ankerpunkte des klickbaren Artikeltextbereichs. Durch ihre Auszeichnung sind sie im Artikeltext hervorgehoben, agieren somit sowohl als Organisationselement als auch als Aufmerksamkeitslenker der Artikeltextoberfläche (vgl. etwa Kapitel 2.5.2 und 3.1.3). Hyperlinks werden zudem als Möglichkeit genutzt, um Kohärenz innerhalb des Hypertextsystems herzustellen, indem sie eine mehrschichtige Beziehung ausdrücken, eine partielle Rezeption begünstigen und eine paradigmatische Öffnung erlauben. Sie werden damit, wie in Kapitel 3 ausgeführt, zu recht salienten Informationsbausteinen und nehmen eine zentrale Position innerhalb eines Artikels ein. Innerhalb der framesystematischen Erfassung, die die Artikel strukturiert zu betrachten versucht, können sie mit ihrer unmittelbaren Satzumgebung den Leerstellen zugeordnet werden. Die Verweisstruktur lässt sich so anhand der verschiedenen

263 Mit Absatzsequenz ist ein funktional-thematischer Textbaustein, der durch die Artikelgliederung vorgegeben ist, gemeint.

Artikeltextfassungen gut vergleichen. Für die Verdeutlichung von Text- und Wissensverfahren wird daher ein exemplarisches Vorgehen gewählt, das den Fokus auf die durch Hyperlinks realisierten Schnittstellen legt.[264]

Eine grundsätzlich notwendige Analyse, die andere mediale Komponenten einbezieht wie z. B. die Bild-Text-Analyse, ist nach dem vorgeschlagenen methodischen Modell durchaus möglich, sieht sich aber mit bestimmten Schwierigkeiten konfrontiert: Nicht nur sind verschiedene Typen von Bild-Text-Beziehungen festzustellen; auch ein tertium comperationes muss festgesetzt werden. Weitere Aspekte, die im Rahmen zu untersuchender Überschreibungsprozesse zu berücksichtigen wären, sind das Bildthema, dessen thematische Entfaltung, der Zusammenhang von Bildstruktur und Bildfunktion im Bild-Text-Komplex sowie insgesamt die Art der visuellen Realisierungsformen innerhalb eines Artikels. Da hier tendenziell ein anderes Untersuchungsdesign entwickelt werden müsste, wird die Zeichenmodalität Bild im vorgeschlagenen exemplarischen Vorgehen nur als Modelldimension berücksichtigt (vgl. Kapitel 5.4).

Indem der Fokus der Untersuchung schwerpunktmäßig auf dynamische Aspekte der Artikelinhalte gelegt wird, rücken vor allem die nichtveränderten Frames und Inhalte (Leerstellen und Füllwerte) in den Mittelpunkt der Beobachtung. Damit wird auch unterstellt, dass Stabilität, aber auch Mehrfachnennungen von Frameelementen Wichtigkeit und das Vorhandensein von Frames im Bewusstsein der Wikipedia-Autoren unterstreichen. Sie unterstützen ferner die Idee von Zentrum und Peripherie: Werden Füllwerte nicht variiert, rücken sie in das Zentrum eines Frames. Ähnlich können auch Frames durch Stabilität in das Zentrum eines Themenkomplexes rücken. Hier erfolgt dann die Bewertung der Effektivität eines bestimmten Frames gegenüber einem vergleichbar anderen, wobei es zur Herausbildung von sogenannten "strong frames" (Chong/Druckman 2007: 111) kommen kann.

So werden in der Analyse qualitative und quantitative Analyseschritte verbunden, um zu einer deutlicheren Ermittlung der Überschreibungstypen als Konkretisierungen von Text- und Wissensverfahren zu kommen, die sich im Zuge der Überschreibungsprozesse feststellen lassen. Über die zu beobachtende zeitliche Entwicklung der Artikel erfolgt ein Überblick über die Frames und ihre Anwendung im Verlauf verschiedener Artikelfassungen. So können Veränderungen und Entwicklungen eines Artikels dargestellt und anhand ausgewählter Positionen

264 Dieser ist nach dem Huberschen TAH auf der Ebene der thematisch-strukturellen Aspekte anzusiedeln (vgl. Huber 2003: 104). Nicht in die Betrachtung einbezogen werden die von Bucher genannten Problembereiche, die bei der Verlinkung auftreten können (vgl. Bucher 1999: 23).

miteinander verglichen werden. Darüber hinaus geht das Untersuchungsdesign auf die Bedeutung zugrunde liegender wikipediaspezifischer Prozesse ein und verdeutlicht die Eigenheiten dieses vorläufigen und durch Überschreibungsprozesse geprägten Formats.

4.6 Schwerpunktsetzung und Präzisierung

Aus der Übersicht verschiedener Ansätze der Frame-Semantik wurde in diesem Kapitel ein Raster für die Analyse von kollaborativ erstellten Hypertexten entwickelt. Das frametheoretische Repräsentationsformat sowie die textorientierte Quaestiotheorie wurden dafür auf ihr Potenzial, dynamische und textmodifizierende Prozesse zu untersuchen, überprüft und werden als Instrumente für die folgende Analyse kombiniert. Die theoretisch-methodische Ermittlung der Austausch- und Überschreibungsprozesse wurde sodann im zweiten Teil dieses Kapitels an den Anwendungsbereich Wikipedia rückgebunden. Das anzuwendende Raster soll so diachron-horizontale Framebeobachtungen erlauben, die mit dem dynamischen Verhalten kollaborativ erstellter Hypertexte korrespondieren. Das Analyseverfahren scheint geeignet, die verschiedenen Überschreibungstypen und -prozesse zu identifizieren und auch ihre Funktion differenziert zu erfassen. Dabei ergeben sich folgende Schwerpunktsetzungen und Präzisierungen für die Beobachtungen der Objektebene: die Auswertung der Artikelstruktur sowie eine Fokussierung auf die Linkstruktur als Anhäufung strategisch günstiger Zugriffs- und Verarbeitungspunkte, um etwa die inhaltliche Ausgestaltung der Artikeltexte verfolgen zu können. Aspekte der durch Text- und Wissensverfahren geprägten Artikeloberfläche sollen schließlich Aussagen über eine Handlungsdynamik im Artikelwesen Wikipedias erlauben, die durch endogene und exogene Faktoren bestimmt ist. Auszugehen ist von einer prozessgebundenen Aushandlungskohärenz, die Aktivitäts- bzw. Aufmerksamkeitszyklen unterliegt und in Form von qualitativen Veränderungen der Artikeloberfläche verfolgt werden kann.

5. Analyse: Überschreibungsprozesse in einem kollaborativen Hypertext

5.1 Überblick

Die Analyse stellt zwei Artikel der Wikipedia ‚Zitronenpresse' und ‚Eurokrise' in den Mittelpunkt der Betrachtung. Das Vorgehen umfasst die Anwendung des im vorherigen Kapitel diskutierten Untersuchungsrasters sowie die detaillierte Beschreibung der Veränderungen auf der Artikelinhaltsebene. Die Beobachtungen auf der Objektebene werden dabei ergänzt durch Beobachtungen bestimmter Impulsgeber, die auf der Metaebene zu situieren sind (vgl. Kapitel 3). Ferner erlaubt die Analyse einen Ausblick auf die Zeichenmodalität Bild in kollaborativ erstellten Hypertexten. Die Ergebnisleistung verweist schließlich auf grundlegende Tendenzen in der Artikeldynamik Wikipedias an die sich weitere Untersuchungen anschließen lassen.

5.2 Prämierter Artikel: Zitronenpresse

5.2.1 Explikativ-objektbezogener Thementyp

Auf einer Skala, die entweder nach Objekt- oder Ereignisbezogenheit eines zu erläuternden Sachverhalts unterscheidet, ist die Auswahl des Zitronenpresse-Artikels dem ‚Objektpol' zuzuordnen. Zusätzlich handelt es sich um einen Artikel, der im Zuge eines Schreibwettbewerbs überarbeitet und daraufhin erfolgreich die Kandidatur zunächst zum ‚lesenswerten', dann zum ‚exzellenten' Artikel durchlaufen hat.[265] Für die Beobachtung der Artikelentwicklung wurde ein Zeitraum von zwei Jahren gewählt, d. h. von der ersten Artikelfassung bis zu der Entscheidung über die Artikelprämierung als ‚lesenswert' bzw. ‚exzellent'.

In der Wikipedia richten sich die Beiträge auf den Artikelseiten an alle Wikipedia-Nutzer und unterliegen – wie in Kapitel 2.2 ausgeführt – sprachlich und inhaltlich den Qualitätsansprüchen, die sich aus den Nutzungsanforderungen (sachorientiert, verständlich, knapp und zugleich umfassend etc.) für die Textsorte ‚enzyklopädischer Artikel' ergeben (s. a. Fandrych/Thurmair 2011). Betont wird dabei auch die Qualitätssicherung und Qualitätsverbesserung, die durch die Überarbeitungen und Rückmeldungen (Review) der Nutzer entstehen. Die

265 Vgl. die Ausführungen zum Bewertungsmuster von Wikipedia-Artikeln in Kapitel 2.2.6.

Möglichkeit, über die Versionshistorie die Artikelentwicklung im Einzelnen nachvollziehen zu können, macht sichtbar, wie sich ein Artikel durch Review und Überarbeitung entwickelt. Dieses Dokumentationsverfahren soll für die anzustellende Untersuchung genutzt werden.

Da die Wikipedia ein bekanntes und viel genutztes Onlineangebot darstellt, bieten gerade die sprachlichen und strukturellen Unterschiede zwischen den Artikelversionen und Diskussionsseiten einen guten Anknüpfungspunkt für die Beobachtung hinsichtlich des Zusammenhangs zwischen der Form der Wissenssammlung und der Funktion durch die Wiki-Software. Die Rekonstruktion der Text- und Wissensverfahren dürfte daher die Bedeutung des reflektierten Überarbeitens zur Herstellung eines qualitativ guten Artikeltextes verdeutlichen. Die Analyse der Diskussionsseiten zeigt ergänzend auf, welche Aspekte der Qualitätsbewertungen in der Wikipedia angelegt werden. Die Kenntnis der Prozesse der Artikelerstellung und der dabei gültigen Regeln, die in Kapitel 2.2 ausgeführt wurden, hilft dabei, die Verlässlichkeit von Informationen in der Wikipedia besser bewerten zu können. Ergänzend werden hier (Tabelle 8) die Kriterien für lesenswerte und exzellente Artikel dargestellt, wie sie auch in den Wikipedia-Vorgaben zu ‚Wie schreibe ich einen guten Artikel?' zu finden sind.[266]

Tab. 8: Kriteriendarstellung nach [Wikipedia:Kandidaturen]

Kriterien	lesenswerte Artikel	exzellente Artikel
Artikelwahl	Alle Artikel aus allen Fach- und Lebensbereichen; auch Artikel, die von der Mehrheit der Nutzer als unverständlich angesehen werden, aber fachlich korrekt und fundiert ein spezielles Thema behandeln.	Alle Artikel aus allen Fach- und Lebensbereichen, die deiner Meinung nach die folgenden Mindestkriterien erfüllen:

266 Vgl. [Wikipedia:Kandidaturen] und [Wikipedia:Wie_schreibe_ich_gute_Artikel] (Herv. i. O.); Abruf: 19.7.2014.

Kriterien	lesenswerte Artikel	exzellente Artikel
Mindestkriterien	- Ein Artikel muss die Kernaspekte des Themas abdecken und selbstverständlich **fachlich korrekt** sein. - Die Informationen des Artikels müssen **belegt** sein. Sie müssen sich auf zuverlässige Quellen stützen und anhand der angegebenen Literatur und/oder der Einzelnachweise durch Dritte überprüfbar sein. - Sämtliche im Artikel verwendeten **Abbildungen** müssen unter einer **freien Lizenz** stehen. - Die **Form** sollte ansprechend sein und Wikipedia-Standards einhalten. - Artikel müssen eine **Einleitung** besitzen, die das Wichtigste zum Thema zusammenfasst und dabei klärt, in welchem Fachgebiet und in welchem Zusammenhang das Thema steht.	- Zunächst müssen die Mindestkriterien für lesenswerte Artikel erfüllt sein (s. d.). - Der Artikel muss sein Lemma inhaltlich nach reputabler Sekundärliteratur und gegenwärtigem Stand der Forschung, wie er sich aus frei zugänglichen Quellen erschließen lässt, abdecken. - Verschiedene Aspekte des Themas müssen in einem ausgewogenen Umfang dargestellt werden. Die Auswahl von Haupt- und Nebenabschnitten soll der Gewichtung im enzyklopädischen Interesse entsprechen. - Für den ganzen Artikel muss klar sein, aus welchen Quellen er zusammengestellt wurde. Für wichtige Details, Zitate, potenziell Strittiges sollte dies mit einem Einzelnachweis geschehen. Die Quellen selbst sollten je nach Thema möglichst hochwertig und aktuell sein und in einer in Wikipedia üblichen und ansprechenden Form formatiert sein. - Ein exzellenter Enzyklopädieartikel sollte nach Möglichkeit den schwierigen Balanceakt schaffen, durch seinen sprachlichen Stil weder einschläfernd noch anbiedernd zu wirken. - Angemessene Illustration: Dazu gehören sinnvolle Bildunterschriften genauso wie möglichst gute Bilder.

Kriterien	lesenswerte Artikel	exzellente Artikel
Toleranzbereich	- **Fehlende oder lückenhafte Teilaspekte** sind kein Hinderungsgrund, fehlen darf z. B. bei Chemikalien die Geschichte, bei Länderartikeln die Flora und Fauna u. Ä. - **Bilder** sind nicht unbedingt nötig, sie dürfen aber nicht unpassend oder zufällig ausgewählt sein. - **Sprache**: Kleinere Holprigkeiten und Schwächen werden toleriert, solange dies nicht das Verständnis erschwert. - **Fachjargon** wird trotz schlechterer Verständlichkeit toleriert, wenn die Darstellung des Themas ihn erfordert. Nicht toleriert werden unnötig komplizierte Phrasen, die als Fachsprache ausgegeben werden.	

In Bezug auf die Kriterien von zu prämierenden Artikeln zeigt sich, dass neben dem Sprachstil der richtige Umgang mit Quellen und das Belegen der inhaltlichen Aussagen durch Referenzen eine wichtige Rolle für die Bewertung von und Kritik an Artikeltexten bildet. Es bleibt zu überlegen, ob sich innerhalb der Wikipedia-Gemeinschaft dabei auch die Bewertung der Glaubwürdigkeit von Quellen und Informationen beobachten lässt. Insgesamt haben wir es hier mit einem qualitätsorientierten Verfahren zu tun, das als Versuch gewertet werden kann, über Prämierungswege einen qualitativ ausgewogenen Standard für Wikipedia-Einträge zu etablieren. Hierzu werden auch Autoreninitiativen wie Schreibwettbewerbe genutzt, als dessen Folge neue mit ‚lesenswert' oder ‚exzellent' ausgezeichnete Artikel entstehen sollen. Zu beachten ist, dass die Prämierung der Artikel bestehen bleibt, auch wenn der Artikel im Zuge von Überschreibungsprozessen Änderungen unterliegt.

5.2.2 Untersuchungsraster

Der Artikel ‚Zitronenpresse' wurde im Zeitraum von März 2005 bis Juli 2007 in Form von zehn voneinander abgrenzbaren Artikelfassungen beobachtet.[267] Der Beobachtungszeitraum setzt zum Zeitpunkt der ersten Artikelfassung (19.03.2005 10:14 Uhr) ein und endet mit der Aufnahme des Artikels in die Reihe der exzellenten Artikel am 31.07.2007 um 19:23 Uhr; innerhalb dieses Zeitraums wurde der Artikel 136-mal überarbeitet.[268] Ausgehend von der Quaestio ‚Was ist eine Zitronenpresse?' wurde für den beobachteten Entwicklungszeitraum ein Codesystem unter Berücksichtigung des Matrixframes ‚Artefakt' (vgl. Konerding 1993: 309–314) entwickelt. Diesem liegen folgende Fragen zugrunde:

Tab. 9: Erfassungsframe Artefakt des Wikipedia-Artikels ‚Zitronenpresse'

Erfassungsframe ‚Artefakt – Zitronenpresse'		**Relevante Fragen**
Codesystem Slots	01 Form und Material	– In welcher Form, aus welchem Material gibt es die Zitronenpresse?
	011 Eigenschaften	– Welche Eigenschaften besitzen Form und Material?
	02 Existenz	– Was führt zu ihrer Existenz?
	021 Entstehung	– Welche Elemente haben zu ihrer Entstehung beigetragen?
	03 Konstitution	– Wie ist ihre Konstitution?
	031 funktionaler Zusammenhang	– In welchem funktionalen Zusammenhang steht diese?

267 Die Bezeichnung ‚Artikelfassung' ist hier als Konkretisierung der in Kapitel 1 diskutierten ‚digitalen Textfassung' zu werten.

268 Schwerpunkt des Bearbeitungszeitraums liegt im Jahr 2007; in den Jahren 2005 und 2006 wurde der Artikel nur marginal editiert.

Erfassungsframe ‚Artefakt – Zitronenpresse'		Relevante Fragen
	032 Funktionsteile	– Was sind die Funktionsteile der Z.?
	033 besondere Eigenschaften	– Welche bes. Eigenschaften haben diese?
	034 funktionale Rolle	– Welche funktionale Rolle übernimmt Z.?
	035 weiterer Nutzen	– Welchen weiteren Nutzen erfüllt Z.?
	04 Bedeutung für den Menschen	– Was ist die Bedeutung f. d. Menschen?
	041 Personen / Entitäten	– Welche Personen/ Entitäten stehen in einem Bezug zur Z.?
	042 erweiterter Zusammenhang	– In welchen weiteren Zusammenhängen spielt die Z. eine Rolle?
	043 Handlungszusammenhang	– In welchem (konkreten) Handlungszusammenhang steht die Z.?
	044 spezieller Nutzen	– Welchen speziellen Nutzen erfüllt die Z.?
	045 Produktionsmodell	– Welche Produktionsmodelle gibt es?

Die Auflistung zeigt, dass für die ausgewählten Artikelfassungen im genannten Beobachtungszeitraum 16 Leerstellen identifiziert werden konnten. In Gruppen zusammengefasst kommen über die Frames entsprechende Konzeptdomänen zum Ausdruck: Form und Material des Objekts, Existenzbedingungen in Bezug auf Zeit, Raum und Person, Konstitution des Objekts, Bedeutung für Personen und in diesem Zusammenhang entsprechende Objektmodalitäten.

Die Konkretisierung des Frames ‚Artefakt', der durch die Quaestio ‚Was ist eine Zitronenpresse?' eröffnet wird, gliedert sich ferner in Unterpunkte, die sogenannten Subframes. Hierunter sind Teiltexte des Artikels in Form der jeweiligen Artikelfassung zu verstehen, die einem bestimmten Unterpunkt der Ausgangsquaestio zuzuordnen sind:

Tab. 10: Subframes zur Erfassung des Wikipedia-Artikels ‚Zitronenpresse'

Subframe	Benennung (Inhaltsverzeichnis)
SF #00	[ohne] Einleitung / außerhalb der Artikelstruktur
SF #10	Geschichte
SF #11	Zitronensaft in der Küche
SF #12	Beginn der Mechanisierung: Zitronendrücker // Mechanische Zitronendrücker // Mechanisierung im 19. Jahrhundert[269]
SF #13	Das „Ei des Columbus": billige Zitronenpressen aus Glas
SF #20	Funktionsprinzipien // Funktionsweise
SF #21	Quetschen
SF #22	Drehen
SF #23	Zitronenausgießer
SF #30	Einzelne Modelle
SF #31	Westmark Limona
SF #32	Klassische Kegelpresse
SF #33	Handkurbelgerät
SF #34	Hebelpresse
SF #35	Philippe Starck
SF #40	Zitronenpresse als dekoratives Objekt

Die Identifizierung der Subframes ergibt sich also aufgrund der Anlage der Artikelstruktur in Unterpunkte, auf die – bei umfangreichen Artikeln – auch das Inhaltsverzeichnis verweist. Mag ein Gliederungspunkt auch auf eine andere Frage (‚Wie ist die Funktionsweise einer Zitronenpresse?') antworten und damit im entsprechenden Absatz einen anderen Thementyp etablieren, ist die Gliederungsarchitektur und damit auch die Teilquaestio immer von der übergeordneten Artikelfrage abhängig. So antworten auch Inhalte der Subframes, wie z. B. ‚Funktionsweise', auf die übergeordnete Frage ‚Was ist eine Zitronenpresse?'. Füllwerte und Leerstellen der Subframes sind deshalb einem Codierungssystem ‚Artefakt – Zitronenpresse' zuzuordnen.

269 Hier ändert sich die Absatzbenennung recht häufig, es handelt sich aber immer um denselben Subframe, bei dem es um die Frage ‚Wie ist die beginnende mechanische Umsetzung?' geht, weshalb mehrere Varian ten dieser Überschrift zusammengefasst werden.

Thematisch-strukturelle Aspekte werden nach dieser Herangehensweise ausgehend vom Lemma über die Absatzebene zur Linkebene benannt. Für den Artikel in einer bestimmten Textfassung gibt es deshalb natürlich immer eine lineare Themenentwicklung, wenn man der Gliederungssystematik folgt. Diese synchrone Linearität der Themenentwicklung spielt in dem hier gewählten Zugriff jedoch nur eine nebengeordnete Rolle. Der Fokus liegt, wie bereits betont, gerade auf den Vergleich mit weiteren Artikelfassungen und damit auf der Nachzeichnung einer diachronen Dynamik digitaler Textfassungen.

Ankerpunkte für diese vergleichende Beobachtung sind im gewählten Analyseverfahren die umgesetzten Hyperlinks in ihrer jeweiligen unmittelbaren Satzumgebung, die für das angegebene Kodierungssystem als Füllwerte wahrgenommen werden. Als Begründung für diese Vorgehensweise ist nicht nur die in Kapitel 3 ausgeführte Betonung des Hyperlinks als Schlüsselposition in der Wissensstruktur von Produzenten und Nutzern zu sehen. Ein Indiz für die Relevanz der mit einem Hyperlink versehenen Worteinheiten und Wortverbindungen ist auch in der Wortstatistik der beobachteten Artikel zu finden.

In einer statistischen Übersicht über die Eigenheiten des Artikeltextes und um Auskunft über die sogenannten Keywords zu erlangen, wird die Quersumme der Worthäufigkeiten erhoben. Dieses Vorgehen gibt Auskunft darüber, was von den Artikelautoren als wichtig erachtet wurde und damit als Information innerhalb des Artikeltextes behandelt wird. Interessant ist auch die Frage, welche und wie viele Keywords als Schnittstellen ausgewählt wurden und damit den Zugang zu anderen Hypertexten des Hypertextsystems eröffnen. Eine Übersicht über diese Worthäufigkeiten gibt eine Ausdrucksfrequenzliste an, die auf der Grundlage der untersuchten Textfassungen zum Artikel ‚Zitronenpresse' im Zeitraum 19.03.2005 – 31.07.2007 erstellt wurde. Bezeichnend ist, dass in der bereinigten Liste[270] der Worthäufigkeiten von den zehn meistbenutzten Worteinheiten durchschnittlich die Hälfte auch als Linkschnittstelle in mindestens einer Artikelfassung umgesetzt wurde, was den notwendigen Fokus auf Hyperlinks unterstreicht:

---

270 In dieser Ausdrucksfrequenzliste wurden Substantive, Eigennamen, Vollverben und Adjektive berücksichtigt; nicht berücksichtigt wurden Präpositionen, Zahlen, Webadressen und das hier so bezeichnete Wikivokabular (*Wiki, Commons, Index,* u. Ä.).

Tab. 11: Ausdrucksfrequenzliste - ‚Zitronenpresse'[271]

Lemma	Frequenz
Zitronenpresse	310
Zitrone	149
Saft	147
Kegel	84
Fruchtfleisch	57
Frucht	48
Kunststoff	42
Modelle	72
Dresden[271]	36
Kerne	35
N = 16393 Worteinheiten (Types)	

Es bestätigt sich damit der Eindruck, dass Hyperlinks nicht nur als visuelle, sondern auch als methodische Ankerpunkte in der Artikelanalyse gelten können. Sie unterstreichen eine Auszeichnung der häufig kommunizierten Inhalte als Schlüsselpositionen, worüber eine Vernetzung und paradigmatische Öffnung zu weiteren Artikeln im Hypertextnetz stattfinden kann.

5.2.3 Überschreibungstypen mit diachron-referentiellem Bezug

5.2.3.1 Beobachtung der Objektebene

In der Artikelzusammenschau lassen sich Typen der Überschreibung im diachron-referentiellen Bezug zur jeweils vorhergehenden Artikelfassung feststellen. Diese Typen beziehen sich stets auf die slot-filler-Relation in der angelegten Framesystematik, d. h. auf den Zeitpunkt, an dem Füllwerte einer Leerstelle zugeordnet werden und darauf, wo diese Zuordnungen sich in der Artikelstruktur befinden, d. h. wie sie sich unter Beachtung des Subframe-Katalogs verhalten. Festzustellen sind zunächst folgende Typen:

271 ‚Dresden' ist nur in der Einheit ‚Kunstakademie Dresden' vorhanden und damit eingeschränkt als Hyperlink zu werten. Die Auszeichnung von ‚Saft' in Form eines Hyperlinks erfolgt lediglich bis zur Artikeltextfassung vom 5.3.2006. Danach erfolgt nur die Verlinkung von ‚Fruchtsaft'.

1) Einführung bzw. Neueinführung
2) Fortführung in Form von Verschiebung, Wiederaufnahme, (assoziativer) Anbindung und Erhalt
3) Tilgung[272]

Im Folgenden werden Repräsentanten dieser Typen vorgestellt. Eine Auswertung der Typverteilung erfolgt in einem späteren Teilkapitel dieses Abschnitts.

5.2.3.1.1 Einführung

Der Typ der Einführung gilt prinzipiell für alle erstgenannten Füllwerte eines Slots, ist also eine grundsätzliche Bedingung für die weitere Entwicklung des Artikeltexts. Die „Neueinführung" bezeichnet Füllwerte, die als solche erhalten bleiben, aber *re*formuliert werden, sodass sich die Satzaussage ändert. Für den Artikel ‚Zitronenpresse' entspricht dieser Typ folgenden Beispielen:

Tab. 12: Neueinführung – Reformulierung

Subframe	**Slot**	**Füllwert in Artikelfassung**	
#00	033	19.03.2005	19.06.2005
[Einleitung]	Welche besonderen Eigenschaften haben die Funktionsteile der Zitronenpresse?	Unten befindet sich ein Gefäß, mit dem man den Saft auffangen kann.	Entlang der Längsrillen läuft der Saft in das darunter befindliche Gefäß ab.

In beiden Fällen bleibt also der zentrale Füllwert ‚Saft' erhalten, nur ändert sich die verbale Konstruktion, in die der Hyperlink[273] eingebettet ist, von ‚Saft auffangen' zu ‚Saft ablaufen'. Möglich ist zusätzlich auch die Neuformulierung des Hyperlinks, wobei die Zieladresse jeweils erhalten bleibt:

272 Die Typdarstellung erfolgt im Folgenden ausschnitthaft. Ein Gesamtüberblick über die digitalen Textfassungen des beobachteten Zeitraums mit angelegter Framesystematik kann dem elektronischen Anhang entnommen werden.

273 Hyperlinks werden mit einer durchgezogenen Linie unterstrichen; Hyperlinks, die nicht zum angegebenen Füllwert gehören werden mit einer gepunkteten Linie gekennzeichnet.

Tab. 13: Neueinführung – Hyperlink

Subframe	Slot	Füllwert in Artikelfassung	
#12	042	09.06.2007	03.07.2007
Beginn der Mechanisierung	In welchen weiteren Zusammen hängen spielt die Z. eine Rolle?	1896 reichte John T. White beim United States Patent Office als Patent Nr. 572,849 einen verbesserten hölzernen Lemon-Squeezer ein.	Bis heute (Juni 2007) verzeichnet das United States Patent and Trademark Office über 200 Patente für Zitronenpressen.

Im folgenden Beispiel ist der Typ der Neueinführung durch eine Subjekt-Objekt-Verschiebung bestimmt, die sich auf die Satzaussage, in der der Hyperlink steht, auswirkt: ‚Zitrusfrüchte auspressen' wird zu ‚Saft aus Zitrusfrüchten herauspressen'.

Tab. 14: Neueinführung – Satzaussage

Subframe	Slot	Füllwert in Artikelfassung	
#00	034	29.12.2006	05.03.2007
[Einleitung]	Welche funktionale Rolle übernimmt die Zitronenpresse?	Eine Zitrus- oder Zitronenpresse ist ein Küchengerät […] mit dem man Zitrusfrüchte wie Zitronen, Limonen oder Orangen auspresst.	Eine Zitronenpresse ist ein Küchengerät mit dem man Saft aus Zitrusfrüchten wie Zitronen oder Limonen herauspresst.

Eine auch unter dem Typ Neueinführung zu betrachtende Variante ist die Neuausrichtung der Satzaussage in einem anderen Subframe:

Tab. 15: Neueinführung – Subframe

Subframe	Slot	Füllwert in Artikelfassung	
#12	021	09.06.2007	03.07.2007
Beginn der Mechanisierung	Welche Elemente haben zur Entstehung der Zitronenpresse beigetragen?	Im 18. Jahrhundert entstanden die ersten Pressen für Zitronen nach dem Modell von Kartoffelpressen.	

Subframe	Slot	Füllwert in Artikelfassung	
#10	021		
Geschichte	Welche Elemente haben zur Entstehung der Zitronenpresse beigetragen?		Vermutlich funktionierten diese nach dem Modell von Kartoffelpressen.

Insgesamt lässt sich diese Variation des Typs Einführung im beobachteten Artikelzeitraum und in den ausgewählten Artikelfassungen jedoch nur an wenigen Stellen festmachen. Überwiegend bleibt die unmittelbare Satzumgebung der Hyperlinks (abgesehen von vereinzelten Änderungen der Diathese oder des Tempus) und die Hyperlinkformulierung genau in der Form erhalten, in der sie ursprünglich in den Text eingefügt wurde.

5.2.3.1.2 Fortführung

Der zuletzt angegebene Überschreibungstyp ist auch Voraussetzung für den Typ der Verschiebung, für den gilt, dass eine slot-filler-Kombination in anderen Positionen der Artikelstruktur fortgeführt wird. Dieses Bewegungsverhalten ist aus der diachron-referentiellen Beobachterperspektive weitaus häufiger als der Typ der Neueinführung. Folgende Beispiele zeigen die Verschiebung von slot-filler-Konstruktionen an andere Positionen; diese geschieht in der Regel, sobald sich eine erweiterte Artikelstruktur etabliert hat, z. B. von der ‚Einleitung' zur Funktionsweise (‚Drehen'):

Tab. 16: Fortführung – Positionsverschiebung#1

Subframe	Slot	Füllwert in Artikelfassung	
#00	033	29.12.2006	05.03.2007
[Einleitung]	Welche besonderen Eigenschaften haben die Funktionsteile der Z.?	Entlang der Längsrillen läuft der Saft in das darunter befindliche Gefäß ab.	
#22	033		
Drehen	Welche besonderen Eigenschaften haben die Funktionsteile der Z.?		Entlang der Längsrillen läuft der Saft ab.

Oder von der Position ‚Beginn der Mechanisierung' hin zur ‚Geschichte':

Tab. 17: Fortführung – Positionsverschiebung#2a

Subframe	Slot	Füllwert in Artikelfassung	
#12	031	09.06.2007	03.07.2007
Beginn der Mechanisierung	In welchem funktionalen Zusammenhang steht die Konstitution der Zitronenpresse?	Zangenartige Geräte, die, wie moderne Knoblauchpressen, die Früchte mit einem Stempel in einen Zylinder mit Löchern drücken	
#10	031		
Geschichte	In welchem funktionalen Zusammenhang steht die Konstitution der Zitronenpresse?		Zangenartige Geräte, die, wie moderne Knoblauchpressen, die Früchte mit einem Stempel in einen Zylinder mit Löchern drücken

Tab. 18: Fortführung – Positionsverschiebung#2b

Subframe	Slot	Füllwert in Artikelfassung	
#12	041	09.06.2007	03.07.2007
Beginn der Mechanisierung	Welche Personen/ Entitäten stehen in einem Bezug zur Zitronenpresse?	Der Schriftsteller Jean Paul erwähnt schon 1798 solche Zitronendrücker.	
#10	041		
Geschichte	Welche Personen/ Entitäten stehen in einem Bezug zur Zitronenpresse?		Der Schriftsteller Jean Paul erwähnt schon 1798 solche Zitronendrücker.

Signifikant gehäuft tritt der Typ der Verschiebung mit dem Ausbau der Artikelposition Funktionsprinzip/Funktionsweise auf:

Tab. 19: Fortführung – Positionsverschiebung#3

Subframe	Slot	Füllwert in Artikelfassung	
#21	031	09.06.2007	03.07.2007
Quetschen	In welchem funktionalen Zusammen-hang steht die Konstitution der Zitronenpresse?	Diese Methode wird, in weiterentwickelter Form, auch bei den in der Gast-ronomie gebräuchlichen Hebelpressen angewandt	
#20	031		
Funktionsweise	In welchem funktionalen Zusammenhang steht die Konstitution der Zitronenpresse?		Diese Methode wird, in weiterentwickelter Form, auch bei den in der Gastronomie gebräuchlichen He-belpressen angewandt

Tab. 20: Fortführung – Positionsverschiebung#4

Subframe	Slot	Füllwert in Artikelfassung	
#21	032	09.06.2007	03.07.2007
Quetschen	Was sind die Funktionsteile der Zitronenpresse?	wird die Frucht in einem Zylinder oder einer Halb-kugel mit einem walzen- oder -halbkugelförmigen Gegenstück in einer Art Zange gequetscht	
		Der austretende Frucht-saft wird durch einen Filter abgetrennt.	
#20	032		
Funktionsweise	Was sind die Funktionsteile der Zitronenpresse?		wird die Frucht in einem Zylinder oder einer Halbkugel mit einem walzen- oder -halbkugelförmigen Gegenstück in einer Art Zange gequetscht
			Der austretende Fruchtsaft wird durch einen Filter […] abgetrennt.

Tab. 21: Fortführung – Positionsverschiebung#5

Subframe	Slot	Füllwert in Artikelfassung	
#21	033	09.06.2007	03.07.2007
Quetschen	Welche besonderen Eigenschaften haben die Funktionsteile der Zitronenpresse?	Dabei nimmt der Saft zusätzlich ätherische Öle aus der Schale auf.	
		Der austretende Fruchtsaft wird durch einen Filter abgetrennt.	
#20	033		
Funktionsweise	Welche besonderen Eigenschaften haben die Funktionsteile der Zitronenpresse?		Dabei nimmt der Saft zusätzlich ätherische Öle aus der Schale auf.
			Der austretende Fruchtsaft wird durch einen Filter [...] abgetrennt.

Tab. 22: Fortführung – Positionsverschiebung#6

Subframe	Slot	Füllwert in Artikelfassung	
#22	041	09.06.2007	03.07.2007
Drehen	Welche Personen/Entitäten stehen in einem Bezug zur Zitronenpresse?	Eine Designstudie von Wilhelm Wagenfeld konnte in den 1950er Jahren jedoch zeigen, dass ungleichseitige und ungleichwinklige sägeförmige Einschnitte zu einer besseren Ausnutzung der Frucht führen.	

Subframe	Slot	Füllwert in Artikelfassung	
#20	041		
Funktionsweise	Welche Personen/Entitäten stehen in einem Bezug zur Zitronenpresse?		Eine Designstudie von Wilhelm Wagenfeld konnte in den 1950er Jahren jedoch zeigen, dass ungleichseitige und ungleichwinklige sägeförmige Einschnitte zu einer besseren Ausnutzung der Frucht führen.

Dasselbe Prinzip kommt bei der Artikelposition ‚Zitronenpresse als dekoratives Objekt' zur Anwendung, d. h. statt einer recht spezifischen wird eine allgemeiner formulierte Artikelposition besetzt:

Tab. 23: Fortführung – Positionsverschiebung#7

Subframe	Slot	Füllwert in Artikelfassung	
#35	041	09.06.2007	03.07.2007
Philippe Stark	Welche Personen/ Entitäten stehen in einem Bezug zur Zitronenpresse?	Die einzige Zitronenpresse, die hauptsächlich wegen ihres Designs bekannt wurde, ist die Juicy Salif von Alessi, entworfen von dem französischen Designer Philippe Starck.	
		Nach Auffassung von Umberto Eco liegt dies vermutlich daran „daß der Auftraggeber gar keine echte Zitronenpresse haben wollte".	

Subframe	Slot	Füllwert in Artikelfassung	
#40	041		
Zitronenpresse als dekoratives Objekt	Welche Personen/ Entitäten stehen in einem Bezug zur Zitronenpresse?		Die einzige Zitronenpresse, die hauptsächlich wegen ihres Designs bekannt wurde, ist die Juicy Salif, 1987 entworfen von dem französischen Designer Philippe Starck,
			Nach Auffassung von Umberto Eco liegt dies vermutlich daran „daß der Auftraggeber gar keine echte Zitronenpresse haben wollte".

Ein Beispiel für den Typ der Wiederaufnahme zeigt sich im Einleitungsteil des Artikels ‚Zitronenpresse' bei der Hyperlinkauszeichnung von ‚Zitronen' als Beispiel für Zitrusfrüchte, die mit einer Zitronenpresse ausgepresst werden können. Die Verlinkung wurde, wie die Auswahl der Artikelfassungen zeigt, etwa zwei Jahre lang nicht verwendet, bis sie am 05.03.2007 wieder gesetzt wurde.

Tab. 24: Fortführung – Wiederaufnahme

Subframe	Slot	Füllwert in Artikelfassung	
#00	035	19.03.2005	05.03.2007
[Einleitung]	Welchen weiteren Nutzen erfüllt die Zitronenpresse?	Eine Zitronenpresse ist ein gläserner Gegenstand um Zitrusfrüchte wie Zitronen oder Orangen auszupressen.	Eine Zitronenpresse ist ein Küchengerät mit dem man Saft aus Zitrusfrüchten wie Zitronen oder Limonen herauspresst.

An dieser Position lässt sich auch der Typ der assoziativen Anbindung feststellen, da mit der digitalen Artikelfassung vom 05.03.2007 weitere Beispiele für ‚Zitrusfrüchte' genannt werden, die mit einer Zitronenpresse ausgepresst werden können.

Tab. 25: Fortführung – Assoziative Anbindung

Subframe	Slot	Füllwert in Artikelfassung
#00	035	05.03.2007
[Einleitung]	Welchen weiteren Nutzen erfüllt die Zitronenpresse?	Eine Zitronenpresse ist ein Küchengerät mit dem man Saft aus Zitrusfrüchten wie Zitronen
		oder Limonen herauspresst.
		Mit universeller einsetzbaren Zitruspressen lassen sich auch größere Früchte wie Orangen
		und Grapefruits,
		bzw. Pampelmusen auspressen.

Ein Hauptaugenmerk ist auf den Fortführungstyp des Erhalts zu legen, hinter dem die Etablierung von Standardwerten vermutet wird. Dabei geht es zunächst um den Erhalt einer slot-filler-Kombination und ihrer Zuordnung zu einem Subframe. So lässt sich für den Einleitungsteil eine Kombination feststellen, die über den gesamten Beobachtungszeitraum hinweg, unterbrochen nur durch die bereits oben genannte Neueinführung (s. Tabelle 14: Neueinführung – Satzaussage), angegeben wird.

Tab. 26: Fortführung – Erhalt

Sf	Slot	Füllwert in Artikelfassung		
#00	034	19.03.2005	05.03.2007	31.07.07
[Einleitung]	Welche funktionale Rolle übernimmt die Zitronen presse?	Eine Zitronenpresse ist ein gläserner Gegenstand um Zitrusfrüchte wie Zitronen, oder Orangen auszupressen.	Eine Zitronenpresse ist ein Küchengerät mit dem man Saft aus Zitrusfrüchten wie Zitronen oder Limonen herauspresst.	Eine Zitronenpresse ist ein Küchengerät zum Herauspressen von Saft aus Zitrusfrüchten wie Zitronen oder Limonen

Für diesen Bereich im Einleitungsteil ist von einem ausgewogenen slot-filler-Verhältnis auszugehen. Über alle Artikelfassungen hinweg wird im Subframe #00 (Einleitung) eine bestimmte Leerstelle eröffnet, die in allen beobachteten Fassungen mit demselben Füllwert besetzt wird. Ein gleiches Verhalten, d. h. dass in einem Subframe für eine Leerstelle immer dieselben Füllwerte genannt werden, ist nach der Etablierung einer ausgeweiteten Artikelstruktur mit den Fassungen ab dem 05.03.2007 der Fall. Dazu zu zählen, aber an dieser Stelle nicht weiter auszuführen, sind der Subframe #00 (Einleitungsteil) mit den Leerstellen 034 (funktionale Rolle der Zitronenpresse) und 035 (weiterer Nutzen der Zitronenpresse) und für den Subframe #12 (Mechanisierung) die Füllwerte, die der Leerstelle 042 (erweiterter Bedeutungszusammenhang der Zitronenpresse) zuzuordnen sind. Ebenso gehört der in dieser Auswertung nicht diskutierte Subframe #13 (Das ‚Ei' des Columbus) mit den Füllwerten zu den Leerstellen 041 (Personenbezug) und 042 (erweiterter Bedeutungszusammenhang der Zitronenpresse) dazu.[274] Gleiches gilt für die Artikelfassungen ab dem 05.04.2007, bei denen die Leerstellenbesetzung 011 (Eigenschaften der Zitronenpresse) im Subframe #20 (Funktionsweise) nicht verändert wird. Die Bewertung dieses Überschreibungstyps auch hinsichtlich der Type-Token-Frequenz erfolgt im letzten Teilkapitel dieses Abschnitts.

5.2.3.1.3 Tilgung

Der Typ Tilgung betrifft slot-filler-Kombinationen, denen im Laufe der Artikelentwicklung anscheinend wenig Relevanz zugesprochen wird, da sie in folgenden Artikelfassungen nicht mehr berücksichtigt werden. Zu diesen Füllwerten gehören u. a.:

274 Ich verweise an dieser Stelle auf die Auswertung im Anhang.

Tab. 27: Tilgung#1

Subframe	Slot	Füllwert in Artikelfassung
#11	041	09.05.2007
Zitronensaft in der Küche	Welche Personen/ Entitäten stehen in einem Bezug zur Zitronenpresse?	Willem Kalf (1619–1693) oder
		Jan Davidsz. de Heem (1606–1683/84) legen kunstvoll spiralig geschälte Zitronen neben oder in kostbare Pokale und Gläser
		Der Berliner Botaniker Johann Sigismund Elsholtz erwähnt Zitrusfrüchte, darunter auch Zitronen, 1682 in seinem Diäteticon, einem Koch- und Diätbuch.
	042	
	In welchen weiteren Zusammenhängen spielt die Zitronenpresse eine Rolle?	man verstand die Zitronen als die goldenen Äpfel der Hesperiden
		In der bildenden Kunst erscheinen Zitronen seit dem späten 16. Jahrhundert als Bestandteile von Dessert- oder Frühstücksstilleben.
	043	
	In welchem (konkreten) Handlungszu sammenhang steht die Zitronenpresse?	Zitronensaft löste in der mittelalterlichen Küche den Verjus, einen Saft aus unreifen Trauben, als Säurungsmittel ab.
		Im 17. und 18. Jahrhundert entstand eine regelrechte Orangeriekultur

Durch diesen Überschreibungstyp wird auch eine Reduzierung von Artikelpositionen wirksam; zu sehen in diesem Beispiel im Subframe #12 (Beginn der Mechanisierung) und den slot-filler-Realisierungen.

Tab. 28: Tilgung – Reduzierung

Subframe	Slot	Füllwert in Artikelfassung		
#12	041	05.03.2007	05.04.2007	09.06.2007
Beginn der Mechanisierung	Welche Personen/ Entitäten stehen in einem Bezug zur Zitronenpresse?	benutzte weiter einfach die vorhandenen Kartoffelpressen auch für Zitronen. Dies legt ein Zitat aus *Die Käserei in der Vehfreude* von Jeremias Gotthelf aus dem Jahr 1850 über die Kunden etwas zweifelhafter reisender Händler nahe	benutzte weiter einfach die vorhandenen Kartoffelpressen auch für Zitronen. Dies legt ein Zitat aus *Die Käserei in der Vehfreude* von Jeremias Gotthelf aus dem Jahr 1850 über die Kunden etwas zweifelhafter reisender Händler nahe	benutzte weiter einfach die vorhandenen Kartoffelpressen auch für Zitronen. Dies legt ein Zitat aus *Die Käserei in der Vehfreude* von Jeremias Gotthelf aus dem Jahr 1850 über die Kunden etwas zweifelhafter reisender Händler nahe
		Der bayrische Hofkoch Julius Rottenhöfer beschreibt in Rottenhöfers Kochbuch, erschienen nach 1858, mehrfach das Ausdrücken einer Zitrone von Hand direkt in den Topf	Der bayrische Hofkoch Julius Rottenhöfer beschreibt in Rottenhöfers Kochbuch, erschienen nach 1858, mehrfach das Ausdrücken einer Zitrone von Hand direkt in den Topf	
	042			
	In welchen weiteren Zusammenhängen spielt die Zitronenpresse eine Rolle?	Der Schriftsteller Jean Paul erwähnt 1798 solche Zitronendrücker am 43. Tag seiner Hundposttage:		

Zuletzt zu nennen ist folgende Kombination, die, wie o. g. (vgl. Tabelle 12: Neueinführung – Reformulierung und Tabelle 16: Fortführung – Positionsverschiebung#1), mehrere Überschreibungstypen (Neueinführung, Verschiebung) durchlaufen hat und schließlich getilgt wird:

Tab. 29: Tilgung#2

Subframe	**Slot**	**Füllwert in Artikelfassung**
#22	033	05.03.2007
Drehen	Welche besonderen Eigenschaften haben die Funktionsteile der Zitronenpresse?	Entlang der Längsrillen läuft der Saft ab.

5.2.3.2 Metaebene: Bedingungen der zeitlich-thematischen Progression

Die hier aufgezeigten Überschreibungstypen entstehen nicht aufgrund eines wahllosen Editierverhaltens von Artikel-Autoren der Wikipedia. Insbesondere die Artikelfassung vom 05.03.2007 und dem 03.07.2007 zeugt davon, dass bestimmte Überschreibungen zeitlich gehäuft auftreten. Da im Untersuchungszeitraum keine technischen Errungenschaften in Bezug auf die Zitronenpresse zu verzeichnen sind, ist von weiteren Einwirkungen der Metaebene auszugehen, die einer genaueren Betrachtung bedürfen.

Die Artikelfassungen zeigen, dass der Wikipedia-Artikel ‚Zitronenpresse' zunächst, d. h. in den ersten zwei Jahren seines Bestehens, nicht besonders viel verändert wurde. Mit der Artikelfassung vom 05.03.2007 werden jedoch Änderungen wirksam, die dem von Wikipedia ausgerufenen 6. Schreibwettbewerb geschuldet sind. Der bis dato zweimal jährlich (im März und September) stattfindende Wettbewerb[275] hat zum Ziel, Wikipedia als ‚Enzyklopädie' weiter aufzubauen, wobei es gilt, entweder ein neues Artikelthema zu bearbeiten oder einen bereits bestehenden Artikel, wie im vorliegenden Fall geschehen, auszugestalten. Dass es durch diesen Wettbewerb zu verstärkten Schreibprozessen kommt und durch das Ziel einen besonders guten Artikel zu schreiben, auch zum Entstehen sogenannter exzellenter und lesenswerter Artikel, ist ein gewünschter Nebeneffekt von Wikipedia. Die Prämierung der besten Artikeltexte erfolgt durch eine vorab gewählte Jury am Ende des jeweiligen Monats. In der ca. vier Wochen andauernden Schreibphase wird nicht nur direkt am Artikel geschrieben, sondern auf diesen Schreibprozess auch durch die Reviews der Diskussionsseite Einfluss genommen.

Diese Reviewdiskussion wurde für den 6. Schreibwettbewerb zwar vorzeitig abgebrochen, es zeigen sich jedoch weitere Bemühungen der Hauptautorin mit

275 Gewinner des 6. Schreibwettbewerbs I/2007 waren die Artikel ‚Haager Konvention zum Schutz von Kulturgut bei bewaffneten Konflikten' und ‚Schloss Glienicke' (Publikumspreis; vgl. [Wikipedia:Schreibwettbewerb]).

dem Alias Poupou l'quourouce um die Qualität des Artikels über diesen Wettbewerb hinaus. Letztendlich ist wohl das auf den Schreibwettbewerb folgende Prädikat ‚lesenswert' auf den von der damaligen Hauptautorin initiierten Reviewprozess zurückzuführen, an dem sich andere Autoren beteiligten. Die Vorschläge für die Artikelverbesserung, wie z. B. Zitatauszeichnung, Einbindung von Bildern und stilistische Anmerkungen, arbeitete die Autorin, so weit ersichtlich, ein. Auswirkungen inhaltlicher Kritik, wie die zweifelhafte Auslegung eines Zitats, zeigen sich etwa in der Tilgung einer slot-filler-Kombination (vgl. Tabelle 28: Tilgung – Reduzierung) oder in der Tilgung des Artikelabschnitts ‚Zitronensaft in der Küche' (vgl. Tabelle 27: Tilgung#1), der nach Meinung eines Reviewers thematisch nicht hier einzuordnen sei, sondern zum Artikellemma ‚Zitronensaft' gehöre.[276]

Als weiterer Bestandteil des Diskussionsbereichs im Rahmen des Reviewprozesses wird ferner auf ein Bewertungsraster für Artikel verwiesen, das 2007 anscheinend für die Entscheidung über exzellente Artikel galt. Auf dessen Grundlage werden unter anderem folgende Artikelbestandteile bewertet: Einleitung, Bilder, Stil/Links, Inhalt und Belege. Es ist in etwa mit den derzeit geltenden Kriterien für lesenswerte und exzellente Artikel vergleichbar (s. o.). Für den Artikel ‚Zitronenpresse' wird in den Reviews konsequenterweise die Aufwertung des Artikels durch Fotos, Zitate, Formulierungen (indirekte statt direkter Rede, logischer Aufbau und Vermeidung von Redundanzen) und Artikelstruktur betont:

> [U]rsprünglich für den schreibwettbewerb begonnen, mit reger mithilfe vieler wikipedianer, die ihre zitronenpressen für diesen artikel abgelichtet haben, illustriert und nach wertvollen hinweisen im review nochmal überarbeitet, scheint mir der artikel jetzt reif für eine kandidatur. als hauptautorin **ohne votum.**–poupou Review? 15:38, 10. Jun. 2007 (CEST)–Rupp.de 00:26, 16. Jun. 2007 (CEST)
>
> **Pro** einfach Klasse der Artikel. Ich fand es erstaunlich, was man zu einem so alltäglichen Gegenstand alles schreiben kann. Klar Lesenswert. Julius1990 15:44, 10. Jun. 2007 (CEST)
>
> **Pro** weil mir beim Lesen alles im Munde zusammenlief – gut recherchiert, liebevoll bebildert inkl. der Dresdner Kuppel, dazu noch leicht und locker geschrieben. --DasBee ± 16:00, 10. Jun. 2007 (CEST)
>
> **Pro** – zu schade, daß der Artikel nicht beim SW [Schreibwettbewerb, N. M.] fertig wurde… Marcus Cyron na sags mir 16:55, 10. Jun. 2007 (CEST)

276 Der Abschnitt ist seit dem 09.06.2007 unter dem Artikellemma ‚Zitrone' zu finden. (http://de.wikipedia.org/w/index.php?title=Zitrone&diff=next&oldid=32882339; Abruf: 28.2.2014).

Pro – beachtlich, was da alles an Infos, Geschichte, Literatur und Bilder rauszuholen war! Beim nächstenmal auspressen werde ich das mit ganz anderen Augen sehen ;-) Gruß Martin Bahmann 20:13, 10. Jun. 2007 (CEST)

Pro – Was soll man dazu sagen, schön. Nur eine kl. Anmerkung, bin im letzten Abschnitt hängengeblieben: „*die die Firma Alessi 2000 in 9999 nummerierten Exemplaren*", da die Jahreszahl optisch mit der Stückzahl kollidiert und ich auch noch zuerst *Alessi 2000* als Firmenname ausgemacht habe. rorkhete 22:09, 10. Jun. 2007 (CEST)

hast recht, hab es entschärft.–poupou Review? 22:12, 10. Jun. 2007 (CEST) [...] (Diskussion:Zitronenpresse#Lesenswert-Kandidatur; Herv. i. O.)

Die Kommentare der Abstimmung über den Lesenswert-Status zielen also u. a. auf folgende Aspekte ab: Recherche/Inhalt, Zitate, Bebilderung und Themenumsetzung. Es folgt eine Prämierung mit ‚lesenswert' am 17.06.2007 und ‚exzellent' am 31.07.2007. Die Gründe für das positive Votum entsprechen den oben abgebildeten.

5.2.4 Bewertung: Dynamische Regulationsmechanismen mit Objektbezug

Wie im vorherigen Kapitel dargestellt, geben die Ergebnisse aus Objekt- und Metaebene erforderliche Erklärungen für Überschreibungen der Artikelstruktur. Es zeigte sich eine direkte Einflussnahme durch Ereignisse auf der Metaebene auf die Objektebene. Für die Feststellung dieser Einflussnahme war der Einbezug der Diskussionsseite maßgeblich, die die inhaltliche Entwicklung des Artikelthemas in den beobachteten Zeitfenstern förderte. Sie zeigte, dass ein Schreibwettbewerb im März 2007 sowie die Kandidaturen zum lesenswerten bzw. exzellenten Artikel auf den Artikel eingewirkt haben. Besonders diese Phasen der Umstrukturierung sollen nun im Hinblick auf die Standardisierungsentwicklungen im Artikel ‚Zitronenpresse' beleuchtet werden.

Dass Regulationsmechanismen innerhalb der Text- und Wissensverfahren einsetzen, zeigt sich zunächst deutlich anhand des Schreibwettbewerbs im März 2007. Der bis dahin kaum bearbeitete Artikel ‚Zitronenpresse' wird gemäß den Wettbewerbsvorgaben inhaltlich ausgebaut und enthält von nun an diverse Artikelabschnitte:

- Zitronensaft in der Küche (SF #11),
- Beginn der Mechanisierung (SF #12),
- Das Ei des Columbus (SF #13),
- Quetschen (SF #21),
- Drehen (SF #22),

- Zitronenausgießer (SF #23)[277] und
- Einzelne Modelle (SF #30).

Diese Grundstruktur wird im Laufe des voranschreitenden Reviewprozesses teilweise weiter mit Inhalten gefüllt, bevor es mit der Kandidatur zum exzellenten Artikel zu einem weiteren Umbau der Artikelstruktur und -inhalte kommt. Dieser Umbau zeigt sich verstärkt im Zusammenhang mit den oben erläuterten Überschreibungstypen „Verschiebung“ und „Neueinführung“ in der Artikelfassung vom 03.07.2007 (vgl. Tabelle 17: Fortführung – Positionsverschiebung#2a bis Tabelle 23: Fortführung – Positionsverschiebung#7). Auffällig ist hier die Umverteilung der Inhalte bei gleichzeitiger Reduzierung der Artikelgliederung auf drei maßgebliche Abschnitte:

- Geschichte (SF #10),
- Funktionsweise (SF #20) und
- Zitronenpresse als dekoratives Objekt (SF #40).

Die Entwicklungen auf der Objektebene zeigen also nach einem vollzogenen Ausbau der Artikelstruktur die Tendenz an, dass bei einem zu detaillierten Aufbau eine Umkehr zu Verallgemeinerungen stattfindet und Präzisierungen gesucht werden.[278]

Die Etablierung bestimmter Subframes spricht für die Verlagerung und Verengung der übergeordneten Quaestio ‚Was ist eine Zitronenpresse?‘, die in jedem Fall für die Einleitung bestehen bleibt, aber hinsichtlich des restlichen Artikels auf bestimmte Teilquaestiones verteilt wird. Zu zeigen sind diese anhand der letzten beschriebenen Artikelfassungen, mithilfe derer sie sich wie folgt veranschaulichen lassen:

Zur Beantwortung der Frage

‚Was ist eine Zitronenpresse?‘ gehören damit die Teilfragen

- ‚Was ist die Geschichte der Zitronenpresse?‘
- ‚Wie ist die Funktionsweise der Zitronenpresse?‘
- ‚Welche besonderen Ausführungen der Zitronenpresse gibt es?‘

---

277 Dieser Artikelabschnitt enthält keine Hyperlinks und wurde nicht in die Analyse einbezogen.

278 Dies entspricht der Vorgabe ‚Länge eines Artikels‘, die in [Wikipedia:Wie_schreibe_ich_gute_Artikel] zu finden ist: „Der Artikel sollte eine dem Thema angemessene Länge haben und nicht zu detailliert sein.“

Diese Entwicklung spricht für einen zugrunde liegenden Kohärenzgedanken in Bezug auf das zu behandelnde Objekt ‚Zitronenpresse'. Anzunehmen ist ein globales Orientierungsmuster, das nach den Prinzipien Verstehbarkeit, Handhabbarkeit und Bedeutsamkeit die Aushandlungskohärenz bestimmt. Eine weitere Möglichkeit, wie Inkohärenzen vermieden bzw. beseitigt werden können, zeigte sich etwa in dem oben ausgeführten Kritikpunkt zum Abschnitt ‚Zitronensaft in der Küche' (SF #11; vgl. Tabelle 27: Tilgung#1): Nachdem der Abschnitt als inhaltlich ungeeignet und damit als inkohärent für den Artikel ‚Zitronenpresse' kritisiert wurde, wurde er ausgelagert und entsprechend des Kohärenzgedankens dem als passender bzw. stimmiger empfundenen Artikel ‚Zitrone' zugeordnet.

Eine genaue Beobachtung, die die einzelnen Subframes fokussiert, zeigt darüber hinaus, dass die meisten Änderungen des Artikels ‚Zitronenpresse' im Einleitungsteil stattfinden. Hier ist auch eine große Varietät der im vorangegangenen Kapitel beschriebenen Überschreibungstypen festzustellen. Zu sehen sind „Neueinführung", „Verschiebung", „Wiederaufnahme", „assoziative Anbindung" und „Erhalt". Da die Einleitung in einer Zusammenfassung die wichtigsten Aspekte des Artikelinhaltes darstellt und dem Leser einen Überblick über das Thema geben soll, scheint es nur nachvollziehbar, dass hier die meisten Überschreibungen vorgenommen werden, um die genannten Ansprüche zu erfüllen (s. a. Kapitel 2.5.1). Im restlichen Artikel bleiben dagegen die meisten Inhalte erhalten, werden jedoch, wie beschrieben, teilweise an andere Artikelpositionen gesetzt bzw. an andere Teilfragen gekoppelt.

Des Weiteren ist zu sehen, dass dieser Artikel, wenn auch nicht so sehr wie das im folgenden Kapitel behandelte Beispiel, von einer sogenannten Lemmadiskussion betroffen ist. Der Diskussionsbedarf ergibt sich für das Artikelstichwort ‚Zitronenpresse' aus der Abgrenzung der Inhalte, die zu ‚Zitruspresse' und ‚Zitrone' gehören. Beispielsweise wird die Etablierung des Lemmas ‚Zitronenpresse' mit der ‚Standardisierung als Haushaltsgerät' begründet, wohingegen als Zitruspressen „nur größere Geräte mit austauschbaren Kegeln bezeichnet" würden (vgl. Diskussion:Zitronenpresse#Review_aus_dem_6._Schreibwettbewerb). In diesem Diskussionspunkt auf der Metaebene des Artikels zeigt sich eine retrospektive Sensitivität der Wikipedia-Autoren in Bezug auf die zeitlich-thematische Entwicklung ihrer Artikel; etwa wenn die Hauptautorin davon spricht, dass eine zu einem früheren Zeitpunkt existierende Einleitung übernommen wurde.[279] Für die Autorin gilt hier die Überlegung, dass in dieser ‚alten' Einleitung schon die wichtigsten Prinzipien genannt wurden:

> Aus meiner Sicht spräche einiges für eine Verschiebung nach Zitruspresse. Schon beim ersten Überfliegen des Textes wird deutlich, dass sich die Funktionsprinzipien sehr stark

279 Vgl. auch die Ausführungen in Kapitel 2.5.1., insbesondere Tab. 2.

ähneln und auch in der jetzigen Einleitung tauchen andere Zitrusfrüchte ja schon auf. [...] --Frank Schulenburg 13:32, 6. Mär. 2007 (CET)

ich habe den artikel selbst von zitruspresse zu zitronenpresse verschoben. die einleitung ist teilweise noch die alte. tatsächlich sind reine zitronenpressen für andere früchte meistens ungeeignet, weil zu klein. das kann ich im artikel aber noch deutlicher herausstellen. [...]--poupou Review? 14:35, 6. Mär. 2007 (CET) (Diskussion:Zitronenpresse#Review_aus_dem_6._Schreibwettbewerb)

Interessant ist nun zu fragen, welche Elemente in diesen Ausbau- und Umschichtungsprozessen erhalten bleiben und wie sie als sogenannte Standardwerte identifiziert werden können. Ein wichtiger Indikator dafür ist der bereits in den Überschreibungstypen festgestellte „Erhalt“: So zeigt sich eine ausgewogene slot-filler-Kombination für den Füllwert ‚Zitrusfrüchte auspressen‘ bzw. ‚Saft aus Zitrusfrüchten auspressen‘ des Slots 034 (‚Welche funktionale Rolle übernimmt die Zitronenpresse?‘) im Einleitungsteil des Artikels.

Wie von Ziem bereits betont, können sich über „rekurrente gleichförmige Schema-Instanzbeziehungen“ (Ziem 2008: 367) neue Standardwerte etablieren. Die Auftretenshäufigkeit der realisierten Füllwerte gibt an, welche Standardwerte sich über einen Zeitraum hinweg herausbilden. So ergeben sich auch weitere Beobachtungsmöglichkeiten prototypischer Strukturen. Wie im Kapitel 4 erläutert, können sich Leerstellen, in denen Werte häufig instanziiert werden, über die Zeit als verstehensrelevant erweisen, während sie, wenn sie ausgeblendet werden und damit inaktiv bleiben, als nicht relevant gelten. Übertragen auf das vorgestellte Beispiel stellt sich somit die prototypische Struktur des Zitronenpresse-Artikels nach Auswertung der slot-filler-Struktur am Ende dieses Teilkapitels als Liste von Standardinformationen dar.

Zu beobachten ist etwa, dass die Leerstellen, die danach fragen, welche Personen (unter verschiedenen Aspekten betrachtet) im Bezug zur Zitronenpresse stehen, im Überblick der digitalen Artikelfassungen eine hohe Type-Frequenz aufweist, die zu einer Verfestigung der Leerstelle führt. Dass sich letztendlich ‚Jean Paul‘ oder ‚Jeremias Gotthelf‘ als Füllwerte dieser Leerstelle durchsetzen, scheint unter Beachtung der Type-Frequenz dann nur ein Nebenergebnis zu sein. Die Tatsache, dass der Personenbezug in diesem Artikel bzw. im Subframe ‚Geschichte‘ bzw. ‚Beginn der Mechanisierung‘ erscheint, ist dagegen weitaus relevanter und spricht für die enzyklopädische Ausrichtung der Artikel. Ähnliches ist den Subframes #13 (Ei des Columbus) und #40 (Zitronenpresse als dekoratives Objekt) zu entnehmen. Eine hohe Token-Frequenz zeigt sich in der Füllwert-Gruppe Frucht, zu der die Füllwerte ‚Fruchtfleisch‘, ‚Fruchtsaft‘, ‚Zitrusfrucht‘, ‚Zitrone‘, ‚Limone‘, ‚Orange‘, ‚Grapefruit‘ und ‚Pampelmuse‘ sowie auch ‚Saft‘ und ‚Saftschläuche‘ gezählt werden können. Diese Gruppe tritt signifikant häufig auf, führt aber dennoch nicht zwangsläufig zur Verfestigung einer bestimmten Leerstelle. Die als exzellent bewertete Artikelfassung vom 31.07.2007 enthält bis auf wenige Ausnahmen Elemente bzw. Komponenten, die sich, wie in der Übersicht oben erkennbar, durch ihre (Type-Token-) Frequenz oder slot-filler-Rekurrenz als Standardwerte etabliert haben.

Tab. 30: Etablierte Füllwerte – ‚Zitronenpresse'

Subframe	**Slot**	**etablierte Füllwerte 7/2007**
#00	034	
[Einleitung]	Welche funktionale Rolle übernimmt Z.?	Eine Zitronenpresse ist ein Küchengerät zum Herauspressen von Saft aus Zitrusfrüchten, wie Zitronen oder Limonen.
	035	
	Welchen weiteren Nutzen erfüllt Z.?	Saft aus Zitrusfrüchten, wie Zitronen
		oder Limonen [auspressen].
		Zitruspressen sind universell einsetzbare Geräte mit meist auswechselbaren Kegeln, mit denen sich auch größere Früchte, wie Orangen
		und Grapefruits,
		beziehungsweise Pampelmusen auspressen lassen.
	044	
	Welchen speziellen Nutzen erfüllt die Z.?	Das Fruchtfleisch der Zitrusfrüchte ist sehr wässrig.
#10	021	
Geschichte	Welche Elemente trugen zu ihrer Entstehung?	Vermutlich funktionierten diese nach dem Modell von Kartoffelpressen.
	031	
	In welchem funktionalen Zusammenhang steht die Z.?	zangenartige Geräte, die wie moderne Knoblauchpressen die Früchte mit einem Stempel in einen Zylinder mit Löchern drücken, aus denen der Saft herausrinnt.
	041	
	Welche Personen stehen in einem Bezug zur Z.?	Der Schriftsteller Jean Paul erwähnt schon 1798 solche Zitronendrücker:
		benutzte auch einfach die vorhandenen Kartoffelpressen für Zitronen. Dies legt ein Zitat aus *Die Käserei in der Vehfreude* von Jeremias Gotthelf aus dem Jahr 1850 über die Kunden etwas zweifelhafter reisender Händler nahe.

Subframe	Slot	etablierte Füllwerte 7/2007
#12	042	
Mechanisi erung im 19. Jh.	In welchen weiteren Zusammenhängen spielt die Z. eine Rolle?	Bis heute (Juni 2007) verzeichnet das United States Patent and Trademark Office über 200 Patente für Zitronenpressen
		Ein vergleichbares hölzernes Gerät wird seit 1857 unter Studenten des Trinity College in Dublin weitergegeben.
		Ursprünglich ein Utensil für die Zubereitung von Punsch, etablierte William W. Niles, später Bischof von New Hampshire, den Brauch, jeweils am „Class Day" den Lemon Squeezer an den vielversprechendsten Folgejahrgang weiterzugeben.
#13	01	
Das „Ei des Columbus"	Aus welchem Material gibt es die Z.?	die kleinen Zitronenpressen aus Pressglas,
	041	
	Welche Personen stehen in einem Bezug zur Z.?	*Ich habe ihn ausgepresst wie eine Zitrone!*"" lässt Peter Altenberg in der 1900 veröffentlichten Prosaskizze *Flirt* den Protagonisten zu seiner Angebeteten sagen und beschreibt damit eindringlich, dass die kleinen Zitronenpressen aus Pressglas, die gegen Ende des 19. Jahrhunderts als Küchengeräte für den Hausgebrauch aufgekommen waren, nicht nur bestechend einfach funktionierten, sondern auch preisgünstig und für jeden erschwinglich waren.
		verkörpert die sprichwörtliche Zitronenpresse, ein Begriff, der im übertragenen Sinne auch Gebäude wie die St. Engelbert-Kirche des Architekten Dominikus Böhm in Köln-Riehl
		die Kuppel der Kunstakademie Dresden von Constantin Lipsius
	042	
	In welchen weiteren Zusammenhängen spielt die Z. eine Rolle?	verkörpert die sprichwörtliche Zitronenpresse, ein Begriff, der im übertragenen Sinne auch Gebäude wie die St. Engelbert-Kirche des Architekten Dominikus Böhm in Köln-Riehl
		die Kuppel der Kunstakademie Dresden von Constantin Lipsius

Subframe	Slot	etablierte Füllwerte 7/2007
#20	011	
Funktionsweise	Welche Eigenschaften besitzen Form und Material?	Weil der Zitronensaft sehr sauer ist, eignen sich auch nur säurebeständige Materialien.
	031	
	In welchem funktionalen Zusammenhang steht die Z.?	Diese Methode wird in einer weiterentwickelten Form bei der in der Gastronomie gebräuchlichen Hebelpressen angewandt.
	032	
	Was sind die Funktionsteile der Z.?	Bei Zitronenzangen wird die Frucht in einem Zylinder oder einer Halbkugel mit einem walzen-, kegel- oder -halbkugelförmigen Gegenstück in einer Art Zange gequetscht.
		Der austretende Fruchtsaft wird durch einen Filter […] abgetrennt.
	033	
	Welche besonderen Eigenschaften haben diese?	Dabei nimmt der Saft zusätzlich ätherische Öle aus der Schale auf.
		Der austretende Fruchtsaft wird durch einen Filter beziehungsweise ein Sieb von Fruchtfleisch und Kernen abgetrennt.
	041	
	Welche Personen stehen in einem Bezug zur Z.?	Eine Designstudie von Wilhelm Wagenfeld konnte in den 1950er Jahren jedoch zeigen, dass ungleichseitige und ungleichwinklige sägeförmige Einschnitte zu einer besseren Ausnutzung der Frucht führen.
#40	041	
Zitronenpresse als dekoratives Objekt	Welche Personen stehen in einem Bezug zur Z.?	Die einzige Zitronenpresse, die hauptsächlich wegen ihres Designs bekannt wurde, ist die Juicy Salif, 1987 entworfen von dem französischen Designer Philippe Starck,
		Nach Auffassung von Umberto Eco liegt dies vermutlich daran, „daß der Auftraggeber gar keine echte Zitronenpresse haben wollte,
	045	
	Welche Produktionsmodelle gibt es?	seit 1990 produziert von der Firma Alessi.
		In der Folge haben Alessi und auch andere Produzenten von Haushaltsartikeln wie beispielsweise Koziol weitere Designerzitronenpressen auf den Markt gebracht

5.3 Aktuelles Ereignis: Eurokrise

5.3.1 Explikativ-ereignisbezogener Thementyp

Während es sich bei dem Artikel ‚Zitronenpresse' um einen objektbezogenen Thementyp gehandelt hat, geht es mit dem Artikel zur ‚Eurokrise' nun um den Ereignisbezug.[280] Ein Ereignis wie eine Krise unterscheidet sich, wie in Kapitel 4.4 dargestellt, zunächst einmal signifikant dadurch von einem Objekt, dass es nichts Gegenständliches ist, also sowohl kognitiv als auch sprachlich anders greifbar ist. Darüber hinaus existiert die Meinung, dass Krisen erst dadurch geschaffen werden, dass man sie beschreibt und diskutiert (vgl. Wengeler/Ziem 2013: 1); es handelt sich sozusagen um "knowledge by description" (Warnke 2009 nach: Russel 1911).

In diesem Zusammenhang ist auf Koselleck zu verweisen, der in seinem Konzept von Krise an die Vorstellung eines Wahrnehmungsphänomens bzw. einer Denkfigur appelliert (vgl. Koselleck 1959, 1982). Ein Blick in aktuellere Auseinandersetzungen mit dieser Thematik zeigt, dass diese „Idee von der Krise als Wahrnehmungsphänomen und als Folgewirkung der Irritation von Vorstellungen über die Welt" (Mergel 2012: 19) mittlerweile gewissermaßen zu einem gedanklich komplexen Paradigma gereift ist, was die Notwendigkeit der Bezugnahme auf die zusammenfassende Darstellung Kosellecks unterstreicht.

Koselleck betont, dass der Ausdruck ‚Krise' „so vielschichtig und unklar wie die Emotionen" (Koselleck 1982: 617) bleibt, die mit ihm verbunden sind. Mit ‚Krise' würde sowohl ein chronischer Dauerzustand umschrieben als auch ein zeitlich nicht näher bestimmbarer Übergang zu einem besser oder schlechter zu bewertenden Zustand (vgl. ebd.). Der Ausdruck sei überdies in seiner Begrifflichkeit immer vage geblieben, sodass er trotz oder wegen seiner Vieldeutigkeiten nie als Grundbegriff der sozialen, ökonomischen oder politischen Sprache verstanden wurde (vgl. ebd.: 624). Dennoch besitze der Ausdruck Schlagwortcharakter, was er laut Kosellecks begriffsgeschichtlicher Auslotung dadurch erlangte, dass er ab dem 19. Jahrhundert „eine Erfahrung abdeckte, die immer mehr zum Alltag gehörte: die Wirtschaftskrisen" (ebd.: 641). Die mit dem Thema Krise in Verbindung zu bringenden Erscheinungen zeigen sich nach Koselleck (vgl. ebd.: 642) auch in der Wortbildung, wobei besonders in Komposita der unterschiedliche

280 Die Grenze zu publizistischen Textstilen mag bei aktuellen Ereignissen mitunter fließend sein. Die Autoren finden allerdings, wie zu sehen sein wird, zu einem deskriptiven Schreibstil zurück.

Grad der Betroffenheit deutlich werde.[281] Mit dem Befund der periodischen Wiederkehr erscheint der Krisenbegriff zudem geeignet, ökonomisch hervorgerufene Notlagen als Erscheinungen einer „Krankheit oder Gleichgewichtsstörung" (ebd.: 643) zu beschreiben. Ob allerdings auch die hier untersuchte Krise den Fortschritt im Sinne einer Durchgangsphase markiert (vgl. ebd.: 644), muss in einem anderen Zusammenhang geklärt werden.

Krisen haben zudem die Eigenschaft, dass sie meist unvorhersehbar eintreten und in kurzer Zeit eine Dynamik entwickeln, die oft nicht regulierbar scheint, bis sie dann (oft unmittelbar) aus den Medien und damit auch wieder aus der öffentlichen Wahrnehmung verschwunden sind. Krisenthemen sind also aktuell und dynamisch und können einen Paradigmenwechsel (im Denken) einleiten, wie etwa bei dem gewählten Beispiel der ‚Eurokrise'. Sie sind des Weiteren immer mit einer großen Ungewissheit verbunden. Insbesondere ökonomische Krisen treten dann auf, wenn das wirtschaftliche Ungleichgewicht, z. B. als Rezession, deutlich wird.

Unausweichlich stehen ferner Krisen und Medien in einem engen Zusammenhang, die während des Vermittlungsprozesses eine wellenartige Bewegung und damit eine eigene Dynamik entwickeln können (vgl. z. B. Vasterman 2005: 509). Daneben kann zudem der Effekt auftreten, dass die Medien die Krisensituation in ihrer Komplexität reduzieren müssen, um sie abbildbar zu machen (vgl. Wengeler/Ziem 2013: 2). Diese Reduktion prägt allerdings rekursiv das Krisenbild, sodass eigentlich nie die Wirklichkeit dargestellt wird bzw. dargestellt werden kann, sondern im besten Fall ein erheblich reduziertes, im schlechtesten ein stark verzerrtes Abbild der eigentlichen Situation. Auswirkungen dieser Mediendynamik sind somit auch bei den Artikelentwicklungen der Wikipedia zu erwarten. Zu fragen ist, ob es auch hier zu verschieden Formen und Stufen von Reduktionsprozessen oder einer anderen Art von Regulationsmechanismus kommt.

Viele der an dieser Stelle referierten Beobachtungen lassen sich darauf zurückführen, dass Themen politischer Kommunikation bzw. öffentlicher Anliegen der Ordnung einer „Art Lebensgeschichte" (Luhmann 1970: 13f.) oder einem Aufmerksamkeitszyklus unterliegen, der sich in typische Phasen einteilen

---

281 In Bezug auf Wikipedia verweisen verlinkte Artikel wie ‚Verschuldungskrise', ‚Finanzkrise' oder ‚Bankenkrise' (Artikelfassung 2/2012) vergleichbar auf die mögliche ökonomische Ausdifferenzierung hin; nicht verlinkte Komposita zeigen zusätzlich ein interessantes Wortbildungsparadigma auf, z. B. Krisenstaaten, Schuldenkrise, Zwillingskrise, Leistungsbilanzkrise u. dgl.

lässt.[282] Dieses Modell ist nach Goeze/Strobel (2012: 517) auch auf rhetorische Krisensituationen anwendbar und dürfte über einen gewissen Zeitraum hinweg mit zur Ausgestaltung des explikativ-ereignisbezogenen Thementyps in der Wikipedia beigetragen haben.

Der Beginn einer rhetorischen Krisensituation wird durch eine sogenannte latente Phase eingeleitet, die die Möglichkeit eines Themas ermittelt. Sie zeichnet sich dadurch aus, dass einigen Experten dieses Thema wohl bekannt sein dürfte, es aber noch nicht allgemein etabliert ist, sodass es auch wieder verschwinden könnte, ohne weiter ausgeführt zu werden. In diesem (nach Luhmann (1970: 14) „vorgeburtlichen" oder) vegetativen Status kann bisweilen auch die Benennung des Themas fehlen, unter der es verhandlungsfähig sein könnte. In der Durchbruchsphase würde dann die eigentliche Kreation des Themas erfolgen. In Bezug auf Krisenthemen wäre die Bestimmbarkeit und Erklärung des Problems eine zentrale Aufgabe. Wird das Thema populär, verlässt es den Expertenkreis und beginnt eine Entwicklung in einer öffentlichen Kommunikationssituation über Medien und Politik. Auf dem anschließenden zeitlich eng begrenzten Kulminationspunkt dieser Themendynamik geht es darum, schnelle Problemlösungen und Präzisierungen anzubieten. Das Thema ist nun allgemein bekannt, würde selbstverständlich diskutiert und Bezüge zu verwandten Themen und Situationen würden dargelegt werden.[283] An diesem Höhepunkt der Konkretisierung steht das Thema distanzlos zu seiner Geschichte und der von dieser mitgetragenen Meinungen und Entscheidungen; die Konkretisierung mündet in einer öffentlichen Ziel- und Lösungsfindung. Hierauf folgt die Abwendung vom Thema bzw. die Entscheidungsreife (vgl. Goeze/Strobel 2012: 517), in der die öffentliche Meinung schlichtweg ermüdet (vgl. Luhmann 1970: 15). Dies scheint insbesondere der Fall zu sein, wenn die thematische Problematik überprüft, traktiert oder auch sanktioniert wird. Das Thema hinterlässt eine abgesenkte Aufmerksamkeitsschwelle, die ähnliche Themen, die einem sogenannten Cluster angehören (vgl. Vasterman 2005: 515) zu einer schnellen Themenkarriere verhelfen können.[284]

---

282 Diese Entwicklung erfolgt ähnlich der Mediendynamik, wie Vasterman (2005) zeigt; ohne Zweifel ist hier eine gewisse Abhängigkeit zu unterstellen.

283 In der medialen Präsenz ist zudem eine Verstärkung der ursprünglichen Situation festzustellen (‚hype'): "The impact of a news theme on media coverage can be described as a temporary lowering of the news thresholds for any event or statement that can be related to the central news theme" (Vasterman 2005: 514).

284 So würden Nahrungsmittelskandale oder Krankheitsthematiken (z. B. Pandemien) in sogenannten Clustern auftreten.

5.3.2 Untersuchungsraster

Der Beobachtungsrhythmus für den Artikel ‚Eurokrise' setzt mit einer der ersten Artikelversionen am 14.02.2010 um 02:28 Uhr ein und erfolgt quartalsweise bis zum 18.02.2012 um 01:47 Uhr. Im Rahmen dieses Untersuchungszeitraums und nachträglich im August 2013 haben sich signifikante Überschreibungen ergeben, die nicht nur eine Änderung des Artikelansatzes in Form der Lemmata ‚Euro-Krise 2010', ‚Programm zur Stabilisierung des Euros 2010', ‚Euro-Krise ab 2010', ‚Staatsschuldenkrise im Euroraum' und ‚Eurokrise' bewirkten, sondern auch Auswirkungen auf den Lemmaansatz aller archivierten Versionen hatten, die über die Versionsgeschichte aufgerufen werden können. Damit wird auch die Quaestio beeinflusst, die allen Artikeln zugrunde liegt. Über den eigentlichen Untersuchungszeitraum hinaus wurde deshalb in Teilen die Artikelfassung vom 6. August 2013, 23:07 Uhr, in der bis dato die letzte Änderung des Lemmaansatzes festgestellt werden konnte, in die Untersuchung einbezogen.

Der Wikipedia-Artikel, der hier nach seiner letzten Lemmaänderung zunächst als Artikel ‚Eurokrise' identifiziert wird, existiert seit dem 14.2.2010 und wurde bis Februar 2012 ca. 1000-mal überarbeitet. Der Datenblattentwurf fällt aufgrund der zahlreichen Änderungen ungleich umfassender aus als bei dem Artikel ‚Zitronenpresse'. Im Mittelpunkt steht jedoch auch hier die Linksetzung im Rahmen eines frameanalytischen Zugangs.

Für die Artikelversionen von 2010 bis 2012 wurde unter Berücksichtigung des zuletzt registrierten Lemmaansatzes die Quaestio ‚Was ist die Eurokrise?' zugrunde gelegt. Das hierauf aufbauende Codesystem basiert auf dem Matrixframe ‚Ereignis' (vgl. Konerding 1993: 335–340) und ermöglicht die Verbindung mit folgenden Fragen:

Tab. 31: Erfassungsframe ‚Eurokrise'

Erfassungsframe ‚Eurokrise'		**Relevante Fragen**
Codesystem Slots	01 Entitäten	– Welche wesentlichen Entitäten treten in der Eurokrise auf?
	011 Währung	– Welche Währungen spielen eine Rolle?
	012 beteiligte Personen	– Welche Personen stehen in einem Bezug zu der Eurokrise?
	013 weitere Entitäten Institution/Unternehmen/ Organisation	– Welche weiteren Entitäten fungieren als Mitspieler in der Eurokrise?
	014 (betroffene) Länder	– Welche Länder sind von E. betroffen?
	015 Eigenschaften	– Durch welche Eigenschaften sind die Entitäten gekennzeichnet?
	02 Ausprägung	– Welche Ausprägung hat die Eurokrise?
	021 weitere Resultate	– In welche weiteren Ereignisse resultiert die Eurokrise?
	022 typisches Maß	– Von welcher Dauer ist die Eurokrise?
	03 funktionaler Zusammenhang	– In welchem funktionalen Zusammenhang figuriert die E.?
	04 Auswirkungen/ Beeinflussungen	– Welche Entwicklungen/Zustände haben Auswirkungen auf die E. oder werden von der Eurokrise beeinflusst?
	05 Bedeutung für den Menschen	– Welche Bedeutung hat die Eurokrise für den Menschen?
	06 Ähnliches, Unterschiede, allg. Kat.	– Welche weiteren Zuordnungen werden genannt?
	07 weitere Namen	– Welche weiteren Namen existieren für die E. / für X als Bestandteil von der E.?
	071 Verweisartikel	– Welche Verweisartikel gibt es für E.?
	08 Erweiterter Zusammenhang	– In welchem erweiterten Zusammenhang spielt die E. eine Rolle?

Für die Artikelfassungen des Untersuchungszeitraums sind damit 16 Leerstellen festgesetzt worden, die in Form eines Kodierungssystems auftreten. Schwerpunktmäßig werden dabei die Konzeptdomänen ‚Person/Objekt' sowie die ‚Bedingungen und Modalitäten in Zeit und Raum' erfasst. Durch die Leerstelle 071 ‚Verweisartikel' werden die Verlinkungen aufgefangen, die dadurch entstehen, dass Artikelbestandteile zu eigenen Artikeln ausgegliedert werden. Dies geschieht bei Wikipedia dann, wenn die Ausführungen zu einem (Unter-) Thema so detailliert sind, dass der Artikel eine übermäßige und unübersichtliche Länge erreicht. An die Stelle von ausgelagerten Texten tritt dann, neben „Verweis auf einen Hauptartikel“ und der Position vor einem Verweis („siehe auch“), eine Zusammenfassung des behandelten Themenbereichs. Die Leerstelle 08 ‚Erweiterter Zusammenhang‘ sammelt in der thematischen Peripherie zu verortende Füllwerte.

Die thematischen Abschnitte der Artikelfassungen zum Artikelstichwort ‚Eurokrise‘ sind als thematische Subframes, d. h. thematische Untergliederungen in Form von Inhaltsabschnitten bzw. Überschriften, zur übergeordneten Quaestio ‚Was ist die Eurokrise?‘ klassifiziert worden. Das Verfahren entspricht dem des Untersuchungsbeispiels ‚Zitronenpresse‘. Für den untersuchten Beobachtungszeitraum lassen sich folgende Subframes feststellen:

Tab. 32: Subframes ‚Eurokrise‘

Subframe	Benennung (Inhaltsverzeichnis)
SF #000	[ohne] Einleitung/außerhalb der Artikelstruktur
SF #001	Bezeichnung // Begriff
SF #100	PIIGS-Staaten
SF #110	Portugal
SF #111	Portugal – Euro-Stabilitätspakt
SF #112	Portugal – Kreditwürdigkeit
SF #113	Portugal – Transeuropäische Netze
SF #120	Irland
SF #121	Irland – Euro-Stabilitätspakt
SF #122	Irland – Arbeitslosigkeit
SF #123	Irland – EU-Kohäsions- und Strukturfonds
SF #130	Italien
SF #131	Italien – Euro-Stabilitätspakt
SF #132	Italien – Transeuropäische Netze
SF #140	Griechenland
SF #141	Griechenland – Euro-Stabilitätspakt
SF #142	Griechenland – Staatsobligationen
SF #143	Griechenland – Eurostat
SF #144	Griechenland – Kreditausfallversicherungen
SF #145	Griechenland – EU-Notfallplan
SF #150	Spanien

Subframe	Benennung (Inhaltsverzeichnis)
SF #151	Spanien – Arbeitslosigkeit
SF #152	Spanien – Eurostabilitätspakt
SF #200	Haushaltslage der meistbetroffenen Staaten
SF #210	Haushaltslage: Griechenland
SF #211	Euro-Stabilitätspakt
SF #212	Staatsanleihen
SF #213	Eurostat
SF #214	Kreditausfallversicherungen/Credit Default Swaps
SF #215	EU-Notfallplan
SF #220	Haushaltslage: Irland
SF #230	Haushaltslage: Italien
SF #240	Haushaltslage: Portugal
SF #250	Haushaltslage: Spanien
SF #253	Platzen der Immobilienblase
SF #254	Stabilisierungsprogramme
SF #255	Folge
SF #256	Einsparungen (Kürzungen)
SF #257	Reaktionen der Ratingagenturen
SF #311	Ursachen Griechenland, Portugal, Italien
SF #312	Ursachen Irland und Spanien
SF #321	Weltweite Immobilien- und Bankenkrise
SF #322	Vertragsbrüche in der Euro-Währungsunion
SF #324	Unzulängliche Insolvenzregelung
SF #325	Ungleichgewicht in der Euro-Zone
SF #330	Ursachen: Alternative Erklärungsansätze
SF #400	Entwicklung und Maßnahmen in den einzelnen Ländern
SF #410	Griechenland
SF #420	Irland
SF #430	Italien
SF #440	Portugal
SF #450	Spanien
SF #500	Europäischer Stabilisierungsmechanismus
SF #510	750-Milliarden-Euro-Rettungsschirm
SF #520	ESFS
SF #530	Der deutsche Anteil
SF #540	Folgen des Rettungsschirms
SF #550	Bewertung des Rettungsschirms

Subframe	Benennung (Inhaltsverzeichnis)
SF #560	Gesetz zum Stabilisierungsmechanismus in Deutschland
SF #610	Euro-Rettungsschirm
SF #620	(Gegenmaßnahmen) Ankäufe von Staatsanleihen
SF #711	Hilfskredite und Bürgschaften
SF #712	Strengere Haushaltsregeln
SF #713	EU-Fiskalpaket
SF #714	Reform der Europäischen Finanzaufsicht
SF #721	Ankäufe von Staatsanleihen der Krisenstaaten
SF #722	Kauf von Privatschulden
SF #723	Konzertierte Aktion der Notenbanken
SF #731	Nord- und Süd-Euro
SF #733	Entschuldung durch Schuldenschnitt
SF #734	Verringerung der Ungleichgewichte
SF #735	Entschuldung durch Sondersteuer
SF #800	Kritik
SF #810	Hilfe EU-Staaten
SF #820	Maßnahmen der EZB

Die Formulierung der Frame-Bezeichnung und die methodische Annahme von Subframes ergeben sich dadurch, dass, obwohl durch Subframes ein anderer thematischer Bereich eröffnet wird, die untergeordneten Frames immer Teilquaestio der übergeordneten Quaestio sind. Der angegebene Katalog über die identifizierten Subframes gibt ferner einen Überblick über alle vorkommenden Artikelpositionen im angegebenen Zeitraum. Dem Katalog ist zudem eine Hierarchie zu entnehmen, da die angegebenen Nummerierungen in Hunderterschritten grobe Gliederungseinheiten darstellen, denen die Positionen auf der Zehner- und Einer-Ebene untergeordnet sind.

Wie schon im Beispiel ‚Zitronenpresse' ausgeführt, wird hier eine lineare Themenentwicklung innerhalb einer Artikelfassung angenommen, die aber nur von nebensächlichem Interesse ist. Der angegebene Katalog berücksichtigt prinzipiell alle im Untersuchungszeitraum festgestellten Artikelpositionen. Die Erfassung dieser Positionen dient im Folgenden vor allem der Lokalisierung von Leerstellen und Füllwerten und der Nachzeichnung ihres diachronen Überschreibungsmusters.

Die Konzentration auf Hyperlinks als Ankerpunkte für die Ermittlung der Füllwerte kann auch in diesem Untersuchungsbeispiel durch die Wortstatistik begründet werden, die für die aufgenommenen Artikelfassungen des Artikels ‚Eurokrise' aus dem Zeitraum vom 14.02.2010 bis 18.02.2012 erstellt wurde. In der bereinigten Liste der Worthäufigkeiten wurde von den zehn meistbenutzten Worteinheiten durchschnittlich die Hälfte auch in eine Linkschnittstelle umgesetzt. Die Ausdrucksfrequenzliste berücksichtigt Substantive, Eigennamen, Vollverben und Adjektive.[285]

Tab. 33: Ausdrucksfrequenzliste – ‚Eurokrise'

Lemma	Frequenz
Euroraum	1208
Staatsschuldenkrise	1204
Euro	489
Milliarden	340
BIP	272
Prozent	271
Griechenland	237
Spanien	209
Staatsanleihen	177
Irland	146
N = 63546 Worteinheiten (Types)	

Auch in diesem Untersuchungsbeispiel kann deshalb in Bezug auf die Linksetzung von Schlüsselpositionierungen innerhalb des Artikels und der abgebildeten Struktur ausgegangen werden. Dass Hyperlinks und ihre unmittelbare Satzumgebung im Mittelpunkt der Betrachtung stehen, sollte damit nachvollziehbar begründet sein.

5.3.3 Überschreibungen und Entwicklungen

5.3.3.1 Beobachtung der Objektebene

Wie im Beispiel ‚Zitronenpresse' lassen sich auch in diesem Untersuchungsbeispiel die bereits an anderer Stelle ausgeführten Überschreibungstypen ausmachen. Im diachron-referentiellen Bezug zur jeweils vorhergehenden Artikelfassung stehen die Typen Einführung, Fortführung (mit den jeweiligen Ausprägungen) und Tilgung. Gleichermaßen auffällig wie zu erwarten ist, dass die Typen sich schnell abwechseln, was auch dadurch zustande kommt, dass die Artikelstruktur selbst häufig Änderungen unterworfen ist. Da die Typen in

285 Nicht berücksichtigt wurden Präpositionen, Zahlen und Webadressen (vgl. Tabelle 11: Ausdrucksfrequenzliste – Zitronenpresse).

diesem Beispiel zahlreich besetzt sind, werden nur die Auffälligsten unter ihnen aufgeführt.[286]

5.3.3.1.1 *Einführung*

Abgesehen von der Tatsache, dass jede slot-filler-Kombination, bevor sie sich unter einem anderen Überschreibungstyp weiterentwickelt, zunächst erstmalig eingeführt werden muss, lassen sich bei diesem Artikelstichwort an signifikanten Stellen sogenannten Neueinführungen beobachten. Damit sind solche slot-filler-Kombinationen gemeint, die unter einem veränderten Gesichtspunkt, z. B. durch veränderte Satzaussage oder Neuformulierung des Hyperlinks, in der jeweils folgenden beobachteten Artikelfassung erscheinen, wie am Beispiel der Einleitung zu sehen ist:

Tab. 34: Neueinführung

Subframe	**Slot**	**Füllwert in Artikelfassung (Herv. i. O.)**		
#000	01	18.05.2011	17.08.2011	18.02.2012
[Einleitung]	Welche wesentlichen Entitäten treten in der Eurokrise auf?	Die Euro-Krise 2010 ist eine Haushaltskrise mehrerer Mitgliedstaaten der Eurozone.	Die **Staatsschuldenkrise** im Euroraum (umgangssprachlich auch **Euro-Krise**) ist eine Haushalts- und Verschuldungskrise mehrerer Mitgliedstaaten der Eurozone.	Staatsschuldenkrise im Euroraum (auch Schuldenkrise oder Euro-Krise genannt) werden Verschuldungskrisen einiger Mitgliedstaaten der Eurozone bezeichnet.
	014			
	Welche Länder sind von der E. betroffen?	Besonders betroffen ist dabei Griechenland	[…] nachdem Griechenland die wahre Höhe seiner defizitären Haushaltslage sowie seines übermäßigen Verschuldungsgrads offenlegte	[…] in dem Griechenland nach einer neuen Regierungsbildung das tatsächliche Ausmaß seiner bisher verschleierten Haushaltsdefizite und seines Schuldenstandes offenlegte.

286 Die vollständige Auflistung kann dem elektronischen Anhang entnommen werden.

Subframe	Slot	Füllwert in Artikelfassung (Herv. i. O.)		
		aber auch andere Länder wie Irland,	Weitere Länder der Eurozone mit hohen Haushalts-defiziten und Verschuldungs-graden (Irland […]	Nach Griechenland konnten auch Irland […] nicht mehr ihre Schulden bedienen.
	021			
	In welche weiteren Ereignisse resultiert die Eurokrise?	wurde der Europäische Stabilisierung smechanismus entwickelt, der im Notfall gegenseitige Hilfsmaßnahmen vorsieht.	Durch Unterstützung des IMF [!] und des von der EU verabschiedeten Europäischen Stabilisierungs-mechanismus wurden sogenannte ‚Rettungsschirme' aufgebaut.	sowie den 2010 neu eingerichteten Europäischen Stabilisierungs-mechanismus (EFSF) wurden mehrere so genannte Rettungs-schirme verabschiedet
	04			
	Welche Entwick-lungen/ Zustände haben Auswir-kungen auf E. oder werden von E. beeinflusst?	um den Staatsbankrott von Mitgliedstaaten zu vermeiden.	die durch konkrete Hilfsmaßnahmen in Form von Liquidität und Bürgschaften bisher einen Staatsbankrott in einem Land der Eurozone vermieden haben.	mittels umstrittener politischer Mittel, d.h. Notbürg-schaften und Notkrediten eine Staatsinsolvenz in Griechenland, Irland und Portugal bislang verhindert

Diese Typen der Neueinführung sind jeweils durch einen Umbau und auch durch inhaltliche Überschreibungen der Satzaussage bestimmt. Somit ist auch die im gleichen Zug vonstattengehende Neuformulierung des Hyperlinks ‚Staatsbankrott' zu ‚Staatsinsolvenz' hervorzuheben, wobei die Linkzieladresse

(Staatsbankrott) jeweils gleich bleibt.[287] Lediglich als Randbemerkung soll in diesem Zusammenhang auf das Vorkommen von Vandalismus hingewiesen werden, der in diesem Beispiel nur in gemäßigter Form offen zutage tritt. Gemeint ist der Füllwert des Slots 021,

> [d]urch Unterstützung des IMF [sic!] und des von der EU verabschiedeten Europäischen Stabilisierungsmechanismus wurden sogenannte ‚Rettungsschirme' aufgebaut. (Artikelfassung 17.08.2011),

für den man, im Vergleich zu anderen Artikelfassungen, von einer bewussten und manipulativen Falschschreibung ausgehen kann.[288]

Der Typ der Neueinführung tritt im vorliegenden Artikelbeispiel gehäuft mit gleichzeitiger ‚Neuausrichtung' des Füllwertes zu einer Leerstelle in einen anderen Subframe auf. Dieser Prozess ist am deutlichsten an Artikelfassungen zu beobachten, die auch erhebliche Veränderungen in der Artikelstruktur aufweisen, wie die letztbeobachtete Artikelfassung vom 18.02.2012 zeigt.[289]

Tab. 35: Neueinführung – Neuausrichtung#1

Subframe	**Slot**	**Füllwert in Artikelfassung**	
#001	03	15.11.2011	18.02.2012
Bezeichnung // Begriff	In welchem funktionalen Zusammenhang figuriert die E.?	weitete sich die Bankenkrise (Finanzkrise ab 2007) wegen massiver staatlicher Stützungsmaßnahmen zu einer „Zwillingskrise" mit Staatsschuldenkrise aus.	

287 ‚Staatsinsolvenz' besteht seit Dezember 2006 als Verweisartikel zu ‚Staatsbankrott' (http://de.wikipedia.org/w/index.php?title=Staatsinsolvenz&oldid=25189788; Abruf: 25.4.2014).

288 Ähnlich auch die Falschschreibung ‚Francois Sarkozy' statt ‚Nicolas Sarkozy' in der Artikelfassung vom 19.02.2011; s. Anhang.

289 Selbiges gilt auch für den Fortführungstyp ‚Verschiebung', wie weiter unten zu zeigen sein wird.

Subframe	Slot	Füllwert in Artikelfassung	
#321	04		
Weltweite Immobilien- und Bankenkrise	Welche Entwicklungen / Zustände haben Auswirkungen auf die E. oder werden von der Eurokrise beeinflusst?		Nach dem Platzen der amerikanischen Immobilienblase ab 2007 (das Ausmaß der Finanzkrise ab 2007 war so nicht erwartet worden).
			auch Immobilienblasen in anderen Teilen der Welt wurden weltweit viele Banken mit jeweils staatlicher Unterstützung gerettet, nachdem auch eine Bankenkrise der Banken eintrat, die die wirtschaftlich angeschlagenen Eigentümer dieser Immobilien finanziert hatten.

In manchen Fällen ist der Weg zur Neueinführung auch nicht eindeutig nachvollziehbar, wie am Füllwert ‚Bailout' (s. u.) zu sehen ist. Hier sind zwei Linksetzungen relevant, die einmal auf den Zielknotenpunkt ‚Nichtbeistands-Klausel' verweisen und damit auf den Haftungsausschluss der Europäischen Union und ihrer Mitgliedstaaten für gegenseitige Verbindlichkeiten bei Haushaltsdefiziten. Zum anderen geht es um den Zielknotenpunkt ‚Bail-out (Wirtschaft)', der in einem größeren Rahmen auf den wirtschaftlichen Vorgang der Schuldenübernahme und Tilgung oder Haftungsübernahme durch Dritte verweist. Beide Linksetzungen kommen in der Artikelfassung vom 15.11.2011 vor und werden in der Artikelfassung vom 18.02.2012 auf eine Linksetzung reduziert. Durch die veränderte Satzaussage und die Linknennung in Klammern kann nur noch vermutet werden, welcher Füllwert hier Pate stand:

Tab. 36: Neueinführung – Neuausrichtung#2

Subframe	**Slot**	**Füllwert in jeweiliger Artikelfassung**	
#001	04	15.11.2011	18.02.2012
Bezeichnung // Begriff	Welche Entwicklungen/ Zustände haben Auswirkungen auf die E. oder werden von der Eurokrise beeinflusst?	im Rahmen von Hilfsprogrammen trotz der ursprünglichen No-Bailout-Klausel für solche Euro-Länder, die vom Finanzmarkt aus verschiedenen Gründen keine günstigen Kredite mehr erhalten.	
#810	06		
Hilfe EU-Staaten	Welche weiteren Zuordnungen werden genannt?	schließt diese Klausel [Nichtbeistands-Klausel] jedoch nur eine automatische, aber keine freiwillige Übernahme von Schulden durch andere Staaten (Bailout) [aus].	
#322	03		
Vertragsbrüche in der Euro-Währungsunion	In welchem funktionalen Zusammenhang figuriert die E.?		im Vertrag von Maastricht festgelegte Verbot der Haftungsübernahme für Schulden (No-Bailout-Klausel) ist von den jeweiligen Politikern damit de facto ausgehöhlt worden.

5.3.3.1.2 *Fortführung*

Im Typenbereich der Fortführung wird insbesondere die Verschiebung besonders häufig genutzt. Dies hängt hauptsächlich mit den bereits oben angesprochenen Veränderungen an der Artikelstruktur zusammen. Die Änderung und Umgestaltung des Artikels kann grob für zwei Bereiche festgestellt werden:

(a) Länder, die von der Eurokrise betroffen sind und
(b) Maßnahmen, die im Zuge der Eurokrise ergriffen wurden.

Jünger ist noch auf einen Bereich (c) aufmerksam zu machen, der sich mit den Ursachen der Staatsschuldenkrise auseinandersetzt. Dieser wird aber weniger mit bereits vorhandenen slot-filler-Kombinationen besetzt als mit neuen Werten und fällt deshalb nicht in diesen Teil der Auswertung.

In Bezug auf den Bereich (a) lassen sich blockartige Verschiebungen feststellen (vgl. Abb. 15). So werden fast alle slot-filler-Kombinationen der Subframes #100–#152 (Artikelfassung 5/2010) in die Subframes #200–#250 (Artikelfassungen 08/2010 – 11/2011) verschoben, wobei einige Unterbereiche, die hier durch die Einerstellen markiert sind, wegfallen. Nur die Untergliederung zum Subframe ‚Griechenland' bleibt bestehen, wohingegen die anderen reduziert werden. Die übrigen slot-filler-Kombinationen bleiben innerhalb des länderspezifischen Bereichs für den o. g. Zeitraum recht stabil. Eine weitere Neuausrichtung in Form der Verschiebung zeigt sich erst in der letzten beobachteten Artikelstufe vom 18.2.2012, wobei auch an den Gliederungsüberschriften zu sehen ist, wie an unterschiedlichen Stellen bereits in den Bereich der Maßnahmen (b) übergeleitet wird. Letztendlich kommt es im Rahmen dieses Überschreibungstypus zu einer starken Vereinheitlichung der Gliederung.

Abb. 15: Themenorientierte Verschiebung.

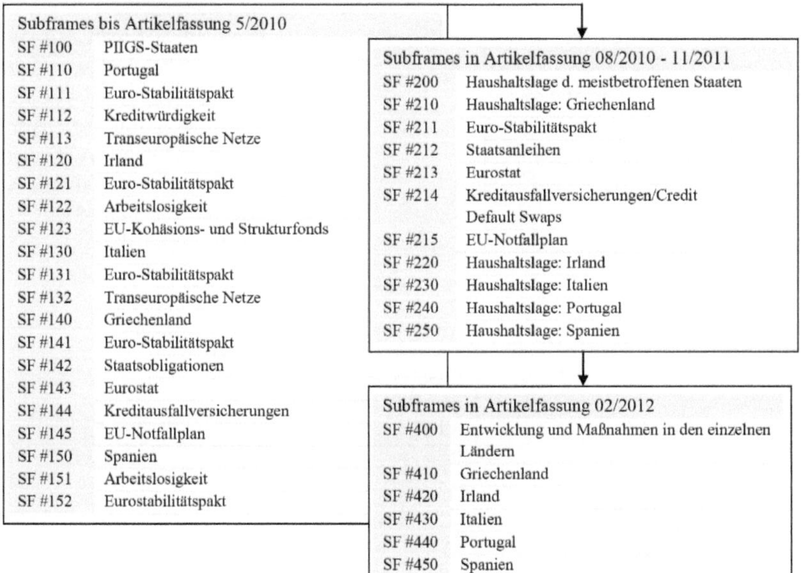

Im Bereich der Maßnahmen (b), die das Agieren der Europäischen Union vor dem Hintergrund der Eurokrise insgesamt betreffen, zeigen sich Überschreibungen bereits in einer der ersten beobachteten Artikelfassungen. Hier werden Elemente aus dem Subframe #500 ‚Europäischer Stabilisierungsmechanismus' auf die Subframes #215 ‚EU-Notfallplan' und #520 ‚ESFS' (= Europäische Stabilisierungsfaszilität) aufgeteilt, was z. T. auch mit Neueinführungen einhergeht. In die freigewordenen Slots treten neue Füllwerte, von denen hier ein Beispiel angegeben wird. Die Angabe von Buchstaben soll die Typen Ersteinführung (E), Neueinführung (N) und Verschiebung [V] verdeutlichen.

Tab. 37: Verschiebungen im Maßnahmenbereich (b)#1

Subframe	**Slot**	**Füllwert in Artikelfassung**	
#215	011	14.05.2010	18.08.2010
EU-Notfallplan	Welche Währungen spielen eine Rolle?		einen Kredit von 26 Milliarden SZR, **[V]**
	013		
	Welche weiteren Entitäten fungieren als Mitspieler in der Eurokrise?		An zweiter Stelle kommen die Kredite vom Internationalen Währungsfonds. **(N/E)**
			während der Internationale Währungsfonds (IWF) einen Kredit von 26 Milliarden SZR (etwa 30 Milliarden Euro) vergibt. **(N)**
#500	011		
Europäischer Stabilisierungsmechanismus	Welche Währungen spielen eine Rolle?	einen Kredit von 26 Milliarden SZR, > **[V]**	

Subframe	Slot	Füllwert in Artikelfassung	
	012		
	Welche Personen stehen in einem Bezug zu der Eurokrise?	Diese Derivate wurden von Warren Buffett als „finanzielle Massenvernichtungswaffen" bezeichnet. > (N)	Am 16. Juli gab jedoch auch die neue slowakische Regierung unter Iveta Radičová grünes Licht für den Rettungsschirm. (E)
	013		
	Welche weiteren Entitäten fungieren als Mitspieler in der Eurokrise?	Der IWF stelle weitere 250 Milliarden Euro für Unterstützungskäufe zur Verfügung. > (N)	
		Der Internationale Währungsfonds (IWF) gewährte Griechenland im übrigen einen Kredit von 26 Milliarden SZR, etwa 30 Milliarden Euro. > (N)	
#520	012		
ESFS	Welche Personen stehen in einem Bezug zu der Eurokrise?		und bestimmte Derivate (Kreditausfallversicherungen) sollen abgeschafft werden weil diese nach Warren Buffett als „finanzielle Massenvernichtungswaffen" gelten (N)

Besonders zutage tritt jedoch die Verschiebungsbewegung für den Maßnahmenbereich in den letzten beiden untersuchten Artikelfassungen. Zum einen werden dafür diverse slot-filler-Kombinationen des Subframes ‚Europäischer Stabilisierungsmechanismus' (#500) in den Subframe ‚Euro-Rettungsschirm' (#610) verschoben. Der in der Artikelfassung 11/2011 etablierte Subframe ist thematisch dem ‚Europäischen Stabilisierungsmechanismus' überzuordnen und stellt damit (sozusagen) ein Hyperonym dar.

Tab. 38: Verschiebungen im Maßnahmenbereich (b)#2

Subframe	**Slot**	**Füllwert in Artikelfassung**		**Subframe**
#500	01	17.08.2011	15.11.2011	#610
Europäischer Stabilisierungs-mechanismus	Welche wesentlichen Entitäten treten auf?	Dies wurde zunächst von der Slowakei blockiert	→	Euro-Rettungs-schirm
	012			
	Welche Personen stehen in einem Bezug zur E.?	Am 16. Juli gab jedoch auch die neue slowakische Regierung unter Iveta Radičová grünes Licht für den Rettungsschirm.	→	
	015			
	Durch welche Eigenschaften sind die Entitäten gekennzeichnet?	wo der Rettungsschirm Wahlkampfthema für die Parlamentswahl am 12. Juni 2010 wurde	→	
	03			
	In welchem funktionalen Zusammenhang figuriert die E.?	Die nun anstehenden Maßnahmen würden auf Art. 122 AEU-Vertrag gestützt	→	
		Am 16. Dezember 2010 haben sich die 27 Staats- und Regierungschefs der EU darauf geeinigt einen dauerhaften Euro-Krisenmechanismus im AEU-Vertrag zu verankern.	→	
	04			
	Welche Entwicklungen/ Zustände haben Auswirkungen auf die E. oder werden von der E. beeinflusst?	Gemeinsame EU-Anleihen, die *Eurobonds*, wurden diskutiert, aber von Angela Merkel und Nicolas Sarkozy abgelehnt	→	

In der Artikelfassung 02/2012 zeigen sich zum anderen einige Verschiebungen, die gleich mehreren Subframes entstammen. Das Beispiel zeigt den Subframe #721 (‚Ankäufe von Staatsanleihen'), dem Elemente sowohl aus dem gleichnamigen, jedoch in der vorherigen Artikelfassung anders positionierten Subframe #620 als auch aus dem Subframe #820 (‚Maßnahmen der EZB') zugefügt werden.

Tab. 39: Verschiebungen im Maßnahmenbereich (b)#3

Verschoben aus		**Subframe**	**Slot**	**Füllwert in Artikelfassung**
#620	#820	#721	012	18.02.2012
	X	Ankäufe von Staatsanleihen der Krisen-staaten	Welche Personen stehen in einem Bezug zu der Eurokrise?	äußerte Bundespräsident Christian Wulff am 24. August 2011 vor einer Versammlung von Nobelpreisträgern in Lindau seine Bedenken
	X			Dagegen äußerte sich die Bundeskanzlerin, Angela Merkel, ablehnend zu Wulffs Kritik
			013	
X			Welche weiteren Entitäten fungieren als Mitspieler in der Eurokrise?	begann die Europäische Zentralbank (EZB) mit dem Aufkauf von Staatsanleihen hoch verschuldeter Euro-Staaten.
X				Am 4. August 2011 kündigte die Europäische Zentralbank an, zum ersten Mal seit vier Monaten wieder Staatsanleihen der Krisenländer, den sogenannten PIIGS-Staaten, zu kaufen.
			014	
X			Welche Länder sind von E. betroffen?	Am 4. August 2011 kündigte die Europäische Zentralbank an, zum ersten Mal seit vier Monaten wieder Staatsanleihen der Krisenländer, den sogenannten PIIGS-Staaten, zu kaufen.

Verschoben aus		Subframe	Slot	Füllwert in Artikelfassung
			015	
	X		Durch welche Eigenschaften sind die Entitäten gekennzeichnet?	Bundespräsident Christian Wulff
			03	
X			In welchem funktionalen Zusammenhang figuriert die E.?	Artikel 123 des AEU-Vertrags verbietet die Finanzierung mitgliedstaatlicher Haushalte durch die EZB
			04	
X			Welche Entwicklungen/ Zustände haben Auswirkungen auf die E. oder werden von der E. beeinflusst?	Weil sie von dieser Stützungspflicht entbunden werden wollte, drängte die EZB im Zusammenhang mit dem EU-Sondergipfel vom 12. März 2011 darauf, dass der Rettungsfonds EFSF
X				und der ab 2013 geplante permanente Krisenmechanismus ESM (Europäischer Stabilisierungsmechanismus) künftig auch Anleihen vom Sekundärmarkt kaufen können.
			08	
X			In welchem erweiterten Zusammenhang spielt die E. eine Rolle?	Die EZB hat jedoch spanische, portugiesische und griechische Staatsanleihen von der EZB nicht direkt von den Emittenten übernommen, sondern – mittelbar – auf dem Sekundärmarkt gekauft
	X			vor einer Versammlung von Nobelpreisträgern in Lindau

Insgesamt gesehen lässt sich an den Verschiebungsmustern innerhalb des Maßnahmenbereichs eine begrenzte zeitliche Gültigkeit der Inhalte ablesen. Die Umstrukturierung des Artikels führt ferner zur Neusortierung der vorhandenen slot-filler-Kombinationen.

Der Typus der Wiederaufnahme kommt hingegen selten vor. Meist werden im Zuge der Wiederaufnahme die Formulierung des Hyperlinks und der Satzaussage so stark verändert, dass diese Fälle eigentlich der Neueinführung zuzuordnen sind. Dennoch ist es interessant zu sehen, wie einige Elemente, obwohl sie für mehrere Artikelfassungen keine Relevanz zu haben scheinen, an anderer Stelle in späteren Artikelfassungen wieder genannt werden. Hier sind Fälle aus den Subframes der jeweils letzten Fassung ‚Entwicklungen und Maßnahmen in den einzelnen Ländern' (#400), ‚Euro-Rettungsschirm' (#610) und ‚Ankäufe von Staatsanleihen' (#620) zu nennen. Da sich jedoch die Artikelpositionen im Laufe der Artikeltextentwicklung verschoben haben, gilt es zudem, die aufgegebenen sowie die neuen Subframes zu beachten, unter denen die slot-filler-Kombinationen wieder aufgenommen werden.

Dass die Wiederaufnahme eng an die aktuelle Entwicklung geknüpft zu sein scheint, zeigt die genaue – im Prinzip schon mikroanalytische – Beobachtung des Füllwertes. So verweist im ersten Beispiel (vgl. Tabelle 40: Wiederaufnahme) nicht nur die Veränderung der Satzaussage auf die Tatsache hin, dass das Vorhaben der EZB, Staatsanleihen zu kaufen inzwischen umgesetzt worden ist, auch die verschobene Positionierung des Füllwerts von ‚Europäischer Stabilisierungsmechanismus' (#500) zu ‚Ankäufe von Staatsanleihen' (#620) lässt diesen Schluss zu. In den dazwischenliegenden Artikelfassungen kommt der Füllwert ‚EZB' in dieser Kombination nicht vor.

Tab. 40: Wiederaufnahme

SF	**Slot**	**Füllwert in Artikelfassung**		**Slot**	**SF**
#500	013	14.05.2010	19.02.2011	013	#620
Europäischer Stabilisierungsmechanismus	Welche weiteren Entitäten fungieren als Mitspieler in der Eurokrise?	Die EZB wolle Anleihen der Eurostaaten aufkaufen, um den Euro zu stützen.	Parallel zur Einrichtung des Europäischen Stabilisierungsmechanismus begann die Europäische Zentralbank (EZB) mit dem Aufkauf von Staatsanleihen hoch verschuldeter Euro-Staaten.	Welche weiteren Entitäten fungieren als Mitspieler in der Eurokrise?	Ankäufe von Staatsanleihen

Im selben Themenbereich ist auch auf den Artikelverweis zum Europäischen Stabilitätsmechanismus hinzuweisen, der für einige Artikelfassungen getilgt wird, bevor er in veränderter Formulierung im Subframe ‚Euro-Rettungsschirm' (#610) wieder auftritt. Bereits an anderer Stelle wurde darauf hingewiesen, dass es sich bei diesem Subframe in gewisser Hinsicht um ein Hyperonym zu ‚Europäischer Stabilisierungsmechnismus' handelt. Die Wiederaufnahme kommt damit einer thematischen Präzisierung gleich.

Tab. 41: Wiederaufnahme – Artikelverweis

SF	Slot	Füllwert in Artikelfassung		Slot	SF
#500	071	17.08.2011	18.02.2012	071	#610
Europäischer Stabilisierungs-mechanismus	Welche Verweisartikel gibt es für E.?	→ *Hauptartikel: Europäischer Stabilisierungs-mechanismus*	→*Hauptartikel: Europäischer Stabilitätsme-chanismus*	Welche Verweisartikel gibt es für E.?	Euro-Rettungs-schirm

Zuletzt soll noch auf die Hyperlinks ‚Ratingcode' und ‚Triple-A' hingewiesen werden, die beide auf den Zielknotenpunkt ‚Rating' verweisen. Auch hier ist von einer Neuanpassung des Artikelinhalts an den jeweils aktuellen Stand der Krisendiskussion auszugehen.

Tab. 42: Wiederaufnahme – Neuanpassung

SF	**Slot**	**Füllwert in Artikelfassung**		**Slot**	**SF**
#520	021	16.11.2010	18.02.2012	06	#400
ESFS	In welche weiteren Ereignisse resultiert die Eurokrise?	Um von den Ratingagenturen für die von der EFSF zukünftig eventuell zu begebenden Anleihen die Bestnote – Ratingcode AAA – zu erhalten	Sechs Staaten [...] verfügten mit Triple-A zunächst weiterhin über das bestmögliche Rating	Welche weiteren Zuordnungen werden genannt?	Entwicklung und Maßnahmen in den einzelnen Ländern

In Bezug auf den Erhaltungstyp im Rahmen der genannten Möglichkeiten der Fortführung in diachron-referentieller Perspektive ist auf verschiedene Wege der Standardwertetablierung einzugehen. Da das Ereignis ‚Eurokrise' in der beobachteten Artikelform ständig Änderungen unterworfen ist, ist der Modus einer ausgewogenen slot-filler-Kombination, die im Laufe der Artikeltextenwicklung immer im gleichen Subframe auftritt, nur bedingt vorhanden. Vielmehr ist der Erhaltungstyp einerseits auf die Leerstelle zu beziehen, ausgedrückt durch eine hohe Type-Frequenz. Andererseits zeigen die Beobachtungen, dass sich der Erhalt eines Füllwertes durch eine hohe Token-Frequenz bestimmen lässt. Damit bestätigen sich die bereits bei Ziem (2008) angestellten Beobachtungen zur Etablierung von Standardwerten.

Am deutlichsten ist die Besetzung von Leerstellen im Einleitungsteil ausgeprägt, einer Artikelposition, die in jeder Artikelfassung vorkommt. Dadurch wird eine durchgängige Beobachtung der Leerstellen-Entwicklung möglich, die in diesem Beispiel zeigt, dass hohe Type-Frequenzen Leerstellen etablieren:

Tab. 43: Hohe Type-Frequenz

Subframe	**Slot**	**Füllwert in Artikelfassung**		
#000	014	14.02.2010	18.08.2010	17.08.2011
[Einleitung]	Welche Länder sind von E. betroffen?	PIGS steht für die Euro-Staaten Portugal,	Besonders betroffen war dabei Griechenland	nachdem Griechenland die wahre Höhe seiner defizitären Haushaltslage […] offenlegte
		Italien,	aber auch andere Länder wie Irland,	Weitere Länder der Eurozone mit hohen Haushaltsdefiziten und Verschuldungsgraden Irland
		Griechenland,	Italien,	Portugal
		Spanien.	Portugal,	Spanien
			und Spanien kamen dabei unter Druck.	und Italien,

Die hohe Type-Frequenz im oben angeführten Beispiel trägt dazu bei, dass sich die Leerstelle 014 (‚Welche Länder sind von der Eurokrise betroffen'?) so weit verfestigt, dass sie elementarer Bestandteil des Eurokrise-Frames wird. Das bedeutet im Umkehrschluss: Die Frage nach ‚Was ist die Eurokrise?' steht immer in Verbindung mit der Frage nach den Ländern, die von dieser betroffen sind. In Bezug auf die Füllwerte ist ferner hervorzuheben, dass die Reihenfolge und Anzahl der genannten Länder zunächst nicht festgelegt zu sein scheint. Erst im Laufe weiterer Artikelfassungen werden Reihenfolge und Anzahl ausgemacht. Zu vermuten ist, dass sich mikrostrukturell ein Relevanzmuster herausbildet, nachdem wichtige Informationen zuerst genannt werden, diese also in der Satz- bzw. Sequenzstruktur nach vorne rücken. Dieses Austauschverhalten könnte auch als Zeichen für sogenannte Wissensstellvertreter (vgl. Kapitel 2.4.4) sprechen, womit durch die Angabe eines prototypischen Vertreters das enzyklopädische System vor Überlastungen geschützt und arbeitsfähig gehalten wird, indem eine Komplexitätsreduktion des tatsächlich vorhandenen Informationsbestands stattfindet.

Bezüglich hoher Token-Frequenzen ist auf den Füllwert ‚griechische Finanzkrise' hinzuweisen, der in der diachron-referentiellen Betrachtung mehrerer Artikelfassungen gehäuft auftritt. Auch hier eignet sich die Fokussierung auf den Einleitungsteil, da so die Bewegung des Füllwerts besonders deutlich wird:

Tab. 44: Hohe Token-Frequenz

<table>
<tr><th>Subframe</th><th>Slot</th><th colspan="4">Füllwert in Artikelfassung</th></tr>
<tr><td>#000</td><td>03</td><td>18.08.2010</td><td>17.08.2011</td><td>15.11.2011</td><td>18.02.2012</td></tr>
<tr><td rowspan="5">[Einleitung]</td><td>In welchem funktionalen Zusammenhang figuriert die E.?</td><td></td><td></td><td>Erste Auswirkungen der Krisen zeigten sich 2010 mit der griechischen Finanzkrise,</td><td>[Griechenland bat] EU sowie IWF um Hilfe, um eine Staatsinsolvenz abzuwenden (Griechische Finanzkrise)</td></tr>
<tr><td>04</td><td></td><td></td><td></td><td></td></tr>
<tr><td>Welche Entwicklungen haben Auswirkungen auf E. ?</td><td></td><td>Sie begann 2010 mit der griechischen Finanzkrise</td><td></td><td>↓…?</td></tr>
<tr><td>071</td><td></td><td></td><td></td><td></td></tr>
<tr><td>Welche Verweisartikel gibt es für E.?</td><td>Besonders betroffen war dabei Griechenland (siehe griechische Finanzkrise 2009/10)</td><td></td><td></td><td></td></tr>
</table>

Hier zeigt sich, dass bis zur letzten Artikelfassung keine Leerstelle beständig dem Füllwert ‚griechische Finanzkrise' zuzuordnen ist. Einmal scheint die ‚griechische Finanzkrise' Auslösefaktor, ein anderes Mal Begleiterscheinung zu sein. In der letzten Artikelfassung ist zudem nicht zu entscheiden, ob der Wert „[Griechenland bat] EU sowie IWF um Hilfe, um eine Staatsinsolvenz abzuwenden (Griechische Finanzkrise)" in die mit der Frage verbundenen Leerstelle 03 (‚In welchem funktionalen Zusammenhang figuriert die Eurokrise?') oder 04 (‚Welche Entwicklungen/Zustände haben Auswirkungen auf die Eurokrise oder werden von der Eurokrise beeinflusst?') einzuordnen ist.[290] Erschwerend kommt die Klammersetzung hinzu, in der der Hyperlink praktisch losgelöst von der unmittelbaren Satzumgebung steht, sodass im Prinzip auch eine Zuordnung zu 071, den ‚weiterführenden Hinweisen', möglich wäre. Es etabliert sich damit statt einer Leerstelle ein Füllwert zu einem sogenannten default- oder Standardwert. Das bedeutet, die Antwort auf die Frage ‚Was ist die Eurokrise?' beinhaltet den Füllwert ‚griechische Finanzkrise', die genaue Beziehung zur einleitenden Frage bleibt jedoch offen.

5.3.3.1.3 Tilgung

Die Tilgungen im Artikel ‚Eurokrise' sind zahlreich. Dabei ist zu beobachten, dass sowohl thematische Peripheriebereiche, also solche Füllwerte, die dem erweiterten Sachzusammenhang zuzuordnen sind, Personen- und Firmennamen als auch wirtschaftliche Fachbegriffe den Tilgungstyp ausmachen. Auffällig ist, dass einige Elemente mehrmals an verschiedenen Stellen getilgt werden, insbesondere wenn es sich um ein augenscheinlich zentrales Füllelement wie die ‚Finanzkrise' handelt.

Tab. 45: Tilgung und Einführung ‚Finanzkrise'

Subframe	**Slot**	**Füllwert in Artikelfassung**	
#000	03	18.05.2011	15.11.2011
[Einleitung]	In welchem funktionalen Zusammenhang figuriert die E.?	Aufgrund dieser Finanzkrise wurde der Europäische Stabilisierungsmechanismus entwickelt.	

290 Es scheint, dass bei ‚Eurokrise' und ‚griechische Finanzkrise' im Artikeltextprozess nicht mehr entschieden werden kann, welcher Faktor den jeweils anderen verursacht hat; die Frage nach Ursache und Wirkung damit ungelöst bleibt.

Subframe	Slot	Füllwert in Artikelfassung	
#001	04		
Bezeichnung // Begriff	Welche Entwicklungen/ Zustände haben Auswirkungen auf die E. oder werden von der E. beeinflusst?		Ursachen solcher Schwierigkeiten sind [...] aufgenommene Schulden vieler Euro-Länder für Rettung und Bürgschaften in der Folge der Finanzkrise für Banken und Finanzinstitute.

Ähnliches ist auch für das Füllelement ‚Eurozone' zu beobachten. Daneben muss wieder die starke Veränderung in der Artikelstruktur berücksichtigt werden, die eine gewisse Vorläufigkeit der instanziierten Füllwerte erzwingt.

Tab. 46: Tilgung und Einführung ‚Eurozone'

Subframe	Slot	Füllwert in Artikelfassung	
#000	01	16.11.2010	15.11.2011
[Einleitung]	Welche wesentlichen Entitäten treten in der Eurokrise auf?	Das Programm zur Stabilisierung des Euros 2010 dient zur Stabilisierung der europäischen Staatshaushalte in der Euro-Zone	
		die Staatshaus-halte aller Länder der Euro-Zone stützen und gegen Spekulati-onen von Seiten der Finanzmärkte schützen	
#001	01		
Bezeich-nung/Begriff	Welche wesentlichen Entitäten treten in der Eurokrise auf?		Ursachen solcher Schwierigkeiten sind zum einen expansive Verschuldungs- und Fiskalpolitik mancher Euro-Länder (insbesondere nach deren Eintritt in die Eurozone)

Subframe	Slot	Füllwert in Artikelfassung	
#215	01		
EU-Notfallplan	Welche wesentlichen Entitäten treten in der Eurokrise auf?		Zuvor hatte die deutsche Bundeskanzlerin Merkel gefordert chronische Schulden-Sünder aus der Eurozone auszuschließen.
#255	01		
Folge	Welche wesentlichen Entitäten treten in der Eurokrise auf?		[...] stieg die Verschuldungsquote 2009 wieder auf 55,2 Prozent und lag 2010 bei 64,9 Prozent des BIP. (Allerdings: zum Vergleich: Eurozone/gesamt: 84,7 Prozent)

5.3.3.2 Metaebene: Lemmadiskussion

Um an diesem sehr komplexen Beispiel der ‚Eurokrise' zu zeigen, wie die Metaebene auf die Objektebene wirkt, wird von der dem Artikel zugehörigen Diskussion ausgegangen. Die Diskussionen finden außerhalb des Artikelnamensraums statt und haben zum Ziel, durch begründete Kritik an den Artikeltexten diese im Laufe der Kommunikation mit anderen Nutzern zu verbessern (vgl. [Wikipedia:Diskussionsseiten]). Auch für dieses Beispiel zeigt sich, dass der Diskussionsbereich eine Position zwischen dem Artikel als der hier eigentlichen Objektebene und einer Metaebene besetzt, die nicht nur außerhalb des Wikipedia-Namensraum[291] anzusiedeln ist, sondern außerhalb von Wikipedia als solches. Ein Punkt, der in Bezug auf den ‚Eurokrise'-Artikel besonders umfangreich diskutiert wird, ist der Lemmaansatz.

Vorschläge zur Lemmatisierung des Eurokrise-Artikels werden bereits mit der Etablierung des Artikels im Jahr 2010 gemacht. Diese anfangs nur vage diskutierte Anregung weitet sich in den Jahren 2011 und 2012 zu umfangreichen Diskussionen mit diversen Versuchen einer Abstimmung aus. Die Lemmadiskussion führt währenddessen zur mehrfachen Änderung des Lemmaansatzes und damit auch zum Ersatz der Quaestio. Innerhalb des untersuchten Zeitraums sind folgende Änderungen relevant:

291 Vgl. [Hilfe:Glossar#Namensraum].

Tab. 47: Artikelstichwort ‚Eurokrise' in der Diskussion

Zeitraum	Artikelstichwort	betroffene Artikelfassungen
14.2.2010 - 26.6.2010	‚Euro-Krise 2010'	14.2.2010 14.5.2010
26.6.2010 - 18.12.2010	‚Programm zur Stabilisierung des Euros 2010'	18.08.2010 16.11.2010
18.12.2010 - 14.5.2011	‚Euro-Krise 2010'	19.02.2011
14.05.2011 - 26.6.2011	‚Euro-Krise ab 2010'	18.5.2011
26.6.2011 - 26.7.2011	‚Euro-Krise'	–
26.7.2011 - 6.8.2013	‚Staatsschuldenkrise im Euroraum'	17.8.2011 15.11.2011 18.02.2012
seit 6.8.2013	Eurokrise'	–

Die Diskussion um den Lemmaansatz setzt mit der Umbenennung zu ‚Programm zur Stabilisierung des Euros 2010' ein, bleibt jedoch zunächst ohne Resonanz. Die Umbenennung zurück zum Lemma ‚Euro-Krise 2010' wird wiederum kritisiert, da die Krise ja über das Jahr 2010 hinausgehe. Mit dem Lemma ‚Euro-Krise ab 2010' wird dem Bedürfnis eines neutralen Ansatzes vorübergehend Rechnung getragen. Dennoch reißt die Kritik an der zeitlichen Begrenzung einerseits und an dem Begriff ‚Euro-Krise' andererseits nicht ab.

Im Gegensatz zur zeitlichen Begrenzung über das Jahr 2010 hinaus, worüber sich die Diskutanten schnell einig werden, bleibt die Artikelüberschrift ein thematischer Dauerbrenner der Diskussionsseite. Gilt es doch, ein Artikelstichwort bzw. ein Lemma zu finden „[das] für den im Artikel behandelten Sachverhalt im deutschen Sprachraum am gebräuchlichsten ist" ([Wikipedia:Namenskonvention]). Für die Entscheidung, den Artikel in ‚Staatsschuldenkrise im Euroraum' umzubenennen, wurden deshalb folgende Punkte gegeneinander abgewogen:

- sachliche und präzise Benennung des Artikelinhalts,
- gebräuchlichstes Lemma in der Öffentlichkeit (Trefferstatistik in der Google-Suche bzw. in Google-News u. a. für ‚Euro-Krise', ‚Schuldenkrise in der Eurozone', ‚Finanzkrise in der Eurozone', ‚Eurozone-Schuldenkrise' u. dgl.) und
- fachliche Korrektheit; die Annahme, dass durch die Benennung des Ereignisses der Eindruck entstehen könnte, es handle sich um eine Währungskrise, soll vermieden werden.

Gerade die Gegenüberstellung von Artikelinhalt und dem angenommenen gebräuchlichsten Stichwort in der ‚Öffentlichkeit‘[292] verursacht hier eine Diskrepanz, da zunächst geklärt werden muss, ob der Artikelinhalt überhaupt das wiedergibt, was in der Öffentlichkeit diskutiert wird. Des Weiteren steht die offene Frage im Raum des Diskussionsbereichs, ob sich mit Google-Suchen überhaupt öffentliche Meinungen messen lassen. Während Letzteres hier nicht abschließend diskutiert werden kann, soll auf eine grundsätzliche Tatsache hingewiesen werden, denn offen zutage tritt bei dieser Diskussion die Problematik, der sich auch der Quaestio-Ansatz widmet: Der Artikel antwortet auf eine Frage, nur scheint die Aufgabe, welche Frage wohl gemeint ist, nicht lösbar zu sein.

Ein Stichwort, das in diesem Zusammenhang öfter genannt wird, ist die Wikipedia-Namenskonvention. Diese sieht zunächst vor, dass innerhalb der deutschsprachigen Wikipedia der Artikeltitel einmalig sein muss. Zudem gilt es, die im deutschen Sprachraum gebräuchlichste Bezeichnung für den im Artikel behandelten Sachverhalt zu verwenden, was eine Erklärung für das Einbringen von Google-Treffern sein sollte. Der Hinweis, dass der Artikeltitel sich explizit nach objektiven Gegebenheiten außerhalb der Wikipedia zu richten hat, ist jedoch in der Hinsicht problematisch, dass damit sowohl allgemeine Gebräuchlichkeit, verbindlich amtliche Bezeichnungen als auch Fachterminologien gemeint sein können (vgl. [Wikipedia:Namenskonventionen#Artikel titel_und_Klammerzusatz]). Das bedeutet also, dass, solange es in den so definierten objektiven Gegebenheiten noch keinen Konsens über eine Bezeichnung gibt, dieser auch innerhalb der Wikipedia nicht möglich sein kann, was das Dilemma dieser sehr ausführlichen Diskussion erklären mag. Der Problematik, bei der es letztendlich darum geht, Themen darzustellen (und nicht zu etablieren), widmet sich auch der Bereich der Theoriefindung (vgl. [Wikipedia: Keine_Theoriefindung]). Besonders hervorgehoben wird dabei die Tatsache,

292 In der Wikipedia wird unter ‚öffentlicher Bekanntheit‘ weitestgehend alles verstanden, was außerhalb der Wikipedia-Plattform stattfindet, d. h. Medien und ihre Akteure, politische Reden, Suchmaschinen (Google) sowie weitere Nachschlagewerke und Fachliteratur (vgl. [Wikipedia:Relevanzkriterien]). Eine mögliche – und oben kurz erörterte – Wechselwirkung mit den bei Wikipedia dargestellten Inhalten ist den Wikipedianern durchaus bewusst: „Im Fischer-Weltallmanach 2013 steht Staatsschuldenkrise im Euroraum. (Oder ist das von hier übernommen?) MfG Harry8 10:30, 11. Okt. 2012 (CEST)“ (vgl. Diskussion:Eurokrise/Archiv/5#Kritik_an_der_Bezeichnung_.E2.80.9EStaatsschuldenkrise.E2.80.9C sowie [Wikipedia: Neuigkeiten#Mögliche_Auswirkungen]).

dass in der Wikipedia durchaus belegbare und nachgewiesene Phänomene beschrieben werden, für die es keine etablierten Termini gibt. Als Lösung wird eine Einzelfallprüfung durch mehrere (reputable) Autoren vorgeschlagen oder auch – wie dies bei Ereignissen aus dem Zeitgeschehen (z. B. ‚Terroranschläge am 11. September 2001') wohl der Fall ist – die Wahl eines eindeutigen, aber wenig gebräuchlichen Lemmas (vgl. ebd.).

Die Benennung ‚Staatsschuldenkrise im Euroraum' Mitte 2011 ist also wieder sowohl als Kompromiss zu werten als auch als Versuch, ein Artikelstichwort zu finden, das weitgehend neutral, d. h. in diesem Beispiel ohne (willkürliche) Ursachenvermutung ist und eine einvernehmliche Lösung darstellt. Obwohl das Lemma daraufhin über einen recht langen Zeitraum stabil bleibt, ist die Diskussion im Hintergrund nicht beendet. Unter verschiedenen Aspekten werden die Möglichkeiten ‚Staatsschuldenkrise im Euroraum' und ‚Eurokrise' sowie weitere Vorschläge ständig gegeneinander abgewogen. Hierbei wird neben den bereits o. g. Punkten etwa darauf verwiesen, dass Wikipedia-Einträge anderer Sprachen ein der ‚Staatsschuldenkrise' ähnliches Äquivalent angeben (z. B. ‚debt-crisis' oder ‚crise de la dette'). Die Argumente deuten insgesamt gesehen auf das Bedürfnis einer Artikelstabilität hin:

> Deswegen wiederhole ich einfach meinen schon mehrfach gemachten Vorschlag: – erst einmal Artikel bis zum heutigen Realitätsstand entwickeln und bequellen […] – dann kann man im Sommer 2012 ja noch einmal einen Lemma-Review machen (aber eben nicht im Monatstakt Verschiebeaktionen) […] --Sustainlogic 12:38, 24. Jan. 2012 (CET) (Diskussion:Eurokrise/Archiv/3#Vorschlag_wg_fehlender_Ergebnisorientierung_beim_Lemma:_.22Staatschuldenkrise.22_vs._8_andere_Lemmata)

Außerhalb des hier angesetzten Untersuchungsbereichs wird der Artikel schließlich am 6.8.2013 in ‚Eurokrise' umbenannt. In der begleitenden Diskussion kommen wieder die o. g. Aspekte zum Tragen, insbesondere die der Namenskonvention, die eine Gegenüberstellung und Auslegung von ‚eindeutig' und ‚wenig gebräuchlich' vs. ‚öffentlich etabliert' verlangt. Wo in einer Abstimmung im Sommer 2012 noch die Stimmen für ‚Staatsschuldenkrise' überwogen,

Tab. 48: Abstimmung über ‚Staatsschuldenkrise' (Juni 2012)

Abstimmung über ‚Staatsschuldenkrise' (Juni 2012)[293]	
pro	**contra**
– konkrete und möglichst unpolitische Bezeichnung (dagegen gilt ‚Eurokrise' als irreführend und politisch verschleiernd)	– Bezeichnung ist nicht umfassend genug, ungenau, unangemessen
– beschreibt den Status quo, die sachliche Hauptursache (Eurokrise als Folge)	– entspricht nicht dem allgemeinen Sprachgebrauch
– entspricht äquivalenten Artikeln anderssprachiger Wikipedia-Seiten (z. B.: ‚debt-crisis')	

kristallisiert sich etwa ein Jahr später eine klare Meinung für die ‚Eurokrise' heraus:

Tab. 49: Abstimmung über ‚Staatsschuldenkrise' (Juni 2013)

Abstimmung über ‚Staatsschuldenkrise' (Juli 2013)[294]	
pro	**contra**
– alternativloses Lemma	– Theoriefindung, ein von Wikipedia etablierter Begriff
– Lemma ist dem Artikelinhalt angemessen	– entspricht weder dem allgemeinen Sprachgebrauch noch dem Fachsprachengebrauch; Euro-Krise hat Staatsschuldenkrise abgelöst.
	– bezeichnet nur einen Teilaspekt

In einem Nachtrag wird im Übrigen noch auf die Eintragung im Duden hingewiesen, was als verstärkender Faktor für das öffentliche Meinungsbild gewertet werden kann.[295] Gemessen an der teilweise ausufernden Diskussion, von der hier

293 Vgl. Diskussion:Eurokrise: Archiv 5 (2/2012).

294 Vgl. Diskussion: Eurokrise: Archiv 6 (2013). (http://de.wikipedia.org/wiki/Diskussion:Eurokrise/Archiv/6#Qualifizierte_Umfrage)

295 An einer Stelle werden neben dem Duden interessanterweise auch Ergebnisse aus wortschatz.uni-leipzig.de genannt; insgesamt besteht der Eindruck eines überaus reflektierten Umgangs der Wikipedia-Autoren mit Internetressourcen: „Der Duden kennt z. B. das Wort ‚Staatsschuldenkrise' […] nicht, ‚Eurokrise' aber sehrwohl […]. Auch das Portal http://wortschatz.uni-leipzig.de belegt Eurokrise als bekannten Begriff (Häufigkeitsklasse: 21)) und kennt das Wort ‚Staatsschuldenkrise' nicht. […]

nur die formalen Inhalte dargestellt werden konnten, haben sich verhältnismäßig nur wenige Wikipedia-Autoren[296] an dieser Abstimmung beteiligt.

5.3.4 Bewertung: Dynamische Regulationsmechanismen eines Wahrnehmungsphänomes

Das Aufeinandereinwirken der Objektebene und der Metaebene wird in diesem zweiten Beispiel stark am Verhalten der Quaestio deutlich. Die Unsicherheiten, die mit einer Krisenthematik zusammenhängen, finden nicht nur, aber auch in der Diskussion um das Artikellemma ihren Ausdruck. Erinnert werden soll in diesem Zusammenhang an die eingangs besprochenen Phasen der rhetorischen Krisensituation (vgl. Goeze/Strobel 2012). Die dynamische Entwicklung dieser Krisenthematik zeigt ein Verhalten ähnlich der Themenetablierung bei Luhmann (1970) oder der ‚news-wave'-Beobachtung bei Vasterman (2005); die Nachzeichnung der faktisch belegbaren Ereignisse (z. B. Gesetzesentwürfe, Parlamentsentscheidungen, Nachrichtenmeldungen) würde wahrscheinlich ähnliche Tendenzen aufzeigen, da die Aufmerksamkeitsregeln des Kommunikationsprozesses berücksichtigt werden. Es erscheint daher sinnvoll nochmal auf die in Kapitel 5.3.1 ausgeführten Phasen und damit auf die ‚Eurokrise' als Wahrnehmungsphänomen einzugehen.

Vor dem Hintergrund des Verlaufs der Phasen ‚latente Phase', ‚Durchbruchsphase', ‚Bestandteil der öffentlichen Meinung' und ‚Themenabwendung' bzw. ‚Entscheidungsreife' befindet sich der Artikel ‚Eurokrise' lange Zeit zwischen der Durchbruchsphase und dem Kulminationspunkt, an dem die Krisenthematik Bestandteil der öffentlichen Meinung ist. In anderen Quellen geäußerte Formulierungsmuster wie „[…] da steht Griechenland vor der Pleite. Oder Irland, oder Spanien. Das Rettungspaket könnte uns überfordern, wenn es ernst wird; ist der Euro in Gefahr?" (Mergel 2012: 9) stehen symptomatisch für die Unsicherheiten, die auch in diesem Wikipedia-Artikel zum Ausdruck kommen.

In diesem Zusammenhang ist deshalb zunächst festzuhalten, dass mit der Eintragung des Artikels bei Wikipedia unter dem Lemma ‚Euro-Krise 2010' im Februar 2010 die **Durchbruchsphase** der Thematik markiert wird. Die Problemadressierung wird bereits in den frühen Artikelfassungen bei der Bestimmung der sogenannten Krisenstaaten und an der Artikelposition ‚Europäischer Stabilisierungsmechanismus' deutlich. An diesen Positionen werden auch die

---

Kharon 19:19, 16. Nov. 2012 (CET)" (Diskussion:Eurokrise/Archiv/5#Kritik_an_der_Bezeichnung_.E2.80.9EStaatsschuldenkrise.E2.80.9C).

296 Gezählt werden können sieben Wikipedia-Autoren.

bereits ergriffenen Maßnahmen zur Krisenbewältigung genannt. Es zeigen sich darüber hinaus schon kritische Positionen bezüglich des Lemmas sowie eine vorangehend im Artikel ‚Zitronenpresse' erkannte retrospektive Sensitivität[297] der Wikipedia-Autoren bezüglich ihrer Artikel. Deutlich wird dies in der im Hintergrund ablaufenden Diskussion:

> Mir ist nicht ganz klar, warum der Artikel von seinem früheren Lemma Euro-Krise 2010 umbenannt wurde – der allergrößte Teil des Artikels beschreibt doch die Krise (bzw. die Haushaltslage in den meistbetroffenen Ländern), nur der Schluss betrifft das Stabilisierungsprogramm. [...]--El Duende 15:35, 28. Jun. 2010 (CEST). (Diskussion:Eurokrise/Archiv/1#Lemma_.2F_Artikelaufteilung.3F)

Kennzeichnend für den Übergang von der Durchbruchsphase zum **Bestandteil der öffentlichen Meinung** ist ferner, dass die Problemdefinition auf der Metaebene – hier beobachtet an der Schaltposition Diskussionsseite – zu einer zentralen Frage wird, die einen verstärkten Einfluss auf die Findung eines Artikellemmas nimmt. Das Thema erreicht 2011 zudem einen starken Popularisierungsgrad, der sich auch auf die Übersichtlichkeit der Lemmadiskussion auswirkt.

Sowohl die Lemmadiskussion als auch die slot-filler-Verteilung zeugt an mehreren Stellen von Schwierigkeiten in der Festlegung des Themenstartpunkts. Die Frage, was wohl als Schlüsselereignis (vgl. Vasterman 2005: 516) für diese Krise gewertet werden kann, findet neben den angeführten Argumenten zum Lemma ‚Staatsschuldenkrise im Euroraum'[298] auch in der Bewegung des Füllelements ‚Griechische Finanzkrise' vom Verweisslot (Slot 071: „siehe griechische Finanzkrise 2009/10") über den Auslösefaktor (Slot 03: „Die Krise begann 2010 mit der griechischen Finanzkrise") oder die Begleiterscheinung (Slot 04: „Auswirkungen der Krise zeigten sich mit der griechischen Finanzkrise") ihren Ausdruck (vgl. Tabelle 44: Hohe Token-Frequenz).

Die Fixierung auf das Lemma ‚Eurokrise' ist anscheinend eng an die Mediendynamik[299] geknüpft: So wird "[M]edia coverage [...] a self-fulfilling prophecy" (Vasterman 2005: 517) und zwar dadurch, dass "[a] situation becomes a real crisis because it is described as a crisis" (ebd.). Analog betrachtet wird die ‚Staatsschuldenkrise' zur ‚Eurokrise' unter anderem deshalb, weil sie in den

297 Vgl. Kapitel 2.5.1.

298 Ein Argument für das Lemma ‚Staatsschuldenkrise' war die Beschreibung der Hauptursache, gegen das Lemma die Absicht der Theoriefindung.

299 Dies wird auch in der Lemmadiskussion deutlich, in der an mehreren Stellen Belege von Google-News angegeben werden (vgl. Diskussion:Eurokrise/Archiv/5#Lemma_-_Sta tistik_Diskussion).

Medien als solche bezeichnet wird. Aus der gewählten Beobachterperspektive zeigen sich damit hier die deutlichsten Auswirkungen der Meta- auf die Objektebene.

Am **Kulminationspunkt** des Kommunikationszyklus wird ferner die Selektionsschwelle zu anderen naheliegenden Themenbereichen gesenkt. Durch die gewählte Frameperspektive lässt sich dies an einigen Erweiterungen der Subframe-Konstruktion, verbunden mit Einführungen von slot-filler-Kombinationen beobachten. In den letzten beiden beobachteten Artikelfassungen des Artikels ‚Eurokrise' betrifft dies die Ansetzung des Subframes #001 Begriff/Bezeichnung oder auch den Bereich der Ursachenvermutung (Subframes #311-#330) sowie die Diskussionen und Kritikpunkte, die im Zuge der Maßnahmen (Subframe #711-#714 und #810/#820) verzeichnet werden können (vgl. z. B. Tabelle 39: Verschiebungen im Maßnahmenbereich (b)#3).

Die geringe Beteiligung in der letzten Abstimmung über das Artikelstichwort im August 2013 zeugt schließlich bereits von einer **verminderten Aufmerksamkeitsschwelle**. Allerdings lässt sich schon mit Ende des Beobachtungszeitraums Anfang 2012 eine gewisse Entscheidungsreife anhand sich etablierender Standardwerte ablesen. Rekurrente slot-filler-Kombinationen zeigen die Ausbildung prototypischer Strukturen, die jedoch immer relativ zur zeitlichen Entwicklung gelten. Daneben können, wie o. g., Type-Token-Frequenzen festgestellt werden, die Verfestigungstendenzen für Leerstellen (z. B. ‚betroffene Länder') und Füllwerte (z. B. ‚Finanzkrise') anzeigen (vgl. Tabelle 43 und Tabelle 44).

Festgestellt werden können zudem drei Bereiche, die sich im Subframe-Katalog formieren und für die die vorausgesetzte Quaestio **‚Was ist die Eurokrise?'** folgende Teilquaestiones erfordern:

- Wie ist die Entwicklung der von der Eurokrise betroffenen Länder?
- Welche Maßnahmen werden im Zuge der Eurokrise ergriffen?
- Was sind die Ursachen der Eurokrise?

Die Aufteilung in diese drei Teilquaestiones kann als Ausdruck von Bestimmbarkeit und Erklärung des Problems ‚Krise' in der Durchbruchsphase gewertet werden. Trotz diverser Umgestaltungen des Artikels lassen sich die Artikelfassungen immer auf eine durch diese Teilquaestiones ausgedrückte Grundstruktur zurückführen, überwiegend jedoch auf die Aspekte Entwicklung und Maßnahmen. Die Aushandlungskohärenz findet damit immer im Rahmen des Wahrnehmungsphänomens ‚Krise' und den diesem zugesprochenen Ausprägungen statt. Die Regulationsmechanismen, die im Laufe der Artikelentwicklung einsetzen, verlaufen zudem analog zu dem oben benannten Aufmerksamkeitszyklus, den eine Krisenthematik oder ähnlich zu wertende

Problematik auslöst. So ist auch der mehrmalige Ersatz der Quaestio und die letztendlich getroffene Entscheidung für das Artikellemma ‚Eurokrise' nur logischer Schluss einer Artikelentwicklung, die stark von den Einwirkungen seitens der Metaebene abhängig ist.

Tab. 50: Etablierte Füllwerte – ‚Eurokrise'

Subframe	**Slot**	**etablierte Füllwerte 2/2012**
#000	01	
[Einleitung]	Welche wesentlichen Entitäten treten in der Eurokrise auf?	Mit Staatsschuldenkrise im Euroraum bzw. Euro-Krise werden Verschuldungskrisen einiger Mitgliedstaaten der Eurozone bezeichnet.
	014	
	Welche Länder sind von E. betroffen?	Betroffen sind Griechenland
		Irland
		Portugal
		Italien und
		Spanien.
	021	
	In welche weiteren Ereignisse resultiert die Eurokrise?	Durch den Europäischen Stabilisierungsmechanismus wurden mehrere Rettungsschirme verabschiedet.
	04	
	Welche Entwicklungen/Zustände haben Auswirkungen auf die E. oder werden von der E. beeinflusst?	Eine Staatsinsolvenz konnte bislang vermieden werden.
#410	01	
Entwicklungen und Maßnahmen Griechenland	Welche wesentlichen Entitäten treten in der Eurokrise auf?	Die Länder der Eurozone beschlossen einen Notfallplan / freiwillige Kredite der Eurozone sollten Griechenland helfen / Das Verhältnis sollte zwei Drittel (Eurozone-Länder) zu ein Drittel (IWF) betragen).
	011	
	Welche Währungen spielen eine Rolle?	Ein Kredit von 26 Millionen SZR.

Subframe	Slot	etablierte Füllwerte 2/2012
	012	
	Welche Personen stehen in einem Bezug zu der Eurokrise?	Bundeskanzlerin Merkel hatte gefordert, chronische Schulden Sünder zu bestrafen.
		Nicholas Sarkozy und
		Gordon Brown wollten die dazu nötigen Veränderungen nicht mittragen.
		Der Wirtschaftswissenschaftler Gikas Hardouvelis begrüßte, dass Griechenland vom Finanzmarkt Geld aufnimmt.
	013	
	Welche weiteren Entitäten fungieren als Mitspieler in der Eurokrise?	An zweiter Stelle kamen die Kredite vom Internationalen Währungsfonds / der Internationale Währungsfonds vergab einen Kredit von 26 Millionen SZR
	071	
	Welche Verweisartikel gibt es für E.?	-> Hauptartikel: Griechische Finanzkrise
#420	012	
Entwicklungen und Maßnahmen Irland	Welche Personen stehen in einem Bezug zu der E.?	Brian Cowen bat die Europäische Union und den IWF um Hilfe.
	013	
	Welche weiteren Entitäten fungieren als Mitspieler in der Eurokrise?	Die Bankenkrise (insbesondere der Anglo Irish Bank)
		Brian Cowen bat die Europäische Union […] um Hilfe
		Auf einem Sondertreffen der Euro-Gruppe wurde beschlossen, Irland Kredithilfen zu gewähren.
	03	
	In welchem funktionalen Zusammenhang figuriert E.?	Die Körperschaftssteuer wurde nicht erhöht.

Subframe	Slot	etablierte Füllwerte 2/2012
	04	
	Welche Entwicklungen/Zustände haben Auswirkungen auf die E. oder werden von der E. beeinflusst?	Irland trat im dritten Quartal 2007 in eine Rezession ein.
		Aufgrund der irischen Finanz- und Bankenkrise
		platzte die Immobilienblase Irlands.
#430	013	
Entwicklungen und Maßnahmen Italien	Welche weiteren Entitäten fungieren als Mitspieler in der Eurokrise?	Laut Unicredit waren nur 42% der italienischen Staatsschulden im Besitz ausländischer Gläubiger.
#440	012	
Entwicklungen und Maßnahmen Portugal	Welche Personen stehen in einem Bezug zu der Eurokrise?	Das Parlament hatte über eine Unterstützungserklärung für das umstrittene „Stabilitäts- und Wachstumsprogramm" von Ministerpräsident José Sócrates abgestimmt. / José Sócrates reichte seinen Rücktrittsgesuch ein.
		Fernando Teixeira dos Santos beklagte einen Angriff der Märkte.
	013	
	Welche weiteren Entitäten fungieren als Mitspieler in der Eurokrise?	Der Internationale Währungsfonds wird Portugal Hilfen in Höhe von 26 Milliarden Euro zur Verfügung stellen.
#450	012	
Entwicklungen und Maßnahmen Spanien	Welche Personen stehen in einem Bezug zur E.?	Elena Salgado kündigte einschneidende Kürzungen für 2010 an.
	02	
	Welche Ausprägung hat die Eurokrise?	Es bildete sich eine Immobilienblase.
		Ein Defizitverfahren gegen Spanien wurde eingeleitet.
	03	
	In welchem funktionalen Zusammenhang figuriert die E.?	Der Anteil des Bau- und Immobiliensektors schwoll bis auf 18 Prozent des spanischen BIP an.

Subframe	Slot	etablierte Füllwerte 2/2012
	04	
	Welche Entwicklungen/Zustände haben Auswirkungen auf die E. oder werden von der E. beeinflusst?	Zeitgleich mit der Finanzkrise platze die spanische Immobilienblase.
	05	
	Welche Bedeutung hat die Eurokrise für den Menschen?	Der Mindestlohn sollte erhöht werden.
#721	013	
Ankäufe von Staatsanleihen	Welche weiteren Entitäten fungieren als Mitspieler in der Eurokrise?	Die Europäische Zentralbank begann mit dem Aufkauf von Staatsanleihen hoch verschuldeter Euro-Staaten / Die Europäische Zentralbank kündigte an, Staatsanleihen zu kaufen.
	03	
	In welchem funktionalen Zusammenhang figuriert E.?	Artikel 123 des AEU-Vertrags verbietet die Finanzierung mitgliedstaatlicher Haushalte.
	04	
	Welche Entwicklungen/Zustände haben Auswirkungen auf die E. oder werden von der E. beeinflusst?	Der Rettungsfonds EFSF und der Europäische Stabilisierungsmechanismus sollen künftig Anleihen vom Sekundärmarkt kaufen können.
	08	
	In welchem erweiterten Zusammenhang spielt die E. eine Rolle?	Die EZB hat Staatsanleihen unmittelbar auf dem Sekundärmarkt gekauft.
#722	012	
Kauf von Privatschulden	Welche Personen stehen in einem Bezug zur E.?	Hans-Werner Sinn hatte die „alternative Verwendungsweise“ des Target-System an die Öffentlichkeit gebracht
	013	
	Welche weiteren Entitäten fungieren als Mitspieler in der Eurokrise?	Die Deutsche Bundesbank ist zur dauerhaften Finanzierungsquelle anderer Notenbanken geworden.

Subframe	Slot	etablierte Füllwerte 2/2012
	015	
	Durch welche Eigenschaften sind die Entitäten gekennzeichnet?	Das TARGET2-System wird dazu verwendet, Leistungsbilanzdefizite mit Überziehungskrediten zu finanzieren.
	04	
	Welche Entwicklungen/Zustände haben Auswirkungen auf die E. oder werden von der E. beeinflusst?	Vor Ausbruch der Finanzkrise lagen die Forderungen nur bei 5 Milliarden Euro.

5.4 Zur Zeichenmodalität Bild: eine Modelldimension

Zum Abschluss des Teils der vorgelegten Untersuchung, der sich auf das sprachliche Material bezieht, soll die Zeichenmodalität Bild exemplarisch integriert und veranschaulicht werden. Es handelt sich bei den hypertextbestimmten Artikeleintragungen der Wikipedia zwar nicht um komplexe Bildtexte, sowohl in Bezug auf die semantische als auch die syntaktische Ebene; dennoch erfordert der Einbezug der Bilddimension in ein Analysevorgehen wie das hier vorgeschlagene einen reflektierten Umgang. Die prototypisch-ikonische Interpretation des gegenständlichen Bildzeichens (nach Keller 1995) spielt eine fundamentale Rolle für das Verstehen von Bildern (vgl. Stöckl 2004: 84). Bildliche sowie die bereits ausführlich angesprochenen sprachlichen Teiltexte sind im kollaborativen Hypertext allerdings ständig Änderungen unterworfen.

Dass in online verfügbaren Nachschlagesystemen von Bildern eine größere Anziehungskraft als von Textmaterial ausgeht, ist zwar anzunehmen, in der Rezeption spielen jedoch sowohl bildliche als auch sprachliche Teiltexte eine Rolle, wie bereits Kemmer (2014a) feststellen konnte. Bildliche und verbale Informationen unterliegen ferner einer unterschiedlichen Gewichtung je nach Bedürfnis oder Benutzungsziel des Nutzers. Im Rahmen der Benutzungsforschung für Onlinewörterbücher hat deshalb der Gedanke der primären Bildrezeption bislang nur hypothetischen Charakter; der empirischen Überprüfung widmen sich die Studien von Kemmer (2014a/b) und Klosa (2016). Einige Untersuchungen konnten bereits zeigen, dass die visuelle Zeichenmodalität ergänzend zum sprachlichen Teiltext wirkt, diesen jedoch nicht ersetzt (vgl. Kemmer 2014a: 275; 2014b: 378).

In Kapitel 2.5.3 wurden zudem die Verbindungsebenen (Inhalt, Funktion, Form) des Sprache-Bild-Bezugs in einem multisemiotischen Gesamttext benannt. Es wurde jedoch gleichwohl festgestellt, dass im Rahmen hypertextinterner Faktoren die Beurteilung der ‚Aussagekraft' (vgl. Tabelle 6) sowie die Auswirkung auf die Gesamtkomposition ebenfalls Gegenstand der Diskussion sein müssen. Um die Strukturen dieser Gesamtkomposition zu verstehen, wird deshalb an dieser Stelle vorgeschlagen, über das Bild erfassbare prototypische Darstellungsmerkmale an Wissensrahmen bzw. an die hier so benannten slot-filler-Konstellationen anzuschließen. Klug (2012: 81) betont, dass sich das gegenständliche Bildzeichen als Wahrnehmungszeichen in semantischer Hinsicht stets auf einer oberflächlichen ikonischen Bedeutungsebene durch assoziativen Ähnlichkeitsschluss interpretieren lässt.[300] Die Kohärenz erzeugenden Verflechtungen von bildlichen und sprachlichen Teiltexten müssten daher zu einem visuell-verbalen Gesamttext führen. In dieser Gesamttextfunktion liegt allerdings auch die Eingebundenheit in einen bestimmten Zeitraum begründet: Abhängig von den zeitlichen Umständen wird die Gesamttextfunktion jeweils eine andere sein, und die bildlichen und sprachlichen Teiltexte werden sich, im Gegensatz zu einer vorherigen Textfassung, verändert haben.

Wissensrahmen eignen sich deshalb einmal mehr als Verstehensräume: Ihre Konstituenten sind flexibel anpassbar und können gleichwohl die „kognitive Verfestigung" (Ziem 2008: 341) erfassen, die durch die Signalwirkung des bildlichen Teiltextes unterstrichen werden dürfte. Methodisch werden dafür über ikonische slot-filler-Konstellationen instrumentalisierbare Leerstellen geschaffen. Die Benennung des Bildinhalts erfolgt über das bereits etablierte Raster der frameorientierten und konkreten Textanalyse. In dieser Analyse konnte vorangehend deutlich gemacht werden, welches ‚Wissen' in den Texten des Analysekorpus zu erfassen war; dies lieferte eine wichtige Vorarbeit für die Beobachtung des bildlichen Teiltextes. Parallel zum Erfassungsframe für die sprachlichen Teiltexte existiert also auch ein Erfassungsframe für die bildlichen. Exemplarisch wird sich für die Modelldimension wieder dem Einleitungsteil zugewandt. Dies ist auch insofern ratsam, als sich in der räumlichen Syntax (d. h. Position) dieses sprachlichen Teiltextes häufig auch der erste bildliche Teiltext eines Wikipedia-Artikels befindet.[301]

Für den Artikel ‚Zitronenpresse' antwortet der bildliche Teiltext auf der Position des Einleitungsteils während des Untersuchungszeitraums auf die Frage „In welcher Form, aus welchem Material gibt es die Zitronenpresse?". Die bildliche Information ergänzt damit den sprachlichen Teiltext, der nicht auf eine anzunehmende prototypische Form der Zitronenpresse verweist. Das Eingangsbild des Artikels ändert sich jedoch im Zuge der Umgestaltungen, die während des Schreibwettbewerbs stattfinden (vgl. Kapitel 5.2.4). Der bildliche Teiltext wird sogar für einen

300 Innerhalb der Gruppe der Wikipedia-Autoren werden Bilder auch nach ‚Aussagekraft' beurteilt (vgl. Kapitel 2.5.3).

301 In Artikel-Darstellungen als App fungiert der erste bildliche Teiltext auch als Hintergrundbild.

bestimmten Zeitraum (März 2007) getilgt, bevor eine andere Abbildung an seine Stelle rückt. Ab April 2007 ist die Abbildung der Zitronenpresse aus Kunststoff Gegenstand eines anzunehmenden prototypischen Wahrnehmungsrasters zur Zitronenpresse. Der Bildinhalt ist wiederum dem Slot ‚Form und Material‘ zuzuordnen.

Tab. 51: Erfassungsframe bildliche Teiltexte des Wikipedia-Artikels ‚Zitronenpresse‘

Erfassungsframe ‚Artefakt – Zitronenpresse‘		Relevante Fragen
Slot / Datum	01 Form und Material	- In welcher Form, aus welchem Material gibt es die Zitronenpresse?
10/2005	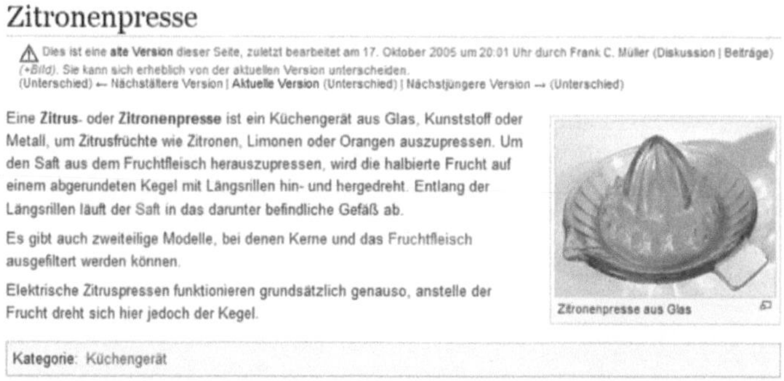	
04/2007		

Zitronenpresse

Dies ist eine **alte Version** dieser Seite, zuletzt bearbeitet am 17. Oktober 2005 um 20:01 Uhr durch Frank C. Müller (Diskussion | Beiträge) *(+Bild)*. Sie kann sich erheblich von der aktuellen Version unterscheiden.
(Unterschied) ← Nächstältere Version | **Aktuelle Version** (Unterschied) | Nächstjüngere Version → (Unterschied)

Eine **Zitrus**- oder **Zitronenpresse** ist ein Küchengerät aus Glas, Kunststoff oder Metall, um Zitrusfrüchte wie Zitronen, Limonen oder Orangen auszupressen. Um den Saft aus dem Fruchtfleisch herauszupressen, wird die halbierte Frucht auf einem abgerundeten Kegel mit Längsrillen hin- und hergedreht. Entlang der Längsrillen läuft der Saft in das darunter befindliche Gefäß ab.

Es gibt auch zweiteilige Modelle, bei denen Kerne und das Fruchtfleisch ausgefiltert werden können.

Elektrische Zitruspressen funktionieren grundsätzlich genauso, anstelle der Frucht dreht sich hier jedoch der Kegel.

Zitronenpresse aus Glas

Kategorie: Küchengerät

Zitronenpresse

Dies ist eine **alte Version** dieser Seite, zuletzt bearbeitet am 5. April 2007 um 09:12 Uhr durch Skho (Diskussion | Beiträge) *(subst Absatz)*. Sie kann sich erheblich von der aktuellen Version unterscheiden.
(Unterschied) ← Nächstältere Version | **Aktuelle Version** (Unterschied) | Nächstjüngere Version → (Unterschied)

Eine **Zitronenpresse** ist ein Küchengerät, mit dem man Saft aus Zitrusfrüchten wie Zitronen oder Limonen herauspresst. **Zitruspressen** sind universell einsetzbare Geräte mit meist auswechselbaren Kegeln, mit denen sich auch größere Früchte wie Orangen und Grapefruits, bzw. Pampelmusen auspressen lassen. Auch diese Geräte basieren aber auf dem wesentlich älteren Prinzip der Zitronenpresse.

Das Fruchtfleisch der Zitrusfrüchte ist sehr wässrig. Der Fruchtsaft lässt sich aus den nur von dünnen Häuten umschlossenen Segmenten schon mit geringem Druck leicht herausquetschen. Deshalb kann man Zitronensaft auch einfach gewinnen, indem man die hälftig aufgeschnittene Zitrone von Hand ausdrückt. Effektiver ist es jedoch, dazu eine Zitronenpresse zu benutzen.

Einfache Zitronenpresse aus Kunststoff

Im Artikel ‚Eurokrise‘ ist dieses Verhalten etwas anders. Wie bereits für den sprachlichen Teiltext festgestellt werden konnte, liegt eine Schwierigkeit des Artikels in der Festlegung des Lemmaansatzes. Damit verbunden ist die Frage, ob der Artikelinhalt die (in der Öffentlichkeit) diskutierte Thematik adäquat, d. h. sachlich und präzise, widerspiegelt. Ist nun davon auszugehen, dass im ersten Bild eines Wikipedia-Artikels eine prototypische Darstellung erfolgt bzw. die gewählte ikonische Form prototypisch interpretiert wird, ergeben sich zwangsläufig Schwierigkeiten, die wiederum an den sich verändernden Artikelversionen zu erkennen ist. In den ersten Artikelversionen wird demnach in den sprachlichen Teiltexten eine Problemadressierung in Form der Bestimmung der sogenannten Krisenstaaten deutlich, die im bildlichen Teiltext in der Europakarte aufgegriffen wird. Weitere Artikelversionen bleiben auch ganz ohne bildlichen Teiltext. In späteren Artikelversionen wurde zudem ein bildlicher Teiltext komplett aus der Datenbank gelöscht, sodass er für die Analyse nicht mehr zur Verfügung steht. – Interessanterweise sind die verwendeten, in diesem Artikel eingebundenen Mediendateien während des Untersuchungszeitraums jedoch nie Gegenstand des Diskussionsbereichs.

Für die letzten Artikelversionen wird schließlich ein Diagramm gewählt, das die Entwicklung der Zinssätze für Staatsanleihen in verschiedenen europäischen Staaten einander gegenüberstellt. Die Kurven zeigen hohe Ausprägungen für Griechenland, Zypern und Slowenien, erlauben es aber zudem, die Zinssatzentwicklung in den Kontext einer gesamteuropäischen Entwicklung zu stellen.

Tab. 52: Erfassungsframe bildliche Teiltexte des Wikipedia-Artikels ‚Eurokrise'

<table>
<tr><td colspan="2">Erfassungsframe ‚Ereignis – Eurokrise'</td><td>Relevante Fragen</td></tr>
<tr><td>Slot
Datum</td><td>014 (betroffene) Länder</td><td>- Welche Länder sind von der Eurokrise betroffen?</td></tr>
<tr><td>02/2010</td><td>

Eurokrise

Dies ist eine **alte Version** dieser Seite, zuletzt bearbeitet am 14. Februar 2010 um 02:28 Uhr durch **StudentG** (Diskussion | Beiträge) *(Erstellung)*. Sie kann sich erheblich von der aktuellen Version unterscheiden.
(Unterschied) ← Nächstältere Version | **Aktuelle Version** (**Unterschied**) | Nächstjüngere Version → (Unterschied)

Eine markierte Version dieser Seite, die am *14. Februar 2010* freigegeben wurde, basiert auf dieser Version.

Die von angelsächsischen Journalisten entworfene Abkürzung **PIGS** steht für die Euro-Staaten Portugal, Italien, Griechenland, Spanien. Diesen wird unterstellt sie hätten eine solch hohe Staatsverschuldung das ihr **Staatsbankrott** droht. Die finanzielle Situation ist bei Griechenland definitiv am prikärsten. Die Spanische und die Portugiesische Regierung äußerten sich empört das ihre finanzielle Situation mit Griechenland verglichen wird, da dies einerseits keinen Grund dafür gäbe und andererseits dies die kreditaufnahme verteuere. Beide Regierungen legten in diesem Zusammenhang ihre Einsparprogramme dar.[1]

Die "PIGS"-Staaten

Quellenverzeichnis

1. ↑ **tagesschau**: Spanien, Portugal und der Griechenland-Vergleich vom 11.02.2010</td><td></td></tr>
<tr><td>08/2010</td><td></td><td></td></tr>
<tr><td></td><td>013 weitere Entitäten (Institutionen etc.)</td><td>- Welche weiteren Entitäten fungieren als Mitspieler in der Eurokrise?</td></tr>
</table>

05/2010

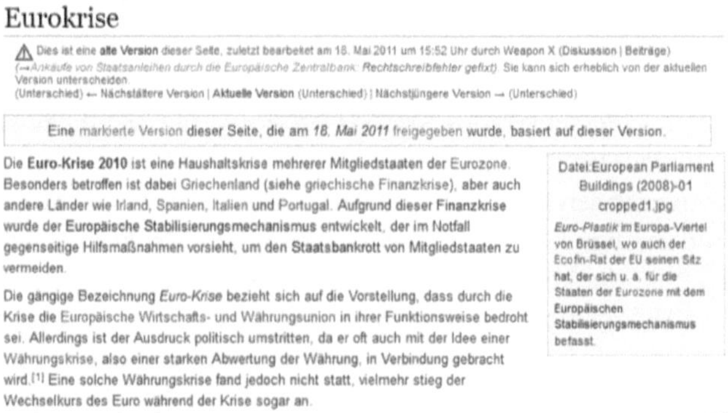

Eurokrise

Dies ist eine **alte Version** dieser Seite, zuletzt bearbeitet am 18. Mai 2011 um 15:52 Uhr durch Weapon X (Diskussion | Beiträge) (*→Ankäufe von Staatsanleihen durch die Europäische Zentralbank:* ***Rechtschreibfehler gefixt***). Sie kann sich erheblich von der aktuellen Version unterscheiden.
(Unterschied) ← Nächstältere Version | **Aktuelle Version** (Unterschied) | Nächstjüngere Version → (Unterschied)

Eine markierte Version **dieser Seite, die am** ***18. Mai 2011*** freigegeben **wurde, basiert auf dieser Version.**

Die **Euro-Krise 2010** ist eine Haushaltskrise mehrerer Mitgliedstaaten der Eurozone. Besonders betroffen ist dabei Griechenland (siehe griechische Finanzkrise), aber auch andere Länder wie Irland, Spanien, Italien und Portugal. Aufgrund dieser Finanzkrise wurde der Europäische Stabilisierungsmechanismus entwickelt, der im Notfall gegenseitige Hilfsmaßnahmen vorsieht, um den Staatsbankrott von Mitgliedstaaten zu vermeiden.

Die gängige Bezeichnung *Euro-Krise* bezieht sich auf die Vorstellung, dass durch die Krise die Europäische Wirtschafts- und Währungsunion in ihrer Funktionsweise bedroht sei. Allerdings ist der Ausdruck politisch umstritten, da er oft auch mit der Idee einer Währungskrise, also einer starken Abwertung der Währung, in Verbindung gebracht wird.[1] Eine solche Währungskrise fand jedoch nicht statt, vielmehr stieg der Wechselkurs des Euro während der Krise sogar an.

Datei:European Parliament Buildings (2008)-01 cropped1.jpg

Euro-Plastik im Europa-Viertel von Brüssel, wo auch der Ecofin-Rat der EU seinen Sitz hat, der sich u. a. für die Staaten der Eurozone mit dem Europäischen Stabilisierungsmechanismus befasst.

014 (betroffene) Länder

- Welche Länder sind von der Eurokrise betroffen?

11/2011

Eurokrise

Dies ist eine **alte Version** dieser Seite, zuletzt bearbeitet am 15. November 2011 um 11:38 Uhr durch PaterMcFly (Diskussion | Beiträge) (*Änderte den Schutz von* ***„Staatsschuldenkrise im Euroraum"****: Fortgesetzter Edit-War, es besteht wohl noch Diskussionsbedarf ([edit=sysop] (bis 20. November 2011, 22:22 Uhr (UTC)) [move=sysop] (bis 20. November 2011, 22:22 Uhr (UTC))))*. Sie kann sich erheblich von der aktuellen Version unterscheiden.
(Unterschied) ← Nächstältere Version | **Aktuelle Version** (Unterschied) | Nächstjüngere Version → (Unterschied)

Eine markierte Version **dieser Seite, die am** ***15. November 2011*** freigegeben **wurde, basiert auf dieser Version.**

Mit **Staatsschuldenkrise**[1] **im Euroraum** (umgangssprachlich auch **Euro-Krise**[2]) werden Haushalts- und Verschuldungskrisen mehrerer Mitgliedstaaten der Eurozone bezeichnet.

Erste Auswirkungen der Krisen zeigten sich 2010 mit der griechischen Finanzkrise, nachdem Griechenland die tatsächliche Höhe seiner defizitären Haushaltslage sowie seines übermäßigen Verschuldungsgrads offengelegt hatte und sich weder am Kapitalmarkt mehr ausreichend refinanzieren noch aus eigener Kraft fällige Schulden und Zinsen zurückzahlen konnte. Weitere Länder der Eurozone mit hohen Haushaltsdefiziten und Verschuldungsgraden (Irland, Portugal, Spanien und Italien, Stand November 2011) konnten sich ebenfalls immer weniger am Kapitalmarkt finanzieren und werden auch zu den Krisenländern gezählt.

Durch Unterstützung des IWF und des von der EU verabschiedeten

Entwicklung der Zinssätze für 10jährige Staatsanleihen aller Länder in der Eurozone

Es zeigt sich damit zunächst, dass die bildlichen Teiltexte auf die Fragen des jeweiligen Erfassungsframes antworten. Über den Erfassungsframe werden zudem durch inhaltliche, funktionale und formale Verbindungsebenen Bezüge zum sprachlichen Teiltext deutlich. Dagegen ist in den Artikeltexten keine (bzw. kaum eine) deiktische Verweisrelation zwischen bildlichen und sprachlichen Teiltexten festzustellen. Eher ist auf einer semantischen Ebene von einer wechselseitigen Bedeutungsergänzung zu sprechen. Es findet eine indirekte Inferenzziehung statt, die die Bedeutung des sprachlichen Textes auf der Basis der Bilder erweitert, entwickelt oder ergänzt (vgl. auch de Beaugrande/Dressler 1981: 209). Dass der objektbezogene Thementyp einen Prototyp suggeriert, wohingegen der ereignisbezogene Artikel gerade versucht, die Entwicklung zu veranschaulichen, mag hier nur eine zufällige Gegebenheit sein. Die Wahl des bildlichen Teiltextes spricht allerdings für die – an dieser Stelle nicht weiter zu verfolgende – Annahme, dass hier eine formale und inhaltliche Themenstruktur abhängig vom Thementyp des Artikels (in der Veranschaulichung eines Prototyps oder in der Darstellung einer Entwicklung) gewählt wird.

Im Rahmen innerer Funktionalitäten bezüglich der Gesamtkomposition des Sprach-Bild-Bezugs können neben thematischen Strukturen jedoch nur Vermutungen über die kommunikative Funktion angestellt werden. Bei der Bebilderung von Wikipedia-Artikeln geht es darum, das Verständnis eines Textes zu erleichtern [Wikipedia:Artikel_illustrieren]. Dafür sollen inhaltliche Voraussetzungen erfüllt werden, wie z. B. inhaltlicher Bezug, Relevanz, Repräsentativität und Authentizität. Bildliche Teiltexte waren im Rahmen der gewählten Untersuchungsausschnitte jedoch kaum Gegenstand der Diskussion, sodass die Erfüllung einer kommunikativen Funktion hier nur äußerst eingeschränkt bewertet werden kann. Anzunehmen ist jedoch auch hier, dass über die Ersetzungsmöglichkeit der bildlichen Teiltexte Aspekte einer intermodalen Kohärenz deutlich werden, die sich in Kommentaren wie „Bild entfernt, hat überhaupt keine Aussagekraft" (vgl. Tabelle 6) abzeichnen. Es wird deshalb angeregt, dass sich weitergehende Untersuchungen nicht nur mit der Frage der Bildrezeption, sondern auch mit Fragen nach der möglichen Medienauswahl auseinandersetzen.[302]

5.5 Auswertung: Makroregeln digitalmedialer Überschreibung

Über die Versionsgeschichten der Wikipedia kann auf eine große Menge an Artikeltexten zugegriffen werden, die sich aufgrund der Artikelstichwörter und ihrer Inhalte thematischen Räumen zuordnen lassen. In den Artikeltexten, insbesondere in der Artikeltextentwicklung und in der Ausbildung der Linkstruktur lassen sich Überschreibungsmuster ausmachen, die sich anhand von Text- und Wissensverfahren nachzeichnen lassen. Da in einer soziotechnisch geprägten Wissenssammlung wie Wikipedia ein ‚Wissen' kollaborativ verfügbar gemacht und gemeinschaftlich geteilt wird, beschäftigte sich die durchgeführte Analyse mit einer systematischen Beobachtung der zugrunde liegenden Prozesse.

302 So kommt Kemmer (2014b: 424) zu dem Ergebnis, dass bewegte Illustrationen „insbesondere bei Stichwörtern, die Maschinen, Geräte und ihre Funktionsweise denotieren" nützlich sein können. Es sollte auch geprüft werden, ob die Navigation *über* Illustrationen bzw. die Nutzung von Illustrationen als Zugriffsstrukturen (vgl. ebd. 429) in weitere Überlegungen zu dieser Thematik einbezogen werden kann.

Für das gewählte Vorgehen galt es, ein Untersuchungsdesign zu entwickeln, das auf verschiedene Artikeltypen angewendet werden konnte, um exemplarisch Überschreibungsprozesse aufzuzeigen. Ausgewählt wurde jeweils ein Artikel aus der Gruppe der objekt- bzw. sachbezogenen Artikel, der zusätzlich mit dem Label ‚lesenswert' und ‚exzellent' (‚Zitronenpresse') ausgezeichnet worden ist und ein Artikel, der über lange Strecken die Bezeichnung ‚aktuelles Ereignis' (‚Eurokrise') führte. Beide Artikel wurden jeweils über ca. zwei Jahre in ihren Versionierungen als Artikelfassungen aus der Vogelperspektive beobachtet.

Dabei wurde ein stark problemorientiertes Vorgehen gewählt, das eine regelmäßige Überprüfung des Artikeltextzustandes durch Anlage einer Framesystematik sowie den Einbezug verschiedener Kriterien einer Metaebene vorsah. Es zeigte sich, dass beide Artikel eine mehrdimensionale Struktur besitzen, die sowohl von inhaltlichen, funktionalen, kontextuellen als auch kollaborativen Aspekten bestimmt wird. Während in den ersten Kapiteln noch überlegt wurde, wie Überschreibungsprozesse ermöglicht werden und wie Verfahren zum Einsatz kommen können, mit denen sich die über Artikelfassungen kommunizierten Inhalte beobachten lassen, geht es in diesem Abschnitt nun darum festzustellen, ob und welche musterhaften Überschreibungen, Modifikationen und Entwicklungen sich an den gewählten Beispielen ablesen lassen. Welche Makroregeln digitalmedialer Überschreibung können formuliert werden?

5.5.1 Text- und Wissensverfahren

"Writing is rewriting." (Murray 1978: 85)

Text- und Wissensverfahren sind von einem Prozesscharakter bestimmt, der bereits im ersten Kapitel unter verschiedenen Aspekten beleuchtet wurde. Dieser Prozesscharakter umfasst mehrere Dimensionen. Eine ist an dem arbeitsteiligen und interaktiven Produktionsverfahren für Artikeltexte der Wikipedia festzumachen (s. a. Kallass 2015). Bezüglich eines prozeduralen Fokus auf Text- und Wissensverfahren kann durchaus auf Textproduktionsverfahren[303], wie z. B. bei Hayes/Flower (1980) oder Wrobel (2000) beschrieben, zurückgegriffen werden: Textproduktion ist damit ein komplexer Handlungsprozess mit einer Vielzahl kognitiver, sprachlicher und sozial-kommunikativer Anforderungen (vgl. Wrobel 2000: 458). In der Wiki-Umgebung zeichnet sich dieser Prozess zusätzlich durch die gegenseitige Überlagerung der anzunehmenden Phasen Planung,

---

303 Das hier angeführte kognitive Modell der Textproduktion wird wie bei Wrobel (2000) als Heuristik für das Verständnis der für den Kernbereich des Textproduktionsprozesses konstitutiven Teilhandlungskomplexe verstanden.

Formulierung und Überprüfung (vgl. Wrobel 2000: 460; Meyer 2013: 49–53) aus. Diese, auch aufgrund der Interaktivität geprägte, Akzentuierung rückt den Überprüfungsprozess in den Mittelpunkt der Betrachtung, da dieser wiederum dazu führt, die Phasen zu unterbrechen (ebd.). Überprüfung und Überarbeitung resultieren ferner darin, dass mit jedem Vorgang die Artikeltextrealität eine andere wird. Die in Folge der Revision zur Anwendung kommenden Überschreibungstypen wurden in der Analyse in Form von Einführung, Fortführung und Tilgung innerhalb der Dimensionen eines framebasierten Modells erfasst, das die Beobachtung der Organisation größerer Verfahrensausschnitte zuließ. Beobachtet werden konnten dabei sowohl Änderungen der Artikeltextarchitektur bzw. Artikelstruktur als auch funktional-thematisch begründete Revisionen.

Die Text- und Wissensverfahren wurden zusätzlich von Einwirkungen aus der Metaebene beeinflusst, was sich bereits infolge der zu Anfang der Studie angenommenen dynamisch-kollaborativen Textualität für das Artikelwesen der Wikipedia vermuten ließ und später in einem Modell über entsprechende Verfahren innerhalb eines kollaborativen Hypertextes verdeutlicht wurde. Hypertextspezifische Kohärenz wurde hierbei insbesondere an den Aktionsmöglichkeiten des Nutzers festgemacht. Darüber hinaus wurde erörtert, wie Texte durch Überschreibungsprozesse verändert werden können. Als ergänzende Komponente galt die Rahmensetzung durch ein gemeinschaftliches Nachschlagesystem, das von und innerhalb einer interessierten Öffentlichkeit erstellt wird. Bedingt durch diese so postulierte dynamisch-kollektive Textualität, so wurde anfangs argumentiert, müssten vor allem Textualitätskriterien wie Informativität, Akzeptabilität und Situationalität unter dem Fokus des andauernden Textprozesses betrachtet werden.

Für das Kriterium bzw. die Dimension der **Informativität** ist festzustellen, dass innerhalb des Artikeltextprozesses die Thematizität und damit die Frage, die durch den Text beantwortet wird, angepasst werden kann. Deutlich wird dies etwa an der Gewichtung der Subframes, die tendenziell eher obligatorische oder eher fakultative Teilfragen des Artikelthemas beantworten können. Zudem können die Themensetzung und das Ausmaß des Artikels selbst, wie im Beispiel ‚Eurokrise' zu sehen, zur Verhandlung stehen und sich Intentionen bzw. Situationen anpassen.

Ähnliches gilt für das eher relative Kriterium der **Akzeptabilität**: Vermutet wird dabei, dass der Rezipient eine kohäsive und kohärente Artikelfassung erwartet, die für ihn nützlich oder relevant ist; zu fragen wäre etwa auch, ob die verwendeten Sprachmittel bedeutsam sind. Entscheidend ist hier, dass diese Akzeptanz bzw. Nicht-Akzeptanz in verschiedener Form im Diskussionsbereich geäußert wird und darüber Auswirkungen auf den Artikeltext haben kann (z. B. im Rahmen von Verbesserungsvorschlägen, Abstimmungen u. dgl.). Das im Prinzip recht subjektive Merkmal der Akzeptabilität (vgl. Vater 1992: 52f.; Kapitel 1.2.2) kann damit den Hypertext objektiv beeinflussen.

In den Bereich der **Situationalität** fallen alle Faktoren, die eine Artikelfassung für eine kommunikative Situation als relevant erscheinen lassen; sie machen diese interpretierbar. Nicht-situationsangemessene Artikelfassungen sind zwar auch ‚Texte' (z. B. Nonsens-Texte, die ganze Artikelinhalte oder auch nur einzelne Wörter ersetzen), doch sie tragen nicht zum Fortbestand der dynamisch-kollaborativen Textualität in einem Wiki bei. In der Folge werden für die Wikipedia situationsunangemessene Artikeltextfassungen von Autoren oder Bots aussortiert bzw. revidiert. Ob Wikipedia-Artikel der individuellen Situation angemessen sind, kann deshalb auch nur insofern überprüft werden als sich dieses Bedürfnis real auf die Artikelentwicklung abbildet.

Zusammenfassend lässt sich begründet feststellen, dass von Überschreibungsprozessen geleitete Textverfahren

- arbeitsteilig und interaktiv organisiert sein können,
- durch prinzipiell nicht abgeschlossene und ineinandergreifende Phasen ‚Planung', ‚Formulierung' und ‚Überprüfung' charakterisiert sind,
- zu verhandelbaren Kriterien ‚Informativität', ‚Akzeptabilität' und ‚Situationalität' im Rahmen hypertextspezifischer Kohärenz führt.

In diesem Zusammenhang gilt insbesondere für Wissensverfahren,

- dass sie sich aufgrund des Zusammenwirkens äußerer und innerer Funktionalitäten einer Wissenssammlung herausbilden, also
- dass sie sich immer bezüglich exogener Faktoren, wie Themenentwicklung, und tatsächlicher Aktionen der Produzenten auf Wissenssammlungen abbilden.

5.5.2 Aushandlungskohärenz: Teil eines Stimmigkeitskonzept der Wikipedia?

Der Text- bzw. Artikelprozess bei Wikipedia wird von einem laufenden und bisweilen abrupten Wechsel von Produktion und Rezeption, von Schreib- und Verstehensvorgängen bestimmt. Wenn Wissen erst in Bewegung greifbar wird, betrifft dies auch die Abfolge der anzunehmenden Aufgaben eines Wikipedia-Autoren: eine Wissensbasis durch Rezeption aufzubauen, eine korpusgestützte und objektbereichsspezifische Wissensermittlung und Wissensüberprüfung durchzuführen, die Wissensorganisation in einer spezifischen Form vorzunehmen und die damit eng verbundene benutzerbezogene Wissensvermittlung zu erfüllen. Der Ablauf dieser Abfolge ist nicht abschließend festgelegt. Ein angenommener

Kreislauf, in dem der Artikelprozess nach einer eingeleiteten Revision erneut beginnt, ist unterbrochen durch einen ständigen Austausch zwischen der Objektebene, also der Ebene, auf der die Artikelrepräsentation stattfindet, und der Metaebene, auf der sich exogene Faktoren wie der Prodnutzer, zeitlich-thematische Entwicklungen u. Ä. positionieren lassen (vgl. Abb. 9).

Wie bereits in Kapitel 3 angedeutet, kann deshalb davon ausgegangen werden, dass dem Austauschverhalten von Objekt- und Metaebene ein kohärenzbasierter Effekt zugrunde liegt. Dieser Effekt, nach dem auf der so definierten Objektebene ablaufende Textprozesse mit hinzuzuziehenden Einflüssen einer Metaebene tendenziell zu einer inhaltlichen Sinnkontinuität zusammenfinden, kann als Aushandlungskohärenz beschrieben werden. Vieles deutet darauf hin, dass dieses Prinzip auf die Wikipedia übertragen werden kann.

Kohärenzbasierte Effekte lassen sich sowohl bei objektbezogenen als auch bei ereignisbezogenen Artikeln ausmachen, wobei sie jeweils eine dominierende Größe darstellen. Wie im Beispiel ‚Zitronenpresse' gezeigt, lassen sich beispielsweise nur wenige Überschreibungen und Entwicklungen innerhalb des Untersuchungszeitraumes ausmachen. Der Aufruf durch einen Schreibwettbewerb, aus dem recht vernachlässigten Beispielartikel einen lesenswerten zu machen, trug zwar einiges zur Artikelfülle bei, doch zeigte sich im Beobachtungszeitraum auch ein relativ schnell erreichbarer Konsens darüber, welche Inhalte der ‚Zitronenpresse' zugeordnet werden sollten. Der ereignisbezogene Sachverhalt der ‚Eurokrise' ist dagegen durch einen laufenden Prozess determiniert, der die Artikelstruktur ständig infrage stellt. Überschreibungen stehen hier an der Tagesordnung.

Auch wenn die Entwicklung dieser Artikel recht unterschiedlich verläuft, lassen sich Phasen einer Aushandlungskohärenz erkennen.[304] In der Phase (A) ‚Verstehbarkeit' geht es zunächst darum, wie ein Thema in der Initiationsphase oder zu einem Zeitpunkt, der mit einem Auslösefaktor[305] korreliert, verstanden wird. Dieses Verständnis zeigt sich im Artikel darin, welche Informationen wie abgebildet werden. Die Phase (B) ‚Handhabbarkeit' zeichnet sich dadurch aus, wie und ob mit den Informationen aus Phase (A) umgegangen wird. Wird das

304 Die Aushandlungskohärenz folgt einem ähnlichen Prinzip wie der ‚sence-of-coherence' des Antonovkyschen Salutogenese-Konzepts. Die Benennung der hier vorgestellten Phasen erfolgt deshalb in Anlehnung an dieses.

305 Zu Auslösefaktoren können etwa gehören: Ein Aufruf zum Schreibwettbewerb, politische Krisen, aber auch der aktuelle Sieger von ‚Deutschland sucht den Superstar'. Die Attraktivität des Artikelschreibprozesses wird darüber hinaus im Hintergrund in Form eines Wikipedia-Dialogs diskutiert (vgl. [Wikipedia:Wiki-Dialog/Qualität]).

Dargestellte als stimmig und damit im weitesten Sinne als kohärent beurteilt, werden keine Änderungen vorgenommen, andernfalls setzt erneut die Verstehbarkeits-Phase (A) ein. Beteiligung und Diskussionspotenzial sind allerdings bei jedem Artikel bzw. Artikelthema unterschiedlich. Auch muss bedacht werden, dass ein Großteil der Wikipedia-Nutzer nicht aktiv an den Wikipedia-Inhalten mitwirkt. Das bedeutet, dass ein Artikel, an dem über geraume Zeit keine Änderungen vorgenommen wurden, nicht unbedingt einem möglichen Qualitätsurteil der ‚handhabbaren Informationen' entspricht. Die Aushandlungskohärenz besteht vielmehr darin, dass sich aus der Korrelativität von Objektebene und Metaebene keine Veranlassung ergibt, sich einem bestimmten Artikel zu widmen. Dies muss wiederum nicht bedeuten, dass es sich um einen abgeschlossenen Status handelt: jederzeit kann es wieder zu Auslösefaktoren kommen, die den Artikel erneut in die Phase (A) bringen.[306]

Parallel zu den Phasen (A) und (B) existiert deshalb die Phase (C) ‚Bedeutsamkeit', die letztendlich danach fragt, ob sich der Umgang mit den Informationen aus Phase (A) lohnt und sich Fragen der Handhabbarkeit (B) überhaupt ergeben (vgl. Abb. 16). Fälle der negativen Beurteilung können somit gleichwohl zu einer Löschung von Artikelinhalten oder ganzer Artikel führen, wie positive Einschätzungen zu einer ausführlicheren Beschäftigung mit dem Dargestellten. Zu unterscheiden ist sicherlich zusätzlich nach innerer und äußerer Bedeutsamkeit, die zum einen durch die interne Diskussionen innerhalb der Wikipedia[307] ausgelöst wird, zum anderen durch ein äußeres diskursives Ereignis oder sonstige Auslösefaktoren der Metaebene, die dazu führen sich intensiver mit einer Thematik auseinanderzusetzen.

---

306 Andersherum betrachtet können sowohl innere als auch äußere Bedingung zum Artikelabschluss führen: Entweder der Entschluss der Artikelproduzenten steht fest, den Prozess abzuschließen oder es kommt aufgrund des Desinteresses der Rezipienten nicht zu einer Fortführung des Artikels (vgl. Kapitel 1.2.3). Prinzipiell ist der Verfahrensprozess jedoch nie abgeschlossen, da ein erneuter Revert oder eine weitere Veränderung zu keinem Zeitpunkt ausgeschlossen werden kann.

307 Hinweise darauf können Informationsmarker auf den Artikelseiten, in der Versionsgeschichte oder natürlich auf der Diskussionsseite geben. Auslöser können Stubs, Edit-Wars, Vandalismus, Qualitäts- und Aktualitätsansprüche, aber auch Schreibwettbewerbe und Kanditaturen sein.

Abb. 16: Aushandlungskohärenz nach dem Wiki-Prinzip.

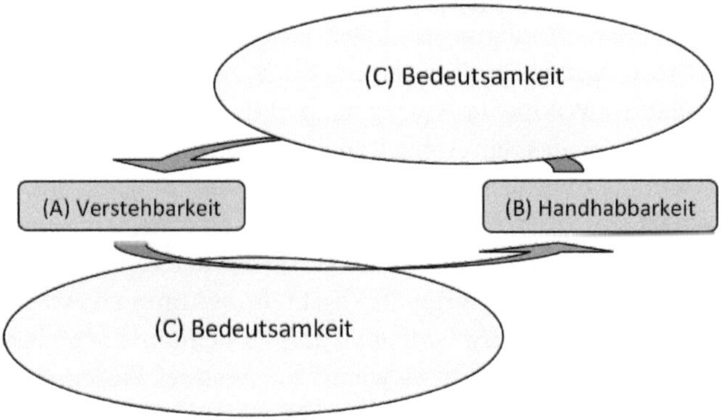

Die Annahme eines derartigen Stimmigkeitskonzepts bleibt nicht ohne Auswirkungen auf Produktion und Rezeption: Für die Produktion wird das Arbeiten mit Inhalten, die unter Umständen eine recht kurze Halbwertszeit haben, zur Regel. Gilt jedoch eine beständig vorläufige Kodifizierung von Wissen, so muss auch betont werden, dass diese mit einer Wikiarchitektur eine ideale mediale Form gefunden hat. Zudem ist erforderlich, dass in Bezug auf die Rezeption ein Bewusstsein der Relativität eines Wissens vorhanden sein muss. Nutzer treten zwar als Qualidatoren (vgl. Busch 2005) auf und bieten in ihrer Funktion als Produzenten nachvollziehbare, relevante und eigenständige Inhalte, Transparenz und Navigation für einen thematischen Bereich an. Es gibt jedoch keine Festgefügtheiten oder endgültiges Wissen und nur oberflächliche Verlässlichkeiten; nichts Gegenteiliges darf bei der Rezeption erwartet werden. Diese Sinnkontinuität kann deshalb unter Vorbehalt des dynamisch-kollaborativen Textwesens niemals statisch, sondern nur als vorläufig und stetig aus- und verhandelbar beschrieben werden.

5.5.3 Perspektiven eines Aufmerksamkeitszyklus

Obwohl die Wikipedia-Artikel häufig für sich stehen, d. h. die Grundbedingungen ihrer Entstehung für jede behandelte Thematik unterschiedlich sind, sollte doch kommunikationstheoretisch davon ausgegangen werden, dass die Artikelerstellung einem Aufmerksamkeitszyklus unterliegt. Gezeigt werden konnten Konjunkturzyklen ähnlich wie bei der Verhandlung von Risikothemen in den Medien, wonach durch ein Auslöseereignis ein gesteigertes Handlungs- und Problembewusstsein in Bezug auf die Artikeltätigkeit existiert, bevor die Aufmerksamkeit nach einem kürzeren oder längeren Zeitraum schwindet bzw. erlahmt. Die Ergebnisse verdeutlichten, dass die zugrunde liegenden Konzepte der jeweiligen Artikelthematiken überprüft wurden, wenn die Aufmerksamkeit auf diese gelenkt wurde. – Dies ließen auch die Ergebnisse des Forschungsüberblicks in Kapitel 2.2.7 vermuten.

Besonders auffällig war dieser Aufmerksamkeitsrhythmus im Beobachtungszeitraum des Eurokrise-Artikels, wobei eine enge Verknüpfung von Ereignissen und Konjunkturzyklen, ähnlich der Verhandlung von Risikothemen in den Medien (z. B. Vasterman 2005), vorausgesetzt werden muss. Grundsätzlich ließe sich ein Aufmerksamkeitszyklus jedoch auch für den Zitronenpresse-Artikel ableiten. Festzustellen ist etwa ein Auslöseereignis in Form des Schreibwettbewerbs, infolgedessen ein gesteigertes Handlungs- und Problembewusstsein in Bezug auf die Artikeltätigkeit existiert, bevor die Aufmerksamkeit nach einem kürzeren oder längeren Zeitraum schwinden bzw. erlahmen kann. Daneben ist jedoch auch das Wiki selbst Gegenstand eines Konjunkturzyklus, dem sich über die vergangenen Jahre mit viel Aufmerksamkeit und Problembewusstsein gewidmet wurde, nachdem seine Funktionsweise anfangs eher eine Art Nischendasein im Internet führte. Erst nach einer Popularisierungsphase zu Beginn der 2000er setzte sich ein Verständnis für die Vorteile, praktische Umsetzung und Grenzen der Anwendbarkeit von Wikis durch.

Dieser Hinweis erscheint deshalb wichtig, weil zum einen im Rahmen dieses Aufmerksamkeitszyklus die Entwicklung von tentativen Besetzungen hin zu Prototypen und Wissensstellvertretern beobachtet werden kann. So können typische Beispiele (wie die ‚Griechische Finanzkrise') für eine bestimmte Wissensordnung stehen und einem Thema Relevanz und Gewicht geben. Zum anderen sollte eine Feststellung, derzufolge Artikel bisweilen recht dynamischen Lebenszyklen unterliegen, grundsätzlich für jede Beschäftigung mit online bzw. im Rahmen des ‚social web' erstellten Nachschlagesystemen oder Wissenssammlungen Beachtung finden und für jede Art der Beurteilung der entsprechenden Inhalte mit erwogen werden. Ein durch Aufmerksamkeitsregeln bestimmtes Artikelwesen legt ein (wenn auch unintendiertes) nachrichtentypisches Verhalten an den Tag. Jeder Artikel kann sich an einer anderen Position des Konjunkturzyklus befinden, weshalb qualitätsorientierte Untersuchungen wie die Vergleiche mit Brockhaus u. a. m. E. eine nur sehr begrenzte Aussagekraft haben.

An diese Beobachtungen lassen sich weitere Untersuchungen anschließen, z. B. solche, die eine Experten-Laien-Vertikalität von Wissen in den Fokus rücken. Hier könnte sich zeigen, dass Themen nicht nur fachlich, sondern auch sozial erschlossen werden und ein Wissenszyklus mit all seinen dynamischen Grundsätzen der kommunikativen Verarbeitung berücksichtigt werden muss. Ein wie hier ausgeführtes Stimmigkeitskonzept wäre auch dort zu überprüfen.

6. Fazit und Ausblick

Die breite und anhaltende Rezeption, die Wikipedia seit ihrer Entstehung erfährt, liegt ohne Zweifel in ihrer Entwicklung zu einem vielgenutzten Nachschlagesystem begründet, aber auch in der aus ihr resultierenden und stetigen Überschreibungen unterworfenen Datenmasse. Die Wikipedia-Idee wird auch dadurch gestärkt, dass eine Vielzahl von Beiträgern eine Enzyklopädie in unmittelbar zugänglicher Form für die Allgemeinheit geschaffen haben. Der vorgelegten Untersuchung ging es deshalb um die Frage nach den Folgen des Umstands, dass diese Wissenssammlung zur Gemeinschaftsaufgabe wurde und welche Dynamiken und Regularitäten sich über das Artikelwesen eines von Überschreibungsprozessen geprägten Wikis ablesen lassen. Dabei spielte auch der Kohärenzgedanke eine wichtige Rolle, der unter verschiedenen Gesichtspunkten beleuchtet wurde und auch die Beurteilung der öffentlich zugänglichen Form mitbestimmte.

Grundsätzlich erlaubt Wikipedia eine komplexe Funktionsrealität, von der in dieser Studie nur ein relativ kleiner Ausschnitt betrachtet werden konnte. Der Fokus lag dabei auf der Entwicklung textueller Bestandteile zweier Artikel. Um diese beurteilen zu können, wurde es als sinnvoll erachtet, Ausgriffe in andere Wikipediabereiche zu machen, wie z. B. auf den Diskussionsbereich oder die Informationsseiten zur Artikelerstellung. Die Funktionsweise Wikipedias ist damit keineswegs durchdrungen, lediglich konnten einige – und für weitere Untersuchungen dieses Phänomens zwingend zu beachtende – Anhaltspunkte genannt werden.

Zunächst gilt eine grundlegende Feststellung, die bei der Beobachtung von Text- und Wissensverfahren in einem kollaborativen Hypertext beachtet werden muss: Die Phasen eines Artikelprozesses (‚Planung', ‚Formulierung' und ‚Überprüfung') sind nicht vollständig voneinander abgrenzbar. Wiki-Artikel sind diesbezüglich nie ein endgültiges Produkt, sondern Ausdruck eines kontinuierlichen und kollaborativen Prozesses, der in kurzer Zeit viele Änderungen ermöglicht. Es bestätigen sich damit die anfangs geäußerten Annahmen:

- Für Textverfahren muss ein prozedurales Verständnis gelten, da Veränderungen am Text durch Überschreibungsprozesse ermöglicht werden.
- Wissensverfahren sind bedingt durch die kollaborative Form der Wissenssammlung, die als offenes System mit erheblichem Aushandlungscharakter zutage tritt.

Ein generalisierbares prozedurales Set von Makroregeln für digitalmediale Überschreibungsprozesse lässt sich sowohl anhand der Überschreibungstypen Einführung, Fortführung und Tilgung als auch über die Sichtbarmachung sich etablierender Standardwerte darstellen. Die Nachzeichnung dieser Verfahren machte darüber hinaus deutlich, dass kollaborativ verhandelten Themen ein Stimmigkeitskonzept zugrunde liegt, für das eine Aushandlungskohärenz festzustellen ist. Hier geht es prinzipiell darum,

- wie ein Thema (unter Berücksichtigung der Frage ‚Was ist ein X?') verstanden wird und
- wie und ob mit dieser Themendarstellung umgegangen wird.

In diesem Zusammenhang zeigte sich auch die Beachtung von Auslösefaktoren als maßgebliche Beobachtungskomponente, die zu folgenden weiteren wichtigen Ergebnissen führte:

- Ein Artikel, der im Rahmen der Aushandlungskohärenz nicht bedeutsam ist, steht außerhalb der Wahrnehmung und wird nicht zum Gegenstand von Text- und Wissensverfahren.
- Die Entwicklung des Artikelwesens eines Wikis wird durch Aufmerksamkeitsregeln bestimmt.

Es zeigt sich damit, dass Fluktuation und Dynamik, und damit wesentliche Charakteristiken der sogenannten Neuen Medien, anhand von Textproduktionsprozessen beobachtbar werden. Die Konzentration auf Überschreibungsprozesse verdeutlicht ferner wichtige Bedingungen, die für jede Beschäftigung mit kollaborativen Hypertexten oder dem ‚social web' zwingend zu berücksichtigen sind. Dieser Tatsache konnte in bisherigen Untersuchungen wenig Beachtung geschenkt werden, da, wie Storrer (2008: 330) betont, dynamische Aspekte schwer zu „stabilisieren" sind.

Dieser Ausblick ist also mit dem Anliegen verbunden, dass sich auch in anderen Bereichen der Linguistik dem Überschreibungsgedanken, gerade im Hinblick auf hypertextuelle Umgebungen, verstärkt gewidmet wird. Hier könnte es einmal darum gehen, effektivere Instrumentarien zu entwickeln, die sowohl ein dynamisches Textinventar als auch einen hypertextuellen Komplexbereich systematisch auswerten können. Zu vermuten ist, dass sich hier ein gewinnbringendes Feld auch für andere linguistischen Disziplinen, etwa für die Diskurslinguistik, ergeben kann. Auch für die Bildlinguistik eröffnet sich hier m. E. (vgl. Kapitel 2.5) ein interessanter und vielfältiger Gegenstandsbereich, der weitere multimodale Komponenten berücksichtigen könnte.

Schließlich ergibt sich aus den angestellten Überlegungen die Perspektive und Forderung, den Nutzer als Produzent eines Nachschlagesystems unter verschiedenen Blickwinkeln stärker zu berücksichtigen und ein Verständnis für die Systemdynamik zu entwickeln, in der er sich bewegt. Darüber hinaus kann nur eine hohe Nutzeraktivität zum Gelingen eines Projektes wie Wikipedia beitragen. Kollaborativ erstellte Inhalte knüpfen zudem zwar an die Leistung der sogenannten traditionellen Experten (vgl. Kapitel 1) an, ersetzen diese jedoch nicht, sondern entwickeln sich auf einer anderen Ebene weiter. Die auf dieser Ebene zu verortende Wandlungsfähigkeit und Adaptivität Wikipedias hat Auswirkungen auf die entstehenden Artikel und eröffnet wiederum eine veränderte Perspektive auf Überlegungen, die sich mit dem Konzept des Nachschlagesystems auseinandersetzen. Daraus kann sich ein nicht zu unterschätzender Beitrag für die Entwicklung zukünftiger Wissenssammlungen ergeben.

Literaturverzeichnis

(a) Primärquellen

Diskussion:Eurokrise: Archiv 1 (2010). Online verfügbar unter http://de.wikipedia.org/wiki/Diskussion:Eurokrise/Archiv/1, zuletzt geprüft am 22.07.2014.

Diskussion:Eurokrise: Archiv 2 (1/2011). Online verfügbar unter http://de.wikipedia.org/wiki/Diskussion:Eurokrise/Archiv/2, zuletzt geprüft am 22.07.2014.

Diskussion:Eurokrise: Archiv 3 (2/2011). Online verfügbar unter http://de.wikipedia.org/wiki/Diskussion:Eurokrise/Archiv/3, zuletzt geprüft am 22.07.2014.

Diskussion:Eurokrise: Archiv 4 (1/2012). Online verfügbar unter http://de.wiki pedia.org/wiki/Diskussion:Eurokrise/Archiv/4, zuletzt geprüft am 22.07.2014.

Diskussion:Eurokrise: Archiv 5 (2/2012). Online verfügbar unter http://de.wikipedia.org/wiki/Diskussion:Eurokrise/Archiv/5, zuletzt geprüft am 22.07.2014.

Diskussion:Eurokrise: Archiv 6 (2013). Online verfügbar unter http://de.wiki pedia.org/wiki/Diskussion:Eurokrise/Archiv/6, zuletzt geprüft am 22.07.2014.

Diskussion:Zitronenpresse. Online verfügbar unter http://de.wikipedia.org/wiki/Diskussion:Zitronenpresse, zuletzt geprüft am 22.07.2014.

‚Eurokrise' – Versionsgeschichte. Online verfügbar unter http://de.wikipedia.org/w/index.php?title=Eurokrise&action=history, zuletzt geprüft am 22.07.2014.

Wikipedia-Artikel Eurokrise: Artikelfassung vom 14.2.2010 2:28. Online verfügbar unter http://de.wikipedia.org/w/index.php?title=Eurokrise&oldid=70640554, zuletzt geprüft am 22.07.2014.

Wikipedia-Artikel Eurokrise: Artikelfassung vom 14.5.2010 18:11. Online verfügbar unter http://de.wikipedia.org/w/index.php?title=Eurokrise&oldid=74350347, zuletzt geprüft am 22.07.2014.

Wikipedia-Artikel Eurokrise: Artikelfassung vom 18.8.2010 15:28. Online verfügbar unter http://de.wikipedia.org/w/index.php?title=Eurokrise&oldid=77999155, zuletzt geprüft am 22.07.2014.

Wikipedia-Artikel Eurokrise: Artikelfassung vom 16.11.2010 18:52. Online verfügbar unter http://de.wikipedia.org/w/index.php?title=Eurokrise&oldid=81578131, zuletzt geprüft am 22.07.2014.

Wikipedia-Artikel Eurokrise: Artikelfassung vom 19.2.2011 19:11. Online verfügbar unter http://de.wikipedia.org/w/index.php?title=Eurokrise&oldid=85497467, zuletzt geprüft am 22.07.2014.

Wikipedia-Artikel Eurokrise: Artikelfassung vom 18.5.2011 14:52. Online verfügbar unter http://de.wikipedia.org/w/index.php?title=Eurokrise&oldid=88985862, zuletzt geprüft am 22.07.2014.

Wikipedia-Artikel Eurokrise: Artikelfassung vom 17.08.2011 3:19. Online verfügbar unter http://de.wikipedia.org/w/index.php?title=Eurokrise&oldid=92540397, zuletzt geprüft am 22.07.2014.

Wikipedia-Artikel Eurokrise: Artikelfassung vom 15.11.2011 11:38. Online verfügbar unter http://de.wikipedia.org/w/index.php?title=Eurokrise&oldid=96014600, zuletzt geprüft am 22.07.2014.

Wikipedia-Artikel Eurokrise: Artikelfassung vom 18.2.2012 1:47. Online verfügbar unter http://de.wikipedia.org/w/index.php?title=Eurokrise&oldid=99810051, zuletzt geprüft am 22.07.2014.

Wikipedia-Artikel Zitronenpresse: Artikelfassung vom 19.03.2005 10:14. Online verfügbar unter http://de.wikipedia.org/w/index.php?title=Zitronenpresse&oldid=4924734, zuletzt geprüft am 22.07.2014.

Wikipedia-Artikel Zitronenpresse: Artikelfassung vom 19.06.2005 9:44. Online verfügbar unter http://de.wikipedia.org/w/index.php?title=Zitronenpresse&oldid=7219934, zuletzt geprüft am 22.07.2014.

Wikipedia-Artikel Zitronenpresse: Artikelfassung vom 17.10.2005 19:01. Online verfügbar unter http://de.wikipedia.org/w/index.php?title=Zitronenpresse&oldid=10054761, zuletzt geprüft am 22.07.2014.

Wikipedia-Artikel Zitronenpresse: Artikelfassung vom 27.08.2006 19:31. Online verfügbar unter http://de.wikipedia.org/w/index.php?title=Zitronenpresse&oldid=20735022, zuletzt geprüft am 22.07.2014.

Wikipedia-Artikel Zitronenpresse: Artikelfassung vom 29.12.2006 15:27. Online verfügbar unter http://de.wikipedia.org/w/index.php?title=Zitronenpresse&oldid=25690616, zuletzt geprüft am 22.07.2014.

Wikipedia-Artikel Zitronenpresse: Artikelfassung vom 5.3.2007 21:55. Online verfügbar unter http://de.wikipedia.org/w/index.php?title=Zitronenpresse&oldid=28729839, zuletzt geprüft am 22.07.2014.

Wikipedia-Artikel Zitronenpresse: Artikelfassung vom 5.4.2007 8:12. Online verfügbar unter http://de.wikipedia.org/w/index.php?title=Zitronenpresse&oldid=30127858, zuletzt geprüft am 22.07.2014.

Wikipedia-Artikel Zitronenpresse: Artikelfassung vom 9.5.2007 10:40. Online verfügbar unter http://de.wikipedia.org/w/index.php?title=Zitronenpresse&oldid=31578297, zuletzt geprüft am 22.07.2014.

Wikipedia-Artikel Zitronenpresse: Artikelfassung vom 9.6.2007 23:19. Online verfügbar unter http://de.wikipedia.org/w/index.php?title=Zitronenpresse&oldid=32960998, zuletzt geprüft am 22.07.2014.

Wikipedia-Artikel Zitronenpresse: Artikelfassung vom 3.7.2007 20:07. Online verfügbar unter http://de.wikipedia.org/w/index.php?title=Zitronenpresse&oldid=33954376, zuletzt geprüft am 22.07.2014.

Wikipedia-Artikel Zitronenpresse: Artikelfassung vom 31.07.2007 19:23. Online verfügbar unter http://de.wikipedia.org/w/index.php?title=Zitronenpresse&oldid=35034482, zuletzt geprüft am 22.07.2014.

(b) Sekundärquellen

Wörterbücher, Enzyklopädien, Elektronische Nachschlagesysteme:

Adelung, Johann Christoph (1811): Grammatisch-kritisches Wörterbuch der Hochdeutschen Mundart. I-IV. Wien.

Brockhaus ([20]2001). Die Enzyklopädie in 24 Bänden. 20. Aufl. Leipzig, Mannheim.

Bußmann, Hadumod ([4]2008): Lexikon der Sprachwissenschaft. Unter Mitarbeit von Hartmut Lauffer. 4., durchgesehene und bibliographisch ergänzte Auflage. Stuttgart.

Deutsche Enzyklopädie. Online verfügbar unter http://www.enzyklo.de/, zuletzt geprüft am 19.07.2014.

Deutsches Wörterbuch von Jacob Grimm und Wilhelm Grimm (1854–1960). 32 Bände. Leipzig.

Diderot, Denis; d'Alembert, Jean le Rond (1751–1772): Encyclopédie, Ou Dictionnaire Raisonné Des Sciences, Des Arts Et Des Métiers. Paris.

Duden ([7]2011): Duden – Deutsches Universalwörterbuch. 7., überarb. und erw. Aufl. Unter Mitarbeit von Werner Scholze-Stubenrecht. Berlin.

Duden. Online verfügbar unter www.duden.de, zuletzt geprüft am 24.06.2015.

Elektronisches Lernerwörterbuch Deutsch-Italienisch. Online verfügbar unter http://eldit.eurac.edu/, zuletzt geprüft am 19.07.2014.

FrameNet. Online verfügbar unter https://framenet.icsi.berkeley.edu/fndrupal/, zuletzt geprüft am 19.07.2014.

Goethe-Wörterbuch (1978-). 1–6, 2. Stuttgart.

Götze, Alfred; Mitzka, Walther; Trübner, Karl J. (Hgg.) (1939–1957): Trübners deutsches Wörterbuch. 8 Bände. Berlin.

GuttenPlag Wiki. Online verfügbar unter http://de.guttenplag.wikia.com/wiki/GuttenPlag_Wiki, zuletzt geprüft am 19.07.2014.

Kicktionary. Online verfügbar unter www.kicktionary.de, zuletzt geprüft am 19.07.2014.

Langenscheidt Online Wörterbücher. Online verfügbar unter http://de.langenscheidt.com/, zuletzt geprüft am 24.06.2015.

LEO Online-Wörterbücher. Online verfügbar unter http://www.leo.org/, zuletzt geprüft am 19.07.2014.

Linguee. Online verfügbar unter www.linguee.de, zuletzt geprüft am 19.07.2014.

OpenThesaurus. Online verfügbar unter www.openthesaurus.de, zuletzt geprüft am 24.06.2015.

Pons Bildwörterbuch. Online verfügbar unter http://bildwoerterbuch.pons.com/, zuletzt geprüft am 19.07.2014.

VroniPlag Wiki. Online verfügbar unter http://de.vroniplag.wikia.com/wiki/Home, zuletzt geprüft am 19.07.2014.

Wiktionary. Online verfügbar unter www.wiktionary.de, zuletzt geprüft am 19.07.2014.

WordNet. Online verfügbar unter http://wordnet.princeton.edu/, zuletzt geprüft am 24.06.2015.

Zedler, Johann Heinrich (1732–1754): Grosses vollständiges Universal Lexicon aller Wissenschaften. 64 Bände, 4 Supplementbände. München.

Sekundärliteratur

Ackoff, Russell (1989): From Data to Wisdom. In: *Journal of Applied Systems Analysis* (16), S. 3–9.

Adamzik, Kirsten (2004): Textlinguistik. Eine einführende Darstellung. Tübingen.

Ágel, Vilmos (1999): Grammatik und Kulturgeschichte. Die *raison graphique* am Beispiel der Epistemik. In: Gardt, Andreas; Haß, Ulrike; Roelcke, Thorsten (Hgg.): Sprachgeschichte als Kulturgeschichte. Berlin. S. 171–223.

Ammon, Sabine (2011): Entwerfen als epistemischer Prozess. Überlegungen zur Suche nach der Natur des technischen Wissens. XII. Deutscher Kongress für Philosophie. o. O.

Antonovsky, Aaron (1979): Health, stress, and coping. San Francisco.

Antonovsky, Aaron (1997): Salutogenese. Zur Entmystifizierung der Gesundheit. Tübingen.

Antos, Gerd (1997): Texte als Konstitutionsformen von Wissen. In: Antos, Gerd; Tietz, Heike (Hgg.): Die Zukunft der Textlinguistik. Traditionen, Transformationen, Trends. Tübingen. S. 43–64.

Austin, John L. (1962): How to do things with words. Oxford.

Baldry, Anthony; Thibault, Paul J. (2006): Multimodal transcription and text analysis. A multimedia toolkit and coursebook. London.

Barrett, Daniel J. (2009): MediaWiki. Beijing.

Barsalou, Lawrence W. (1992): Frames, concepts and conceptual fields. In: Lehrer, Adrienne; Kittay, Eva Feder (Hgg.): Frames, fields, and contrasts. New essays in semantic and lexical organization. Hillsdale. S. 21–71.

Barthes, Roland (1996): Die Lust am Text. Frankfurt/Main.

Bateman, John A. (2008): Multimodality and genre. A foundation for the systematic analysis of multimodal documents. Basingstoke England, New York.

Beaugrande, Robert de (1997): New foundations for a science of text and discourse. Cognition, communication, and the freedom of access to knowledge and society. Norwood.

Beaugrande, Robert de; Dressler, Wolfgang U. (1981): Einführung in die Textlinguistik. Tübingen.

Beck, Klaus (2010): Soziologie der Online-Kommunikation. In: Schweiger, Wolfgang; Beck, Klaus (Hgg.): Handbuch Online-Kommunikation. Wiesbaden. S. 15–35.

Becker-Mrotzeck, Michael (1992): Wie entsteht eine Bedienungsanleitung? In: Krings, Hans Peter; Antos, Gerd (Hgg.): Textproduktion. Neue Wege der Forschung. Trier. S. 257–280.

Benford, Robert D.; Snow, David A. (2000): Framing Process and Social Movements: An Overview and Assessment. In: *Annual Review of Sociology* (26), S. 611–639.

Bergenholtz, Henning; Bothma, Theo J. D. (2011): Needs-adapted Data Presentation in e-Information Tools. In: *Lexikos (AFRILEX-reeks/series)* 21, S. 53–77.

Berger, Peter L.; Luckmann, Thomas (²³2010): Die gesellschaftliche Konstruktion der Wirklichkeit. Eine Theorie der Wissenssoziologie. 23. Aufl. Frankfurt am Main.

Blühdorn, Hardarik (2006): Textverstehen und Intertextualität. In: Breindl, Eva; Blühdorn, Hardarik; Waßner, Ulrich H. (Hgg.): Text – Verstehen. Berlin. S. 277–298.

Bolz, Norbert W. (²1995): Am Ende der Gutenberg-Galaxis. Die neuen Kommunikationsverhältnisse. 2. Aufl. München.

Brändle, Andreas (2005): Zu wenige Köche verderben den Brei. Eine Inhaltsanalyse der Wikipedia aus Perspektive der journalistischen Qualität des Netzeffekts und der Ökonomie der Aufmerksamkeit. Unveröffentlichte Lizentiatsarbeit der Philosophischen Fakultät I der Universität Zürich.

Brinker, Klaus (⁷2010): Linguistische Textanalyse. Eine Einführung in Grundbegriffe und Methoden. 7., durchges. Aufl. Berlin.

Brinker, Klaus; Sager, Sven Frederik ([5]2010): Linguistische Gesprächsanalyse. Eine Einführung. 5. Aufl. Berlin.

Bruns, Axel (2008): Blogs, Wikipedia, Second Life, and beyond. From production to produsage. New York.

Bucher, Hans-Jürgen (1999): Die Zeitung als Hypertext. In: Lobin, Henning (Hgg.): Text im digitalen Medium. Linguistische Aspekte von Textdesign, Texttechnologie und Hypertext Engineering. Opladen. S. 9–32.

Bucher, Hans-Jürgen (2001): Von der Verständlichkeit zur Usability. Rezeptionsbefunde zur Nutzung von Online-Medien. In: Cölfen, Hermann; Liebert, Wolf-Andreas; Storrer, Angelika (Hgg.): Hypermedien und Wissenskonstruktion. Duisburg. S. 45–66.

Bucher, Hans-Jürgen (2006): Gedrucktes im Internet: Online-Zeitungen und Online-Magazine auf dem Weg zu einer eigenständigen Mediengattung. In: Schlobinski, Peter (Hg.): Von *hdl* bis *cul8r*. Sprache und Kommunikation in den neuen Medien. Mannheim. S. 210–232.

Bucher, Hans-Jürgen (2007): Netzwerkkommunikation im Internet: diskursiver Mehrwert oder kommunikatives Chaos? In: Cölfen, Hermann; Schmitz, Ulrich (Hgg.): Hypermedia. Nutzen und Perspektiven. Duisburg. S. 9–34.

Bucher, Hans-Jürgen (2011): Multimodales Verstehen oder Rezeption als Interaktion. Theoretische und empirische Grundlagen einer systematischen Analyse der Multimodalität. In: Diekmannshenke, Hajo; Klemm, Michael; Stöckl, Hartmut (Hgg.): Bildlinguistik. Theorien – Methoden – Fallbeispiele. Berlin. S. 123–156.

Budin, Gerhard (1996): Wissensorganisation und Terminologie. Die Komplexität und Dynamik wissenschaftlicher Informations- und Kommunikationsprozesse. Tübingen.

Bühler, Karl (1982 [1934]): Sprachtheorie. Die Darstellungsfunktion der Sprache. Unter Mitarbeit von Friedrich Kainz. Ungekürzter Neudr. d. Ausg. Jena 1934. Stuttgart.

Burke, Peter (2012): A social history of knowledge II. 2: From the Encyclopédie to Wikipedia. Cambridge.

Busch, Albert (2004a): Diskurslexikologie und Sprachgeschichte der Computertechnologie. Tübingen.

Busch, Albert (2004b): Hypertextkommunikation als gesellschaftliche Kommunikation – linguistisch betrachtet. In: Busch, Albert; Stenschke, Oliver (Hgg.): Wissenstransfer und gesellschaftliche Kommunikation. Festschrift für Sigurd Wichter zum 60. Geburtstag. Frankfurt am Main. S. 143–160.

Busch, Albert (2004c): Kommunikationsmanagement in elektronisch basierter Unternehmenskommunikation. In: Wichter, Sigurd; Stenschke, Oliver (Hgg.):

Theorie, Steuerung und Medien des Wissenstransfers. Frankfurt/Main. S. 267–282.

Busch, Albert (2005): Wissenskommunikation im Gesundheitswesen: Transferqualität in der Online-Gesundheitskommunikation. In: Antos, Gerd; Weber, Tilo (Hgg.): Transferqualität. Bedingungen und Voraussetzungen für Effektivität, Effizienz, Erfolg des Wissenstransfers. Frankfurt am Main. S. 115–127.

Busemann, Katrin; Gscheidle, Christoph (2011): Ergebnisse der ARD/ZDF-Onlinestudie 2011. Web 2.0: Aktive Mitwirkung verbleibt auf niedrigem Niveau. In: *Media Perspektiven*, (7–8), S. 360–369.

Busemann, Katrin; Gscheidle, Christoph (2012): Ergebnisse der ARD/ZDF-Onlinestudie 2012. Web 2.0: Habitualisierung der Social Communitys. In: *Media Perspektiven* (7–8), S. 380–390.

Bush, Vannevar (1945): As we may think. In: *The Atlantic Monthly*. (o. S.)

Busse, Dietrich (1987): Historische Semantik. Analyse eines Programms. Stuttgart.

Busse, Dietrich (2000): Historische Diskurssemantik. Ein linguistischer Beitrag zur Analyse gesellschaftlichen Wissens. In: *Sprache und Literatur in Wissenschaft und Unterricht* (86), S. 39–53.

Busse, Dietrich (2008): Diskurslinguistik als Epistemologie – Das verstehensrelevante Wissen als Gegenstand linguistischer Forschung. In: Warnke, Ingo; Spitzmüller, Jürgen (Hgg.): Methoden der Diskurslinguistik. Sprachwissenschaftliche Zugänge zur transtextuellen Ebene. Berlin. S. 57–88.

Busse, Dietrich (2012): Frame-Semantik: ein Kompendium. Berlin.

Busse, Dietrich; Teubert, Wolfgang (1994): Ist Diskurs ein sprachwissenschaftliches Objekt? Zur Methodenfrage der historischen Semantik. In: Busse, Dietrich; Hermanns, Fritz; Teubert, Wolfgang (Hgg.): Begriffsgeschichte und Diskursgeschichte. Methodenfragen und Forschungsergebnisse der historischen Semantik. Opladen. S. 10–28.

Castells, Manuel (2001): Der Aufstieg der Netzwerkgesellschaft. Das Informationszeitalter. Opladen.

Chin, Alvin; Chignell Mark (2006): A social hypertext model for finding community in blogs. In: *17th ACM Conference on Hypertext and Hypermedia*. HT'06, Odense, Denmark. New York. S. 11–22.

Chong, Dennis; Druckman, James N. (2007): Framing Theory. In: *Annual Review of Political Science* (10), S. 103–126.

Cölfen, Hermann (2012): Wikipedia. In: Haß, Ulrike (Hg.): Große Lexika und Wörterbücher Europas. Europäische Enzyklopädien und Wörterbücher in historischen Porträts. Berlin, Boston. S. 509–523.

Coy, Wolfgang (2003): Von Gutenberg zu www.gutenberg.net. In: Schmitz, Ulrich; Horst Wenzel (Hgg.): Wissen und neue Medien. Bilder und Zeichen von 800 bis 2000. Berlin. S. 281–289.

Crane, Riley; Sornette, Didier (2008): Robust dynamic classes revealed by measuring the response function of a social system. In: *PNAS* 105(41), S. 15649–15653.

Darnton, Robert (1985): The great cat massacre and other episodes in French cultural history. New York.

Darnton, Robert (1993): Glänzende Geschäfte. Die Verbreitung von Diderots „Encyclopédie“ oder: Wie verkauft man Wissen mit Gewinn? Berlin.

Deppermann, Arnulf (2010): Konklusionen: Interaktives Verstehen im Schnittpunkt von Sequenzialität, Kooperation und sozialer Struktur. In: Deppermann, Arnulf; Reitemeier, Ulrich; Schmitt, Reinhold; Spranz-Fogasy, Thomas (Hgg.): Verstehen in professionellen Handlungsfeldern. Tübingen. S. 363–384.

Diekmannshenke, Hajo; Klemm, Michael; Stöckl, Hartmut (Hgg.) (2011): Bildlinguistik. Theorien – Methoden – Fallbeispiele. Berlin.

Dijk, Teun Adrianus van (1980): Textwissenschaft. Eine interdisziplinäre Einführung. Tübingen.

Dijk, Teun Adrianus van (1984): Prejudice in discourse. Amsterdam.

Döbler, Thomas (2007): Kooperation und Kollaboration im Web 2.0. In: *i-com – Zeitschrift für interaktive und kooperative Medien* 6 (1), S. 9–13.

Döbler, Thomas (2010): Wissensmanagement: Open Access, Social Networks, E-Collaboration. In: Schweiger, Wolfgang; Beck, Klaus (Hgg.): Handbuch Online-Kommunikation. Wiesbaden. S. 385–408.

Doelker, Christian (1997): Ein Bild ist mehr als ein Bild. Visuelle Kompetenz in der Multimedia-Gesellschaft. Stuttgart.

Doelker, Christian (2007a): Figuren der visuellen Rhetorik in werblichen Gesamttexten. In: Knape, Joachim (Hg.): Bildrhetorik. Baden-Baden. S. 71–112.

Doelker, Christian (2007b): Wort am Ende – WortplusBild am Anfang. In: Rusterholz, Peter; Zwahlen, Sara Margarita (Hgg.): Am Ende das Wort – das Wort am Ende. Literatur als Ware und Wert. Bern. S. 13–34.

Döring, Nicola (2010): Sozialkontakte online: Identitäten, Beziehungen, Gemeinschaften. In Schweiger, Wolfgang; Beck, Klaus (Hgg.): Handbuch Online-Kommunikation. Wiesbaden. S. 159–183.

Drescher, Karl Heinz (1997): Erinnern und Verstehen von Massenmedien: empirische Untersuchungen zur Text-Bild-Schere. Wien.

Dürscheid, Christa (2000): Sprachliche Merkmale von Webseiten. In: *Deutsche Sprache. Zeitschrift für Theorie, Praxis, Dokumentation* (1), S. 60–73.

Endres, Brigitte Odile (2004): Ist Hypertext Text? In: Kleinberger Günther, Ulla; Wagner, Franc (Hgg.): Neue Medien – Neue Kompetenzen? Texte produzieren und rezipieren im Zeitalter digitaler Medien. Frankfurt/Main. S. 33–48.

Entman, Robert M. (1993): Framing: Toward Clarification of a Fractured Paradigm. In: *Journal of Communication* (43), S. 51–58.

Entman, Robert M. (2004): Projections of power. Framing news, public opinion, and U.S. foreign policy. Chicago.

Esposito, Elena (2001): Die Wahrnehmung der Virtualität. Perzeptionsaspekte der interaktiven Kommunikation. In: Stanitzek, Georg; Voßkamp, Wilhelm (Hgg.): Schnittstelle. Medien und Kulturwissenschaften. Köln. S. 116–131.

Estermann, Monika (1988): Lexika als biblio-kulturelle Indikatoren. Der Markt für Lexika in der ersten Jahrhunderthälfte. In: *Archiv für Geschichte des Buchwesens* (31), S. 247–258.

Faigley, Lester (1985): Nonacademic writing. The social perspective. In: Odell, Lee; Goswami, Dixie (Hgg.): Writing in nonacademic settings. New York. S. 231–248.

Fandrych, Christian; Thurmair, Maria (2011): Textsorten im Deutschen. Linguistische Analysen aus sprachdidaktischer Sicht. Tübingen.

Faßler, Manfred (1997): Was ist Kommunikation? München.

Fei, Victor Lim (2004): Developing an integrative multi-semiotic model. In: O'Halloran, Kay L. (Hg.): Multimodal discourse analysis. Systemic functional perspectives. London. S. 220–246.

Feilke, Helmuth (1994): Common-sense-Kompetenz. Überlegungen zu einer Theorie des ‚sympathischen' und ‚natürlichen' Meinens und Verstehens. Frankfurt/Main.

Feilke, Helmuth (1996): Sprache als soziale Gestalt. Ausdruck, Prägung und die Ordnung der sprachlichen Typik. Frankfurt/Main.

Feilke, Helmuth (2000): Die pragmatische Wende in der Textlinguistik. In: Brinker, Klaus; Burkhardt, Armin; Ungeheuer, Gerold; Wiegand, Herbert Ernst; Steger, Hugo (Hgg.): Text- und Gesprächslinguistik. Ein internationales Handbuch zeitgenössischer Forschung. Berlin (Handbücher zur Sprach- und Kommunikationswissenschaft, 16.1). S. 64–82.

Felder, Ekkehard; Müller, Marcus (Hgg.) (2009): Wissen durch Sprache. Theorie, Praxis und Erkenntnisinteresse des Forschungsnetzwerkes „Sprache und Wissen". Berlin.

Ferron, Michela; Massa, Paolo (2011a): Collective memory building in Wikipedia: the case of north African uprisings. In: *Proceedings of the 7th International Symposium on Wikis and Open Collaboration*, S. 114–123.

Ferron, Michela; Massa, Paolo (2011b): Studying collective memories in Wikipedia. In: *Journal of Social Theory*, 3(4), S. 449–466.

Fiebig, Henriette (2005): Wikipedia. Das Buch. Berlin.

Fillmore, Charles J. (1971): Verbs of judging: an exercise in semantic description. In: Fillmore, Charles J.; Langendoen, Donald Terence (Hgg.): Studies in linguistic semantics. New York. S. 272–289.

Fillmore, Charles J. (1975): An alternative to checklist theories of meaning. In: Cogen, Cathy; Thompson, Henry; Thurgood, Graham; Whistler, Kenneth; Wright, James (Hgg.): Proceedings of the first annual meeting of the Berkeley Linguistics Society. Berkeley. S. 123–131.

Fillmore, Charles J. (1976): Frame semantics and the nature of language. In: Harnad, Stevan R.; Steklis, Horst D.; Lancaster, Jane (Hgg.): Origins and evolution of language and speech. Conference entitled Origins and Evolution of Language and Speech. New York. S. 20–32.

Fillmore, Charles J. (1977): Scenes-and-frames semantics. In: Zampolli, Antonio (Hg.): Linguistic structures processing. Amsterdam. S. 55–81.

Fillmore, Charles J. (1978): On the organization of semantic information in the lexicon. In: Farkas, Donka; Jacobsen, Wesley M.; Todrys, Karol W. (Hgg.): Papers from the Parasession on the Lexicon. Chicago Linguistic Society, April 14–15, 1978. Chicago. S. 148–173.

Fillmore, Charles J. (1985): Frames and the semantics of understanding. In: *Quaderni di Semantica* 6 (2), S. 222–254.

Fillmore, Charles J. (2003): Papers on semantic roles. Stanford.

Fisch, Martin; Gscheidle, Christoph (2008): Ergebnisse der ARD/ZDF-Onlinestudie 2008. Mitmachnetz Web 2.0: Rege Beteiligung nur in Communitys. In: *Media Perspektiven* (7), S. 356–364.

Fix, Ulla (2008): Text und Textlinguistik. In: Janich, Nina (Hg.): Textlinguistik. 15 Einführungen. Tübingen. S. 15–34.

Fix, Ulla; Adamzik, Kirsten; Antos, Gerd; Klemm, Michael (Hgg.) (2002): Brauchen wir einen neuen Textbegriff? Antworten auf eine Preisfrage. Frankfurt/Main.

Foltz, Peter W. (1996): Comprehension, Coherence and Strategies in Hypertext and Linear Text. In: Rouet, Jean-Francois; Dillon, Andrew; Spiro, Rand J.; Levonen, Jarmo J. (Hgg.): Hypertext and Cognition. Hillsdale. S. 109–131.

Foucault, Michel (1976): Überwachen und Strafen. Die Geburt des Gefängnisses. Frankfurt/Main.

Foucault, Michel ([10]2007): Die Ordnung des Diskurses. 10. Aufl. Frankfurt/Main.

Fraas, Claudia (1996a): Bedeutungskonstitution in Texten – Das IDENTITÄTs-Konzept im Diskurs zur deutschen Einheit. In: Weigand, Edda; Hundsnurscher, Franz (Hgg.): Lexical structures and language use II. Tübingen. S. 39–52.

Fraas, Claudia (1996b): Gebrauchswandel und Bedeutungsvarianz in Textnetzen. Die Konzepte Identität und Deutsche im Diskurs zur deutschen Einheit. Tübingen.

Fraas, Claudia (2001): Usuelle Wortverbindungen als sprachliche Manifestation von Bedeutungswissen. Theoretische Begründung, methodischer Ansatz und empirische Befunde. In: Nikula, Henrik; Drescher, Robert (Hgg.): Lexikon und Text. Vaasa. S. 41–66.

Fraas, Claudia (2002): Wissen als kognitives und als sozial bestimmtes Phänomen – Zur sprachlichen Manifestation von Bedeutungswissen. In: Pohl, Inge (Hg.): Prozesse der Bedeutungskonstruktion. Frankfurt/Main. S. 39–58.

Fraas, Claudia (2004): Vom kollektiven Wissen zum vernetzten Vergessen? Neue Medien zwischen kultureller Reproduktion und kultureller Dynamik. In: Kleinberger Günther, Ulla; Wagner, Franc (Hgg.): Neue Medien – Neue Kompetenzen? Texte produzieren und rezipieren im Zeitalter digitaler Medien. Frankfurt/Main. S. 6–32.

Fraas, Claudia (2005): Schlüssel-Konzepte als Zugang zum kulturellen Gedächtnis. Ein diskurs- und frameanalytisch basierter Ansatz. In: *Deutsche Sprache* (3), S. 242–257.

Fraas, Claudia (2013): Frames – ein qualitativer Zugang zur Analyse von Sinnstrukturen in der Online-Kommunikation. In: Frank-Job, Barbara; Mehler, Alexander; Sutter, Tilmann (Hgg.): Die Dynamik sozialer und sprachlicher Netzwerke. Konzepte, Methoden und empirische Untersuchungen an Beispielen des WWW. Wiesbaden. S. 259–283.

Fraas, Claudia; Meier, Stefan (2004): Diskursive Konstruktion kollektiven Wissens on- und offline. In: Beißwenger, Michael (Hg.): Internetbasierte Kommunikation. Tagung der Deutschen Gesellschaft für Sprachwissenschaft. Duisburg. S. 77–102.

Fraas, Claudia; Meier, Stefan (2013): Multimodale Stil- und Frameanalyse – Methodentriangulation zur medienadäquaten Untersuchung von Online-Diskursen. In: Roth, Kersten Sven; Spiegel, Carmen (Hgg.): Angewandte Diskurslinguistik. Felder, Probleme, Perspektiven. Berlin. S. 135–161.

Fraas, Claudia; Meier, Stefan; Pentzold, Christian (2010): Konvergenz an Schnittstellen unterschiedlicher Kommunikationsformen: ein Frame-basierter analytischer Zugriff. In: Bucher, Hans-Jürgen; Gloning, Thomas; Lehnen, Katrin (Hgg.): Neue Medien – neue Formate. Ausdifferenzierung und Konvergenz in der Medienkommunikation. Frankfurt/Main. S. 227–256.

Fraas, Claudia; Meier, Stefan; Pentzold, Christian (2012): Online-Kommunikation. Grundlagen, Praxisfelder und Methoden. München.

Freisler, Stefan (1994): Hypertext – eine Begriffsbestimmung. In: *Deutsche Sprache* (1), S. 19–50.

Fritz, Gerd (1999): Coherence in Hypertext. In: Bublitz, Wolfram; Lenk, Uta; Ventola, Eija (Hgg.): Coherence in spoken and written discourse. How to create it and how to describe it. International Workshop on Coherence. Amsterdam, Philadelphia. S. 221–233.

Fritz, Gerd (2013): Dynamische Texttheorie. Gießen.

Gabler, Hans Walter (1984): The Synchrony and Diachrony of Texts. Practice and Theory of the Critical Edition of James Joyce's Ulysses. In: *Transactions of the Society for Textual Scholarship* 1.

Gabriel, Norbert (1997): Kulturwissenschaften und neue Medien. Wissensvermittlung im digitalen Zeitalter. Darmstadt.

Gansel, Christina; Jürgens, Frank ([2]2009): Textlinguistik und Textgrammatik. Eine Einführung. Neuausg. der 2. überarb. u. erg. Aufl. Göttingen.

Geyer-Hayden, Barbara (2009): Wissensmodellierung im Semantic Web. In: Blumauer, Andreas; Pellegrini, Tassilo (Hgg.): Social Semantic Web. Web 2.0 – Was nun? Berlin, Heidelberg. S. 127–146.

Geeraerts, Dirk (1988): Where does prototypicality come from? In: Rudzka-Ostyn, Brygida (Hg.): Topics in cognitive linguistics. Amsterdam, Philadelphia. S. 207–229.

Genette, Gérard (1989): Paratexte. [Das Buch vom Beiwerk des Buches]. Frankfurt/Main.

Genette, Gérard (1993): Palimpseste. Die Literatur auf zweiter Stufe. Frankfurt/Main.

Gerdes, Heike (1997): Lernen mit Text und Hypertext. Lengerich.

Geser, Hans (2008): Vom Brockhaus zum WorldwideWiki. In: Willems, Herbert (Hg.): Weltweite Welten. Internet-Figurationen aus wissenssoziologischer Perspektive. Wiesbaden. S. 119–142.

Giesecke, Michael (1991): Der Buchdruck in der frühen Neuzeit. Eine historische Fallstudie über die Durchsetzung neuer Informations- und Kommunikationstechnologien. Frankfurt/Main.

Giles, Jim (2005): Internet encyclopaedias go head to head. In: *Nature* 438 (7070), S. 900–901.

Glaser, Barney G.; Strauss, Anselm L. (1967): The discovery of grounded theory. Strategies for qualitative research. New York.

Gloor, Peter A. (Hg.) (1990): Hypertext und Hypermedia. Von theoretischen Konzepten zur praktischen Anwendung. Berlin.

Goeze, Annika; Strobel, Korinna (2012): Krisenrhetorik. In: Ueding, Gert; Kalivoda, Gregor; Jens, Walter; Barner, Wilfried (Hgg.): Historisches Wörterbuch der Rhetorik. Bd. 10: Nachträge A-Z. Darmstadt. S. 511–530.

Gouws, Rufus H. (2000): Toward the Formulation of a Metalexicographic Founded Model for National Lexicography Units in South Africa. In: Wiegand, Herbert Ernst (Hg.): Wörterbücher in der Diskussion IV. Vorträge aus dem Heidelberger Lexikographischen Kolloquium. Tübingen. S. 109–134.

Graff, Bernd (2013): „Wer mit Ausbildung argumentiert, macht sich lächerlich". Harvard-Forscher David Weinberger über die Zukunft der Wissensgesellschaft – und Alternativen zum klassischen Expertentum. In: *Süddeutsche Zeitung*, 16.07.2013 (162), S. 12.

Gray, Susan H.; Barber, Bradford C.; Shasha, Dennis (1991): Information search with dynamic text vs. paper text: An empirical comparison. In: *International Journal of Man-Machine Studies* 34 (4), S. 575–586.

Grice, H. Paul (1968): Logic and conversation. Unpublished MS of the William James Lectures. Harvard University.

Groeben, Norbert; Wahl, Diethelm; Scheele, Brigitte (1988): Das Forschungsprogramm Subjektive Theorien. Eine Einführung in die Psychologie des reflexiven Subjekts. Tübingen.

Große, Franziska (2011): Bild-Linguistik. Grundbegriffe und Methoden der linguistischen Bildanalyse in Text- und Diskursumgebungen. Frankfurt/Main.

Grotjahn, Henrik (2007): Qualitätsmessungen an der Wikipedia. Konstruktion von Qualität – eine Metaanalyse. Saarbrücken.

Gumperz, John J. (1992): Contextualization and understandig. In: Duranti, Alessandro und Goodwin, Charles (Hgg.): Rethinking context. Language as an interactive phenomenon. Cambridge. S. 229–252.

Habscheid, Stephan (2000): Medium in der Pragmatik. Eine kritische Bestandsaufnahme. In: *Deutsche Sprache* (2), S. 126–143.

Habscheid, Stephan (2005): Das Internet – ein Massenmedium? In: Siever, Torsten; Schlobinski, Peter; Runkehl, Jens (Hgg.): Websprache.net. Sprache und Kommunikation im Internet. Berlin. S. 46–66.

Halliday, Michael A. K.; Hasan, Ruqaiya (1976): Cohesion in English. London.

Hammwöhner, Rainer (1993): Kognitive Plausibilität: Vom Netz im (Hyper-) Text zum Netz im Kopf. In: *nfd – Zeitschrift für Informationswissenschaft und -praxis* Bd. 44 (1), S. 23–28.

Hammwöhner, Rainer (1997): Offene Hypertextsysteme. Das Konstanzer Hypertextsystem (KHS) im wissenschaftlichen und technischen Kontext. Konstanz.

Hammwöhner, Rainer (2007): Qualitätsaspekte der Wikipedia. In: *kommunikation@gesellschaft* 8. (o. S.)

Hartmann, Peter (1968): Zum Begriff des sprachlichen Zeichens. In: *Zeitschrift für Phonetik, Sprachwissenschaft und Kommunikationsforschung* (21), S. 205–222.

Hartung, Wolfdietrich (1997): Text und Perspektive. Elemente einer konstruktivistischen Textauffassung. In: Antos, Gerd; Tietz, Heike (Hgg.): Die Zukunft der Textlinguistik. Traditionen, Transformationen, Trends. Tübingen. S. 13–25.

Hartung, Wolfdietrich (2000): Kommunikationsorientierte und handlungstheoretisch ausgerichtete Ansätze. In: Brinker, Klaus; Burkhardt, Armin; Ungeheuer, Gerold; Wiegand, Herbert Ernst; Steger, Hugo (Hgg.): Text- und Gesprächslinguistik. Ein internationales Handbuch zeitgenössischer Forschung. Berlin (Handbücher zur Sprach- und Kommunikationswissenschaft, 16.1). S. 83–96.

Hasebrink, Uwe (2004): Konvergenz aus Nutzerperspektive. Das Konzept der Kommunikationsmodi. In: Hasebrink, Uwe; Mikos, Lothar; Pommer, Elisabeth (Hgg.): Mediennutzung in konvergierenden Medienumgebungen. München. S. 67–85.

Hasebrook, Joachim (1995): Multimedia-Psychologie. Eine neue Perspektive menschlicher Kommunikation. Heidelberg.

Haß-Zumkehr, Ulrike (2001): Deutsche Wörterbücher – Brennpunkt von Sprach- und Kulturgeschichte. Berlin, New York.

Hayes, John R.; Flower, Linda S. (1980): Identifying the organization of writing processes. In: Gregg, Lee W.; Steinberg, Erwin Ray (Hgg.): Cognitive processes in writing. Hillsdale. S. 3–30.

Heinemann, Wolfgang (1997): Zur Eingrenzung der Intertextualität aus textlinguistischer Sicht. In: Klein, Josef; Fix, Ulla (Hgg.): Textbeziehungen. Linguistische und literaturwissenschaftliche Beiträge zur Intertextualität. Tübingen. S. 21–38.

Heinemann, Wolfgang; Viehweger, Dieter (1991): Textlinguistik. Eine Einführung. Tübingen.

Hellwig, Peter (1984): Titulus oder über den Zusammenhang von Titeln und Texten. Titel sind ein Schlüssel zur Textkonstitution. In: *Zeitschrift für germanistische Linguistik* (12), S. 1–20.

Hermanns, Fritz (2009): Verstehensdynamik. Zur Performanz des Verstehens. In: Linke, Angelika; Feilke, Helmuth (Hgg.): Oberfläche und Performanz. Untersuchungen zur Sprache als dynamischer Gestalt. Tübingen. S. 489–521.

Hickethier, Knut ([2]2010): Einführung in die Medienwissenschaft. 2., aktual. und überarb. Aufl. Stuttgart.

Hoffmann, Ludger (1997): Zur Grammatik von Text und Diskurs. In: Zifonun, Gisela; Hoffmann, Ludger; Strecker, Bruno; Ballweg, Joachim (Hgg.): Grammatik der deutschen Sprache. Berlin. S. 98–591.

Hoinkes, Ulrich (2012): Die große französische Enzyklopädie von Diderot und d'Alembert. In: Haß, Ulrike (Hg.): Große Lexika und Wörterbücher Europas. Europäische Enzyklopädien und Wörterbücher in historischen Porträts. Berlin, Boston. S. 117–136.

Holly, Werner (1997): Zur Rolle von Sprache in Medien. In: *Muttersprache* (1), S. 64–74.

Holly, Werner (2001): ‚Frame' als Werkzeug historisch-semantischer Textanalyse. Eine Debattenrede des Chemnitzer Paulskirchen-Abgeordneten Eisenstuck. In: Diekmannshenke, Hajo (Hg.): Politische Kommunikation im historischen Wandel. Tübingen. S. 125–146.

Holly, Werner (2004): Sprechsprache und bewegte Bilder: Audiovisualität. In: Holly, Werner; Hoppe, Almut; Schmitz, Ulrich (Hgg.): Themenhefte: Sprache und Bild I und II. Bielefeld. S. 122–134.

Holly, Werner (2005): Zusammenspiel von Sprache und Bildern im audiovisuellen Verstehen. In: Busse, Dietrich; Wengeler, Martin; Niehr, Thomas (Hgg.): Brisante Semantik. Neuere Konzepte und Forschungsergebnisse einer kulturwissenschafltlichen Linguistik. Tübingen. S. 337–353.

Holly, Werner (2007): Audiovisuelle Hermeneutik. Am Beispiel des TV-Spots der Kampagne „Du bist Deutschland". In: Hermanns, Fritz; Holly, Werner (Hgg.): Linguistische Hermeneutik. Theorie und Praxis des Verstehens und Interpretierens. Tübingen. S. 389–428.

Holly, Werner (2012): Transkriptiv kontrollgemindert: Automatismen und Sprache-Bild-Überschreibungen in Politik-Talkshows. In: Conradi, Tobias; Ecker, Gisela; Eke, Norbert Otto; Muhle, Florian (Hgg.): Schemata und Praktiken. München. S. 161–189.

Holly, Werner; Habscheid, Stephan (2000): Die sprachliche Aneignung von Computermedien – Vorstellung eines Projekts. In: Kallmeyer, Werner (Hg.): Sprache und neue Medien. Berlin. S. 127–141.

Holthuis, Susanne (1993): Intertextualität. Aspekte einer rezeptionsorientierten Konzeption. Tübingen.

Huber, Oliver (2003): Hyper-Text-Linguistik. TAH: Ein textlinguistisches Analysemodell für Hypertexte. München.

Iske, Stefan (2002): Vernetztes Wissen. Hypertext-Strategien im Internet. Bielefeld.

Jäger, Ludwig (2002): Transkriptivität. Zur medialen Logik der kulturellen Semantik. In: Jäger, Ludwig; Stanitzek, Georg (Hgg.): Transkribieren. Medien/Lektüre. München. S. 19–42.

Jäger, Ludwig (2004a): Transkription – zu einem medialen Verfahren an den Schnittstellen des kulturellen Gedächtnisses. In: *Trans Internet – Zeitschrift für Kulturwissenschaft*, September (15). (o. S.)

Jäger, Ludwig (2004b): Sprache als Medium politischer Kommunikation. Anmerkungen zur Transkriptivität kultureller und politischer Semantik. In: Frevert, Ute; Braungart, Wolfgang (Hgg.): Sprachen des Politischen. Medien und Medialität in der Geschichte. Das Politische als Kommunikationsraum in der Geschichte. Göttingen. S. 332–355.

Jäger, Ludwig (2004c): Die Verfahren der Medien. Transkribieren – Adressieren – Lokalisieren. In: Fohrmann, Jürgen; Schüttpelz, Erhard (Hgg.): Die Kommunikation der Medien. Berlin. S. 69–79.

Jakobs, Eva-Maria (1999): Textvernetzung in den Wissenschaften. Zitat und Verweis als Ergebnis rezeptiven, reproduktiven und produktiven Handelns. Tübingen.

Jakobs, Eva-Maria (2003): Hypertextsorten. In: *Zeitschrift für germanistische Linguistik* 31, S. 232–252.

Jakobs, Eva-Maria; Knorr, Dagmar; Pogner, Karl-Heinz (Hgg.) (1999): Textproduktion. HyperText, Text, KonText. Frankfurt/Main.

Jakobs, Eva-Maria; Lehnen, Katrin (2005): Hypertext – Klassifikation und Evaluation. In: Siever, Torsten; Schlobinski, Peter; Runkehl, Jens (Hgg.): Websprache.net. Sprache und Kommunikation im Internet. Berlin. S. 159–184.

Jakobs, Eva-Maria; Püschel, Ulrich (1997): Von der Druckstraße auf den Datenhighway. In: Kämper, Heidrun; Schmidt, Hartmut (Hgg.): Das 20. Jahrhundert. Sprachgeschichte – Zeitgeschichte. Berlin, New York. S. 163–187.

Janich, Nina (2008): Intertextualität und Text(sorten)vernetzung. In: Nina Janich (Hg.): Textlinguistik. 15 Einführungen. Tübingen. S. 177–196.

Janich, Nina (Hg.) (2008): Textlinguistik. 15 Einführungen. Tübingen.

Joyce, Michael (1995): Of two minds. Hypertext pedagogy and poetics. Ann Arbor.

Juran, Joseph M. (1992). Juran on quality by design. The new steps for planning quality into goods and services. New York.

Kailuweit, Rolf (2010): Einleitung: Migration und Transkription als kulturwissenschaftliches Paradigma. In: Kailuweit, Rolf; Pfänder, Stefan; Vetter, Dirk (Hgg.): Migration und Transkription. Frankreich, Europa, Lateinamerika. Berlin. S. 7–14.

Kallass, Kerstin (2008): Artikelentstehung in der Wikipedia. Zu Textkonstitutionsmustern und Schreibprozessen bei Wikipedia-Artikeln. In: *Berichte des DFG-Forschungsprojekts „Netzwerkkommunikation im Internet“*, Nr. 08 (3).

Kallass, Kerstin (2015): Schreiben in der Wikipedia. Prozesse und Produkte gemeinschaftlicher Textgenese. Wiesbaden.

Kaltenbrunner, Andreas; Laniado, David (2012): There is no deadline: time evolution of Wikipedia discussions. In: *Proceedings of the 8th Annual International Symposium on Wikis and Open Collaboration*, A8.

Kämper, Heidrun (2006): Diskurs und Diskurslexikographie. Zur Konzeption eines Wörterbuchs des Nachkriegsdiskurses. In: *Deutsche Sprache* (4), S. 334–353.

Kämper, Heidrun (2012): Aspekte des Demokratiediskurses der späten 1960er Jahre: Konstellationen – Kontexte – Konzepte. Berlin.

Keegan, Brian; Gergle, Darren; Contractor, Noshir (2011): Hot off the wiki: dynamics, practices, and structures in Wikipedia's coverage of the Tōhoku catastrophes. In: *Proceedings of the 7th International Symposium on Wikis and Open Collaboration,* S. 105–113.

Keiderling, Thomas (2012): Der Brockhaus. In: Haß, Ulrike (Hg.): Große Lexika und Wörterbücher Europas. Europäische Enzyklopädien und Wörterbücher in historischen Porträts. Berlin, Boston. S. 193–210.

Keller, Rudi (1995): Zeichentheorie. Zu einer Theorie semiotischen Wissens. Tübingen, Basel.

Kemmer, Katharina (2014a): Rezeption der Illustration, jedoch Vernachlässigung der Paraphrase? In: Müller-Spitzer, Carolin (Hg.): Using Online Dictionaries. Berlin, Boston. S. 251–278.

Kemmer, Katharina (2014b): Illustrationen im Onlinewörterbuch. Text-Bild-Relationen im Wörterbuch und ihre empirische Untersuchung. Mannheim.

Klein, Josef (1998): Linguistische Stereotypbegriffe. Sozialpsychologischer vs. semantiktheoretischer Traditionsstrang und einige frametheoretische Überlegungen. In: Heinemann, Margot (Hg.): Sprachliche und soziale Stereotype. Gesellschaft für Angewandte Linguistik. Frankfurt/Main [u. a.]. S. 25–46.

Klein, Josef (1999): „Frame“ als semantischer Theoriebegriff und als wissensdiagnostisches Instrumentarium. In: Pohl, Inge (Hg.): Interdisziplinarität und Methodenpluralismus in der Semantikforschung. Frankfurt/Main [u. a.]. S. 157–184.

Klein, Josef (2002): Metapherntheorie und Frametheorie. In: Pohl, Inge (Hg.): Prozesse der Bedeutungskonstruktion. Frankfurt/Main. S. 179–185.

Klein, Josef (2008): Frames – ein Gegenstand für Semantik oder Pragmatik? In: Pohl, Inge (Hg.): Semantik und Pragmatik – Schnittstellen. Frankfurt/Main. [u. a.]. S. 163–175.

Klein, Josef; Meißner, Iris (1999): Wirtschaft im Kopf. Begriffskompetenz und Einstellungen junger Erwachsener bei Wirtschaftsthemen im Medienkontext. Frankfurt/Main.

Klein, Wolfgang; Stutterheim, Christiane von (1992): Textstruktur und referentielle Bewegung. In: *Zeitschrift für Literaturwissenschaft und Linguistik* (86), S. 67–92.

Kleinz, Thorsten (2008): Goldschnitt ade. In: *Die Zeit Online*, 14.02.2008. Online verfügbar unter http://www.zeit.de/online/2008/07/brockhaus-online, zuletzt geprüft am 19.07.2014.

Klemm, Michael; Stöckl, Hartmut (2011): „Bildlinguistik" – Standortbestimmung, Überblick, Forschungsdesiderate. In: Diekmannshenke, Hajo; Klemm, Michael; Stöckl, Hartmut (Hgg.): Bildlinguistik. Theorien – Methoden – Fallbeispiele. Berlin. S. 7–18.

Klosa, Annette (2013): The lexicographical process (with special focus on online dictionaries). In: Gouws, Rufus H.; Heid, Ulrich; Schweickhard, Wolfgang; Wiegand, Herbert Ernst (Hgg.): Dictionaries. An international encyclopedia of lexicography. Supplementary volume: Recent developments with special focus on computational lexicography (Handbücher zur Sprach- und Kommunikationswissenschaft, 5.4). Berlin [u. a.]. S. 514–527.

Klosa, Annette (2016): Illustration in dictionaries; encyclopedic and cultural information in dictionaries. In: Durkin, Philip (Hg.): The Oxford Handbook of Lexicography. Oxford. S. 515–531.

Klug, Nina-Maria (2012): Das konfessionelle Flugblatt 1563 – 1580: eine Studie zur historischen Semiotik und Textanalyse. Berlin, Boston.

Knoblauch, Hubert (1991): Kommunikation im Kontext. John J. Gumperz und die Interaktionale Sozilinguistik. In: *Zeitschrift für Soziologie* 20 (6), S. 446–462.

Kobsa, Alfred (1982): Wissensrepräsentation: die Darstellung von Wissen im Computer. Wien.

Kohl, Christian; Liebert, Wolf-Andreas (2004): Selbstorganisation der Wissenschaftsvermittlung. Quellentransparenz, Kontroversität und Qualitätssicherung in der Internet-Enzyklopädie Wikipedia. In: *Fachsprache* (3–4), S. 134–148.

Kolo, Castulus (2010): Online-Medien und Wandel: Konvergenz, Diffusion, Substitution. In: Schweiger, Wolfgang; Beck, Klaus (Hgg.): Handbuch Online-Kommunikation. Wiesbaden. S. 283–307.

Konerding, Klaus-Peter (1993): Frames und lexikalisches Bedeutungswissen. Tübingen.

Konerding, Klaus-Peter (2007): Themen, Rahmen und Diskurse – Zur linguistischen Fundierung des Diskursbegriffes. In: Warnke, Ingo H. (Hg.): Diskurslinguistik nach Foucault. Berlin [u. a.]. S. 107–139.

Koselleck, Reinhart (1959): Kritik und Krise: ein Beitrag zur Pathogenese der bürgerlichen Welt. Freiburg.

Koselleck, Reinhart (1982): Krise. In: Brunner, Otto; Conze, Werner; Koselleck, Reinhart (Hgg.): Geschichtliche Grundbegriffe. Historisches Lexikon zur politisch-sozialen Sprache in Deutschland. Band 3: H-Me. Stuttgart. S. 617–650.

Kramer, Oliver (2009): Computational Intelligence. Eine Einführung. Berlin, Heidelberg.

Krämer, Sybille (1998): Das Medium als Spur und als Apparat. In: Krämer; Sybille (Hg.): Medien, Computer, Realität. Wirklichkeitsvorstellungen und Neue Medien. Frankfurt am Main. S. 83–94.

Krameritsch, Jakob (2007): Geschichte(n) im Netzwerk. Münster.

Krause, Wolf-Dieter (2000): Textsorten. Kommunikationslinguistische und konfrontative Aspekte. Frankfurt/Main.

Kretschmann, Carsten (Hg.) (2003): Wissenspopularisierung. Konzepte der Wissensverbreitung im Wandel. Berlin.

Kroeber-Riel, Werner (1993): Bildkommunikation. Imagestrategien für die Werbung. München.

Krotz, Friedrich (1998): Digitalisierte Kommunikation. In: Neverla, Irene; Schäfers, Anja (Hgg.): Das Netz-Medium. Kommunikationswissenschaftliche Aspekte eines Mediums in Entwicklung. Opladen. S. 113–136.

Kuhlen, Rainer (1991): Hypertext. Ein nicht-lineares Medium zwischen Buch und Wissensbank. Berlin.

Kuhlen, Rainer (1995): Informationsmarkt. Chancen und Risiken der Kommerzialisierung von Wissen. Konstanz.

Kuhlen, Rainer (1997): Hypertext. In: Buder, Marianne; Rehfeld, Werner; Seeger, Thomas; Strauch, Dietmar (Hgg.): Grundlagen der praktischen Information und Dokumentation. Ein Handbuch zur Einführung in die fachliche Informationsarbeit. 4. völlig neu gefasste Ausgabe. München. S. 355–369.

Kuhlen, Rainer (2004): Kollaboratives Schreiben. In: Bieber; Christoph; Leggewie; Claus (Hg.): Interaktivität: ein transdisziplinärer Schlüsselbegriff. Frankfurt/Main. S. 216–239.

Küpper, Reiner (2008): Angewandte Hypertext-Rhetorik. Studien zur Kommunikationsqualität von Lern- und Informationshypertexten. Duisburg.

Lakoff, George (1987): Women, fire and dangerous things. What categories reveal about the mind. Chicago.

Landow, George P. (1995): What's a critic to do? Critical theory in the age of hypertext. In: Landow, George P. (Hg.): Hyper-text-theory. Baltimore. S. 1–47.

Landow, George P. (2006): Hypertext 3.0: Critical Theory and New Media in an Era of Globalization. Baltimore.

Lasswell, Harold D. (1948): The Structure and Function of Communication in Society. In: Bryson, Lyman (Hg.): The Communication of Ideas. A Series of Addresses. New York. S. 32–51.

Lehmann, Janette; Gonçalves, Bruno; Ramasco, José J.; Cattuto, Ciro (2012): Dynamical classes of collective attention in Twitter. In: *Proceedings of the 21st international conference on World Wide Web*, S. 251–260.

Lemberg, Ingrid; Schröder, Bernhard; Storrer, Angelika (Hgg.) (2001): Chancen und Perspektiven computergestützter Lexikographie. Tübingen.

Leuf, Bo; Cunningham, Ward (2001): The Wiki way. Quick collaboration on the Web. Boston.

Lévy, Pierre [1990] (1999): Die Metapher des Hypertextes. In: Pias, Claus (Hg.): Kursbuch Medienkultur. Die maßgeblichen Theorien von Brecht bis Baudrillard. Stuttgart. S. 525–528.

Lewandowski, Theodor (^{5}1990): Linguistisches Wörterbuch. Teil 3: [S-Z]. 5., überarb. Aufl. Heidelberg.

Liebert, Wolf-Andreas (1992): Metaphernbereiche der deutschen Alltagssprache. Kognitive Linguistik und die Perspektiven einer Kognitiven Lexikographie. Frankfurt/Main.

Liebert, Wolf-Andreas (2002): Wissenstransformationen. Handlungssemantische Analysen von Wissenschafts- und Vermittlungstexten. Berlin, New York.

Lih, Andrew (2004): Wikipedia as Participatory Journalism: Reliable Sources? Metrics for evaluating collaborative media as a news resource. Paper for the 5th International Symposium on Online Journalism. University of Texas at Austin. Online verfügbar unter www.ufrgs.br/limc/participativo/pdf/wikipedia.pdf, zuletzt geprüft am 19.07.2014.

Lih, Andrew (2009): The Wikipedia revolution. How a bunch of nobodies created the world's greatest encyclopedia. New York.

Linke, Angelika; Nussbaumer, Markus (1997): Intertextualität. In: Antos, Gerd; Tietz, Heike (Hgg.): Die Zukunft der Textlinguistik. Traditionen, Transformationen, Trends. Tübingen. S. 109–126.

Linke, Angelika; Feilke, Helmuth (Hgg.) (2009): Oberfläche und Performanz. Untersuchungen zur Sprache als dynamischer Gestalt. Tübingen.

Lönneker, Birte (2003): Konzeptframes und Relationen. Extraktion, Annotation und Analyse französischer Corpora aus dem World Wide Web. Berlin.

Lötscher, Andreas (1987): Text und Thema. Studien zur thematischen Konstituenz von Texten. Tübingen.

Lötscher, Andreas (2008): Textsemantische Ansätze. In: Janich, Nina (Hg.): Textlinguistik. 15 Einführungen. Tübingen. S. 85–111.

Luhmann, Niklas (1970): Öffentliche Meinung. In: *Politische Vierteljahresschrift* 11, S. 2–28.

Luhmann, Niklas (1992): Die operative Geschlossenheit psychischer und sozialer Systeme. In: Fischer, Hans Rudi; Retzer, Arnold; Schweitzer, Jochen (Hgg.): Das Ende der großen Entwürfe. Frankfurt am Main. S. 117–131.

Mayer, Florian Leander (2013): Erfolgsfaktoren von Social Media: Wie „funktionieren" Wikis? Berlin.

Martens, Gunter (1971): Textdynamiken und Edition. Überlegungen zur Bedeutung und Darstellung variierender Textstufen. In: Martens, Gunter; Zeller, Hans (Hgg.): Texte und Varianten. Probleme ihrer Edition und Interpretation. München. S. 165–202.

Martens, Gunter (1989): Was ist ein Text? Ansätze zur Bestimmung eines Leitbegriffs der Textphilologie. In: *Poetica. Zeitschrift für Sprach- und Literaturwissenschaft* (21), S. 1–25.

Mederake, Nathalie (2014): Artikel der Wikipedia aus lexikografischer und textlinguistischer Perspektive. In: Mann, Michael (Hg.): Digitale Lexikographie. Hildesheim. S. 229–249.

Mehler, Alexander (2004): Textmining. In: Lobin, Henning; Lemnitzer, Lothar (Hgg.): Texttechnologie. Perspektiven und Anwendungen. Tübingen. S. 329–352.

Meier, Stefan (2010): Bild und Frame – Eine diskursanalytische Perspektive auf visuelle Kommunikation und deren methodische Operationalisierung. In: Duszak, Anna; House, Juliane; Kumiega, Lukasz (Hgg.): Globalization, discourse, media. In a critical perspective = Globalisierung, Diskurse, Medien: eine kritische Perspektive. Warsaw. S. 369–389.

Mergel, Thomas (2012): Einleitung: Krisen als Wahrnehmungsphänomene. In: Mergel, Thomas (Hg.): Krisen verstehen. Historische und kulturwissenschaftliche Annäherungen. Frankfurt/Main. S. 9–24.

Meyer, Christian M. (2013): Wiktionary: The Metalexicographic and Natural Language Processing Perspective. Darmstadt.

Michel, Paul (2002): Ordnung des Wissens. Darbietungsweisen des Materials in Enzyklopädien. In: Tomkowiak, Ingrid (Hg.): Populäre Enzyklopädien. Von der Auswahl, Ordnung und Vermittlung des Wissens. Zürich. S. 35–84.

Minsky, Marvin (1975): A Framework for Representing Knowledge. In: Winston, Patrick Henry (Hg.): The psychology of computer vision. New York. S. 211–277.

Minsky, Marvin (^{2}1986): The society of mind. 2. print. New York.

Möller, Erik (^{2}2006): Die heimliche Medienrevolution. Wie Weblogs, Wikis und freie Software die Welt verändern. 2., erw. und aktualisierte Aufl. Hannover.

Müller-Spitzer, Carolin (2007): Der lexikografische Prozess. Tübingen, Heidelberg.

Müller-Spitzer, Carolin; Wolfer, Sascha; Koplening, Alexander (2015): Observing online dictionary users: studies using Wiktionary log files. In: *International Journal of Lexicography*, 28(1), S. 1–26.

Murray, Donald D. (1978): Internal revision: A process of discovery. In: Cooper, Charles Raymond; Odell, Lee (Hgg.): Research on composing. Points of departure. Urbana. S. 85–103.

Nelson, Theodor Holm (1965): A File Structure for the Complex, the Changing and the Indeterminate. In: *ACM 20th National Conference*. Online verfügbar unter http://dl.acm.org/citation.cfm?id=806036, zuletzt aktualisiert am 13.10.2000, zuletzt geprüft am 02.04.2013.

Nelson, Theodor Holm (1967): Brief Words on the Hypertext. Hypertext Note 1. Online verfügbar unter http://xanadu.com/XUarchive/htn1.tif., zuletzt geprüft am 02.04.2013.

Nelson, Theodor Holm (1974): Computer lib: Dream machines. Chicago.

Neverla, Irene; Schäfers, Anja (Hgg.) (1998): Das Netz-Medium. Kommunikationswissenschaftliche Aspekte eines Mediums in Entwicklung. Opladen.

Niederer, Sabine; Dijk, José van (2010): Wisdom of the crowd or technicity of content? Wikipedia as a sociotechnical system. In: *New Media & Society*, 12.8, S. 1368-1387.

Nielsen, Jakob (1996): Multimedia, Hypertext und Internet. Grundlagen und Praxis des elektronischen Publizierens. Braunschweig.

Nonaka, Ikujiro; Takeuchi, Hirotaka (1995): The knowledge-creating company. How Japanese companies create the dynamics of innovation. New York.

Nutt-Kofoth, Rüdiger (2000): Text und Edition. Positionen und Perspektiven. Berlin.

Nyce, James M.; Kahn, Paul (Hgg.) (1991): From Memex to hypertext. Vannevar Bush and the mind's machine. Boston.

O'Reilly, Tim (2005): What Is Web 2.0: Design Patterns and Business Models for the Next Generation of Software. Online verfügbar unter http://oreilly.com/pub/a/web2/archive/what-is-web-20.html?page=1, zuletzt geprüft am 18.07.2014.

O'Reilly, Tim (2006): Web 2.0 Compact Definition: Trying Again. Online verfügbar unter http://radar.oreilly.com/2006/12/web-20-compact-definition-tryi.html, zuletzt geprüft am 18.07.2014.

O'Sullivan, Dan (2009): Wikipedia. A new community of practice? Farnham.

Park, Han Woo (2003): Hyperlink Network Analysis: A new method for the study of social structure on the web. In: *Connections: an official journal of International Network for Social Network Analysis* 25 (1), S. 49–61.

Park, Han Woo; Thelwall, Mike (2003): Hyperlink analysis of the world wide web. In: *Journal of computer-mediated communication* 8 (4), S. 57–84.

Peirce, Charles S. (1983 [1904]): Phänomen und Logik der Zeichen. Frankfurt/Main.

Pentzold, Christian (2007): Wikipedia. Diskussionsraum und Informationsspeicher im neuen Netz. München.

Petruck, Miriam R. L (1997): Frame semantics. In: Verschueren, Jef; Östman, Jan-Ola; Blommaert, Jan; Bulcaen, Chris (Hgg.): Handbook of pragmatics. 1996 Installment. Amsterdam, Philadelphia. S. 1–13.

Plake, Klaus; Jansen, Daniel; Schuhmacher, Birgit (2001): Öffentlichkeit und Gegenöffentlichkeit im Internet. Opladen.

Pogner, Karl-Heinz (1997): Text und Dynamik. Beobachtungen zur Textproduktion an einem technischen Arbeitsplatz. In: Antos, Gerd; Tietz, Heike (Hgg.): Die Zukunft der Textlinguistik. Traditionen, Transformationen, Trends. Tübingen. S. 81–96.

Pogner, Karl-Heinz (1999): Textproduktion in Diskursgemeinschaften. In: Jakobs, Eva-Maria; Knorr, Dagmar; Pogner, Karl-Heinz (Hgg.): Textproduktion. HyperText, Text, KonText. Frankfurt/Main. S. 145–158.

Polenz, Peter von (1985): Deutsche Satzsemantik. Grundbegriffe des Zwischen-den-Zeilen-Lesens. Berlin.

Probst, Gilbert J. B. (1989): Soziale Institutionen als selbstorganisierende, entwicklungsfähige Systeme. In: Bauer, Leonhard; Oeser, Erhard (Hgg.): Evolution – Organisation – Management. Zur Entwicklung und Selbststeuerung komplexer Systeme. Berlin. S. 145–160.

Probst, Gilbert J. B.; Raub, Steffen; Romhardt, Kai ([2]1998): Wissen managen. Wie Unternehmen ihre wertvollste Ressource optimal nutzen. 2. Aufl. Frankfurt/Main.

Pross, Harry (1972): Medienforschung. Film, Funk, Presse, Fernsehen. Darmstadt.

Pscheida, Daniela (2010): Das Wikipedia-Universum. Wie das Internet unsere Wissenskultur verändert. Bielefeld.

Rajewsky, Irina O. (2002): Intermedialität. Tübingen.

Raymond, Eric S. (1998): The Cathedral and the Bazaar. In: *First Monday* 3 (3). Online verfügbar unter http://firstmonday.org/ojs/index.php/fm/article/view/1472/1387, zuletzt geprüft am 19.07.2014.

Rehm, Georg (2006): Hypertextsorten. Definition – Struktur – Klassifikation. Gießen.

Reichert, Ramón (2008): Amateure im Netz. Selbstmanagement und Wissenstechnik im Web 2.0. Bielefeld.

Rösch, Barbara (2015): Wie interagieren Nutzer mit Text- und Bildinformationen in einem Wikipedia-Artikel? In: *Information – Wissenschaft & Praxis*, 66(1), S. 17–21.

Rössler, Patrick; Beck, Klaus (2001): Aufmerksamkeitskalküle bei verschiedenen Modi der Online-Kommunikation. In: Beck, Klaus; Schweiger, Wolfgang (Hgg.): Attention please! Online-Kommunikation und Aufmerksamkeit. München. S. 141–158.

Rothkegel, Annely (1998): Präsentation und Repräsentation in Hypermedia. In: Strohner, Hans; Sichelschmidt, Lorenz; Hielscher, Martina (Hgg.): Medium Sprache. Frankfurt am Main. S. 79–89.

Rühle, Alex (2006): Wikipedia-Fälschungen. Im Daunenfedergestöber. In: *Süddeutsche Zeitung* 04.11.2006. Online verfügbar unter http://sz.de/1.879473, zuletzt geprüft am 19.07.2014.

Russell, Bertrand (1911): Knowledge by Acquaintance and Knowledge by Description. In: *Proceedings of the Aristotelian Society*, 1910–1911 (Vol. XI), S. 108–128.

Sager, Sven F. (2000): Hypertext und Hypermedia. In: Brinker, Klaus; Burkhardt, Armin; Ungeheuer, Gerold; Wiegand, Herbert Ernst; Steger, Hugo (Hgg.): Text- und Gesprächslinguistik. Ein internationales Handbuch zeitgenössischer Forschung. Berlin (Handbücher zur Sprach- und Kommunikationswissenschaft, 16.1). S. 587–603.

Sandbothe, Mike (1997): Digitale Verflechtungen. In: Beck, Klaus (Hg.): Computernetze – ein Medium öffentlicher Kommunikation? Berlin. S. 125–137.

Sandbothe, Mike (2009): Wozu Medienkonvergenz? Pragmatische Überlegungen zu einem ökologischen Medienverständnis. Online verfügbar unter www.sandbothe.net/844.html, zuletzt geprüft am 30.04.2014.

Sandig, Barbara (2000): Text als prototypisches Konzept. In: Mangasser-Wahl, Martina (Hg.): Prototypentheorie in der Linguistik. Anwendungsbeispiele – Methodenreflexion – Perspektiven. Tübingen. S. 93–112.

Sandig, Barbara ([2]2006): Textstilistik des Deutschen. 2., völlig neu bearb. und erw. Aufl. Berlin, New York.

Saxer, Ulrich (1998): Mediengesellschaft: Verständnisse und Mißverständnisse. In: Sarcinelli, Ulrich (Hg.): Politikvermittlung und Demokratie in der Mediengesellschaft. Beiträge zur politischen Kommunikationskultur. Wiesbaden. S. 52–73.

Saxer, Ulrich (2012): Mediengesellschaft. Eine kommunikationssoziologische Perspektive. Wiesbaden.

Scheibe, Siegfried (1971): Zu einigen Grundprinzipien einer historisch-kritischen Ausgabe. In: Martens, Gunter; Zeller, Hans (Hgg.): Texte und Varianten. Probleme ihrer Edition und Interpretation. München. S. 1–44.

Scheibe, Siegfried (1982): Zum editorischen Problem des Textes. In: Oellers, Norbert; Steinecke, Hartmut (Hgg.): Probleme neugermanistischer Edition. *Zeitschrift für deutsche Philologie. Sonderheft* (101). Berlin. S. 12–29.

Scheibe, Siegfried (1991): Editorische Grundmodelle. In: Scheibe, Siegfried; Laufer, Christel (Hgg.): Zu Werk und Text. Beiträge zur Textologie. Berlin. S. 23–48.

Scheufele, Dietram A. (1999): Framing as a theory of media effects. In: *Journal of Communication* 49 (1), S. 103–122.

Schippan, Thea ([2]2002): Lexikologie der deutschen Gegenwartssprache. 2. Aufl. Tübingen.

Schlieker, Christian; Lehmann, Kai (2005): Verknüpft, Verknüpfter, Wikis. In: Lehmann, Kai; Schetsche, Michael (Hgg.): Die Google-Gesellschaft. Vom digitalen Wandel des Wissens. Bielefeld. S. 253–262.

Schmidt, Siegfried J. ([2]1996): Kognitive Autonomie und soziale Orientierung. Konstruktivistische Bemerkungen zum Zusammenhang von Kognition, Kommunikation, Medien und Kultur. 2. Aufl. Frankfurt/Main.

Schmidt, Siegfried J. (1998): Medien: Die Kopplung von Kommunikation und Kognition. In: Krämer, Sybille (Hg.): Medien, Computer, Realität. Wirklichkeitsvorstellungen und Neue Medien. Frankfurt/Main. S. 55–72.

Schmitt, Stefan (2011): Automatisch vorsortiert. In: *Die Zeit*, 22.06.2011 (26), S. 37–38.

Schneider, Ulrich Johannes; Zedelmaier, Helmut (2004): Wissensapparate. Die Enzyklopädistik der Frühen Neuzeit. In: Dülmen, Richard van; Rauschenbach, Sina; Engelberg; Meinrad von (Hgg.): Macht des Wissens. Die Entstehung der modernen Wissensgesellschaft. Köln. S. 349–363.

Schneider, Wolfgang Ludwig (2004): Sinnverstehen und Intersubjektivität – Hermeneutik, funktionale Analyse, Konversationsanalyse und Systemtheorie. Wiesbaden.

Schnotz, Wolfgang (1994): Aufbau von Wissensstrukturen. Untersuchung zur Kohärenzbildung beim Wissenserwerb mit Texten. Weinheim.

Schoenke, Eva (1998): Textlinguistik: Glossar. Bremen.

Schröder, Thomas (2003): Die Handlungsstruktur von Texten: ein integrativer Beitrag zur Texttheorie. Tübingen.

Schröder, Thomas (2008): Texte, Module, Weblogs. Überlegungen zum Textbegriff in Zeiten von Web 2.0. Online verfügbar unter www.festschrift-gerd-fritz.de/files/schroeder_2008_textbegriff-in-zeiten-von-web2.0.pdf.

Schryver, Gilles-Maurice de (2003): Lexicographers' dreams in the electronic-dictionary age. In: *International Journal of Lexicography* (16), S. 143–199.

Schuegraf, Martina (2008): Medienkonvergenz und Subjektbildung. Wiesbaden.

Schwarz, Monika (1992): Kognitive Semantiktheorie und neuropsychologische Realität. Repräsentationale und prozedurale Aspekte der semantischen Kompetenz. Tübingen.

Schweiger, Wolfgang; Beck, Klaus (Hgg.) (2010): Handbuch Online-Kommunikation. Wiesbaden.

Shannon, Claude Elwood; Weaver, Warren (1949): The mathematical theory of communication. Urbana.

Sperber, Dan; Wilson, Deirdre (1986): Relevance. Communication and cognition. Oxford.

Spranz-Fogasy, Thomas (1997): Interaktionsprofile. Die Herausbildung individueller Handlungstypik in Gesprächen. Opladen.

Stark, Elisabeth (2001): Textkohärenz und Textkohäsion. In: Haspelmath, Martin; Burkhardt, Armin; Ungeheuer, Gerold; Wiegand, Herbert Ernst; Steger, Hugo (Hgg.): Sprachtypologie und sprachliche Universalien. Handbücher zur Sprach- und Kommunikationswissenschaft (20.1). Berlin. S. 634–656.

Stede, Manfred (2007): Korpusgestützte Textanalyse. Grundzüge der Ebenenorientierten Textlinguistik. Tübingen.

Stegbauer, Christian (2009): Wikipedia. Das Rätsel der Kooperation. Wiesbaden.

Stegbauer, Christian (2011): Kulturwandel in Wikipedia – oder von der Befreiungs- zur Produktideologie. In: Fuhse, Jan; Stegbauer, Christian (Hgg.):

Kultur und mediale Kommunikation in sozialen Netzwerken. Wiesbaden. S. 55–74.

Steyer, Kathrin (2004): Kookkurrenz. Korpusmethodik, linguistisches Modell, lexikografische Perspektiven. In: Steyer, Kathrin (Hg.): Wortverbindungen – mehr oder weniger fest. Berlin. S. 87–116.

Stock, Wolfgang G.; Stock, Mechthild (2008): Wissensrepräsentation: Auswerten und Bereitstellen von Informationen. München.

Stöckl, Hartmut (2004): Die Sprache im Bild – Das Bild in der Sprache. Zur Verknüpfung von Sprache und Bild im massenmedialen Text. Konzepte. Theorien. Analysemethoden. Berlin, New York.

Stöckl, Hartmut (2011): Sprache-Bild-Texte lesen. Bausteine zur Methodik einer Grundkompetenz. In: Diekmannshenke, Hajo; Klemm, Michael; Stöckl, Hartmut (Hgg.): Bildlinguistik. Theorien – Methoden – Fallbeispiele. Berlin. S. 45–70.

Stöcklin, Nando (2010): Wikipedia clever nutzen – in Schule und Beruf. Zürich.

Stoller-Schai, Daniel (2003): E-Collaboration: Die Gestaltung internetgestützter kollaborativer Handlungsfelder. Dissertation, Universität St. Gallen. Online verfügbar unter http://www1.unisg.ch/www/edis.nsf/wwwDisplayIdentifier/2767, zuletzt geprüft am 19.07.2014.

Storjohann, Petra (2007): Wie viel Diskurs braucht ein Wörterbuch? Das Stichwort Globalisierung im elexiko-Wörterbuch. In: *German Life and Letters* (60), S. 569–592.

Storrer, Angelika (2000): Was ist „hyper" am Hypertext? In: Kallmeyer, Werner (Hg.): Sprache und neue Medien. Berlin. S. 222–249.

Storrer, Angelika (2001a): Neue Medien – neue Stilfragen. Das World Wide Web unter stilistischer Perspektive. In: Jakobs, Eva-Maria; Rothkegel, Annely (Hgg.): Perspektiven auf Stil. Tübingen. S. 89–112.

Storrer, Angelika (2001b): Digitale Wörterbücher als Hypertexte: Zur Nutzung des Hypertextkonzepts in der Lexikographie. In: Lemberg, Ingrid; Schröder, Bernhard; Storrer, Angelika (Hgg.): Chancen und Perspektiven computergestützter Lexikographie. Tübingen. S. 87–104.

Storrer, Angelika (2004): Kohärenz in Hypertexten. In: *Zeitschrift für germanistische Linguistik* (31.2), S. 274–292.

Storrer, Angelika (2008): Hypertextlinguistik. In: Janich, Nina (Hg.): Textlinguistik. 15 Einführungen. Tübingen. S. 315–331.

Storrer, Angelika (2013): Neue Text- und Schreibformen im Internet: Das Beispiel Wikipedia. In: Feilke, Helmuth (Hg.): Textkompetenzen in der Sekundarstufe II. Freiburg. S. 277–306.

Storrer, Angelika; Freese, Karin (1996): Wörterbücher im Internet. In: *Deutsche Sprache* (24), S. 97–153.

Straßner, Erich (2002): Text-Bild-Kommunikation – Bild-Text-Kommunikation. Berlin.

Strauss, Anselm L.; Corbin, Juliet (1996): Grounded Theory. Grundlagen qualitativer Sozialforschung. Unveränd. Nachdr. Weinheim.

Stutterheim, Christiane von (1994): Quaestio und Textaufbau. In: Kornadt, Hans-Joachim; Grabowski, Joachim; Mangold-Allwinn, Roland (Hgg.): Sprache und Kognition. Perspektiven modern Sprachpsychologie. Heidelberg. S. 251–272.

Stutterheim, Christiane von (1997): Einige Prinzipien des Textaufbaus. Empirische Untersuchungen zur Produktion mündlicher Texte. Tübingen.

Stutterheim, Christiane von; Klein, Wolfgang (1989): Textstructure and referential movement. In: Dietrich, Rainer (Hg.): Language processing in social context. Amsterdam. S. 39–76.

Stutterheim, Christiane von; Klein, Wolfgang (2008): Mündliche Textproduktion. Informationsorganisation in Texten. In: Janich, Nina (Hg.): Textlinguistik. 15 Einführungen. Tübingen. S. 113–131.

Stvilia, Besiki; Gasser, Les (2008): An activity theoretic model for information quality change. In: *First Monday* 13 (4). Online verfügbar unter http://firstmonday.org/article/view/2126/1951, zuletzt geprüft am 19.07.2014.

Stvilia, Besiki; Twidale, Michael B.; Gasser, Les; Smith, Linda C. (2005a): Information quality discussions in Wikipedia. Technical Report ISRN UIUCLIS–2005/2+CSCW.

Stvilia, Besiki; Twidale, Michael B.; Smith, Linda C.; Gasser, Les (2005b): Assessing information quality of a community-based encyclopedia. In: Naumann, Felix; Gertz, M.; Mednick, S. (Hgg.): Proceedings of the International Conference on Information Quality. ICIQ 2005. Cambridge. S. 442–454.

Stvilia, Besiki; Twidale, Michael B.; Smith, Linda C.; Gasser, Les (2008). Information quality work organization in Wikipedia. In: *JASIST*, 59(6), S. 983–1001.

Surowiecki, James (2004): The wisdom of crowds. Why the many are smarter than the few and how collective wisdom shapes business, economies, societies, and nations. New York.

Tarp, Sven (2013): Lexicographic functions. In: Gouws, Rufus H.; Heid, Ulrich; Schweickhard, Wolfgang; Wiegand, Herbert Ernst (Hgg.): Dictionaries. An international encyclopedia of lexicography. Supplementary volume: Recent developments with special focus on computational lexicography (Handbücher zur Sprach- und Kommunikationswissenschaft, 5.4). Berlin [u. a.]. S. 460–468.

Tegtmeyer, Henning (1997): Der Begriff der Intertextualität und seine Fassungen. Eine Kritik der Intertextualitätskonzepte Julia Kristevas und Susanne Holthuis. In: Klein, Josef; Fix, Ulla (Hgg.): Textbeziehungen. Linguistische und literaturwissenschaftliche Beiträge zur Intertextualität. Tübingen. S. 49–81.

Ungeheuer, Gerold (1980): Gesprächsanalyse an literarischen Texten. Lessing: Der Freigeist. In: Hess-Lüttich, Ernest W. B. (Hg.): Literatur und Konversation. Sprachsoziologie und Pragmatik in der Literaturwissenschaft. Wiesbaden. S. 43–71.

Vasterman, Peter L. M. (2005): Media-Hype: Self-Reinforcing News Waves, Journalistic Standards and the Construction of Social Problems. In: *European Journal of Communication* (20), S. 508–530.

Vater, Heinz (1992): Einführung in die Textlinguistik. Struktur, Thema und Referenz in Texten. München.

Viehweger, Dieter (1989): Coherence – Interaction of Moduls. In: Heydrich, Wolfgang; Neubauer, Fritz; Petöfi, János S.; Sözer, Emel (Hgg.): Connexity and Coherence. Analysis of Text and Discourse. Berlin, New York. S. 256–274.

Vossen, Gottfried; Hagemann, Stephan (2007): From Version 1.0 to Version 2.0: A Brief History of the Web. In: Becker, Jörg et al. (Hgg.). *ERCIS Working Papers*, Vol. 4. Online verfügbar unter https://www.ercis.org/sites/www.ercis.org/files/pages/research/ercis-working-papers/ercis_wp_04.pdf, zuletzt geprüft am 28.11.2015.

Wagner, Jörg (2002): Mensch – Computer – Interaktion. Sprachwissenschaftliche Aspekte. Frankfurt/Main.

Wang, Richard Y.; Strong, Diane M. (1996). Beyond accuracy: What data quality means to data consumers. In: *Journal of Management Information Systems*, 12(4), S. 5–33.

Warnke, Ingo H. (2002): Adieu Text – bienvenue Diskurs? Über Sinn und Zweck einer poststrukturalistischen Entgrenzung des Textbegriffs. In: Fix, Ulla; Adamzik, Kirsten; Antos, Gerd; Klemm, Michael (Hgg.): Brauchen wir einen neuen Textbegriff? Antworten auf eine Preisfrage. Frankfurt/Main. S. 125–141.

Warnke, Ingo H. (2009): Die sprachliche Konstituierung von geteiltem Wissen in Diskursen. In: Felder, Ekkehard; Müller, Marcus (Hgg.): Wissen durch Sprache. Theorie, Praxis und Erkenntnisinteresse des Forschungsnetzwerkes „Sprache und Wissen". Berlin. S. 113–140.

Weinberger, David (2007): Everything is miscellaneous. The power of the new digital disorder. New York.

Weinberger, David (2011): Too big to know. Rethinking knowledge now that the facts aren't the facts, experts are everywhere, and the smartest person in the room is the room. New York.

Weingarten, Rüdiger (2001): Voraussetzungen und Formen technisch realisierter Kommunikation. In: Brinker, Klaus; Burkhardt, Armin; Ungeheuer, Gerold; Wiegand, Herbert Ernst; Steger, Hugo (Hgg.): Text- und Gesprächslinguistik. Ein internationales Handbuch zeitgenössischer Forschung. Berlin (Handbücher zur Sprach- und Kommunikationswissenschaft, 16.2). S. 1142–1148.

Weinrich, Harald (^{6}2001): Tempus. Besprochene und erzählte Welt. 6. Aufl. München.

Wengeler, Martin; Ziem, Alexander (Hgg.) (2013): Sprachliche Konstruktionen von Krisen. Interdisziplinäre Perspektiven auf ein fortwährend aktuelles Phänomen. Bremen.

Wichter, Sigurd (2011): Kommunikationsreihen aus Gesprächen und Textkommunikaten. Zur Kommunikation in und zwischen Gesellschaften. Berlin/Boston.

Wiegand, Dorothee (2007): Entdeckungsreise. Digitale Enzyklopädien erklären die Welt. In: *c't*, 2007 (6), S. 136–145.

Wiegand, Herbert Ernst (1988): Was ist Fachlexikographie? Mit Hinweisen zum Verhältnis von sprachlichem und enzyklopädischem Wissen. In: Munske, Horst H.; Polenz, Peter von; Reichmann, Oskar; Hildebrandt, Reiner (Hgg.): Deutscher Wortschatz. Lexikologische Studien. Ludwig Erich Schmitt zum 80. Geburtstag von seinen Marburger Schülern. Berlin. S. 729–790.

Wiegand, Herbert Ernst (1998): Wörterbuchforschung. Untersuchungen zur Wörterbuchbenutzung, zur Theorie, Geschichte, Kritik und Automatisierung der Lexikographie. 1. Teilband. Berlin.

Wiegand, Herbert Ernst; Beißwenger, Michael; Gouws, Rufus H.; Kammerer, Matthias; Storrer, Angelika; Wolski, Werner (Hgg.) (2010): Wörterbuch zur Lexikographie und Wörterbuchforschung. Band 1: Systematische Einführung: A-C. Berlin [u. a.].

Wiegand, Herbert Ernst; Wolski, Werner (^{2}1980): Lexikalische Semantik. In: Althaus, Hans Peter; Henne, Helmut; Wiegand, Herbert Ernst (Hgg.): Lexikon der germanistischen Linguistik. 2., vollst. neu bearb. und erw. Aufl., Gesamtausg. Tübingen. S. 199–211.

Winkler, Hartmut (1997a): Docuverse. Zur Medientheorie der Computer. Regensburg.

Winkler, Hartmut (1997b): Die prekäre Rolle der Technik. In: *Telepolis Magazin der Netzkultur*. Online verfügbar unter http://www.heise.de/tp/artikel/2/2228/1.html, zuletzt geprüft am 19.07.2014.

Winkler, Hartmut (2008): Basiswissen Medien. Frankfurt/Main.

Wittgenstein, Ludwig (1969): Schriften. Band 1: Logisch-philosophische Untersuchung. Tractatus philosophicus. Frankfurt/Main.

Wrobel, Arne (2000): Phasen und Verfahren der Produktion schriftlicher Texte. In: Brinker, Klaus; Burkhardt, Armin; Ungeheuer, Gerold; Wiegand, Herbert Ernst; Steger, Hugo (Hgg.): Text- und Gesprächslinguistik. Ein internationales Handbuch zeitgenössischer Forschung. Berlin (Handbücher zur Sprach- und Kommunikationswissenschaft, 16.1). S. 458–472.

Wulff, Hans J. (1993): Textsemiotik der Spannung. In: *Kodikas/Code* 16 (3–4), S. 325–352.

Wyss, Eva Lia (2003): Pfeile im World Wide Web. Symbole der Orientierung oder Quelle für Missverständnisse? In: Ganz-Blättler, Ursula (Hg.): Sinnbildlich schief. Missgeschicke bei Symbolgenese und Symbolgebrauch. Bern. S. 38–60.

Zeller, Hans (1975): Struktur und Genese in der Editorik. Zur germanistischen und anglistischen Editionsforschung. In: *LiLi* 5 (19/20), S. 105–126.

Ziem, Alexander (2005): Frame-Semantik und Diskursanalyse. Paper für die Konferenz: Diskursanalyse in Deutschland und Frankreich. Aktuelle Tendenzen in den Sozial- und Sprachwissenschaften. Online verfügbar unter https://www.phil-fak.uni-duesseldorf.de/fileadmin/Redaktion/Institute/Germanistik/Konstruktionsgrammatik/ZiemFrames_Diskurs.pdf, zuletzt aktualisiert am 07.07.2005; zuletzt geprüft am 12.04.2011.

Ziem, Alexander (2008): Frames und sprachliches Wissen. Kognitive Aspekte der semantischen Kompetenz. Berlin.

Zumbach, Jörg; Rapp, Andreas (2001): Wissenserwerb mit Hypermedien. Eine kognitionswissenschaftliche Betrachtung. In: Cölfen, Hermann; Liebert, Wolf-Andreas; Storrer, Angelika (Hgg.): Hypermedien und Wissenskonstruktion. Duisburg. S. 27–44.

(c) Onlinequellen mit Kurztitel

[Hilfe:Benutzer#Nicht_angemeldeter_Benutzer] Online verfügbar unter http://de.wikipedia.org/wiki/Hilfe:Benutzer#Nicht_angemeldeter_Benutzer, zuletzt geprüft am 19.07.2014.

[Hilfe:Benutzer] Online verfügbar unter http://de.wikipedia.org/wiki/Hilfe:Benutzer, zuletzt geprüft am 19.07.2014.

[Hilfe:Benutzerkonto] Online verfügbar unter http://de.wikipedia.org/wiki/Hilfe:Benutzerkonto, zuletzt geprüft am 19.07.2014.

[Hilfe:Glossar#Namensraum] Online verfügbar unter http://de.wikipedia.org/wiki/Hilfe:Glossar#Namensraum, zuletzt geprüft am 19.07.2014.

[Kategorie:Person] Online verfügbar unter http://de.wikipedia.org/wiki/Kategorie:Person, zuletzt geprüft am 19.07.2014.

[Vorlage:Laufendes_Ereignis] Online verfügbar unter http://de.wikipedia.org/wiki/Vorlage:Laufendes_Ereignis, zuletzt geprüft am 19.07.2014.

[Wikipedia:Aktuelle_Ereignisse] Online verfügbar unter https://de.wikipedia.org/wiki/Wikipedia:Was_ist_relevant_f%C3%BCr_aktuelle_Ereignisse%3F, zuletzt geprüft am 19.07.2014.

[Wikipedia:Artikel#Umfang] Online verfügbar unter http://de.wikipedia.org/wiki/Wikipedia:Artikel#Umfang, zuletzt geprüft am 19.07.2014.

[Wikipedia:Artikel] Online verfügbar unter http://de.wikipedia.org/wiki/Wikipedia:Artikel, zuletzt geprüft am 19.07.2014.

[Wikipedia:Belege] Online verfügbar unter http://de.wikipedia.org/wiki/Wikipedia:Belege, zuletzt geprüft am 19.07.2014.

[Wikipedia:Beteiligen] Online verfügbar unter http://de.wikipedia.org/wiki/Wikipedia:Beteiligen, zuletzt geprüft am 19.07.2014.

[Wikipedia:Wiki-Dialog/Qualität] Online verfügbar unter http://de.wikipedia.org/wiki/Wikipedia:Wiki-Dialog/Qualit%C3%A4t, zuletzt geprüft am 19.07.2014.

[Wikipedia:Diskussionsseiten] Online verfügbar unter http://de.wikipedia.org/wiki/Wikipedia:Diskussionsseiten, zuletzt geprüft am 19.07.2014.

[Wikipedia:Edit-War] Online verfügbar unter http://de.wikipedia.org/wiki/Wikipedia:Edit-War, zuletzt geprüft am 19.07.2014.

[Wikipedia:Exzellente_Artikel] Online verfügbar unter http://de.wikipedia.org/wiki/Wikipedia:Exzellente_Artikel, zuletzt geprüft am 19.07.2014.

[Wikipedia:Formatvorlage] Online verfügbar unter http://de.wikipedia.org/wiki/Wikipedia:Formatvorlage, zuletzt geprüft am 19.07.2014.

[Wikipedia:Geschichte] Online verfügbar unter http://de.wikipedia.org/wiki/Wikipedia:Enzyklopädie/Geschichte_der_Wikipedia, zuletzt geprüft am 19.07.2014.

[Wikipedia:Geschützte_Seiten] Online verfügbar unter http://de.wikipedia.org/wiki/Wikipedia:Geschützte_Seiten, zuletzt geprüft am 19.07.2014.

[Wikipedia:Grundprinzipien] Online verfügbar unter http://de.wikipedia.org/wiki/Wikipedia:Grundprinzipien, zuletzt geprüft am 19.07.2014.

[Wikipedia:Hauptseite] Online verfügbar unter http://de.wikipedia.org/wiki/Wikipedia:Hauptseite, zuletzt geprüft am 19.07.2014.

[Wikipedia:Kandidaturen] Online verfügbar unter http://de.wikipedia.org/wiki/Wikipedia:Kandidaturen_von_Artikeln,_Listen_und_Portalen/Kriteriendar stellung, zuletzt geprüft am 19.07.2014.

[Wikipedia:Kategorien] Online verfügbar unter http://de.wikipedia.org/wiki/Wikipedia:Kategorien, zuletzt geprüft am 19.07.2014.

[Wikipedia:Keine_Theoriefindung] Online verfügbar unter http://de.wikipedia.org/wiki/Wikipedia:Keine_Theoriefindung, zuletzt geprüft am 19.07.2014.

[Wikipedia:Lesenswerte_Artikel] Online verfügbar unter http://de.wikipedia.org/wiki/Wikipedia:Lesenswerte_Artikel, zuletzt geprüft am 19.07.2014.

[Wikipedia:Löschantrag] Online verfügbar unter http://de.wikipedia.org/wiki/Wikipedia:Löschantrag#Löschantrag, zuletzt geprüft am 19.07.2014.

[Wikipedia:Namenskonventionen] Online verfügbar unter http://de.wikipedia.org/wiki/Wikipedia:Namenskonventionen, zuletzt geprüft am 19.07.2014.

[Wikipedia:Namenskonventionen#Artikeltitel_und_Klammerzusatz] Online verfügbar unter http://de.wikipedia.org/wiki/Wikipedia:Namenskonventionen#Artikeltitel_und_Klammerzusatz, zuletzt geprüft am 19.07.2014.

[Wikipedia:Neuigkeiten] Online verfügbar unter http://de.wikipedia.org/wiki/Wikipedia:Neuigkeiten, zuletzt geprüft am 19.07.2014.

[Wikipedia:Neuigkeiten#Mögliche_Auswirkungen] Online verfügbar unter http://de.wikipedia.org/wiki/Wikipedia:Neuigkeiten#M.C3.B6gliche_Auswirkungen, zuletzt geprüft am 19.07.2014.

[Wikipedia:Neutraler_Standpunkt] Online verfügbar unter http://de.wikipedia.org/wiki/Wikipedia:Neutraler_Standpunkt, zuletzt geprüft am 19.07.2014.

[Wikipedia:Qualitätssicherung] Online verfügbar unter http://de.wikipedia.org/wiki/Wikipedia:Qualitätssicherung, zuletzt geprüft am 19.07.2014.

[Wikipedia:Relevanzkriterien] Online verfügbar unter http://de.wikipedia.org/wiki/Wikipedia:Relevanzkriterien, zuletzt geprüft am 19.07.2014.

[Wikipedia:Schreibwettbewerb] Online verfügbar unter http://de.wikipedia.org/wiki/Wikipedia:Schreibwettbewerb, zuletzt geprüft am 19.07.2014.

[Wikipedia:Vandalismus] Online verfügbar unter http://de.wikipedia.org/wiki/Wikipedia:Vandalismus, zuletzt geprüft am 27.07.2014.

[Wikipedia:Wie_gute_Artikel_aussehen] Online verfügbar unter http://de.wikipedia.org/wiki/Wikipedia:Wie_gute_Artikel_aussehen, zuletzt geprüft am 19.07.2014.

[Wikipedia:Wie_schreibe_ich_gute_Artikel] Online verfügbar unter http://de.wikipedia.org/wiki/Wikipedia:Wie_schreibe_ich_gute_Artikel, zuletzt geprüft am 19.07.2014.

[Wikipedia:Wie_schreibe_ich_gute_Artikel#Aufbau_eines_Artikels] Online verfügbar unter http://de.wikipedia.org/wiki/Wikipedia:Wie_schreibe_ich_gute_Artikel#Aufbau_eines_Artikels, zuletzt geprüft am 19.07.2014.

[Wikipedia:Wikipedianer] Online verfügbar unter http://de.wikipedia.org/wiki/Wikipedia:Wikipedianer, zuletzt geprüft am 19.07.2014.

[Wikipedia:Wikipedistik] Online verfügbar unter http://de.wikipedia.org/wiki/Wikipedia:Wikipedistik, zuletzt geprüft am 19.07.2014.

[Wikipedia:Zehn_Dinge_über_Wikipedia] Online verfügbar unter http://de.wikipedia.org/wiki/Wikipedia:Zehn_Dingeüber_Wikipedia,_die_du_vielleicht_noch_nicht_weißt, zuletzt geprüft am 19.07.2014.

[Wikipedia_Diskussion:Neuigkeiten] Online verfügbar unter http://de.wikipedia.org/wiki/Wikipedia_Diskussion:Neuigkeiten, zuletzt geprüft am 19.07.2014.

[Wiktionary:Über_das_Wiktionary] Online verfügbar unter http://de.wiktionary.org/wiki/Wiktionary:Über_das_Wiktionary, zuletzt geprüft am 19.07.2014.

Abbildungsverzeichnis

Tabellenverzeichnis

Dank

Die vorliegende Studie ist die geringfügig ergänzte und leicht überarbeitet Fassung meiner Dissertationsschrift, die im Sommersemester 2014 an der Philosophischen Fakultät der Georg-August-Universität Göttingen angenommen wurde. In jeder Phase der Entstehung der Dissertation stand mir mein Betreuer Herr Prof. Dr. Albert Busch mit wertvollen Ratschlägen und unerschütterlicher Ruhe zur Seite. Ich bin ihm zu ganz besonderem Dank verpflichtet. Nicht minderer Dank gebührt meinem Zweitgutachter, Herrn Prof. Dr. Matthias Schulz, der sich meines Themas angenommen und es mit vielen wertvollen Anregungen begleitet hat. – Ein Dissertationsprojekt gedeiht insbesondere durch konstruktive Kritik, die ich nicht nur von meinen beiden Gutachtern erhalten habe, sondern die mir auch in den von ihnen betreuten Oberseminaren in Göttingen und Düsseldorf zuteilwurde; allen Teilnehmern danke ich sehr.

Dieses Projekt hätte ich nicht ohne Anregung und Förderung durch Herrn Prof. Dr. Michael Schlaefer begonnen, weshalb ich ihm an dieser Stelle recht herzlich danken möchte. Bedanken möchte ich mich zudem für den Zuspruch innerhalb des Kollegiums des Deutschen Wörterbuchs in Göttingen, der guten Seele des Hauses, Frau Christiane Ritter, sowie vielen Kollegen im weiteren Wörterbuchkontext: Frau Dr. Sabine Elsner-Petri, auf deren hilfreiche Überlegungen und Sachverstand ich mich stets verlassen konnte, Herr Michael Mann, der einige kluge Anmerkungen hatte sowie Frau Britta Gries, die dankenswerterweise auch einige Kapitel las. Von unschätzbarem Wert waren ebenfalls die geduldige Durchsicht und zahlreichen Korrekturarbeiten von Frau Wiebke Blanck: allen vielen herzlichen Dank!

Viele namentlich nicht genannte Freunde, Bekannte und nicht zuletzt meine Familie haben auf unterschiedlichste Weise und auf verschiedenen Etappen diese Arbeit begleitet; ihre wichtigen Impulse und zahlreichen Ermutigungen am Rande der Strecke haben mir sehr geholfen. Für emotionalen Rückhalt, Anteilnahme und wertvollen Dialog, insbesondere auf den letzten Metern, möchte ich mich an dieser Stelle ausdrücklich bei Igor bedanken. Er und meine Eltern haben es nicht nur verstanden, meinen Ideen den nötigen Raum zu geben, sondern haben mich auch stets auf den Boden der Tatsachen zurückgeholt: Ihnen gehört mein größter Dank.

Göttingen, im Januar 2016 — Nathalie Mederake

Diese Studie enthält zusätzliche Informationen als Anhang. Die Anhänge „Diachron-referentielle Bezüge in Textfassungen des Wikipedia-Artikels ‚Zitronenpresse'" und „Diachron-referentielle Bezüge in Textfassungen des Wikipedia-Artikels ‚Eurokrise'" können von unserer Website heruntergeladen werden:www.peterlang.com/?267179.
Dazu müssen Sie den folgenden Freischaltcode eingeben: F54D3p5L.

GERMANISTISCHE ARBEITEN ZU SPRACHE UND KULTURGESCHICHTE

Herausgegeben von Apl. Prof. Dr. Albert Busch, PD Dr. Gabriele von Olberg-Haverkate, Prof. Dr. Dr. h.c. Ruth Schmidt-Wiegand und Prof. Dr. Sigurd Wichter

Band 1 Ruth Schmidt-Wiegand, Dagmar Hüpper (Hrsg.): Der Sachsenspiegel als Buch. Vorträge und Aufsätze. 1991.

Band 2 Gabriele von Olberg: Freie, Nachbarn und Gefolgsleute. Volkssprachige Bezeichnungen aus dem sozialen Bereich in den frühmittelalterlichen Leges. 1983.

Band 3 Dagmar Hüpper-Dröge: Schild und Speer. Waffen und ihre Bezeichnungen im frühen Mittelalter. 1983.

Band 4 Karin Obst: Der Wandel in den Bezeichnungen für gewerbliche Zusammenschlüsse des Mittelalters. Eine rechtssprachgeographische Analyse. 1983.

Band 5 Wolfgang Huber: Kulturpatriotismus und Sprachbewußtsein. Studien zur deutschen Philologie des 17. Jahrhunderts. 1984.

Band 6 Wilfried Schwanholz: Volksliedhafte Züge im Werk Oswalds von Wolkenstein. Die Trinklieder. 1985.

Band 7 Christine Boving: Deutsche Personennamen in Costa Rica. Eine namenkundliche Untersuchung als Dokument sprachlicher und sozio-kultureller Assimilation und Integration deutscher Einwanderer in Mittelamerika. 1986.

Band 8 Karen Günther: Wort- und Sachgeschichte der Schiffahrt in Mittel- und Nordeuropa von den Anfängen bis zum späten Mittelalter. Ein Beitrag zu 'Wörter und Sachen' anhand ausgewählter Beispiele. 1987.

Band 9 Oddny Gudrún Sverrisdóttir: Land in Sicht. Eine kontrastive Untersuchung deutscher und isländischer Redensarten aus der Seemannssprache. 1987.

Band 10 Mariella Rummel: Die rechtliche Stellung der Frau im Sachsenspiegel-Landrecht. 1987.

Band 11 Bettina Schmidt: 'Pflugwende' und Anwenderecht im Westfälischen. 1989.

Band 12 Ulrich Drescher: Geistliche Denkformen in den Bilderhandschriften des Sachsenspiegels. 1989.

Band 13 Brigitte Janz: Rechtssprichwörter im Sachsenspiegel. Eine Untersuchung zur Text - Bild-Relation in den Codices picturati. 1989.

Band 14 Ulrich Kriegesmann: Die Entstehung der neuhochdeutschen Schriftsprache im Widerstreit der Theorien. 1990.

Band 15 Sigrid Wachter: Fach- und laiensprachliche Semantik des substantivischen Wortschatzes im Bereich 'Buchhandel und Verlagswesen'. 1991.

Band 16 Sigrid Engeler: Altnordische Geldwörter. Eine philologische Untersuchung altnordischer Geld- und Münzbezeichnungen und deren Verwendung in der Dichtung. 1991.

Band 17 Sigurd Wichter: Zur Computerwortschatz-Ausbreitung in die Gemeinsprache. Elemente der vertikalen Sprachgeschichte einer Sache. 1991.

Band 18 Christiane Schreiber: "Was sind dies für Zeiten!". Heinrich von Kleist und die preußischen Reformen. 1991.

Band 19 Bärbel Müller: Die Berliner Sammelhandschrift Mgf 10 und ihre Bedeutung für die überlieferungskritische Ausgabe des Sachsenspiegels. 1991.

Band 20 Werner Peters: Bezeichnungen und Funktionen des Fronboten in den mittelniederdeutschen Rechtsquellen. 1991.

Band 21 Alfons Schräder: Fach- und Gemeinsprache in der Kraftfahrzeugtechnik. Studien zum Wortschatz. 1991.

Band 22 Petra Canisius-Loppnow: Recht und Religion im Rolandslied des Pfaffen Konrad. 1992.

Band 23 Iris Nölle-Hornkamp: Mittelalterliches Handwerk im Spiegel oberdeutscher Personennamen. Eine namenkundliche Untersuchung zu den Handwerkerbezeichnungen als Beinamen im Corpus der altdeutschen Originalurkunden. 1992.

Band 24 Petra Menke: Recht und Ordo-Gedanke im Helmbrecht. 1993.

Band 25 Annette Gerlach: Das Übersetzungswerk Dietrichs von Pleningen. Zur Rezeption der Antike im deutschen Humanismus. 1993.

Band 26 Albert Busch: Laienkommunikation. Vertikalitätsuntersuchungen zu medizinischen Experten – Laien – Kommunikationen. 1994.

Band 27 Ulrike Schowe: Mit Haut und Haar. Idiomatisierungsprozesse bei sprichwörtlichen Redensarten aus dem mittelalterlichen Strafrecht. 1994.

Band 28 Gerda Grober-Glück: Die Anrede des Bauern und seiner Frau durch das Gesinde in Deutschland um 1930 unter volkskundlichen und soziolinguistischen Aspekten nach Materialien des Atlas der deutschen Volkskunde. 1994.

Band 29 Petra Lehrnbecher: Engelwurz und Teufelsdreck. Zur Lexikographie der Heilpflanzen in Wörterbüchern des 16.-18. Jahrhunderts. 1995.

Band 30 Anne Terglane-Fuhrer: Die Sprache der Speisezubereitung. Empirische Untersuchungen zur vertikalen Variation. 1996.

Band 31 Daniela Schütte: Computerbildschirm und komp'juternyj displej. Der deutsche und russische Computerwortschatz unter besonderer Berücksichtigung der Entlehnung. 1997.

Band 32 Anne Kißenbeck: Fachsprache und Regionalisierung. Empirische Untersuchungen zum Wortschatz des Bergbaus. 1997.

Band 33 Silke Schimpf: Wissens- und Wortschatzvariationen im Bereich der Sexualität. Untersuchungen anhand ausgewählter Zeitschriftentexte. 1997.

Band 34 Birgit H. Beile: Gesangsbeschreibung in deutschen und englischen Musikkritiken. Fachsprachenlinguistische Untersuchungen zum Wortschatz. 1997.

Band 35 Ingrid Faber: *ausgleichen* oder *kerning*. Typografie im Desktop Publishing: Experten- und Laienwortschatz. 1998.

Band 36 Verena Goldt: Zentralbegriffe der Elektrizitätsforscher im 17. und 18. Jahrhundert. 1999.

Band 37 Birgit Kochskämper: 'Frau' und 'Mann' im Althochdeutschen. 1999.

Band 38 Jürg Niederhauser / Kirsten Adamzik (Hrsg.): Wissenschaftssprache und Umgangssprache im Kontakt. 1999.

Band 39 Beate Weifenbach: *Die Haimonskinder* in der Fassung der Aarauer Handschrift von 1531 und des Simmerner Drucks von 1535. Ein Beitrag zur Überlieferung französischer Erzählstoffe in der deutschen Literatur des Mittelalters und der frühen Neuzeit. 1999.

Band 40 Albert Busch / Sigurd Wichter (Hrsg.): Computerdiskurs und Wortschatz. Corpusanalysen und Auswahlbibliographie. 2000.

Band 41 Helmut Protze: Das älteste Stadtbuch der Königlich freien Bergstadt Göllnitz/Gelnica in der Unterzips und seine Sprache. 2002.

Band 42 Andrea Grote: Entlehnung - Übersetzung - Vernetzung. Entlehnung als übersetzungsbezogenes Phänomen am Beispiel der internetspezifischen Computerfachsprache. 2002.

Band 43 Gerda Grober-Glück: Beiträge zur sprachlichen Volkskultur. Nach Materialien des Atlas der deutschen Volkskunde. 2003.

Band 44 Daniela Schütte: Homepages im World Wide Web. Eine interlinguale Untersuchung zur Textualität in einem globalen Medium. 2004.

Band 45 Holger Deifuß: *Hystoria von dem wirdigen ritter sant Wilhelm*. Kritische Edition und Untersuchung einer frühneuhochdeutschen Prosaauflösung. 2005.

Band 46 Beate Leweling: Reichtum, Reinigkeit und Glanz – Sprachkritische Konzeptionen in der Sprachreflexion des 18. Jahrhunderts. Ein Beitrag zur Sprachbewusstseinsgeschichte. 2005.

Band 47 Judith Schönhoff: Von ‚werden degen' und ‚edelen vrouwen' zu ‚tugentlichen helden' und ‚eelichen hausfrawen'. Zum Wandel der Konzepte von Weiblichkeit und Männlichkeit in den Prosaauflösungen mittelhochdeutscher Epen. 2008.

Band 48 Das älteste Zwickauer Stadtbuch (1375–1481) und seine Sprache. Nach Vorarbeiten von Karl Steinmüller unter Berücksichtigung sachlicher, sprachgeschichtlicher, lautlicher, grammatischer und syntaktischer Gesichtspunkte sowie durch Einbeziehung aller Personennamen. Bearbeitet und herausgegeben von Helmut Protze. 2008.

Band 49 Manuela Schotte: Christen, Heiden und der Gral. Die Heidendarstellung als Instrument der Rezeptionslenkung in den mittelhochdeutschen Gralromanen des 13. Jahrhunderts. 2009.

Band 50 Franziska Große: Bild-Linguistik. Grundbegriffe und Methoden der linguistischen Bildanalyse in Text- und Diskursumgebungen. 2011.

Band 51 Melanie Meyer: Linguistische Analyse innerbetrieblicher Metakommunikation. Implementierung eines Managementsystems für Umwelt, Gesundheit und Sicherheit. 2012.

Band 52 Sabine Randhage: Werbung im Sozialismus. Eine vergleichende Analyse ostdeutscher Werbesprache. 2013.

Band 53 Dania Platz: Strategische Wahlkampfkommunikation. Wahlkampf-Intertextualität als strategische Komponente der Sprache im Wahlkampf. 2013.

Band 54 Nathalie Mederake: Wikipedia: Palimpseste der Gegenwart. Text- und Wissensverfahren im kollaborativen Hypertext. 2016.

www.ingramcontent.com/pod-product-compliance
Ingram Content Group UK Ltd.
Pitfield, Milton Keynes, MK11 3LW, UK
UKHW041826290926
8980IPUK00002B/97

9 783631 671795